JN205731

# ケースに学ぶ経営学

〔第3版〕

東北大学経営学グループ著

福嶋路・高浦康有・谷口明丈・山﨑喜代宏・柴田友厚

金熙珍・藤本雅彦・一小路武安・西出優子

有斐閣ブックス

# 第3版はしがき

本書，『ケースに学ぶ経営学』第3版は，初版と新版に続く，東北大学経営学グループが著した3冊目のテキストとなります。

1998年に出版された本書の初版は，東北大学経済学部1年生向けの「経営学入門」の授業を担当した教員の「使いやすいテキストが少ない」という不満から発案されました。これを機に1998年に初版を，2008年には初版の複数のケースを入れ替えたり書き換えたりして新版を出版，そしてこの度，数章を残してほとんどのケースを入れ替えた第3版を上梓する運びとなりました。

新版が出版された2008年から今日まで，すでに11年が経過しています。この間，世界経済・日本経済は大きく変化しました。とくに2011年の東日本大震災という東北地方を襲った千年に一度と言われる大災害は，経済成長のためにさまざまなことを犠牲にしてきたことを日本人に実感させ，人々のモノの見方や価値観に再考を迫りました。

本書の内容にも時代の変化は反映されています。たとえば10年間に急展開した情報通信技術の進展は，IoT，AI，プラットフォームといった新しい概念を生み出しました。またグローバル化の急速な進展は，雇用，立地，研究開発，マーケティングなど企業活動の諸側面に大きな影響を与えています。加えてSDGsに見られるような企業の社会的責任に対する人々の要請や，新事業やベンチャーを生み出すアントレプレナーに対する期待などは，ここ10年間でだいぶ強まってきているように思います。

本書の著者である東北大学経営学グループにも変化がありました。第一に執筆者の入れ替わりです。初版は8名の教員で執筆，新版では9名，第3版も9名で執筆しました。しかし退職，転出などによってメンバー構成はかなり入れ替わり，すべての版に携わった執筆者はわずか2名だけになりました。第3版では30代の執筆者が増えたので，新版に比べると平均年齢も下がっていることと思います。これに伴って内容もだいぶフレッシュになったのではないでしょうか。

このような変化を受けて書かれた第3版は，初版，新版に比べて異なるテイストになっていると思います。また執筆者の専門分野を反映して経営戦略論の比重がやや大きいかもしれませんが，扱う内容については基礎的な部分から比較的アップデートなところまでを網羅するようにしました。

他方で各章の構成は以前とほとんど変わっていません。これまで通り，まず読者に「具体的なケースを読んで」もらい，その内容を説明する「キーワードや理論を紹介」しつつ，「問いを出し，考えて」もらうという形式となっています。ただ第3版では，単に読み物で終わらせず，読者に考えてもらうことを期待して「問い」をより充実させています。

初版，新版はそれぞれ何度も増刷されるほど，好意的に世の中に受け入れられました。しかし，以前に比べ経営学が社会に受け入れられるようになり，類似するコンセプトの多数の教科書も出版されていますので，今回の改訂が読者にどのように受け入れられるか，正直不安ではありますが，読者の率直なご意見をいただけると大変ありがたく思います。

最後に，初版から第3版に至るまで，『ケースに学ぶ経営学』の誕生を温かく見守ってくださった有斐閣書籍編集第二部の藤田裕子氏に，心から感謝申し上げます。

2019年10月10日

**執筆者一同**

## 新版の刊行にさいして

初版の『ケースに学ぶ経営学』を世に出してからすでに10年が過ぎました。そのあいだに，私たちはさまざまなことを経験しました。とくに，情報革命とグローバリゼーションは生活のすみずみにまで影響を及ぼしてきているように見えます。当然のことですが，経営学が対象としている企業のあり方も，それによって大きく変化しています。したがって，経営学もその内容を新たにしてきているのです。『ケースに学ぶ経営学』も，その内容を新たにしなければならない。私たちが版を改めようと決心した最大の理由は，このことにあります。

版を改めるもうひとつの理由は，東北大学の経営学グループに新たな戦力が加わったことです。また，旧執筆陣から2名が転出しました。そこで，新たな陣容で新版を作ろうということになったわけです。初版と同じように新版も，執筆者が同じ職場にいるという利点を生かして作られました。長時間にわたる検討会，個別の議論，メールのやりとりなどを通じて，その内容を練り上げることができたのです。

新版においても，経営学の定番ともいえる7つのケースは，データのアップデートなど若干の修正を施してそのまま収録してあります。他方で，12のケースが新たに書き下ろされました。目次を見ていただければわかるように，その内容は多岐にわたり，読者の期待に応えられるものになっていると思います。

さいわい，初版は多くの読者を得て，19刷に達しました。新版も同じように広く受け入れられ，経営学の学習の一助になればと願っています。

初版の執筆者であった河野昭三（現甲南大学）と若林直樹（現京都大学）のおふたりが初版において出されたアイデアは，新版にも引き継がれています。新版の刊行を認めてくださった両氏にお礼を申し上げます。

新版を作ろうということになってから完成まで2年を費やすことになってしまいました。そのあいだ辛抱強く私たちにつき合い，困難な編集の作業をすすめてくださった，有斐閣書籍編集第二部の藤田裕子氏と有斐閣アカデミアの伊東晋氏に感謝の意を表したいと思います。

2008年3月

執筆者一同

# はしがき

本書のような教科書を作ってみようと思い立ったのは，私たちが勤務している東北大学経済学部の1年生に対して「経営学入門」という授業を提供しなければならなくなったからです。授業をしてみて，学生たちが具体的なケース（事例）に強い関心を示すことがわかりましたし，ケースにしたがって経営学の基礎的な概念を説明しますと，高い理解を示すことも次第にわかってきました。とはいえ，授業ごとに適切なケースを探し出し，それを経営学の概念で説明するための準備をするには大変なエネルギーが必要で，授業の予習に追いまくられることになってしまいます（ちなみに，経営学入門の授業は半年，週2回です）。そこで，皆が得意の分野のケースを持ち寄って教科書を作れば，学生の便宜にもなりますし，私たちも少々楽になるということになったのです。さいわい，教科書作りを思い立ったときには，経営学関係のスタッフが5名いましたし，その後3名のスタッフが加わりましたので，計8名の陣容で本書の執筆を分担することができました。

本書の最大の特色は，まず具体的なケースを提示し，その内容を考えながら，キーワードを中心に経営学について学んでもらう，という方法にあります。この点では，おそらく類書はないのではと密かに自負しているところです。もちろん，実際に本書を使って授業をする場合には，まずキーワードの概念を説明し，ケースを提示して学生に考えさせ（場合によってはキーワードを使ってケースを説明させ），最後に教師がキーワードの理解を確認しながらケースに経営学的な説明を与える，といったやり方もありえます。私たちも，授業の経験を積みながら，本書の利用方法を改善していきたいと思っていますので，ご意見をいただければ幸いです。

本書のような教科書を作ってみようという話がでてから完成するまでに，1年以上の時間がかかっていますが，その間，漠然としたアイデアのキャッチボールから，各章の原稿の検討まで，10数回の会合がもたれました。執筆者が同じ職場にいるということは，本書を彫琢していくには都合のよい条件であったといえます。とはいえ，経営学全般について適切なケースをとりそろえ，それを初心者に理解できるような語り口で語ることは大変困難な作業でした。追加すべきテーマが残っていると思われますし，ケースの難易や叙述に不統一な点があるかもしれません。新たなスタッフも加えて増補改訂版を出す機会を得ることができればと思っています。

最後に，当初の漠然とした企画を快く引き受け，「いいものを作りましょう」と私たちを励まし多くの助言をくださった伊東晋氏と，私たちのわがままをききながら困難な編集の仕事にあたり，このような本に仕上げてくださった藤田裕子氏の有斐閣書籍編集第二部のおふたりに感謝の意を表したいと思います。

1997 年 11 月

**執筆者一同**

## 執筆者紹介 （執筆順）

**福 嶋　路**（ふくしま・みち）　序章，第1，8章

現在，東北大学大学院経済学研究科教授

担当科目：地域企業論

主要著作▨『大学発ベンチャーとクラスター戦略』（共編著），学文社，2005年。『ハイテク・クラスターの形成とローカル・イニシアティブ』白桃書房，2015年。『東アジアのイノベーション』（共著）作品社，2019年，ほか。

**高 浦 康 有**（たかうら・やすなり）　第2，15章

現在，東北大学大学院経済学研究科准教授

担当科目：経営原理

主要著作▨「責任の構造的間隙：明石市花火大会歩道橋事故をケースとして」『日本経営倫理学会誌』19号，2012年。『変貌する日本型経営』（共著）中央経済社，2013年。『企業とNPOの戦略的パートナーシップ』（共著）法政大学イノベーション・マネジメント研究センター叢書，文眞堂，2017年，ほか。

**谷 口 明 丈**（たにぐち・あきたけ）　第3，5，17章

現在，東北大学名誉教授

専門領域：経営史

主要著作▨『巨大企業の世紀』有斐閣，2002年。『現代アメリカ経済史』（共編著）有斐閣　2017年，ほか。

**山﨑喜代宏**（やまざき・きよひろ）　第4章

現在，東北大学大学院経済学研究科准教授

担当科目：経営戦略

主要著作▨『「持たざる企業」の優位性』中央経済社，2017年。『技術経営』（共著）中央経済社，2017年，ほか。

**柴田友厚**（しばた・ともあつ）　第6，7章

現在，学習院大学国際社会科学部教授，東北大学名誉教授

担当科目：技術経営論

主要著作▒『モジュール・ダイナミクス』白桃書房，2008年。『日本企業のすり合わせ能力』NTT出版，2012年。『イノベーションの法則性』中央経済社，2015年。『日本のものづくりを支えたファナックとインテルの戦略』光文社，2019年，ほか。

**金　熙珍**（キム・ヒジン）　第9，12章

現在，東北大学大学院経済学研究科准教授

担当科目：国際経営論

主要著作▒『製品開発の現地化』有斐閣，2015年。『新興国市場戦略論』（共著）有斐閣，2015年。『東アジアにおける製造業の企業内・企業間の知識連携』（共著）文眞堂，2018年，ほか。

**藤本雅彦**（ふじもと・まさひこ）　第10，11章

現在，東北大学大学院経済学研究科教授

担当科目：人材マネジメント論

主要著作▒『人事管理の戦略的再構築』税務経理協会，1999年。『経営学の基本視座』（編著）まほろば書房，2008年。『若手社員を一人前に育てる　スタンスとスコープが人を変える』産業能率大学出版部，2018年，ほか。

**一小路武安**（いちこうじ・たけやす）　第13，14章

現在，東北大学大学院経済学研究科准教授

担当科目：市場戦略

主要著作▒『ハイブリッド製品の開発戦略』有斐閣，2017年。「危機状態と危機寸前状態の組織におけるリーダー変更と危機疲れの影響：サッカーJリーグにおける2部降格チーム・降格寸前チームの比較分析」『組織科学』第51巻3号，2018年，ほか。

**西出優子**（にしで・ゆうこ）　第16章

現在，東北大学大学院経済学研究科教授

担当科目：非営利組織論

主要著作▒*Social Capital and Civil Society in Japan*, Tohoku University Press, 2009.『はじめてのNPO論』（共著）有斐閣，2017年。『ソーシャル・キャピタルと市民社会・政治』（共著）ミネルヴァ書房，2019年，ほか。

# 目　　次

## 第2章 会社とは誰のものか ―― カガメのファン株主拡大戦略 32

## 第Ⅱ部　企業のストラテジー

## 第5章　事業のリストラクチャリングと組織改革 ―― GEの企業革新　89



## 第6章　ビジネス・システム ―― コマツのビジネス・システムの革新とIoT　110

## 第7章　破壊的技術への対応と新規事業創造 ―― 富士フイルムの企業変貌　130



## 第8章　プラットフォーム・ビジネス ―― アップルの App Store の展開　151

## 第Ⅲ部　企業のマネジメント

### 第10章　経営理念と組織文化　192
リクルートの起業家精神に基づく組織文化



### 第11章　人材のマネジメント　212
双日の人事管理

## 第12章 日本的生産システム ―― 232
### トヨタの生産方式



## 第13章 成熟市場における商品開発 ―― 253
### サントリーの新飲料開発

## 第14章　環境変化期のマーケティング活動 ―― 271
### 良品計画における危機と克服



# 第Ⅳ部　企業の社会性

## 第15章　ビジネスの倫理 ―― 290
### JR 西日本の新幹線台車亀裂トラブル

## 第16章 ソーシャル・ビジネス――アスヘノキボウの協働まちづくり



# 第V部　学びのステップ

## 第17章 キーワードの理解からレポート作成・発表まで――T 教授のオフィスアワー日誌

本書をテキストに採用の先生方には，本書で使用している図表の講義用スライドを教育目的に限り，提供しています。

下の有斐閣ホームページの本書の書籍詳細ページをご覧ください。

http://www.yuhikaku.co.jp/books/detail/9784641184480

# 序章 この本の内容と利用の仕方

## 1 この本の目的

本書の目的は，具体的な事例（ケース）をとおして経営学の基本的な考え方を理解してもらうことです。本書のターゲットは第一に「これから経営学を学ぼう」という人，とくに学生諸君です。現代社会にとって，企業という組織の存在は不可欠です。今や，企業なしに皆さんの生活は成り立ちません。しかしほとんどの学生は，これまで企業やその経営について専門的に勉強をしてきたことがないと思います。

本書を読むことによって，社会の重要な構成要素である企業が，現代社会においてどのような役割を果たしているのか，どのように経営されているのかについてイメージを持ってもらえるでしょう。また，世の中には，繁栄している企業とそうでない企業がなぜあるのか，急激に変化する環境に対して企業はどのように対応していけばよいのか，会社を組織としていかに運営したらよいのか，社会の課題に対して企業がどのように応えたらよいのか，といった企業に関するさまざまな疑問を考えるヒントを本書は提供します。本書には経営学の理論や概念（コンセプト）が出てきますが，具体的な企業のケースとともに紹介するので，初心者でも理解しやすくなっていると思います。

本書が対象とする第二のターゲットは，初学者のみならず，すでに経営学をある程度学んだ中級者やビジネスパーソンです。技術革新やグローバル化の流れはこれまで以上に加速化しています。これまで有用であった戦略が通用しなくなるという事象が起こってきています。本書で取り上げる企業の事例は，このような状況をどのように捉えていけばよいか，またそれに対してどのような考え方や行動が必要なのかについて，示唆を与えてくれるでしょう。経営学のエッセンスが詰め込まれた事例と解説は，実務家が読んでも十分な歯ごたえがあるものになっていると思います。

## *2*　この本の構成

この本は全部で5つの部と17の章から構成されています。ここでは各章について簡単に説明をしながら，全体を俯瞰していきたいと思います。

第I部「企業とは何か」では，企業とは何かについて，企業の誕生と成長のプロセスを，経営者と主要なステークホルダーである投資家との関係から見ていきます。

第1章の「企業の誕生」では，フリーマーケットアプリを提供するメルカリの創業の経緯を通じて，起業の実態，資金調達の重要性，投資家との関係などを見ていきます。第2章の「会社とは誰のものか」では，カゴメのファン株主拡大戦略を材料にして，企業の支配構造の特徴と変遷について考えていきます。

第II部「企業のストラテジー」では，変わりゆく環境に適応しながらも，長期継続的な競争優位を維持するために，企業はどう対応したらよいのかについて考えていきます。具体的には，同じような財やサービスを提供する競合企業といかに競争するのか（競争戦略），社内の経営資源を各事業部にいかに効率的かつ効果的に配分するのか（全社戦略），さらにそれを支える組織構造をどうつくるのか，といったテーマが取り上げられます。

第3章「環境・戦略・組織」では，フォードとGMの自動車産業における覇権争いを取り上げ，企業を取り巻く環境と，企業の戦略，そしてそれを実行する組織のあり方が，どのように関係しているかを見ていきます。第4章「競争戦略の基本型」では，マクドナルドとモスバーガーの対照的な競争戦略を取り上げ，企業が競争優位を構築するための基本戦略について学びます。第5章「事業のリストラクチャリングと組織改革」では，多角化した企業が激しい環境変化に対応していくために，どのように事業を再構成し，資源配分の方法と組織を革新していったのかを，ゼネラル・エレクトリック（GE）の事例を見ながら検討していきます。

さらに21世紀に入ると，ICT化の進展，ビッグデータやAIの登場，グローバル化の進展等々，かつてない環境変化が起こり，これまでのやり方では通用しないような状況が現れつつあります。またそこでは新興企業が急成長し大企業を打ち倒すなど，革命的なことも起こりつつあります。このような事態を無視するわけにはいかず，企業は経営戦略に新しい考え方を取り入れなければなりません。このような現状を扱ったのが，第6章から第9章です。

第6章「ビジネス・システム」では，さまざまなものがインターネットにつながるIoT化が進展する中，モノを通じて集められたデータを活用し付加価値を生み出す新たなビジネスモデルを創造したコマツの事例を取り上げます。第7章「破壊的技術への対応と新規事業創造」では，本業であったフィルムがデジタルカメラによって短期間に陳腐化させられ，組織としての存続を揺るがすような危機に直面した富士フイルムの対応が描かれます。第8章「プラットフォーム・ビジネス」では，ICTを活用し異なるユーザーを結びつけるプラットフォーム・ビジネスと，その背後にあるロジックを，アップル社のApp Storeの事例から考えていきます。第9章「グローバル戦略」では，グローバル化の進展とともに，企業は進出先の国の市場に合わせて現地化しつつも，全社的な統合も同時に行わなければならなくなっています。適応と統合という，相反する活動を両立させるためのマネジメントについて，サムスン電子の事例から学びます。

第Ⅲ部「企業のマネジメント」では，組織内部で行われている活動に目を向けます。第Ⅱ部では，環境の変化に対し，戦略を立てて適応しようとする企業の側面に光を当ててきました。他方，経営者は社内で行われている活動にも注意を払わなければなりません。企業の中ではさまざまな活動が日々繰り返し行われています。たとえば，人を雇用したり育成したり，資金調達をしたり，情報を集めたり，新製品を開発したり，原材料を購入し製造をしたり，販売をしたり，マーケティングをしたりといった活動です。企業内部で行われているこのような活動の積み重ねによって，企業の価値が生み出されているのです。このような活動のひとつひとつの効率を高めたり，相互に調整し全体を取りまとめたりすることは，非常に大切な活動です。またそのような機能を実行するのは組織の中の「人」です。どのような人を採用し育てるか，また人々が企業の目的に向かって一体となって働くには，どのような仕組みづくりをしたらよいのでしょうか。第Ⅲ部ではこれらの問題を扱います。

第 10 章「経営理念と組織文化」では，リクルートが起業家精神にあふれる人材を輩出し続ける背後にある組織文化や創業者の理念，それを伝承させる仕組みが紹介されます。第 11 章「人材のマネジメント」では，総合商社である双日を事例として，そこで行われている人材マネジメントの方法が紹介され，日本の人材マネジメントの特徴と特殊性が提示されます。第 12 章「日本的生産システム」では，世界を代表する生産システム，トヨタ生産方式を取り上げ，その紹介と，それが形成されてきた背景や波及効果について説明がなされます。第 13 章「成熟市場における商品開発」では，ウイスキーやチューハイといった差別化しにくく，成熟しきっていると思われていたアルコール飲料市場をサントリーが再活性化した事例を，マーケティングの分析枠組みを用いて説明します。第 14 章「環境変化期のマーケティング活動」では，無印良品を取り上げ，販売が停滞した状態をいかに脱したのかを，マーケティングの 4P のフレームワークを使って明らかにします。

第Ⅳ部「企業の社会性」では，社会的存在としての企業に焦点が当てられます。企業は単に営利のためだけに存在するのではなく，自らを取り囲む社会に対して義務や責任を果たすべき存在でもあります。国際社会においても，国連の持続可能な開発目標（SDGs）設定に見られるように，企業は社会の課題を解決するために積極的に貢献すべきであるという論調が強まってきています。企業が社会の一員であるという自覚とも言える「社会性」は，今後の企業経営にとって必須となるでしょう。

第 15 章「ビジネスの倫理」では，JR 西日本の新幹線台車亀裂トラブルの事例を紹介し，その中で起こったいくつかのミスとその原因を振り返りながら，企業が守るべき倫理について考えていきます。第 16 章「ソーシャル・ビジネス」では，2011 年 3 月に発災した東日本大震災の後に宮城県女川町で設立され，ビジネスの手法を用いて社会的課題解決に取り組む NPO，アスヘノキボウが，地域のステークホルダーと連携しつつ，町を復興しようと奮闘する事例から，地域活性化における非営利組織の役割と，ソーシャル・ビジネスをいかに展開すべきかを考えていきます。

第Ⅴ部「学びのステップ」では，学生の皆さんが調べ物をしたり，レポートを書いたり，レポートを完成させるために必要な知識を，T 教授と学生との対話を通じて学んでいきます。レポートや卒論を書く学生は，第 17 章の「キーワードの理解からレポート作成・発表まで」を，一度は目を通してください。

## 3　この本の使い方

この本の各章は，「タイトル」「サブタイトル」「企業プロフィール」「キーワード」「1 この章のねらい」「2 ケース」「3 ケースを解く」「4 考えてみよう・調べてみよう」「5 読んでみよう」「コラム」から構成されています。

「タイトル」は，各章の主題です。第 1 章を例にとると，「企業の誕生」になります。「サブタイトル」にはその章で扱う企業名と事例の概要が一言で示されています。たとえば第 1 章のサブタイトルは，「メルカリの設立と成長」となります。

「キーワード」では，各章を読み解くときに重要な言葉，およそ 5～6 語が示されています。わからない言葉があったら，ケースを読みながらその内容を考えてみたり，自分で調べてみましょう。

「1 この章のねらい」では，その章がどのようなテーマを扱い，どのようなことを理解してもらうために書かれているのかをコンパクトにまとめたものです。また，ケースの最初に書かれている「企業プロフィール」にその企業の概要が紹介されています。どのような会社なのかを事前に調べてみるとケースが読みやすくなるでしょう。

「2 ケース」では，その章のテーマを代表するようなケースが紹介されます。ケースの中には，ある企業が，いかなる環境の中で，どのようなことを行い，それらはどのような考えに基づいて行われていたのか，その帰結は何だったのか，というストーリーが描かれています。ケースは一話完結となっているので，各章を独立の読み物としても楽しむこともできます。

「3 ケースを解く」では，経営学の理論的枠組みを使って，ケースを読み解きます。ケースに関連する経営学の理論を紹介し，その理論や枠組みからケースを見るとどのように解釈できるのかを説明し，理論と事例を結びつけながら解説をします。また「コラム」には，ケースには書かれていない関連知識やトピックが紹介されています。ケースをより深く理解するために読んでみてください。

「4 考えてみよう・調べてみよう」では，読者がその章で学んだことを確認したり，もっと理解を深めたり，さらにケースを超えてテーマを理解するための設問が提示されています。設問の答えは事例の中に書かれているとは限りません。また正解があるとは限りません。設問に答えるために，自分で調べてみたり，考えてみたり，他の人と議論をしてみてください。きっと新たな発見があるはずです。またここで出された課題に取り組んでいくうちに，レポートや卒業論文のテーマが見つかるかもしれません。

設問に取り組むときに参考になるのは，「5 読んでみよう」です。ここでは，その章について理解を深めるための文献が紹介されています。これら文献のいくつかを読むことによって，その事例のみならず，その章で紹介された概念についていっそう理解が深められます。さらに巻末には，この本を書くために執筆者が参考にした「参考文献」が掲載されていますので，こちらも参考にしてみてください。

また第Ⅴ部「学びのステップ」では，データや資料の探し方について書かれており，調べものをしたり，レポートを書いたりするときに，非常に役に立つ知識が盛り込まれています。レポートに取り組む前に読んでみることをお勧めします。

## *4*　この本の活用の仕方

本書を通読することによって経営学の大枠を知ることができます。各章は完結した事例になっていますので，最初から読みすすめなくても関心のある章から読むという使い方もできます。

また本書の大学の授業での使用を考えて，授業科目と各章との対応表を参考のため以下に付けておきます。一応の目安ですが，たとえば経営組織論について関心があるならば，第 3 章，4 章，5 章，10 章，11 章，12 章，15 章，16 章にまず目を通してみてください。

| 科目名 | 対応する章 |
|---|---|
| 経営組織論 | 第3章，4章，5章，10章，11章，12章，15章，16章 |
| 経営戦略論 | 第1章，3章，4章，5章，6章，7章，8章，9章，13章，14章 |
| 企業（形態）論 | 第1章，2章 |
| 経営管理論 | 第10章，11章，12章，13章，14章 |
| 経営史 | 第3章，5章 |
| 人的資源管理論 | 第9章，10章，11章，12章 |
| マーケティング論 | 第4章，13章，14章 |
| 生産管理論 | 第12章 |
| 国際経営論 | 第9章 |
| ベンチャー企業論 | 第1章，16章 |
| 研究開発論 | 第7章 |
| イノベーション論 | 第1章，6章，7章，8章 |
| 経営倫理論 | 第15章 |
| 技術経営 | 第6章，7章，8章 |
| 非営利組織論 | 第16章 |
| 地域企業論 | 第16章 |

また巻末にある索引を見れば，どの言葉がどの章で使われているかをすぐに探せます。とくに索引の中の太字で書かれている語句はこの本で使われているキーワードですので，索引を見て，どの章を読んだらいいのかを探すこともできます。

本書との出会いが，皆さんが経営学に関心を持つよい契機となることを切に願います。さらに経営学の考え方を知ることにより，企業に対する見方が少しでも変わったり，もっと積極的に企業に関わってみようと思うようになったり，自分の将来の生き方を考えるようになってくれれば，筆者一同，望外の喜びです。それでは早速，ケースの世界に飛び込んでみましょう。

第 I 部

# 企業とは何か

この部で扱われるケース

メルカリ

カゴメ

# 第1章

# 企業の誕生

## メルカリの設立と成長

キーワード
ベンチャー企業　アントレプレナー
事業機会　ベンチャーキャピタル（VC）
出口戦略　上場

### 1　この章のねらい

フリーマーケットアプリ（以下，フリマアプリと表記）の登場は，人々の購買行動に大きな変化をもたらしました。フリマアプリとは，オンライン上でフリーマーケットのように，消費者同士が直接モノを交換し売買することを可能にするスマートフォン用のモバイルアプリケーションのことです。フリマアプリが登場したのは2012年ですが，経産省の「電子商取引に関する市場調査」によると，それからわずか5年後の2017年にはフリマアプリの推定市場規模は4835億円にまで成長しました。

現在，フリマアプリを提供する代表的な日本企業といえば「メルカリ」です。創業後，短期間に成長し，10億ドル（およそ1250億円）以上の企業価値を持つ未上場企業のことを「ユニコーン」と呼びますが，メルカリは日本で唯一のユニコーンとなり，その後，2018年に東証マザーズに上場しました。

本章では，誰がどのような理由で企業をつくるのか，企業設立時に乏しい資源しか持たない起業家がいかに成長に必要な資源を獲得していくのか，とりわけ成長を志向するベンチャー企業がどのような課題に直面しそれを乗り越えるために何をしたのかを，メルカリの成長の過程をたどりながら考えていきます。

## 2　ケース：メルカリの設立と成長

### 2.1　最初の起業

メルカリの創業者である山田進太郎は1977年に愛知県で生まれました。その後，早稲田大学に進学。在学中に，当時普及し始めたインターネットを使って大学関連の情報を発信するネットメディアを作るサークル，「早稲田リンクス」の幹事長を務めました。4年生のとき，山田は就職活動をし，当時，従業員数が二十数名程度のベンチャー企業であった株式会社楽天から内定をもらい，就職前にインターンとして働いていました。そのとき，携わったのはネットオークション関連の仕事でした。山田が「楽天オークション」の基礎を作ったのです。その仕事は他の人に引き継がれましたが，山田はこの仕事を通じてインターネットサービスの作り方を学び，その可能性に魅了されました。そしてこのときの経験が，後の「メルカリ」設立の起点になったのです。

結局，山田は楽天の内定を辞退し，自ら会社をつくるという選択をしました。卒業後，「株式会社ウノウ」を設立し，「世界で使われるインターネットサービスの提供」という目標を持って事業を始めました。しばらくは新作映画情報サイト「映画生活」や写真共有サービス「フォト蔵」の運営などをしていましたが，2009年にソーシャル・ネットワーキング・サービス（SNS）に参入し，「まちつく！」をはじめとする複数のタイトルのゲームがヒットし，ウノウ社は急拡大を果たします。

2010年，米国の大手ソーシャルゲーム企業であるジンガ社（Zynga Inc.）から声がかかり，山田はウノウ社を同社に売却しました。山田はしばらくジンガ社の幹部として働きましたが，「次は自らの世界で勝負したい」という理由から，事業売却から2年ほどで退社し，半年間の世界放浪の旅にでました。

### 2.2　新たな挑戦

山田は世界各地を放浪した後，日本に帰国することになりました。山田が不在の間，日本の環境は変わっていました。日本は2010年からスマートフォンは急激に普及し，16年にはパソコンを追い越しています。とくに山田が帰国した2011年から12年頃は，スマートフォンが急増していた時期でした（図表1-1）。またそれに伴ってコンテンツも急増し，とくにLINEの普及に山田は驚きました。

**企業プロフィール**

**株式会社メルカリ**（2019年6月期）

- **設　　立**　**2013年**（当時の社名「株式会社コウゾウ」）
- **資 本 金**　**695億8700万円**
- **事業分野**　**フリマアプリ「メルカリ」の企画・開発・運用**
- **売 上 高**　**516億8300万円**（連結）
- **営業利益**　**−121億4900万円**（連結）
- **従業員数**　**756人**（単体）
  **1140人**（メルカリグループ）

世界を放浪しているときから，山田は楽天のインターンシップ時に関わった「C to Cビジネス（Consumer to Consumer）」と，普及が著しい「スマートフォン」とを結びつければ，何かできるのではないだろうかと考えていました。このときのことを山田は以下のように話しています。

「……最初にあったサービスのアイデアは5〜6個。失敗のリスクは大きくても，成功して最大のリターンが得られるものはどれか。こうした観点で選んだのがフリマアプリです。小学生や中高生向けの教育アプリも検討しました。でも財布のひもが固い保護者にお金を出してもらう必要があり，オンライン学習の普及にも時間がかかりそうなので，やはりフリマアプリの方が潜在市場が大きいとの結論を出しました。」（『日経ビジネス』経営教室「反骨のリーダー」2018年8月30日）

新しい会社を設立するに当たり，山田は起業経験のある知り合いである富島寛，また米国でゲーム開発会社を創業した経験のある石塚亮に，一緒に会社をやらないかと声をかけました。また将来的には法務的な対応が必要になることを見越して，弁護士である猪木俊宏にも参加を要請しました。さらに山田にとってメンター（師匠）である，投資家の松山大河にも社外取締役として参加するよう依頼しました。

こうして2013年2月にメルカリの前身となる，「株式会社コウゾウ」が設立されました（同年11月に「株式会社メルカリ」に改称。以下，メルカリと表記）。会社設立に必要な資本金は，初期メンバーが分担して出資しました。

図表1-1　パソコンとスマートフォンの普及率

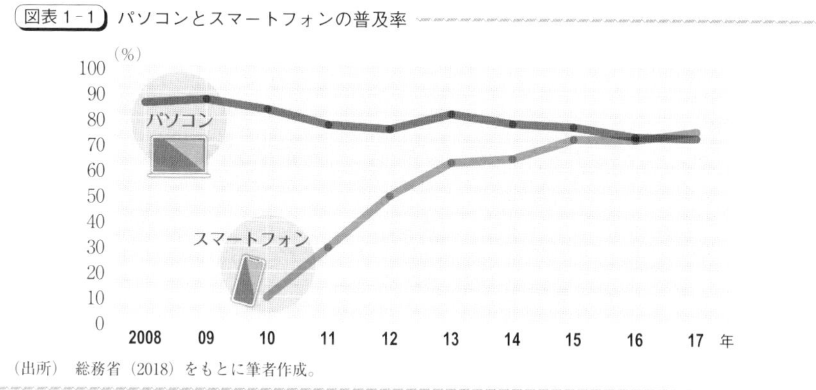


（出所）総務省（2018）をもとに筆者作成。

## 2.3　ビジネスモデル

山田の考えたビジネスモデルは，「いらない物を売りたい人」と「買いたい人」をつなげるプラットフォームというものでした。誰かにとって価値のあるものなのに，その人にとっては価値がないというだけで廃棄されたり，使われず箪笥の奥に眠ったりしているものがあります。このようなものを出品し，欲しい人に購入・利用してもらって，世の中から資源の無駄をなくしつつ，収入も得られたらどうかと考えたのです。買い手もスマホ上で簡単にショッピングをしつつ，また割安に掘り出し物を見つけられるという楽しみもあります。

最終的に山田が考えたビジネスモデルは以下のようなものでした（図表1-2）。

① 顧客がアプリをダウンロード（無料）する（閲覧するだけなら会員になる必要はない）。

② 出品をするときにはじめて利用者登録をし，販売する商品の写真やその説明をアップロードする。出品料は無料。出品にかかる時間は約3分。

③ 価格と画像が表示されると，ユーザーと「いいね！」コメントや，販売状況が随時表示される。

④ 売り手と買い手の間で取引が成立すると，買い手がメルカリに支払いをする。メルカリ経由で支払い通知がきたら売り手は商品を発送。買い手より商品受け取りが連絡されたら，メルカリが売り手に売上金を支払う。

⑤ メルカリは販売手数料の10％を受け取る。これがメルカリの収益とな

図表1-2　メルカリのビジネスモデル

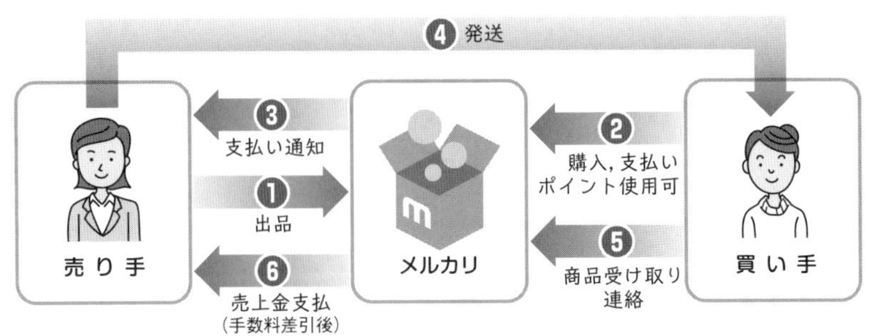


（出所）メルカリ社のホームページを参照して作成。

る。

このビジネスモデルによると，システムが稼働するまではメルカリの収入はほとんどありません。ただ一度システムが稼働し取引が始まると，取引数が増加すればするほど，同社の利益も増える仕組みとなっています。さらに，一度，多数の出品者と利用者を囲い込み，プラットフォームとしての地位を確立すれば，それを維持することは比較的容易になります。つまり一定数以上の利用者が存在すること自体が呼び水となり，さらなる利用者を呼び込むという好循環ができるかどうかがカギとなるのです。この成功の方程式が機能するためには，アプリを早く開発すること，そしてできるだけ早くユーザー数を増やすことが必須だったのです。

### 2.4　走りながらのアプリ開発

会社設立の少し前の2013年1月に，山田は自身のツイッターに「エンジニア募集中」と書き込み，エンジニアを集め始めました。会社登記をした2013年2月には8人のエンジニアを確保し，開発をスタートさせることができました。しかしエンジニアの大半は別に仕事を持っており，山田の依頼した仕事に専念できない状態が続きました。また開発の途中で開発言語の変更をせざるをえなくなったり，開発の柱であったエンジニアが突然退社したりと，いくつか問題が持ち上がりました。そして当初の予定であった「2013年5月までにアプリを発表する」のは難しくなりました。同時にそれは，収入がないのに開発費用が費やされる期間が延びたことを意味していたのです。

山田は同社の社外取締役でもあり，ベンチャー・キャピタリストである松山から5000万円の出資をとりつけました。この後，松山は，自らの保有するオフィススペースを提供したり，自分の人脈を使ってエンジニア集めを手伝ったりと，山田を側面から支援しました。

資金調達に一息ついたのも束の間，時間との闘いは続きます。山田らは開発資金が枯渇する前に開発を終わらせるために，当初予定されていたアプリに搭載予定であった機能のいくつか（たとえば，売上金を銀行口座に振り込む機能，検索機能など）を諦め，とにかくアプリの発表時期を少しでも早めることに専念しました。

こうして2013年7月2日にアプリ（アンドロイド版）を発表，3週間後にはiPhone版の公開に漕ぎつけました。アプリを発表するに当たって，サービスの名前を「メルカリ」（ラテン語で「マーケット」を意味する）にしました。

しかし市場の反応は鈍く，アプリのダウンロード数はなかなか伸びませんでした。発表当初は顧客を増やすことが最優先課題であったので手数料を無料とし，収入はほとんどありませんでした。こうして黒字のめどがまったくつかない状況が続いたのです。

### 2.5　企業生命を賭けたテレビCM

当時，似たようなC to C交換サイトはすでに日本には存在していました。個人が物品を売買するサービスとして「ヤフーオークション！」（現，ヤフオク）が1999年に登場しました。これはパソコンを使ったサービスでした。2007年まで急成長しましたが，スマートフォンの普及と並行して徐々に伸び悩むようになりました。代わってスマートフォンを使ったフリマアプリの市場が次の主戦場となりました。

フリマアプリ市場には2012年から多数の企業が参入してきました。2012年には，ファブリック社の「フリル」，サイバーエージェント社の「毎日フリマ」，スターダストコミュニケーションズ社の「ショッピーズ」が，13年にもウェブシャーク社の「ガレージセール」，エクストーン社の「Prima」，ヤフー・コミュニティファクトリー社の「ClooShe（クロシェ）」，LINEの「LINE MALL」，さらに14年には楽天の「ラクマ」，15年にはカカクコム社の「フリマノ」，ZOZO社の「ZOZOフリマ」，ジオシス社の「Qoo10フリマ」が参入してきます。フリマアプリ市場は2014年には13社が林立するという事態になりましたが，その中の何社かは数年で撤退し，18年現在ではメルカリを含む3社が残っています。

ライバルとの競争にいかに勝ち抜くためには時間が重要でした。なぜなら，このような業界はネットワーク効果（第8章参考）が働くため，「勝者総取り」，つまり最初に大量の顧客を抱え込み，できるだけ早く多数を獲得したものが完勝するというルールがあることを山田は理解していたのです。

当時，2012年7月から始められたファブリック社によって運営されていた「フリル」が国内初のフリマアプリとして注目を集めていました。フリルは若い女性にターゲットを絞り，男性は利用できないサービスでした。メルカリより1年早く誕生したフリルは，広告ではなく，読者モデルによるブログへの書き込みを通じたクチコミによってダウンロード数を増やしていました。またフリルはすでに手数料10%を取っていたため，収入がありました。

これに対し，メルカリは性別，年代，ジャンルを問わず，誰でも使えるサービスにしました。また，ネット広告を駆使して，とにかくアプリをダウンロードしてもらうよう工夫を重ね，ダウンロード数を少しずつ増やしていきましたが，山田はそれでは不十分と考え，手数料も課しませんでした。

このような事態に対し山田が思いついた戦略は「テレビCMの配信」でした。メルカリを世に広く知らしめればダウンロード数が上がると読んだのです。しかしテレビのCMには数億円かかるため，とくにメルカリのような創業間もない企業がテレビ広告を打つことなど非常識かつ不可能に近いと思われました。どこかから資金調達をしなければ，これは成り立たない戦略でした。しかも，もし失敗したらメルカリは倒産する可能性すらありました。

資金調達に当たって山田はメルカリには専門知識を持つ財務担当者が必要であることを痛感し，2013年12月に，後にメルカリの社長となる小泉文明を説得しメルカリに入社してもらいました。小泉はかつて証券会社でベンチャー企業の支援を担当しており，その後，自らがベンチャー企業の財務担当者となっていました。山田の熱意にほだされメルカリに入社した小泉は，早速，財務担当取締役として資金調達に奔走することになりました。

2014 年に入ると山田と小泉は複数の投資家を訪問し，彼らを説得して回りましたが，多くに断られました。当時のメルカリは手数料を取っていなかったので，収入はありませんでした。そのような会社が投資家を説得する材料は，過去に成功経験を持つ山田と，彼の集めた経験豊富な経営チームに対する信頼，そして少しずつ伸びているアプリダウンロード数のデータしかありませんでした。当時の様子を小泉は以下のように語っています。

「メルカリの資金調達？　めちゃめちゃ苦労しましたよ。最後は山田なり僕なりの経験を信じてくれたと思います。ただ当時，10 億円を超える資金調達は創業 1 年の会社には難しかった。何十社と回りましたが，その多くに断られました。」（日経ビジネス Raise，オープン編集会議，2018 年 9 月 28 日）

小泉と山田の説得に最初に反応したのは，老舗ベンチャーキャピタルのグローバル・ブレインでした。同社の決断が他の投資家にも影響を与え，2014 年 3 月，グロービス・キャピタル・パートナーズ，伊藤忠テクノロジーベンチャーズ，GMO ベンチャー・パートナーズなどのベンチャーキャピタルが総額 14 億 5000 万円を出資することを決め，メルカリは第三者割当て増資により資金調達が可能となったのです。

他方で，投資決定前からメルカリはテレビ CM 製作に着手しており，見切り発車をしていました。時間との闘いであったとはいえ，この意思決定は大胆なものでした。もし増資に失敗していたら，メルカリの運命は変わっていたでしょう。テレビ CM 放映は社運を賭けた危ない綱渡りだったのです。

CM 製作に当たって，若い女性にターゲットを当てました。出演者も，若者を中心に人気の俳優（菅谷哲也）と女優（筧美和子）が選ばれ，2 種類の CM が準備されました。さらにテレビ CM を記念して，対象期間中に「メルカリ」内で総額 300 万円分のポイントがあたる出品キャンペーンを開催しました。こうして，2014 年 5 月 10 日，メルカリの初の全国テレビ CM が放映されたのです。

放送直後からダウンロード数は毎月 50 万ずつ増加し，流通総額も順調に増えていきました。また 2014 年 9 月になると，アプリの累計ダウンロードは

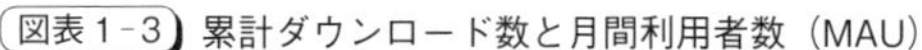
図表1-3 累計ダウンロード数と月間利用者数（MAU）

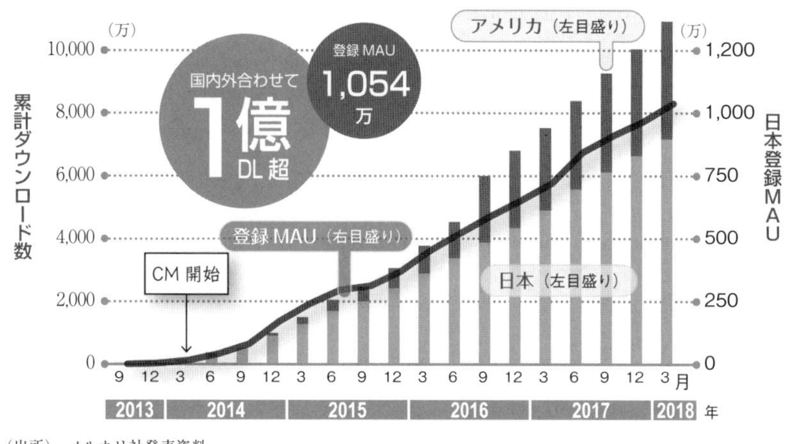


（出所）　メルカリ社発表資料。

500万に達しました。ダウンロードの増加を受けて，2014年10月から取引成立時に10％の手数料を取るように変更しましたが，これによる大きな影響はなく，2015年2月には累計ダウンロードはさらに伸び続け1000万を超えました。手数料を取るようになる以前はメルカリの売上高はほとんどありませんでしたが，2014年10月からいきなり40億円の売上高を計上することができました。またその次の期には一気に120億円まで伸びたのです（図表1-3）。

メルカリのテレビCMの投入は，フリマアプリの競争構造も大きく変えました。2014年にはサイバーエージェント社の「毎日フリマ」，エクストーン社の「Prima」，ヤフー・コミュニティーファクトリー社の「ClooShe」が撤退しました。他方，2014年11月に楽天の「ラクマ」が参入しファブリック社の「フリル」を18年2月に買収，メルカリに次ぐ業界第2位となったのです。こうしてテレビCMを境に，国内のフリマアプリ市場で下剋上が起こり，メルカリが頭ひとつ抜け出し，その後を楽天が追いかけるという構造に変わったのです。

図表1-4　メルカリの資金調達

| 発表日 | 投資家 | 金額（円） | 投資のステージ | メルカリの状態 |
|---|---|---|---|---|
| 2013/7/24 | イーストベンチャーズ | 5000万 | シード（サービスや製品ができていない段階で投じられる投資） | 2月　起業<br>7月　アプリ発表 |
| 2013/8/13 | ユナイテッド | 3億 | シリーズA（サービスや製品をリリースしユーザーを獲得するための投資） | 11月　社名をメルカリに改称 |
| 2014/3/31 | 伊藤忠テクノロジーベンチャーズ | 14億5000万 | シリーズB（ビジネスを確立し拡大させるための投資） | 5月　テレビCM放送開始 |
| | グロービス・キャピタル・パートナーズ | | | |
| | グローバル・ブレイン | | | |
| | GMOベンチャー・パートナーズ | | | |
| 2014/10/9 | World Innovation Lab（WiL） | 23億6000万 | シリーズC（ビジネスをさらに拡大させるための投資） | 10月　手数料を課金，収益が急増） |
| | グロービス・キャピタル・パートナーズ | | | |
| | グローバル・ブレイン | | | |
| | GMOベンチャー・パートナーズ | | | |
| | イーストベンチャーズ | | | |
| 2016/3/1 | World Innovation Lab（WiL） | 84億 | シリーズD（さらに拡大させるための投資） | |
| | 三井住友投資信託 | | | |
| | 三井物産 | | | |
| | グロービス・キャピタル・パートナーズ | | | |
| | グローバル・ブレイン | | | |
| | 日本政策投資銀行 | | | |
| | 総　計 | 125億6000万 | | |

（出所）奥平（2018），その他二次資料をもとに筆者加筆修正。

## 2.6　メルカリの資金調達と上場

メルカリはリスクを背負いつつも，ベンチャーキャピタルからタイミングのよい投資を受けて成長してきました。過去の資金調達は図表1-4の通りです。

創業から時間が経ち，成長するにつれ，投資家数と投資金額は増加し，結局，メルカリは未上場企業として総計 125.6 億円を調達しました。

もうひとつメルカリの資金調達を見るときに重要となるポイントは，投資のタイミングです。とくに初期段階のシード（サービスや製品ができていない段階で投じられる投資），シリーズ A（サービスや製品をリリースしユーザーを獲得するための投資），そしてシリーズ B（ビジネスを確立し拡大させるための投資）の前は手数料収入もなく，いずれも会社はギリギリの状態でした。もしこれらステージでの資金調達に失敗していたら，現在のメルカリはなかったでしょう。山田は大きなリスクを背負いつつ，自身や経営チームのキャリア，これまでの実績，さらにビジネスプランを材料に，投資家たちを説得し投資を引き出してきたのです。

こうしたベンチャーキャピタルからの投資によってメルカリは成長し，実績も上げていきました。こうして市場での信頼を蓄積したメルカリは，2018 年 5 月 14 日，東証マザーズへの上場が承認されました。上場初日の終値は公開価格を 2300 円上回る 5300 円となり，時価総額は 7100 億円を突破しました。上場によってメルカリはさらに 601 億円を調達することができました。こうしてメルカリはユニコーンから上場企業に変身したのです。

メルカリのミッションは，「新たな価値を生み出す世界的なマーケットプレイスを創る」です。そして行動規範は，「Go Bold（大胆にやろう）」，「All for One（すべては成功のために）」，「a Pro（プロフェッショナルであれ）」です。その言葉通り，メルカリは高邁な理念と大胆な決断によって，自社の成長のみならず，フリマアプリ市場を離陸させ，その業界自体を大きく変えてきたのです。

## *3*　ケースを解く

### *3.1*　社会における創業の役割

日本は他国に比べ企業の寿命が長いと言われています。しかし経済が成長していくためには，長寿企業が活性化されるのと同時に，新しい企業が生み出され，新陳代謝があることが必要です。現在の日本経済を支える大企業もかつては中小ベンチャー企業でした。彼らの成長とともに日本経済は繁栄していったのです。

社会において新しい企業の誕生と成長は，社会的に大きな意味があります。まず，①新陳代謝を通じて経済が活性化される，②新たな製品サービスを生み出し顧客満足を生み出す，③既存企業では対応できなかった社会的課題を解決する，などがあげられます（山田・江島，2017）。

現在，日本は開業率が他国に比べて低いという特徴を持っています。同時に廃業率も低いので，総じて日本は「少産少死」型社会であり，新陳代謝が高くない社会であると言えるでしょう。これに対し米国や中国といった国は，開業と廃業が両方とも活発に行われる「多産多死」型であり，多数生み出された企業の中から革新的企業が成長し，それらが経済成長を牽引しています（☞章末コラム参照）。

### *3.2*　起業の要件

起業には３つの要素が不可欠であると言われています（Timmons, 1999）。それは，①アントレプレナー，②事業機会，③経営資源，です。これら要素は互いにバランスがとれていなければなりませんし，いずれかの要素が著しく欠けると，成功は難しくなります。また，これらの要素を他の人に伝わるように表現したものが「ビジネスプラン」です（図表1-5）。

#### 1　アントレプレナー

事業機会に気づき，その機会を追求する組織をつくる人を「アントレプレナー」と呼びます（Bygrave and Zacharakis, 2002）。起業のプロセスは，不確実性やリスクにあふれていますが，アントレプレナーはそれを受け入れ対処します。どのような事業を始めるにしろ，アントレプレナーが新しい事業の成功のカギを握っています。

「ある事業機会がいかに正しく適切なものと思われても，その事業機会が優れた起業家能力と経営能力をもった人によって開拓されるのでなければ事業としての成功には至らないだろう」（Bygrave and Zacharakis, 2002）と言われるように，投資家が投資判断をするときには，投資先のアントレプレナーの性格，属性，経歴などを必ず見て評価します。アントレプレナーを評価するそれ以外の基準として，進出しようとしている業界に精通しているかどうか，これまで

図表1-5 起業のフレームワーク

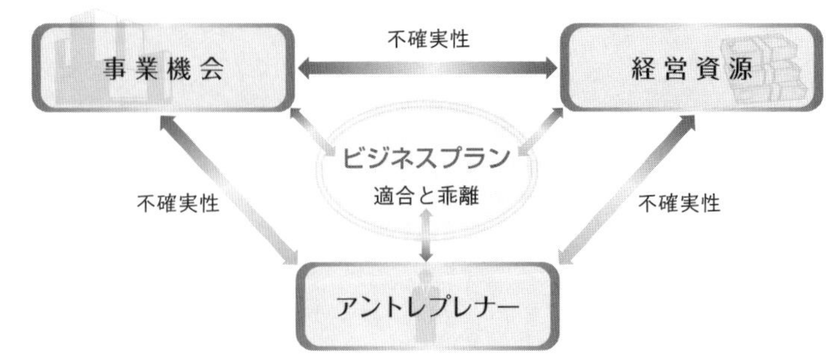


（出所） Timmons (1999) を一部筆者加筆修正。

経営をした経験があるかないか，とくに予算執行に対して責任を持った経験があるかどうか，などがあげられます。

アントレプレナーは経営に当たってチームをつくることがあります。一人で全部の仕事をこなさなければならないと，作業効率が低くなったり，情報収集力が限られたり，また精神的な安定感を得られないといったデメリットがあります。他方，チームだと仕事を分割し専門化できるので効率も上がり，複数の意見を聞いた意思決定ができるようになります。

一般的に投資家は，投資意思決定をするとき，投資候補先の経営チームの状態が重要な判断材料になると言われています。実際，メルカリ創業者の山田は成功経験のある起業家でしたが，創業に当たって，富島，石塚，猪木，小泉のような経験豊富な人材に声をかけてチームで経営に当たっており，彼らの実績や専門知識のみならず，チームワークも投資家に意思決定させる要素となっていました。

### 2　事業機会

事業機会とは，「アントレプレナーが，利益を生み出すと確信できるような経営資源の組み換えのための新たな手段・目的のアプローチを作れるような状況」(Shane, 2003) のことです。つまり事業機会がある状態とは，自社が事業を行ったときにそこに顧客が存在することなのです。

それでは，事業機会はどのように認識されるのでしょうか。Shane (2003)

によると，事業機会を見つけるには，①技術の変化，②政策・規制の変化，③社会の変化，④産業の変化，に着眼することを推奨しています。

山田は世界一周する中で，海外のフリマアプリのサービスの現状を見てきていましたし，また日本に帰国後，スマートフォンが急速に普及していることに気づきました。そのような経験から，山田は，「もっと使いやすく円滑なやりとりができるアプリを提供できればフリマアプリ市場をもっと拡大させることができる」という着想を得て，そこに事業機会を認識したのです。

3　経営資源

経営資源には「ヒト・モノ・カネ・情報」が含まれます。創業間もない企業にとってヒトと並んで最も重要なのはカネだと言えます。創業してからしばらくは赤字が累積していくのが一般的で，創業期の企業の生死はそのときの資金調達力によって決定されるといっても過言ではありません。

ベンチャー企業は必要な資金をタイミングよく調達することが求められます。成長期のベンチャー企業が手元資金を使い切る期間を，「バーンレート（burn rate）」と言い，ベンチャー企業はその時間内に収益を上げなくてはなりません。どんなに素晴らしい技術やビジネスアイデアを持っていたとしても，それを実現するための資金が底をついたら活動を止めなくてはならなくなってしまいます。また，たとえ事業が始まり製品・サービスができていたとしても，実際に売上げがたつまでには時間がかかるので，その間に資金が底をつかないようにしなければなりません。そのために何らかの収益のめどをつけるか，資金調達をしなければなりません。

企業が成長するときに，「必要とする資金量」が「調達できた資金量」を上回る，つまり資金量が不足し倒産ラインに近づく期間のことを「死の谷」と言います（図表1-6）。この「死の谷」をわたりきれるかどうかが，ベンチャー企業の成否の分岐点となります。

資金調達にはいくつかの手段があります。創業したばかりでまったく実績がない場合，「資金調達の3F」と呼ばれる創業者（Founder），家族（Family），友人（Friends）が出資者となるのが一般的です。

やがて事業が軌道に乗るに従い実績が出てくると，金融機関や投資家などからの「融資」や「出資」を受けるという選択肢が出てきます。「融資」と「出

図表1-6 ベンチャー企業の成長プロセスと資金需要

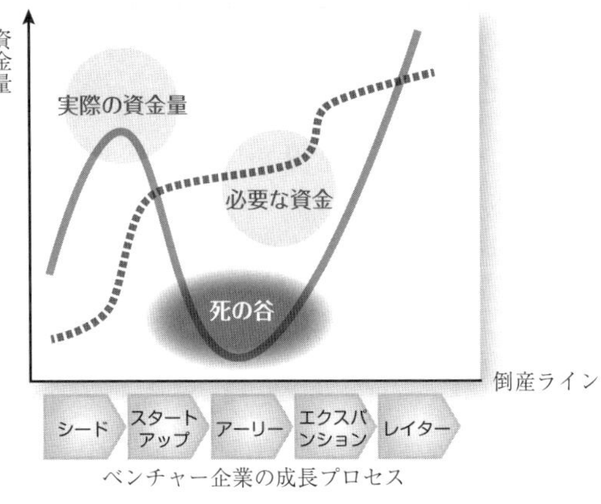


資」には大きな違いがあります。「融資」は返済の義務があり，かつ借りた分の利子を払います。たとえ利益がなくても，金利と元本の返済をしなくてはなりません。これに対し「出資」は，会社の業績に応じて投資を受けた側が「配当」の支払い額を決定することができ，利益がなければ配当を支払う必要はありません。会社が成功したときに得られるキャピタルゲイン（株式を買却することによって得られる売買差益）が投資家にとってのリターンとなります。

一般的に，預金者からのお金を預かる民間金融機関（銀行や信用金庫など）はリスクをとれないので着実に返済される「融資」を行う一方，エンジェル（個人投資家）やベンチャーキャピタルはハイリスク・ハイリターンを狙って「出資」を行います。

ただしエンジェルもベンチャーキャピタルもただ投資するだけではなく，出資比率に応じて，投資先の経営に介入することが一般的にはできます。時には投資家が自ら役員となって取締役会に参加したり，投資家の出資金を経営者が有効に使っているかどうかを監視したり，株主総会などで経営に関する意見を言う機会が与えられたりします。もし投資家の意見が経営者のそれと衝突した場合，出資金を取り下げることもできます。このようなことから出資を受けた経営者は，投資家の意見と自分の戦略とのバランスをとりつつ経営を行わなければなりません。

④　ビジネスプラン

アントレプレナーが，市場のニーズを踏まえた創業目的を達成するために，事業機会を分析し，それを達成するための経営資源を集め，それを実行するためにどのような組織を作り実行していくかについてのストーリーが描かれ，それが実現可能であり妥当なものであることを示す文書のことをビジネスプランと言います。

ビジネスプランはアントレプレナーの頭の中にあるアイデアを，他の人にわかるように表現したものです。資源を持たないアントレプレナーは，ビジネスプランを使って資金提供者を説得し，経営資源を提供してもらうのです。

ビジネスプランは正しさや正確性だけではなく，夢や将来性，さらにその実現可能性が高いことが説得的に書かれていることが求められます。また創業者の思いや熱意が伝わるものの方が望ましいと言えます。つまり，その企業を応援したくなる共感を呼び起こすことが重要なのです。

### 3.3　ベンチャー企業の成長における投資環境の重要性

有望な成長志向の高いベンチャー企業に投資をするのは，ハイリスク・ハイリターンを期待して投資をするエンジェルやベンチャーキャピタルなど投資家です。エンジェルは個人投資家であるのに対し，ベンチャーキャピタルは複数の投資家から出資を集めてファンドを形成し，有望なベンチャー企業などに投資をします。このときリスク分散のために複数の企業に投資するのが一般的です。

日本には起業するアントレプレナーも，彼らを支援する投資家も少ないと言われています。ベンチャーキャピタルの投資額を見ると，日本は米国の50分の1，近年は国家を挙げて創業を推奨している中国にも追い抜かれています(図表1-7)。

米国の場合，成功したアントレプレナーが投資家になって他のアントレプレナーに投資するということが頻繁に行われています。近年，日本にも成功したアントレプレナーが現れ，後続に対し投資をするということが起こり始めています。メルカリも，2017年7月にメルカリファンド（mercari FUND）を組成

図表1-7　日米欧中のベンチャー投資の推移

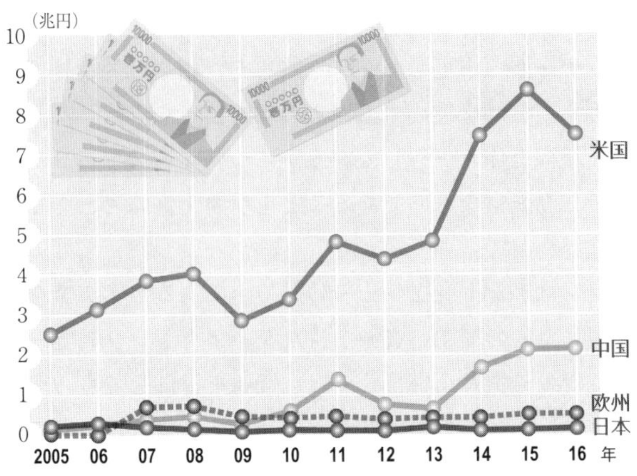


(出所)ベンチャーエンタープライズセンター(2017)。

し有望な企業に投資をしています。

またベンチャーキャピタルやエンジェルが国境を越えて活動するようになったことから，海外のベンチャーキャピタルが日本のベンチャー企業に投資をする，また日本のベンチャーキャピタルが海外のベンチャー企業に投資をするということも起きています。

一般的にベンチャーキャピタルやエンジェルはベンチャー企業が集積する地域に集まる傾向があります。たとえば米国カリフォルニア州のシリコンバレーと呼ばれる地域には，ベンチャー企業のみならず，投資家やベンチャー企業を支援するサービス提供者，大学などが集積しており，このような場所に立地するベンチャー企業は資金調達がしやすく，成功事例も多く出ています。日本においても，このようなベンチャー企業が活動しやすい地域を作ろうと，政府が主導して各地で環境整備が取り組まれています。

### *3.4*　出口戦略

出口戦略とは，ベンチャー企業の創業者やベンチャーキャピタルなどの出資者が，投下した資本を回収する方法のことです。近年，短期間の成長と投資回収を目的として設立されるベンチャー企業が現れ，これらの企業をあえて「スタートアップ」と呼ぶことが一般的になっています。スタートアップにとって出口戦略の選択は重要な意思決定となります。

企業の出口戦略には主に，①上場（IPO），②M&A（他社への事業売却），③清算，④倒産，があります。ベンチャー企業や投資家にとって望ましい出口戦略は，①上場，②M&Aとなります。

企業が成長し，売上げのめどが立つようになると，企業は上場を視野に入れ始めます。上場とは，経営者およびその家族，友人，知り合いなど限られた特定の人によって保有されている株式を，不特定多数の人々が入手したり売買したりできるように，株式市場での取引対象にすることです。上場によって企業は多額の資金調達が可能になります。また上場によって株式市場で付けられた市場価格と，創業時に株主に売り渡したときの価格との間に差がある場合（一般的に市場価格の方が高くなります），その差額と保有株式数を掛けた分だけ創業者は利益を得ることができます。これを創業者利益と呼びます。

上場することによって，不特定多数の株主や社会に対する企業の経営責任はこれまで以上に重くなります。毎年，株主総会を開いて経営状況を報告したり，株主によって経営陣が選任および解任されたり，株主が経営に意見をしてくることに対応しなければなりません。つまり「株主の顔を見た経営」をしなければならなくなります。

これまで多くのベンチャー企業は上場を目指してきましたが，近年，出口戦略としてM&Aを選択する例が増えてきています。これは他社に企業を売却するという方法です。M&Aが行われると，被買収企業の株価は往々にして上昇するため，創業者はキャピタルゲインを得ることができ，まとまった資金を手に入れることができます。買収する側にとっても，他社の優れた技術や経営資源を短期間で入手できるというメリットがあります。

現在，米国のベンチャー企業の出口戦略は，M&Aが8割，上場が2割と，M&Aの方が圧倒的多数を占めています。日本でもM&Aが増加してきています。メルカリ創業者の山田がメルカリを設立する前に設立したウノウ社を，米国のゲーム会社，ジンガ社に売却したのも典型的なM&Aの事例です。山田はこれによって金銭的にも，キャリアとしても大きなリターンを得ることがで

## コラム　日本の創業の現状

日本の少子高齢化が問題となっていますが，同じことは企業にも当てはまります。日本企業は他国に比べ長寿企業が多いと言われています。(1)の図からわかるように，日本は創業から10年以上の企業が4分の3以上と圧倒的多数を占めており，創業期の企業は数パーセントにしかすぎません。このことから他国と比較しても，日本の企業社会が高齢化していることがわかるでしょう。また(2)と(3)の図が示すように，開業率，廃業率の両方とも日本は他国に比べ著しく低くなっています。総じて，日本経済は新陳代謝が悪く，なかなか新しい企業が生まれにくい国となっており，それが経済成長の停滞の原因のひとつになっています。

(1)　日本企業の年齢別分布

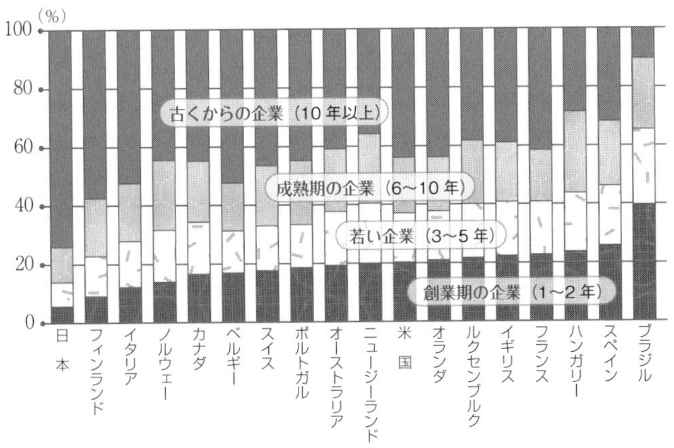


（出所）Criscuolo et al. (2014), OECD Economic Survey (2017).

(2)　世界各国の開業率推移

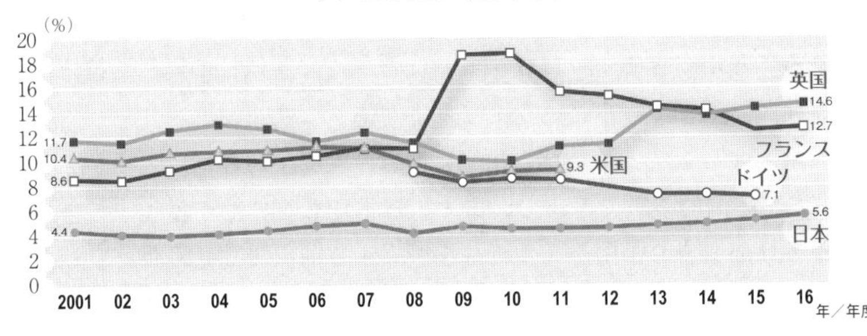


（出所）中小企業庁（2017），106ページ。

(3) 世界各国の廃業率推移

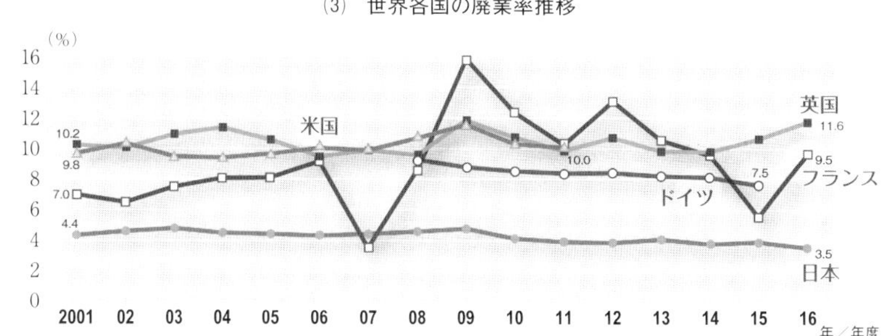


（出所）　中小企業庁（2017），106ページ。

世界を見渡すと「創業」を主要な経済政策に据えた国々が増えており，それは成果を上げつつあります。たとえば中国は，「自主創新」「大衆創業，万衆創新」というスローガンのもと，政府自らが旗を振って，イノベーションと起業の促進を図っています。そのために海外で教育を受けた高学歴者を中国に呼び戻し（彼らのことを「海亀」と呼びます）会社を設立することを推奨したり，ベンチャー企業に補助金を与えたり，インキュベーターと言われる起業のためのスペースを提供したり，また特区を指定して海外企業に規制を課すなどベンチャー企業が成長しやすい環境づくりをしてきました。

またシンガポールは，長らく海外からアントレプレナーを呼び込むための施策を講じてきましたが，近年は「国民のアントレプレナー化」にも力を入れています。たとえばシンガポール国立大学は，学生を1年間，海外のベンチャー企業にインターンシップとして派遣するというプログラム，「NUS Overseas Colleges」を行っています。帰国後，起業を希望する学生に対し，Block71（現在はJTC Launchpad @one-northに改称）という工場跡を改装した起業のためのスペースを提供し，アントレプレナーが集積する場所を作っています。他にも欧米諸国はもとより，インド，イスラエルといった国々も創業支援を積極的に行っています。

日本も政府が起業を促進するさまざまな政策をとっています。大学発ベンチャーを支援したり，アントレプレナーに補助金を付けたり，ビジネスプラン・コンテストを行ったり，近年ではベンチャー企業の海外進出を支援する施策（J-Startup）を進めています。また日本には少ないと言われている投資家を優遇したり，海外の投資家を呼び込んだりして，投資環境も整えようとしています。

しかし日本において最も根本的な問題は，リスクを背負って起業をしようとするアントレプレナーの数がそもそも少ないという点です。これに対して，アントレプレナー人材の育成が，大学でも徐々に始められるようになりました。しかし最も効果的だと思われるのは，本章で取り上げた山田のような成功したアントレプレナーの存在です。彼らから影響を受けた人々が後に続き，起業する人の数が増えていくことによって，日本の創業環境も徐々に変わっていくことでしょう。

き，それらはその後のメルカリ設立時に活かされることになりました。

## 4　考えてみよう・調べてみよう

(1)　皆さんが関心のある企業の創業者を選び，その創業者が起業することになった経緯や理由を，創業者の自伝や雑誌記事，新聞記事などから調べてみましょう。そして当時の創業者がどのようなことを考えていたのか，そのときの創業者を取り巻く環境はどのようなものだったのか，事業を始めるに当たってどのような課題に直面し，それをどう乗り越えたのかといった点に着目して，その創業者の起業プロセスを整理してみましょう。

(2)　資金調達は創業時に最も困難な問題のひとつであると言われています。創業をするとき，企業にはどのような資金調達の手段があるのでしょうか。資金調達方法を複数あげてみましょう。また，各手法の特徴と，メリットとデメリットをあげてみましょう。

(3)　世界で起業が盛んに行われている地域（シリコンバレー（米），ボストン（米），深圳（中国），北京（中国），バンガロール（インド），イスラエル，シンガポールなど）が多数あります。その中のひとつを選んで，その地域ではどのようなベンチャー企業があるのか，その企業がどのような経緯で誕生・成長してきたのかを調べてみましょう。またその地域にはどのようなアントレプレナーを支援する仕組みがあるのかについても調べてみましょう。

## 5　読んでみよう

奥平和行（2018）『メルカリ：希代のスタートアップ，野心と焦りと挑戦の5年間』日経 BP 社。

◈メルカリの創業から今日までについて，関係者のインタビューをもとに，詳細なプロセスが描かれています。起業プロセスの実態を知るには興味深い一冊です。

忽那憲治・長谷川博和・高橋徳行・五十嵐伸吾・山田仁一郎（2013）『アントレプレナーシップ入門：ベンチャーの創造を学ぶ』有斐閣。

⇨起業のプロセスについて一連の流れがわかるようになっています。独学でアントレプレナーを学ぶのに適した書籍です。

山田幸三・江島由裕編著（2017）『1からのアントレプレナーシップ』碩学社（発売・中央経済社）。

⇨アントレプレナーシップに焦点を当てたテキストで，アントレプレナーのタイプ，ベンチャー企業のライフステージ，地域とアントレプレナーなど，起業に関わるさまざまな事例が紹介されています。

新藤晴臣（2015）『アントレプレナー戦略論：事業コンセプトの創造と展開』中央経済社。

⇨アントレプレナーシップに関する基礎的知識を網羅しており，とりわけベンチャーが持つべき戦略について紙面を割いています。著者も関わった日本のベンチャーの事例は読みごたえがあります。

# 第2章 会社とは誰のものか

## カゴメのファン株主拡大戦略

キーワード
個人株主　経営者支配
持ち合い解消　従業員共同体
コーポレート・ガバナンス

### *1*　この章のねらい

株式会社は，基本的に，資本の拠出者である株主によって所有され，支配されるシステムとして制度化されてきました。しかし株式会社の大規模化は，株式の高度な分散を招来し，これによって個々の株主の支配力は弱められていきます。代わって支配的な地位についたのが専門経営者です。所有する者と支配する者との分離という事態が生じたのです。すでに米国では1920年代にこの傾向が見られ，以後，米国の株式会社では経営者が支配力を増しましたが，1950年代から機関投資家などの株主側の勢力が台頭し，再びその力関係は不安定なものになっていきました。

一方，日本の株式会社でも戦後の財閥解体を経て，急速に所有と支配の分離が見られるようになりますが，経営者は私的な利益を追求するのではなく，金融機関などとの株式持ち合いの安定的な株主構造のもと，会社それ自体の発展と繁栄を目指しました。しかし，バブル崩壊後の1990年代後半から，持ち合いの解消が進み，乗っ取りなど敵対的な企業買収の動きも目立つようになりました。そして今，日本企業の経営者は再び，安定的な株主関係を求めてさまざまな戦略を模索しています。

はたして会社とは，誰のためのものなのでしょうか。株主，経営者，あるいはそれ以外の誰かのためのものなのでしょうか。本章では，株式持ち合いに代わる，個人株主のファン化によって経営の安定を目指したカゴメのケースを取り上げ，日本企業の支配構造の特徴とその変遷について検討していきたいと思います。

## 2　ケース：カゴメのファン株主拡大戦略

カゴメ株式会社（本社，愛知県名古屋市。以下，カゴメと表記）は，日頃の食卓において身近な存在であるトマトケチャップやトマトジュースを始めとする加工調味料，食品を数多く提供する会社として知られています。カゴメは，自社商品を買う消費者と株主は表裏一体であるという考えから，2001年より「ファン株主10万人構想」を経営目標に掲げ，個人株主に向けて「開かれた企業」づくりに取り組んできました。

### 2.1　カゴメの誕生

1875（明治8）年，愛知県知多郡名和村（現，東海市名和町）の農家の長男として生まれたカゴメの創業者，蟹江一太郎は日清戦争から帰還後，1899年に故郷で西洋野菜の栽培に着手し，トマトの発芽に成功します。従軍中，上官から当時軍隊でも使われ始めた西洋野菜の栽培・加工を強く勧められたのがヒントになったと言われています。しかしトマトの生食の習慣のなかった当時の日本では市場を思うように開拓できず，そこで一太郎は，西洋ではトマトの加工品が広く流通していることを聞き及び，1903年，日本で最初のトマトソース（現在のトマトピューレー）の製造に乗り出します。そして1906年には自宅そばに工場を建設，トマトソースの本格的生産に入ります。1908年にはトマトケチャップおよびウスターソースの製造を開始し，1914年に成田源太郎，蟹江友太郎との共同出資により，資本金3000円で愛知トマトソース製造合資会社（1923年に株式会社に改組，会社形態の詳細についてはコラムを参照）を設立，これが今日のカゴメ株式会社（社名はかつての商標が籠（かご）を編んだときの目に似ていることに由来する）の前身となり，同社はこれ以降資本金をたびたび増強して発展していきます。

**企業プロフィール**

**カゴメ株式会社**（2018年12月期）
- **創　　業**　**1899年**
- **設　　立**　**1949年8月**
- **資 本 金**　**200億円**
- **事業分野**　**調味食品，保存食品，飲料，その他の食品の製造・販売 種苗，青果物の仕入れ・生産・販売**
- **売 上 高**　**2098億円**（連結）
- **営業利益**　**120億円**（連結）
- **従業員数**　**2504人**（連結）
- **関係会社数**　**19社**（うち子会社15社，関連会社4社）

### *2.2*　サラリーマン社長の誕生

カゴメによって開拓されたこれらトマト加工品の市場ですが，その規模が拡大するのは洋食が各家庭に普及する1950年代に入ってからです。カゴメは日本経済の高度成長の波に乗って急成長を遂げます。年間売上高は1970年代にかけて5年ごとにほぼ倍増していきました。

しかしながら1970年代後半になると，トマトジュースを始めとする加工品市場の成熟と他企業参入による競争激化に伴い，次第にカゴメの業績は頭打ちになってきます。1990年代になると，同社は「農業食品メーカー」を掲げて事業の見直しを行い，2000あった商品数を半数近くに縮小させます。こうした「選択と集中」の結果，経営効率は改善されたものの，業績は停滞したままで，成長の兆しを社員が感じることはありませんでした。

そんな中，1996年に，これまで蟹江家など創業家出身の社長が5代続いてきた同社の約100年の歴史にあって，営業畑出身の伊藤正嗣が初の“サラリーマン社長”としてトップに抜擢されました。

低迷状況の打開を期待されて登場した伊藤社長は，経営陣と徹底した議論を行い，自社ブランドを再定義し，売上高を倍増させる具体的な数値目標を掲げて，社員の意識改革を通じた業績回復を目指しました。野菜飲料や加工食品など商品を多様化させ，結果的に売上げは向上していきました。

### *2.3*　株式の持ち合い解消と逆転の発想

2000年には，創業100周年を節目としてカゴメは新たに企業理念を制定しました。伊藤社長は，創業精神を引き継いだ「感謝」「自然」に加えて，新たに「開かれた企業」を提示します。長年，創業家グループが直接的に経営を担ってきた状態から，創業家以外の人材による経営体制へと移行する時期にあっ

### コラム　企業の形態的進化

営利事業組織である企業は，資本主義の発展とともに進化してきました。企業の出発点は，今日でも商店街の小規模商店に見られるような個人企業と言えます。個人企業とは出資者が一人の企業を言います。出資者が一個人に限定されることから，出資の規模そのものに限界があり，そのため資本金は信用の基礎としては不十分なものになります。したがって金融機関からの借入には人的信用が必要となり，事業主であり出資者でもある個人が責任を持って企業の借金を完済するという人的保証を行うことになります。必然的に債務履行に関する無限責任が出資者に課されます。

無限責任を求められることから他人に経営を任せることはできず，個人企業はどうしても経営能力的な限界に直面することになります。そこで出資者の複数化（出資の分散）が図られることになります。出資者が複数存在する企業を「会社」と言います。会社は複数の出資者からなる集団企業という性格を有します。

会社の最も初期的な形態が「合名会社」です。共同出資により企業は資本金の規模を拡大させます。と同時に，合議制によって各出資者の意思を統一させることになります。しかし合議を成り立たせるには個人間の信頼関係が必要であり，おのずと信頼関係で結ばれる範囲のごく少人数に限定されることになります。実際，合名会社の出資者は親族で固められるケースが多く見受けられます。また出資者数に限界があることから，資本金は信用の基礎としてはなお不十分であり，借入に当たっては依然として人的信用保証が必要とされました。出資者は全員が債務履行に関する無限責任を連帯して負ったのです。経営業務の執行も共同して行うものとなっていました。

大きな制約を課された合名会社の限界を突破したのが「合資会社」です。合資会社は，経営への支配権（発言権）を有しない種類の出資者を新たにつくり，旧来の出資者間の合議制を維持しつつ，同時に出資の分散を推し進めることを可能にした会社です。本来ならば出資者に当然認められる支配権を放棄させる代わりに，新規の出資者に与えられた見返りは，債務履行に関する無限責任の免除（責任の有限化）でした。こうして資本の持分に対するリターンを得るだけの有限責任社員を企業の外部に積極的に開拓していくことで，規模の拡大を図ることができました。しかしながら合資会社にあっても，無限責任を負う支配出資者の個人的資質を著しく超える規模の増大は不可能でした。

こうした制度上の問題を解決するに至ったのが「株式会社」です。持分すべてについて有限責任化するとともに，株式という形で持分単位を小口化し，多数の投資家から株式と引き換えに巨額の資金を調達することに成功します。株式会社に払い込まれた資金は，当該会社の自己資本として，会社自体がリスクを負担するための財政基盤となりました。また会社経営に対する支配権は，株式それ自体に付与されることになり，出資者は保有する株式数に比例した大きさの支配権を得ることになりました。実質的には多数の株式を有する大株主が支配権限を持ちました。

こうして株式会社は，合資会社が持っていた資金調達とリスク負担の限界を突破して，大規模な事業活動を担うことができる，最高の，完成された企業形態となったのです。また株式を売買する株式市場が発達することで，出資者が株式を売却して投下資金を回収しやすい環境が生まれ，いっそう株式の分散化が図られるようになっていきました。株式会社は，大航海時代の17世紀初頭に生まれたオランダ東インド会社を嚆矢としますが，19世紀の米国において鉄道や鉄鋼など巨額の資金が必要になる事業活動にも柔軟に対応できたため，急速に普及することになるのです。

て，あらためてどのような理念を社員は共有すべきであるかが問われたのです。

「開かれた企業」の理念を具体化させるに当たって，同社はIR（Investor Relations：投資家向けの情報開示）や株主政策に注力します。創業家経営者の時代には，自らが大株主であるゆえに，あまりIRや株主政策を考える必要はありませんでした。しかし，ほとんど株を持たない生え抜き社員が経営トップに立ったことで，株主はきわめて重要な利害関係者であると認識されるようになりました。まさに同社は「株主政策に目覚めざるをえなかった」のです。

そんな折，金融機関との株式の持ち合い解消の流れが2000年前後から現れてきます。これまでカゴメは，創業家が持つ約3割の株式に加えて，銀行や取引先企業が4割以上を保有し，“安定株主”の比率が7割を超すという典型的な持ち合い構造を示していました。しかし，1990年代後半から加速した銀行を中心とした株式持ち合い解消の動きはカゴメにも影響を与えます。

まず2000年1月，主要取引銀行のひとつである富士銀行（現，みずほ銀行）が，カゴメ株120万株（発行済み株式総数の約1.6％）をすべてグループの機関投資家に売却します。「銀行の持ち合い解消の動きに受け身で対応していたら当社の株価は下がり続ける」との危機感が高まり，同社は持ち合い解消により流動化した自社株の受け皿を模索します。

カゴメの事業構造では，ハイリスク・ハイリターンを求める株主の要請には応えることが難しく，また取引相手など別の企業を探しても，国内企業の業績は長期的に厳しさを増しており「はたして安定株主と言えるのか」との疑問が残りました。そこで，当時の伊藤社長や喜岡浩二副社長（2002年10月に伊藤氏の後を継いで社長に就任）ら経営陣が出した結論は，逆転の発想とも言える，個人株主の拡大というものでした。どんな株主像を描くべきかという課題に対して，日常的にカゴメのブランドや価値を実感してもらいやすい消費者に株を持ってもらうことが，最も安定した株主づくりになるだろうと同社は考えたのです。また当時6000人だった株主をどこまで増やすべきかについては，日本人1億人のうち千人にひとり（10万人）の人がカゴメのファンになれば，会社の体質や文化にも大きな影響を与えるはずということで，10万人という目標が立てられたのでした。

## 2.4　株主優待制度と株主懇親会

2001年11月，カゴメは東海銀行（現，三菱UFJ銀行）など11の金融機関に働きかけ，各行が保有する同社株式のうち800万株の売り出しを決定し，同年12月に実現します。同社も持ち合い関係にある金融機関の株式を手放すこととし，持ち合い株のうちの5割が放出されることとなりました。大株主の保有する株式を放出し，個人投資家層を中心に幅広く販売することで，流動性の向上を狙ったのです。

また個人投資家への株式の浸透を図るため，カゴメは次のようなIR戦略をとります。まず2001年8月には株式の売買単位を1000株から100株に下げ，個人投資家でも買いやすい環境を作りました。当時の株価は1100円前後。「100万円なら二の足を踏む主婦も，10万円ならへそくりで何とかなる」という同社の狙いは当たり，同年9月には株主数は約1万人に達しました（図表2-1）。

次に打った手が，株主優待制度の拡充でした。2001年9月から年2回，3月末と9月末の時点での保有株数に応じて1000円ないし3000円相当の自社商品を贈呈する優待制度を取り入れました（写真2-1：2019年以降，物流コストの削減などを目的に株主優待品の提供は年2回から年1回に縮小されています）。

またすでに2000年の株主総会から株主向け試食会を開いて手ごたえをつかんでいた同社は，株主総会以前の2月に経営トップと個人株主が集う懇親会の取り組みを，東京と名古屋で2002年から始めました。社長や副社長をはじめ役員と従業員が参加し，カゴメ製品の試食会を始めとして，事業のプレゼンテ

図表2-1　カゴメの株主数（期末）の推移

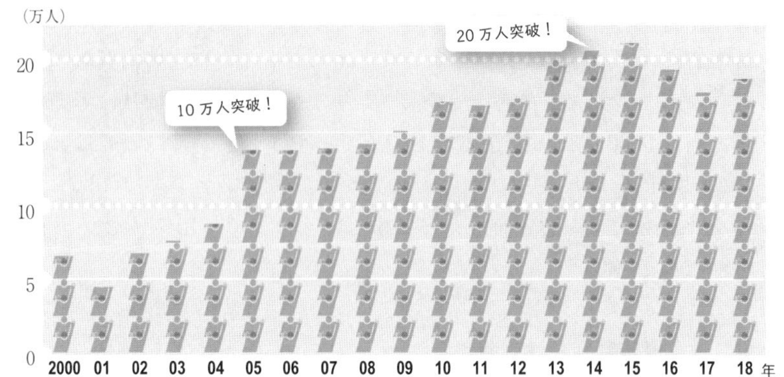


（注）　法人株主を含む。期末時点（2013年度まで3月末，2014年度から12月末）。
（出所）　カゴメ各期報告書（定時株主総会招集通知添付書類）。

写真2-1　株主優待品

写真提供　カゴメ株式会社

写真2-2　個人株主との交流の様子

写真提供　カゴメ株式会社

ーションを行うなど個人株主との交流の場として発展していきました（写真2-2）。株主懇親会での参加者は毎年のように増加し，第1回目の2002年には約1000人であったのが，2006年には1万人を超える規模になりました。

株主懇親会は，単に消費者でもある株主から意見を聞くだけの場ではなく，それに参加する従業員にとっても，多くの株主と接することで「自らが社会の公器であり，期待に応えなければならない」（喜岡社長，当時）という意識が芽生える場として同社は捉えました。これがカゴメの企業文化を育む土壌になる

図表2-2　カゴメの株価と株出来高の推移

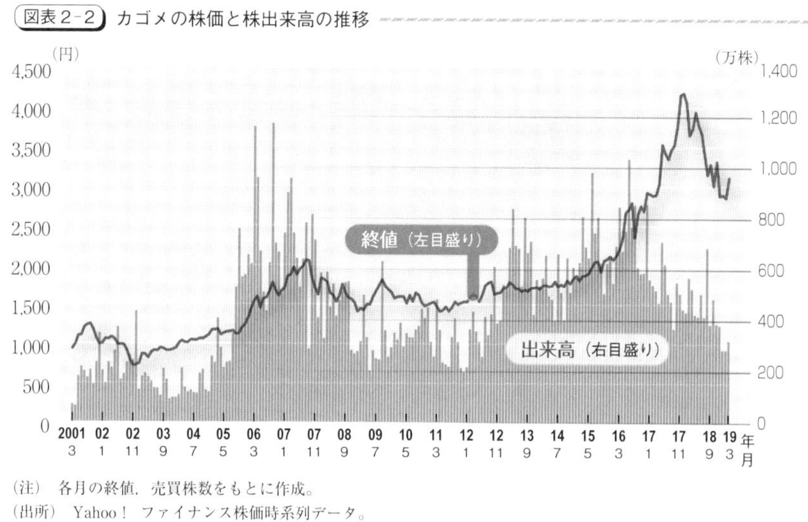


（注）各月の終値，売買株数をもとに作成。
（出所）Yahoo！ ファイナンス株価時系列データ。

と，喜岡社長は述べました。こうしたファン株主の存在こそが，カゴメの企業価値を高めているのであり，それゆえ，こうした企業価値を棄損するような敵対的な株の買占めはありえないというのが，同社の考えでした。

その後も，従来，機関投資家やアナリスト向けであった決算説明会を個人投資家向けに開催したり，2012年度からはトマト菜園や工場などの事業所見学会，14年度からは個人株主が社長と直接対話できる「社長と語る会」も全国各地で実施したりするようになりました。

## 2.5　順調な発展と“生みの苦しみ”

さて，カゴメの狙い通り，個人投資家を中心に株主数は増加の一途をたどりました（図表2-1）。もっとも，順風満帆に株主政策は進んだわけではなく，2000年代初頭，主力の野菜系飲料の不振やデフレ不況の影響で株価が低迷する生みの苦しみを味わいます（図表2-2）。その際，売りに動いたのは，同社によれば個人株主ではなく主に機関投資家でした。このことは市場原理のみで行動する株主がいる一方で，長期保有を前提としたファン株主も着実に増えてい

図表 2-3　カゴメの株主の分布状況の推移（2001～06 年度）

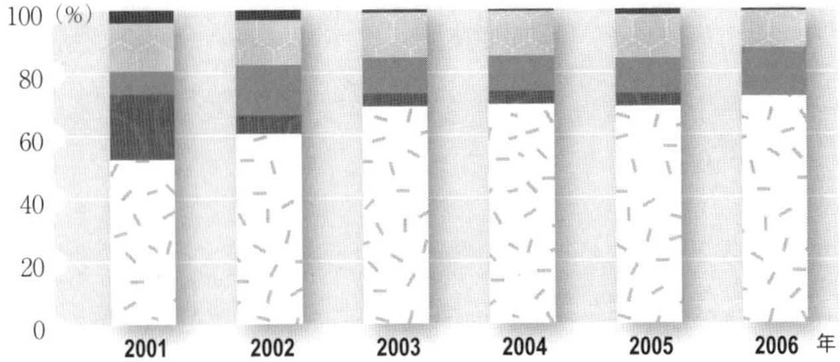

| | 2001年3月 | 2002年3月 | 2003年3月 | 2004年3月 | 2005年3月 | 2006年3月 |
|---|---|---|---|---|---|---|
| 外国法人等 | 4 | 3.2 | 1 | 0.7 | 1.8 | 0.8 |
| 企業法人 | 15.3 | 14.3 | 14.3 | 14.1 | 13.9 | 11.6 |
| 機関投資家等 | 7.3 | 15.9 | 11.3 | 11.2 | 11.1 | 15.4 |
| 持合金融機関 | 21 | 6.1 | 4.2 | 4.2 | 4.1 | 0 |
| 個人（創業家含む） | 52.4 | 60.5 | 69.2 | 69.8 | 69.1 | 72.2 |

（出所）　同社 2006 年「株主だより」。

ることを同社に確信させます。その後，同社は，株主 10 万人計画の旗を降ろすことなく，むしろ積極的に株式の放出を進めていきました。

こうした粘り強い同社の取り組みもあり，2003 年 3 月末，個人（創業家を含む）の持ち株比率は 7 割にまで達しました（図表 2-3）。同年 9 月に実施した株主優待アンケートでは，回答を寄せた約 1 万 5 千人の株主の 7 割が今後の保有予定期間について「3 年以上」との答えを示し，同社の狙い通り，長期保有傾向が強いことをうかがわせました。

## 2.6　10 万人計画の達成

そして 2005 年 9 月末にはついに，個人株主が 10 万人を超え，ファン株主 10 万人計画を達成しました（図表 2-1）。これはカゴメの全株主数の 99%，全株式数の 65% に達するものでした。個人株主の 3 割は専業主婦で占められるに至りました（図表 2-4）。喜岡社長（当時）は，個人株主が 10 万人に達したの

図表2-4　カゴメ個人株主の職業別構成比

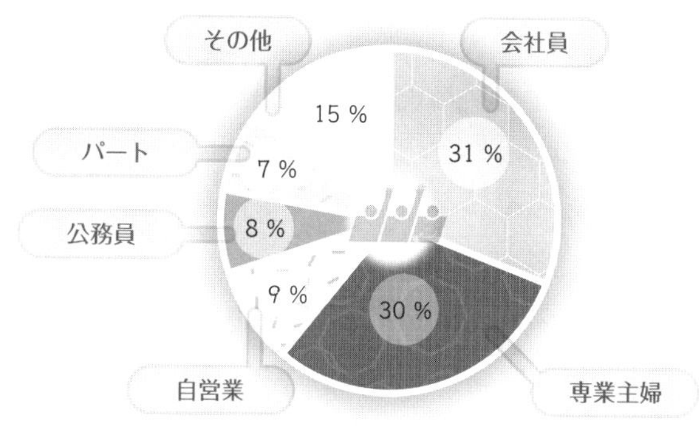


（出所）同社2006年3月期事業報告書（2005年9月末の株主優待アンケートに基づく）。

を機に「お客様資本の会社になった」と表現しました。

さらに2006年1月にはカゴメは，発行済み株式数の1.4%に当たる約125万株を売り出すと発表します。対象は，みずほコーポレート銀行（現，みずほ銀行）の保有分が約100万株，創業者一族の保有分が25万株。この売り出しによって金融機関との株式持ち合いは完全に解消されることになりました（図表2-3）。その後，2010年には三菱東京UFJ銀行（現，三菱UFJ銀行）が純投資目的で保有するカゴメ株200万株（2%）についても売り出しを実施すると発表しました。100株単位で売り出すことで固定客を取り込み2万人程度の個人株主増を狙ったのでした。こうして2014年12月にはついに株主数が20万人を突破しました（図表2-1）。持ち合いを解消するという「株主政策を通じて，市民性と透明度の高い，開かれた企業理念の会社に大きく前進できた」と喜岡社長は振り返ります。彼は次のようなコメントを残しています。「会社は誰のものかと問われたら，株主のものと答える。だが，誰のためのものかと問われたら，答えは違う。お客様，従業員，株主のものというのが私の考えだ」。

## 2.7　アサヒビールとの資本提携とその解消

カゴメは2007年2月，食品・飲料事業の拡充を目指すアサヒビール（現，アサヒグループホールディングス，以下，アサヒと表記）と業務・資本提携するこ

図表2-5　カゴメの株主の分布状況の推移（2006〜18年度）

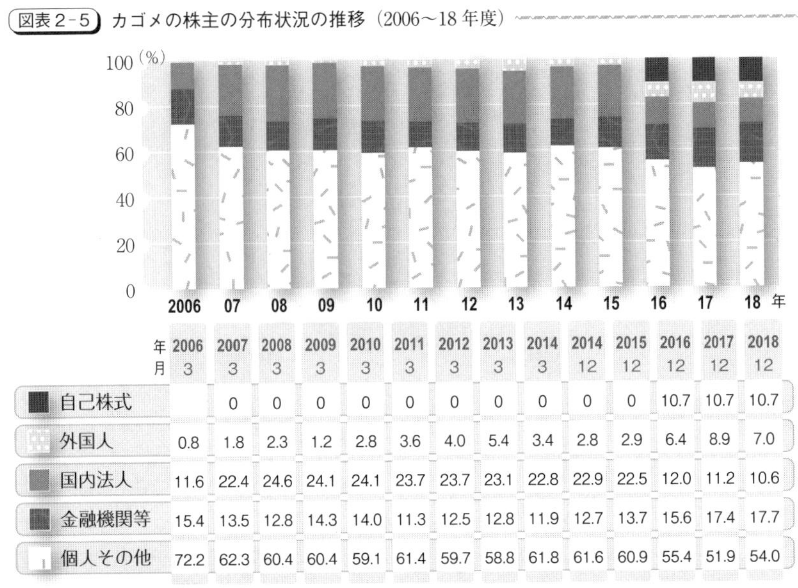


| 年<br>月 | 2006<br>3 | 2007<br>3 | 2008<br>3 | 2009<br>3 | 2010<br>3 | 2011<br>3 | 2012<br>3 | 2013<br>3 | 2014<br>3 | 2014<br>12 | 2015<br>12 | 2016<br>12 | 2017<br>12 | 2018<br>12 |
|---|---|---|---|---|---|---|---|---|---|---|---|---|---|---|
| 自己株式 | | 0 | 0 | 0 | 0 | 0 | 0 | 0 | 0 | 0 | 0 | 10.7 | 10.7 | 10.7 |
| 外国人 | 0.8 | 1.8 | 2.3 | 1.2 | 2.8 | 3.6 | 4.0 | 5.4 | 3.4 | 2.8 | 2.9 | 6.4 | 8.9 | 7.0 |
| 国内法人 | 11.6 | 22.4 | 24.6 | 24.1 | 24.1 | 23.7 | 23.7 | 23.1 | 22.8 | 22.9 | 22.5 | 12.0 | 11.2 | 10.6 |
| 金融機関等 | 15.4 | 13.5 | 12.8 | 14.3 | 14.0 | 11.3 | 12.5 | 12.8 | 11.9 | 12.7 | 13.7 | 15.6 | 17.4 | 17.7 |
| 個人その他 | 72.2 | 62.3 | 60.4 | 60.4 | 59.1 | 61.4 | 59.7 | 58.8 | 61.8 | 61.6 | 60.9 | 55.4 | 51.9 | 54.0 |

（注）　期末時点（2013年度まで3月末，2014年度から12月末）。
（出所）　カゴメ各期報告書（定時株主総会招集通知添付書類）。

とを発表しました。その後，カゴメが実施する第三者割当増資をアサヒが引き受け，約10%の株式を166億円で取得し筆頭株主になりました。カゴメの狙いは，表向きはアサヒとの共同開発，生産や営業，物流面の協業の促進でしたが，アサヒという安定株主を得ることで買収防衛の意味合いもあるとされました。当時の喜岡社長（カゴメ）は両社が対等なパートナー関係であることを強調し，株式の持ち合いへと資本提携を進めました。

一時はカゴメの野菜原料を使ったアルコール飲料をアサヒが販売するなど生産面などで連携した両社でしたが，その後，業務面での提携は深まらず，海外展開を急ぐアサヒ側の思惑もあって2016年11月，株式の持ち合いを解消します。アサヒが保有する1000万株（約10%）の自社株をカゴメが公開買付けする形となりました（図表2-5参照）。同時にカゴメはアサヒ株100万株（0.2%）を放出しました。カゴメにとって，個人のファン株主が増加し，敵対的買収への防衛策としての意義が薄らいだことも影響していると考えられました。

## コラム　日本版コーポレート・ガバナンス・コード

コーポレート・ガバナンス（企業統治）とは，企業の価値を高めたり，企業の掲げる理念を実現したりするために，公正で効率的な経営を継続して行うための仕組みを指します。ガバナンスが機能することで，違法行為の防止や経営者の独断的行為の排除も可能となります。このコーポレート・ガバナンスに正しく取り組む際の指針を示し，外部から見てもその経営の透明性が明確になるように定められたのが「コーポレート・ガバナンス・コード」です。主として株主が適切に権利を行使し経営の統制や監視を行えるよう企業が遵守すべきルールを取りまとめたもので，1990年代から英国をはじめとするEU諸国で導入が進み，日本でも2015年に金融庁と東京証券取引所（東証）を中心に定められ，同年6月から取引所上場企業に適用されるようになりました。

日本版コードの基本原則は，「株主の権利・平等性の確保」「株主以外のステークホルダー（利害関係者）との適切な協働」「適切な情報開示と透明性の確保」「取締役会等の責務」「株主との対話」の5つからなります。派生原則としてたとえば取締役会については，独立性の高い社外取締役を2人以上置き，社外の意見を反映しやすくすることが要請されています。2018年の改訂版では，ジェンダーや国際性の面で取締役会構成のさらなる多様性確保が求められるようになりました。

当該コードは法的拘束力のない自主規制ではあるものの，「コンプライ・オア・エクスプレイン」（comply or explain）の方針に従い，原則を実施するか，各原則の中に各社の個別事情に照らして実施が適切でないと判断するものがある場合には，それを実施しない理由を投資家などへ説明しなければならないとされました。こうした原則の履行状況は「コーポレート・ガバナンスに関する報告書（コーポレート・ガバナンス報告書とも称される）」を通じて開示されることになります。結果として，たとえば独立社外取締役を2人以上選任する東証一部上場企業は，コーポレート・ガバナンス・コード導入前の2014年には21.5％であったものが，2018年には91.3％に達するなどの影響を与えています。

なお，コーポレート・ガバナンス・コードが上場企業を対象とするのに対し，機関投資家向けの行動規範を示した「スチュワードシップ・コード」があります。日本でも2014年に金融庁によって日本版スチュワードシップ・コード（「責任ある機関投資家」の諸原則）が策定されました。これは，機関投資家を従来の「物言わぬ株主」から「物言う株主」に変え，企業との建設的な対話を通じて企業の成長を後押しすべきことなどを柱としています。2017年の改訂版では，ESG（環境・社会・ガバナンス）に関する非財務情報の的確な把握なども指針に明記されることとなりました。コーポレート・ガバナンス・コードとスチュワードシップ・コードは，企業の中長期的な成長を促し企業価値を向上させるための両輪とされています。

こうした持ち合い関係の解消は，コーポレート・ガバナンス・コード（コラム参照）も影響していると言えます。とくに2018年改訂では，株主と当該企業とのいっそう緊張感ある関係が要求されました。従来，持ち合い関係にある取引先はいわば物言わぬ株主であることから，当該企業の経営者に対して効率的な経営を行っているかチェックすべき規律が緩んでしまうという懸念がありました。コードの改訂により他社株式を保有する場合は適切な理由を説明しなければならないとされたのです。

こうした動きもあって，カゴメは持ち合い株の保有について，会社の利益に資するか否かの数値的な判断基準を示したコーポレート・ガバナンス報告書を2018年11月に公表しました。具体的な基準を開示した例は稀有であったため，年金運用の機関投資家から「優れたコーポレート・ガバナンス報告書」に選定されるなど，高く評価されるに至りました。

### 2.8　より開かれた企業へ

この他にも，カゴメは積極的な情報開示に取り組み経営の透明性を高める一連の施策をとり続けています。

2006年10月，カゴメは買収防衛策の導入を発表します。具体的には，発行株式の20％以上の買収提案を受けた場合，目的や価格算定方法を買収者側の提案とカゴメ側の代替案（第三者の専門家の意見をふまえたもの）とを比較できるように株主に知らせ，株主意思確認総会という会議を開くというものです。単に経営者の保身のための買収防衛策ではなく，株主一般の利益を考慮した制度としました。

また金融庁の規定では上場企業に対して1億円を超える役員報酬に関しては開示することが義務づけられていますが，カゴメの場合，制度運用当初から，代表取締役社長の報酬に関しては1億円未満でも開示してきました。

2014年からはより「開かれた企業」の一環の施策として，初の社外取締役も起用しました。女性経営者や海外経験豊富な元外交官を迎えるなど，より多様な価値判断に基づいて意思決定できる経営体制を整えました。同時に役員報酬などの決定の透明性・客観性を高めるために，取締役会の諮問機関として社外取締役が半数以上を占める報酬委員会を設置しました。2016年からは役員の指名に関する諮問機関としての機能を追加して，報酬・指名諮問委員会とし，役員選任プロセスについても企業価値向上の観点から透明性・客観性を高めるようにしました。一方で，役員が退任後に就く相談役・顧問制度を，形骸(がい)化しているとして2018年に廃止しました。

## 3　ケースを解く

### 3.1　所有と経営の分離

株式会社は基本的に，資本の拠出者である株主が会社の支配者となり，その利益の分配に与(あずか)るシステムであると言えます。創業から間もなく，会社の規模が小さなときは，株主として自己資金を出資した創業者自身が，会社の経営者になっている場合が多くあります。この時点では会社の所有・支配・経営は同一人物によって担われていることになります。しかし，会社の規模が次第に大きくなると，経営の内容が複雑で高度なものとなり，専門的な知識や情報を持った，いわゆる専門経営者が要請されることになります。大株主である創業家は経営の一線から退き，代わって専門経営者が，かつて創業家が有していた経営職能を担うようになるのです。これを株式会社における「所有と経営の分離」と言います。カゴメのケースでも，長らく創業家グループが株式の3割を保有し，また創業家の出身者が経営者を務めるという，創業家支配の状況が続きましたが，1996年に創業家以外から伊藤氏が社長に抜擢されて以来，所有と経営の分離が起こってきます。

### 3.2　経営者支配の出現

その一方で，大きな資本の獲得のために，株式会社は新株を大量に発行して，証券市場で広く行き渡らせ，多数の投資家から資金を集める必要が出てきます。これにより株式が広範に分散していきます。この株式の分散化によって，それまで圧倒的な株式を保有していた大株主の持株比率も自ずと低下することになります。こうした支配的大株主の持株比率の低下が，会社支配のあり方に大きな影響をもたらすと主張したのが，法学者のA. A. バーリと経済学者のG. C. ミーンズでした。彼らは『近代株式会社と私有財産』(1932年）で，私的企業が準公開会社（quasi-public corporation）へと性格を変容させるにつれ，また株式が高度に分散した結果，経営者による会社支配が出現していることを明らかにしました。

彼らは1930年の米国企業の上位200社を対象にして，会社支配のタイプを最大株主の持株比率に従って，完全所有支配，過半数所有支配，少数支配，経営者支配などに分類しました。ここで言う経営者支配とは，取締役を選出する実質的権限を経営者自らが握っている状態のことで，経営体が自己永続的な機関になっていることを意味します。この段階では，株式分散の進展によって株主総会で支配権を掌握できるような大株主がいなくなり，代わって専門経営者が会社の実質的な支配者の地位に立ちます（ただし，経営不振の事態になれば，株主によって同盟が形成され経営者は解任されるケースがあることを彼らは指摘しています）。

このように，所有者＝支配者の図式が成り立たなくなった状態を「所有と支配の分離」と言います。バーリとミーンズの調査は，当時の米国大企業200社のうち，44％が経営者支配であることを指摘し，この「所有と支配の分離」がかなり進んでいることを明らかにしました。彼らの調査の後，米国企業における所有と支配の分離はいっそう進展し，1963年の調査によれば，経営者支配は84.5％に達していたのでした。

### *3.3*　機関投資家の台頭

しかし，もはやこの頃には株式所有の分散は限界を迎えており，むしろ水面下では株式の集中が進行していたことに注意せねばなりません。J.スコットによれば，すでに1930年代から，銀行や保険会社，年金基金など金融仲介機関による株式保有が進み，とくに1950年代以降は，これら機関投資家による個人株主の代替が急激に起こったとされています（諸金融機関による米国企業の株式保有率は1900年の6.7％から39年の17.0％，78年の34.7％，90年の53.3％へと増加）。

これら少数の機関株主による持ち株比率は，多くの大企業において，実質的な少数支配が可能となる10％以上の集中度を見せるようになりましたが，しかし個々の株主間の連携は弱く，彼らの協力は大まかで緩やかな利害の一致に基づくものでした。スコットはこれを「諸利害の星座状連関（constellation of interests）による支配」と呼びました。経営者は確かに個々の株主の利害からは解放されましたが，緩やかにつながる主要株主の利害一般に「構造的」に強く制約されることとなったのです。

機関投資家たちの権力はその後も増大していき，1990年代にはGM，IBM アメリカン・エキスプレスといった大企業で，業績不振を理由に経営者の更迭が行われるほどでした。

このように米国大企業の歴史においては，経営者報酬の高騰やストック・オプション（自社株の購入権）の役員付与に見られるように，経営者の私的利益の追求が正当化されながらも，一方で，機関投資家の台頭を背景に株主主権論が強調され，経営者支配の構造が株主利益のもとに制約されてきたと言えます。それでは日本企業においては，どのような支配形態の変化が見出されるでしょうか。またその特質は何でしょうか。次に日本の株式会社制度の変遷をたどりながら，このことを考えてみましょう。

### *3.4*　株の持ち合いと機関化の進展

第二次世界大戦以前の日本では，三井・三菱・住友など大資本家によって財閥と呼ばれる企業集団が形成されていました。財閥家族は持株会社を通じて傘下の事業会社を支配するという形態をとっていました。しかし戦後の財閥解体は，それまで財閥によって所有されていたこれら事業会社の株式を，一斉に市場に放出するという効果をもたらしました。この「株の民主化」に伴って，証券市場全体に占める個人株主の比率は7割に達しました。ところがその後，一貫して個人株主の比率は低下し，代わって金融機関や非金融会社による持株比率が上昇し，1970年代にはその比率が逆転して，80年代以降は3割を下回るまでに至りました（図表2-6）。「株主の機関化現象」が進んだのです。

この背景として，まず1950年前後，株の民主化により大量の株式が一挙に株式市場に供給されたことで，当時の金利上昇とも重なって株価の低迷が生じ，株式の買占め，乗っ取りの危険性が高まったことがあげられます。これに対抗するため，1952年のサンフランシスコ講和条約発効によって占領下の規制が解除され，旧財閥系企業を中心に企業グループが形成されると，金融機関を中核として同系企業の株式の相互保有が進みました。いわゆる「株式の持ち合

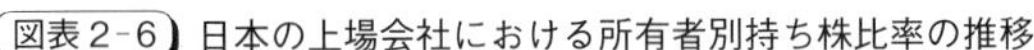
図表2-6　日本の上場会社における所有者別持ち株比率の推移

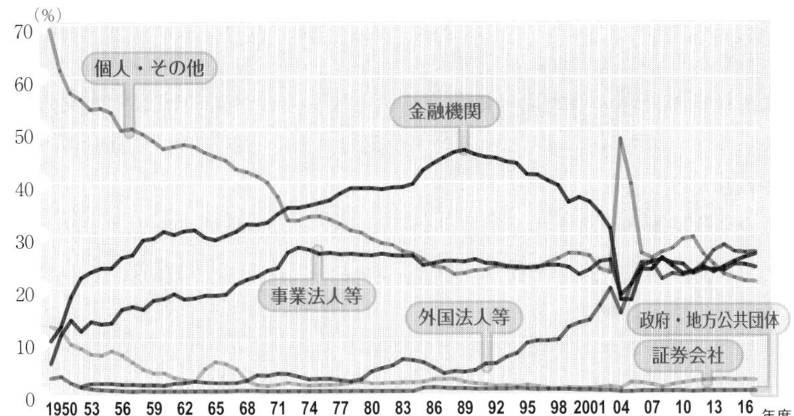


（注）1）東京，大阪，名古屋，福岡および札幌証券取引所に上場している国内上場会社を対象。
2）1985 年度以降は，単位数ベース，2001 年度から単元数ベース。
3）1985 年度以前の信託銀行は，都銀・地銀等に含まれる。
4）2004 年度からジャスダック銘柄を含む。
5）2004～06 年度における急激な増減について：2005 年度調査まで調査対象会社となっていたライブドアによる大幅な株式分割の実施などから，2004 年度調査から単元数が大幅に増加し，ライブドア 1 社の単元数が集計対象会社全体の単元数の相当数を占めることとなったため，2004～06 年度の数値は，その影響を受け大きく増減している。

（出所）日本取引所グループ，2017 年度株式分布状況調査「所有者別持株比率及び持株数の推移（長期統計）」。https://www.jpx.co.jp/markets/statistics-equities/examination/01.html

い」です。さらに 1967 年からの資本自由化の流れの中で，株式を持ち合うことで，外国資本による乗っ取りを防止するという安定株主工作が日本企業に広く導入されることとなったのです。このように，企業同士が相互に株を持つことで，相対的に企業の保有比率が上昇し，機関化現象が進みました。

カゴメのケースでも，主要取引銀行（持ち株金融機関）の保有比率は 4 割に達し，持ち株比率が 3 割の創業家グループとともに，きわめて緊密な関係性のもとに「安定株主」のグループを形成していました。

## *3.5*　持ち合い解消の影響

しかし，1990 年代初頭のバブル崩壊を機に株価が長期にわたって低迷すると，株の持ち合いは次第に含み損として企業収益を圧迫するようになりました。

とくに1990年代後半から金融機関を中心として「持ち合い解消」の動きが強まり，日本的株式会社制度を支えてきた安定的な株主構造の維持が困難になってきました。持ち合い解消が進む中，多くの日本企業は取引先など再び安定株主になりうる相手を模索します。

カゴメにおいても，2000年1月から主要取引銀行の保有株の放出が始まり，あらたな安定株主を探す必要に迫られました。考慮の末，カゴメは経営陣にとって友好的な個人株主を増やすことが，敵対的買収などに対する最大の防衛策であると判断しました。まだ多くの企業が，終戦直後の経験をふまえて，個人株主の増加は株式を浮動化させ経営の不安定化を招くという認識を有していましたが，いわば逆転の発想で「ファン株主」の拡大作戦に臨んだのです。

2004年には景気回復の効果もあって，市場全体でも個人の持ち株比率が約5割と急上昇に転じ，金融機関等との比率の逆転を再び見せることになりました。そしてカゴメにおいても個人株主の急激な拡大は，創業家および持株金融機関中心の株主構造を変質させ，2003年3月期以降は一般個人株主の持分比率が39%となり，創業家の3割を追い抜いたことで，いよいよ事実上の「経営者支配」を実現させるに至ったのです。

### 3.6　日本企業における経営者支配の特質

さて，日本における株主の機関化の現象は，株主権力の再集中により経営者支配の弱体化につながった米国の場合と異なり，あくまで経営者支配を温存させるものであったことに注意する必要があります。つまり，株式の持ち合いによって安定株主になった金融機関・その他の法人は，短期の利潤動機に基づいて株式を売買するのではなく，長期にわたって株式を保有し，基本的にその会社の経営陣に同調的な態度をとります。これにより，日本企業の経営者は，米国企業が直面したような，配当性向の増大など株主の短期の意向に配慮した財務政策をとらなければならない，という制約から逃れることができたのです。こうした安定株主を求める日本企業の志向性は，持ち合い解消の後も基本的に変わることがありませんでした。

カゴメのケースにおいても，個人株主はファン化＝無機能化された存在であり，ほとんど経営に口出しをすることはありません。と同時に，長期的な保有志向をもち，多少の業績変動があっても経営陣を支持するという意味においてもファン化された存在と言えるのです。個人株主を増やすことで，同社は，市場原理によって動く機関投資家の台頭を抑えることも可能にしました。

もっとも，支配権を与えられた日本企業の経営者は，その権限を自らの利益のために行使することは基本的に許されておらず，自らが経営権を継承した会社を維持・繁栄させることが求められます。それは，企業規模の拡大を求めて，収益性よりもマーケットシェアや新規事業の拡大を優先し，また企業の存続を脅かすような敵対的買収を忌避するという日本企業特有の行動原理にも表れています。経営者自身もまた米国の経営者と比較すれば相対的に低い報酬で，会社の発展に奉仕することが求められていると言えます。とくに日本の大企業の経営者の場合，従業員出身の生え抜き社長であることが多く，自ずと従業員の利益に配慮する傾向が生まれます。

日本企業では，組織の中核メンバーたる従業員を中心として，消費者，取引先，株主その他のステークホルダー（stakeholder：利害関係者）の個別利害を包摂する共同体として会社が捉えられており，会社それ自体の維持・繁栄が関係者の幸福につながるという信念の構造が存在していると言えます（三戸公はこうした共同体的な日本企業の性格を「家の論理」に基づくものとして説明しています）。会社それ自体の維持が目的化された構造に支えられて，日本企業のコーポレート・ガバナンスは機能してきたのです。

そこに見られる経営者の規範意識は，バーリとミーンズが示した，社会全体の利益のために貢献する経営者モデル（☞コラム参照）により近いものであり，共同体を構成するステークホルダーの利益に奉仕するモデルとして位置づけられるでしょう。日本企業の経営者は，典型的には，共同体としての自社の存続と発展を通じて，従業員を中心とした諸メンバーの利益を確保し，その調整を図る方向へ動機づけられていると言えます。

カゴメのケースにおいても，個人株主の拡大によって再び安定化された株主構造のもと同社が目指したのは，経営者の私的貪欲によって支配されるあり方ではなく，会社それ自体の成長と繁栄でした。株主＝消費者に十分な利益還元を行いつつ，カゴメという従業員共同体を維持・発展させることに，同社生え抜きの経営者である伊藤らは心血を注いだのです。彼らは，従業員というコア

### コラム　バーリとミーンズが抱いた理想とステークホルダー経営

バーリとミーンズは「所有と支配の分離」を実証的に示すにとどまらず，経営者支配の出現という事態をふまえて，経営者には3つのとるべき道，すなわち①株主の利益のために受託者として奉仕する，②私的利害に基づいて権限を行使し，株主には最低限の対価しか支払わない，③社会全体の利益のために奉仕する，があることを示唆しました。このうち彼らは公的政策の観点から③の立場を支持し，大会社の支配は，従業員や消費者（大衆）など社会のさまざまな集団の多様な要求を調整しながら，その各々に利潤の一部分を割り当てる純粋に中立的な技術体（neutral technocracy）に発達していくべきであると主張しました。バーリとミーンズは，場合によっては，株主の利害は産業の安定などの公益に道を譲るべきであるとも述べています。彼らの主張は規範論的すぎるとして，多くの批判を受けましたが，現在のステークホルダー経営（株主のみならず消費者や従業員や地域社会など多様な利害関係者の利益を等しく考慮する経営）の概念につながる考え方を，彼らは世界恐慌の時期と重なる1930年代に示したのでした。

その後，1960年代に入って，環境問題や人種差別，地域の荒廃が深刻になると，ドラッカーが『マネジメント』で言及したように，政府のみならず企業にも一定の社会的な責任が求められるという主張が台頭してくるようになりました。1990年代後半からは，企業活動の多国籍化・グローバル化の進展に伴い，途上国の環境問題や労働・人権問題にも企業は配慮すべきという声が高まり，企業市民（corporate citizenship）としての責任ある行動が産業界に求められるようになっていきました。米国企業の大規模な発展をもたらしたのは，経営者や主要株主の私的貪欲であったのかもしれませんが，その支配権の行使にあたっては多くのステークホルダーの要求を調整しなければならないという意味で，社会的な制約を受けるようになったのです。

メンバーと，個人株主（消費者）という支援メンバーからなる共同体として同社を捉え，いかにその集団利益に奉仕すべきかを考えてきました。その姿勢は，会社とは誰のためのものかという問いに対して「お客様，従業員，株主のもの」と答えた喜岡社長（当時）の言葉にも表れていると言えるでしょう。

## 4 考えてみよう・調べてみよう

(1) 会社は誰の（ための）ものか，ステークホルダー（株主，消費者，従業員，取引先，地域社会など）の間に序列をどうつけるか，あなたなりの考えをまとめてみましょう。

(2) カゴメのように株式をより広く分散させる道を選ぶ企業がある一方で，株式の非公開化の道を選ぶ企業も出てきています。2005年7月のワールド，8月のポッカコーポレーションに続き，翌年7月，外食大手のすかいらーく（東証1部）は，経営陣による自社株の買収（MBO；マネジメント・バイ・アウト）と非上場化を目指して，株式の公開買付けを実施，同年9月に上場廃止となりました（その後，14年に再上場）。その背景には，四半期ごとの株式市場の評価に左右されることなく事業の長期的な再編に着手できるという狙いがあったと言います。しかし，創業者一族や経営陣の都合で上場廃止や再上場を繰り返すような会社が相次ぐと，株式市場や株主の軽視につながるのではないかと批判する人もいます。また非上場になって，企業の情報開示が後退し，外部からの監視が届かなくなることを懸念する声もあります。持ち合い解消の流れの中で，公開・非公開いずれの施策をとるのが望ましいと言えるでしょうか。

(3) カゴメのようにファン個人株主を増やす施策は2010年代以降，モスフードサービスやカルビー，ポーラ・オルビスホールディングス（化粧品）など，他の企業にも広がっていきました。単に敵対的な買収防衛策という目的のみならず，近年ではコーポレート・ガバナンス・コードが求める株主との対話の強化という目的もあるとされています。一方で，株主優待制度は機関投資家にとっては不人気で，その支出は配当など株式価値の向上に回してもらいたいといった声もあります。株主の多様性を考えた場合，どのような利益還元（インセンティブ付与）が望ましいか，考えてみましょう。

(4) 日本企業には従業員共同体としての利益を図る規範が存在しているとされてきました。しかしその負の側面として，会社全体の維持・存続のために従業員が個々のレベルにおいて犠牲を強いられる問題があることも指摘されています。この点について，どのような現象が当てはまるか，考えてみましょう。

## 5　読んでみよう

谷本寛治（2002）『企業社会のリコンストラクション』千倉書房。

◈日本の企業社会における企業システムのガバナンス構造や共同体的特質，公共性との関係を論じ，新たな枠組みへの移行を展望した「リ・コンストラクション（つくりかえ）」の原理を示しています。

水村典弘（2004）『現代企業とステークホルダー：ステークホルダー型企業モデルの新構想』文眞堂。

◈米国で論じられてきたステークホルダー理論について，その生成と展開を丹念に追っています。ステークホルダーを受動的存在ではなく，企業に対して固有の権利を主張する主体として捉えていくことの重要性が示されています。

村田和彦（2005）『企業支配の経営学』中央経済社。

◈バーリとミーンズの著作以降，展開された「個人株主支配説」「経営者支配説」「会社それ自体支配説」「従業員支配説」など，国内外の研究者の会社支配論を紹介しています。

三戸浩・池内秀己・勝部伸夫（2018）『企業論（第４版）』有斐閣。

◈従業員共同体としての特質を示す日本企業のコーポレート・ガバナンスを「家」の論理に基づくものと捉え，株主主権の米国企業のガバナンス・システムと対比させています。

岩井克人（2009）『会社はこれからどうなるのか』平凡社。

◈株式会社の二重所有構造説（株主がモノたる会社を所有し，一方で法人としての会社が資産を所有するという構造）を唱え，会社のモノ的側面ばかり強調する株主主権論と異なり，組織特殊的な人的資源の蓄積など，会社のヒトとしての側面を重視する日本型ガバナンス論の利点について論じています。

田中一弘（2014）『「良心」から企業統治を考える』東洋経済新報社。
◈欧米型の企業統治が経営者の性悪説に根差した「監視」と「報酬」の制度であるのに対して，日本企業の統治メカニズムが「従業員のため，顧客のため，社会のために献身する」といった経営者の「良心」を前提にしていることを解明しようとしています。

第 II 部

# 企業のストラテジー

この部で扱われるケース

フォードと GM

マクドナルドとモスバーガー

GE

コマツ

富士フイルム

アップル

サムスン電子

# 第3章

# 環境・戦略・組織

## フォードとGMの覇権交代

キーワード

環境　戦略　組織
製品のライフサイクル　垂直的統合戦略
フルライン戦略　多角化戦略

## 1　この章のねらい

この章では，フォード・モーター社がどのようにして大衆車モデルT（T型車）によってアメリカの自動車産業を制覇したのか，そのフォード社がなぜGM（ゼネラル・モーターズ）社に追い越され，覇権を譲らざるをえなかったのか，という問題を考えながら，企業を取り巻く環境と企業がとる戦略，そしてその戦略を実行するための組織のあり方がどのように関連しているのかを学んでいきます。

## 2　ケース：フォードとGMの覇権交代

### 2.1　フォード社による自動車産業の制覇

自動車王ヘンリー・フォードを知らない人はいないでしょう。彼が1908年に開発したT型車は，自動車産業に革命をもたらしただけでなく，20世紀の資本主義をも大きく変化させました。大衆消費社会の到来です。

フォードは1863年にミシガン州の農家に生まれ，高校を卒業するとデトロイトで機械工見習いとなりました。その後，エジソン照明会社の技師を務めながら独力でエンジンの開発に取り組み，1896年頃ガソリン・エンジンの開発に成功したのです。1899年にデトロイト・オートモービル社を設立，1903年にはフォード・モーター社を設立して本格的な自動車生産に乗り出すことになります。彼は1908年にT型車の発売を開始しますが，その後フォードはT型車1車種だけを何年間も安く大量に生産し，大量に販売し続けました。今では信じられないことですが，そうすることで彼は成功したのです。

**企業プロフィール**

フォード・モーター社（2018年12月期）

- 創　　立　1903年
- 事業分野　自動車の製造・販売，など
- 売 上 高　1603億3800万ドル
- 営業利益　43億4500万ドル
- 純 利 益　36億770万ドル
- 従業員数　19万9000人

まず彼は，1909年にハイランド・パーク工場を，19年にはリバー・ルージュ工場と呼ばれる大工場を完成させ，コンベア・システム（流れ作業）を中核とする大量生産システムを作り上げました。そこでは大量の労働者が単純な作業を規則正しく繰り返すことによって1分に1台のペースで自動車が完成していき，チャップリンの映画「モダン・タイムス」の世界が実現していたのです。

同時にフォードは，このように大量に生産された自動車を大量に販売するシステムも築き上げました。図表3-1に見られるように，卸売り機能を担当する自社の営業所を全国の戦略拠点に配置すると同時に，数千におよぶディーラー

写真3-1　ヘンリー・フォードとT型車

GRANGER/時事通信フォト　提供　　dpa/時事通信フォト　提供

図表 3-1　フォード社営業所と専属ディーラーの配置（1911 年）

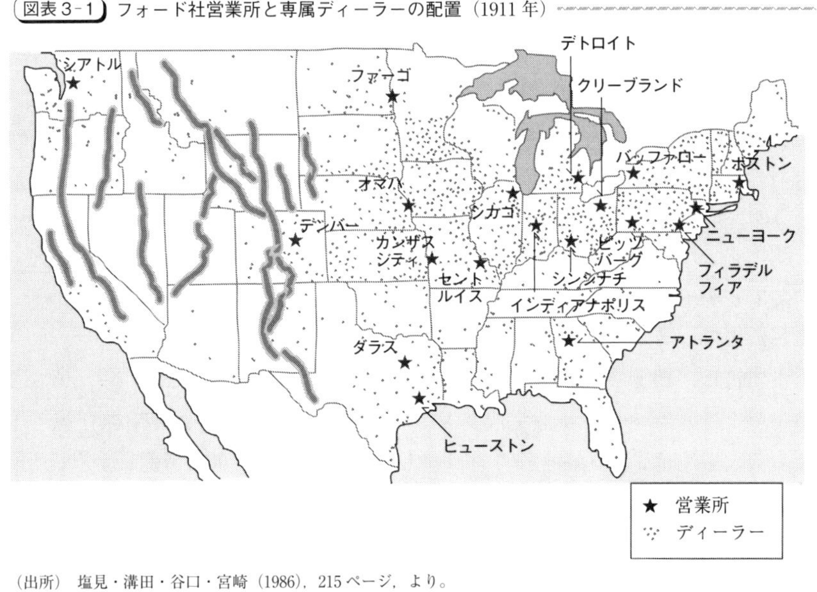


（出所）塩見・溝田・谷口・宮崎（1986），215 ページ，より。

をそのもとに組織しました。さらにフォードは，原材料部門への後方統合を試み，製鉄所，ガラス工場，製材所を統合し，また森林，鉄鉱山，炭田まで所有するに至り，自己完結的なシステムの実現を目指したのでした。

フォードはこの巨大なシステムを図表 3-2 のような組織で管理していました。この図からわかるように，この組織では購買，生産，販売といった企業が行う機能に従って部門が作られていました。1910 年にハイランド・パーク工場の正面に完成した大きな 3 階（のちに 4 階）建ての本社ビルが管理の中枢を担い，フォード社のホワイトカラー（俸給従業員）の数は 16 年には 1398 人を数えることになります。

図表 3-3 はフォード社の発展の様子を示しています。発売当初の T 型車の価格は 850 ドルで，当時としてはきわめて安い価格でした。この価格は大量生産と大量販売とが進むにつれて引き下げられていき，1924 年には 290 ドルにまでなっています。その結果，それまで金持ちの道楽品であった自動車は大衆の乗り物として普及していくことになったのです。彼は 18 年間にわたって T

図表3-2　フォードの社の組織図（概略，1914年）

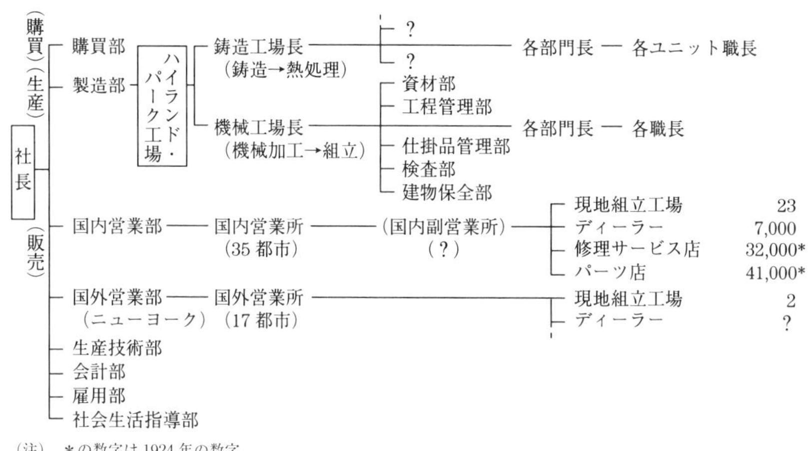


（注）　*の数字は1924年の数字。
（出所）　塩見・溝田・谷口・宮崎（1986），217ページ，より。

図表3-3　フォード社の発展

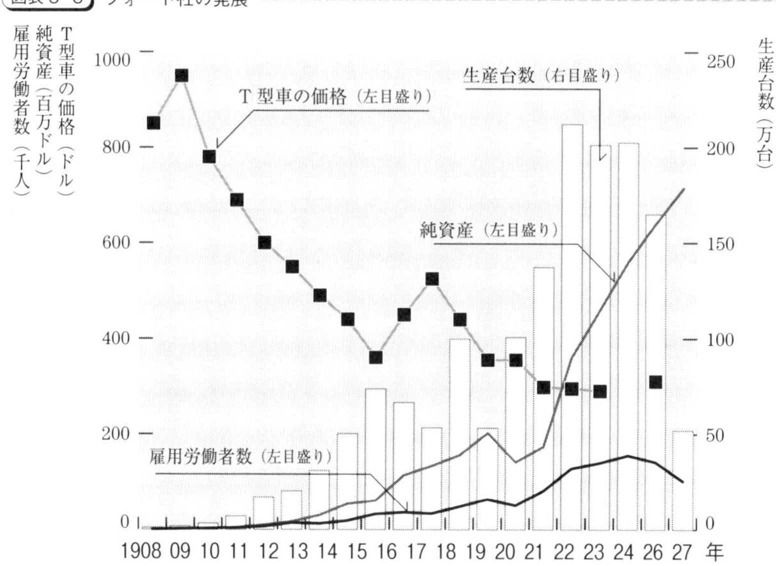


（出所）　塩見（1978），184ページ，より作成。

図表 3-4　乗用車市場の企業別シェア

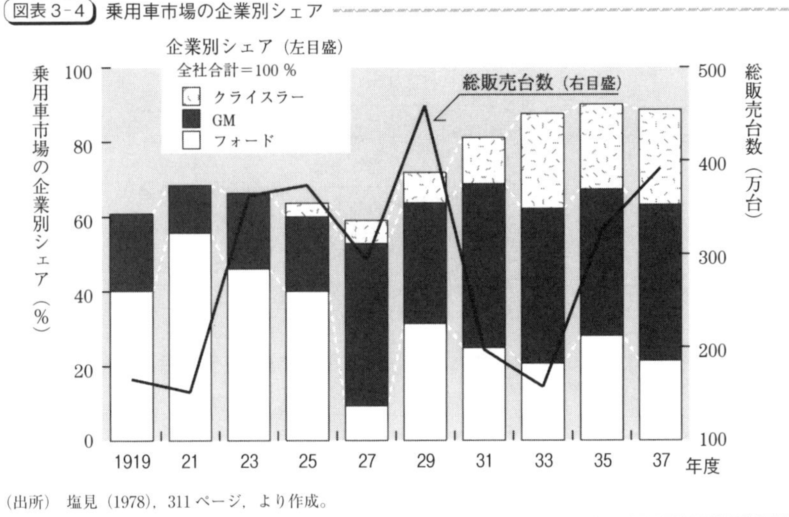


（出所）塩見（1978），311 ページ，より作成。

型車を作り続け，生産台数は 1500 万台に達したと言われます。フォード社は 1925 年には 15 万の従業員を擁する巨大な企業となっていました。その最高時のシェアは 55% を超えています（図表 3-4）。フォードが大金持ちになったのは言うまでもありません。

## 2.2　自動車市場の成熟化

図表 3-5 は自動車市場の変化をはっきりと示しています。T 型車の発売前と後では様子がまったく違います。T 型車発売以前には乗用車所有世帯数はほとんど増加せず，発売後急速に増大していったことがわかるでしょう。アメリカ人の平均所得の上昇ともあいまって，安い T 型車は急速に普及していったのです。1925 年頃には T 型車の累積生産台数は 1200 万台に達しています。しかし，まさにその頃，市場は以前とはまったく異なったものとなっていたのでした。つまり，アメリカの全世帯（2340 万世帯）の約 80%（1900 万世帯）がすでに自動車を所有し，自動車市場は新規の購入ではなく買換えが中心となっていたのです。1926 年から 30 年までに 1 台目の自動車を購入する人はわずか 194 万人，年 40 万台弱と予想されました。市場がこのような状態になることを

図表3-5　アメリカの自動車所有世帯

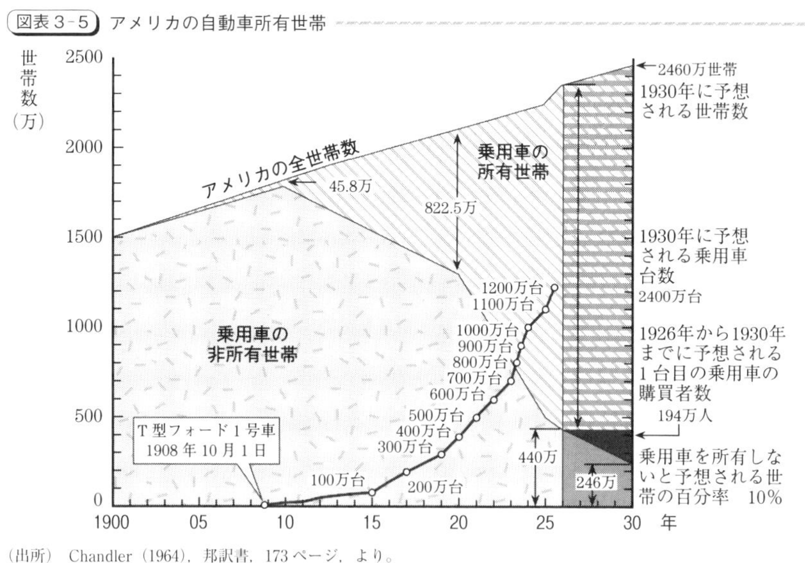


（出所）Chandler（1964），邦訳書，173ページ，より。

「市場の成熟化」と呼んでいます。安い車を投入すれば売れるという時代は終わっていました。2台目の車を買う人は，安いが変わりばえのしないT型車よりも，少々値が張ってもスタイルのいい高級感のある車を求めるようになっていました。フォードはいまだに従来のやり方がベストだと信じていました。新しいやり方を導入したのは，常にフォード社の後塵を拝していたGMの社長スローンでした。

### 2.3　GMの台頭

GMの創設者W. C.デュラントは馬車製造業者でしたが，ビュイック・モーター社を買収して自動車産業に乗り出すことになります。彼は，フォードがT型車を発表した1908年に持株会社ゼネラル・モーターズ社（GM）を設立し，ビュイック，キャデラック，オールズモビルを傘下におさめます。さらにデュラントは，買収によって乗用車製造会社10社，トラック製造会社3社，部品・付属品製造会社10社を支配することになりました。フォードが利益を再投資して事業を拡大していったのとは対照的に，デュラントは合併と買収，最

**企業プロフィール**

ゼネラル・モーターズ社（2018年12月期）

| | |
|---|---|
| •創　立 | 1908年 |
| •事業分野 | 自動車の製造・販売，など |
| •売上高 | 1470億4900万ドル |
| •営業利益 | 85億4900万ドル |
| •純利益 | 80億1400万ドル |
| •従業員数 | 17万3000人 |

近の言葉で言うとM&Aによって事業を拡大する道を選んだのです。しかし，彼の拡大路線は行き詰まり，GMは一時銀行の管理下に置かれます。デュラントは1915年に再度GMの支配権を握りますが再び経営に失敗し，1920年，同社は巨大化学会社デュポン（☞コラム参照）の手に落ちることになりました。このデュポン社から経営を任されたのがスローンでした。

アルフレッド・P.スローン，Jr.は1875年にコネチカット州の商人の家に生まれ，MIT（マサチューセッツ工科大学）を1895年に卒業してハイヤット・ローラー・ベアリング社という小企業に入社しました。1898年には同社のゼネラル・マネージャーとなり，同社の経営を軌道に乗せることに成功しました。同社は1916年にGMに買収され，スローンはGMの子会社ユナイティッド・モーターズ社の社長になります。そして，1923年に親会社の社長に就任することになったのです。

写真3-2　アルフレッド・P.スローン，Jr.

Everett Collection/アフロ　提供

スローンは，傘下の企業が製造していた多数の車種を大衆車のシボレーから高級車のキャデラックまで「あらゆる財布と目的にあった」6車種に整理していわゆる「フルライン」戦略を展開しました。つまり，自動車の市場を均一のひとつの市場とは見ないで，所得階層と購入者の嗜好とによって分断された複数の市場からなっていると考えたのです。さらに，同じ車種でもセダン以外にクーペやツーリングなどの車型を取り揃え，色にもさまざまなバリエーションを加え，顧客の多様な要求に応えていこうとしました。フォードが黒塗りのＴ型車にこだわり続けたのと好対照な方向を目指したのです。ついで，それぞれの車種ごとにそれぞれ専門の販売チャネルとディーラー網を組織して販売することにしました。低価格の大衆車と高級車では客層も違えばセールスの仕方も違ってくるからです。また，定期的にモデル・チェンジを行って，まだ乗れる車を古く感じさせることで買換えを促す方策をとったり，将来の所得を先取りする割賦販売を促進するなど，その後の自動車産業の標準となる方式を作り出したのでした。

もちろん，スローンはフォードがとったやり方をまったく否定したわけではありません。大量生産によってコストを引き下げて大量に販売するという戦略は，自動車企業が競争に敗れないためにとらなければならない標準的なものとなっていました。スローンはそのうえに，成熟化した市場を活性化するための方法，すなわち新しいマーケティングの方法を追加したと言えるでしょう。

GMはフォード社とは異なった組織を作り出しました。図表3-6はGMの組織を簡略化して描いたものですが，フォード社の組織と比べると大規模で複雑になっていることがわかるでしょう。さらに，この組織は，原則として，シボレーやキャデラックといった車種別に構成されていました。それぞれの車種が異なった市場に対応しており，車の開発の仕方も作り方も売り方も異なったものになるので，車種ごとに別々に管理していく方が合理的になったからです。

### *2.4*　フォード社の敗北とビッグ・スリー体制の確立

GMの攻勢に対し，フォード社は従来のやり方を不変のものとして変えようとはしませんでしたが，古めかしいＴ型車の人気の衰えはおおいがたく，1927年についに工場の操業を停止してＡ型車と呼ばれる新型車の生産に転じることになります。しかし，その生産にこぎつけるのに7カ月もかかり，図表3-4に見られるように，その間にGMはシェアを一挙に拡大しました。その後，フォード社はずっとGMに追いつくことができませんでした。そればかりか，1925年にマクスウェル社を改組して登場したクライスラー社にも追い越されることとなってしまうのです。同時にこの過程で，とくに大恐慌後の不況の中で下位企業は衰退し，図表3-4に見られるように上位3社が90%近いシェアを占めるビッグ・スリー体制が確立することになります。

図表3-6　GMの組織図（1921年1月現在）

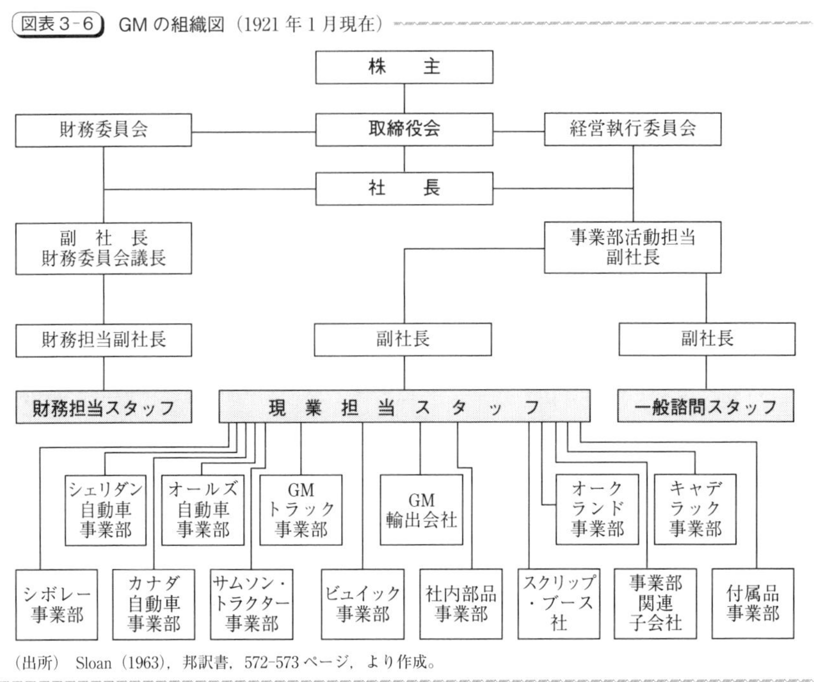


（出所）　Sloan（1963），邦訳書，572-573ページ，より作成。

## 3　ケースを解く

### 3.1　戦　　略

フォード社とGMを比べてみると，その経営の仕方に大きな違いがあるのがわかります。フォード社はT型車1車種だけを大量に生産してコストを引き下げ，安い車を大量に販売することによって成功しました。

GMは，最初デュラントのもとで買収による拡張という方向をとりましたが失敗します。スローンはフォードとは異なった道をとりました。自動車市場を大きなひとつの市場と考えるのではなく，所得階層に従っていくつかに分かれた市場として捉え，大衆車から高級車まで数種類の車をラインアップすることにしました。さらに同じ車種の中にセダン，クーペ，ロードスターなどの異なった車体スタイルを導入し，それを定期的にモデル・チェンジしていくことにしました。

このように，企業が市場を切り開いたり他の企業と競争するときには，ある考え方を持って，ある方向を目指して活動します。このような企業の活動の仕方の大きな枠組みのことを戦略（ストラテジー）と呼んでいます。フォードは単品種大量生産戦略をとったとか，スローンはフルライン戦略を展開したという表現が用いられます。フォードの場合，大量生産と大量販売を統合し，さらに原材料部門への後方統合を試みているので，垂直的統合戦略を展開したということもできます。

## *3.2*　環　　境

ところで，フォードの戦略が最初は成功し，次に失敗したのはなぜでしょうか。なぜスローンの新戦略は成功したのでしょうか。経営学では次のように答えるのが普通です。「フォードの戦略は当初は企業を取り巻く環境に適合的であったが，その後環境が変化したにもかかわらず同じ戦略をとり続けたため環境不適応症に陥ってしまったのだ」と。このような言い方の背後には，企業は自分を取り巻く環境の変化にうまく適応してその生命を維持していき，それに失敗した企業は衰退せざるをえない（ある場合には死なざるをえない）という考え方があります。つまり，企業を生命体と同じように見ているのです。

フォードは，自動車が製品のライフサイクルの成長期に入ろうとしている段階にあり，同時に，国民の所得が上がりはじめ，価格を一定の水準にまで引き下げれば耐久消費財が爆発的に売れる大衆消費社会の入り口にあったアメリカの環境に適合的な戦略をとったのでした。スローンは，すでに大方の人々が車を持ち，所得水準もかなり高い車を買えるところまで上昇した段階に適合的な戦略をとったのでした。フォードの戦略は時代遅れになっていたのです。企業がどのような環境に置かれているのか，このことをぬきにして経営は語れません。

ここで言う環境とは技術の発達水準，産業，経済の状況，政治などさまざまなものを含みますが，とくにある製品が，図表3-7のようなその製品のライフサイクルのどの段階にあるのかということは，戦略の決定にとって重要な意味を持ちます。製品は，その製品が開発されて市場に導入され商品としての価値

図表3-7　製品のライフサイクル

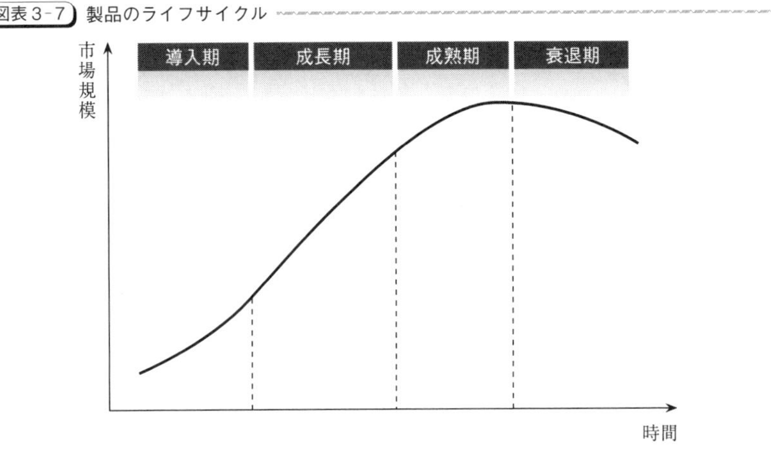


を認められていく段階（導入期），市場に急速に普及していく段階（成長期），多くの人がその製品を所有してしまって需要の大きな拡大が望めなくなった段階（成熟期），商品としての生命を失いつつある段階（衰退期）と，4つの段階を経るのが普通ですが，これを製品のライフサイクルと呼びます。フォードは，自動車がこのサイクルの成長期にあった時期に適合的な戦略をとったわけですし，GMは成熟期に適合的な戦略をとったと言うことができるでしょう。

### 3.3　組織：機能別組織と事業部制組織

企業は環境の変化に適応すべく新しい戦略をとることになるわけですが，その戦略を実行するのは言うまでもなく企業の構成員です。もちろん彼らはめいめいバラバラに活動するのではなく，仕事を分担して組織として行動することになります。仕事をどのように分担してどのような組織で戦略を実行するのか，このことは企業にとって決定的に重要なことです。フォードが成功したのは，彼のとった戦略が環境に適合的であっただけでなく，彼が作り出した組織が戦略を遂行するのに適した組織だったからです。フォードは組織嫌いで有名でしたが，それでも彼の戦略を遂行するために必要最小限の組織は作らざるをえなかったのです。彼の作った組織は経営学では機能別組織あるいは職能別組織と呼ばれているものです。つまり，製造，販売，研究開発といった，事業を行う

図表3-8　機能別組織のモデルと事業部制組織のモデル

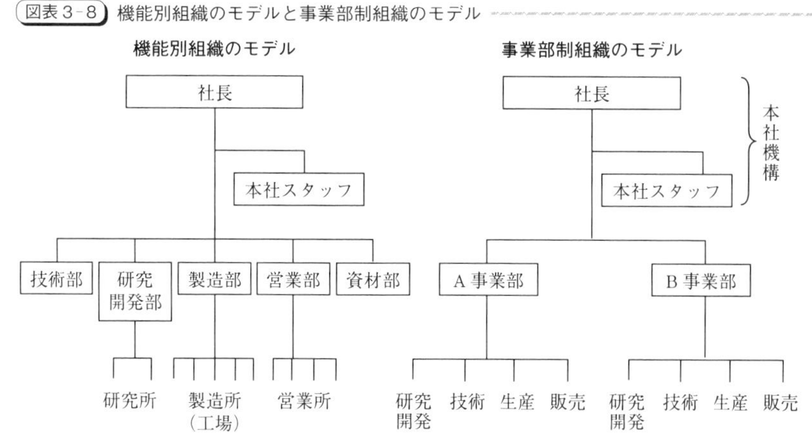


ために必要な機能ごとに部門を分けて組織を形成しています。大量生産と大量販売とを統合していく垂直的統合戦略に適した組織です。この組織のモデルを図表3-8に示しておきます。

スローンは違った組織を作り上げました。彼は，まず車種別に組織を作りました。高級車のキャデラックと大衆車のシボレーとでは車の作り方も売り方も違うからです。このような組織を製品別組織あるいは事業部制組織と呼んでいます。これはまさに彼のフルライン戦略に適した組織のあり方でした。この組織は一般に，異なる市場に向けて異なった製品を製造・販売する企業にむいています。このような企業を多角化した企業と言いますが，事業部制組織は多角化戦略に適合的な組織と言えます。図表3-8にはこの組織のモデルも示されています*。

＊　このような事業部制組織は，アメリカでは，巨大企業の多角化戦略の展開を受けて1950年代から60年代にかけて普及しました。1969年には最大500社の約4分の3がこの組織構造をとるようになったと言われています。日本でも1950年代末から事業部制組織の導入が急速に進展し，75年には資本金10億円以上の企業の37.5%が，80年には41.4%が事業部制組織を採用していたと言われます。このように事業部制組織は，アメリカの繁栄の時代と日本の高度成長期の企業の成長を支える組織となったのです。

このように，組織は戦略に適合的なものでなければなりません。そうでなけ

## コラム　デュポン社の戦略展開と組織改革

デュポン社は，フランス革命の難を避けてアメリカに移住してきたデュポン一族によって1802年に始められた火薬製造企業を起源としています。以後，火薬産業の主導的な企業として活躍しますが，1902年にデュポン家の3人の従兄弟たち，アルフレッド，ピエール，コールマンが事業を引き継ぎ，同社は新たな発展期に入ることになります。彼らは，1903年に火薬企業100社以上をその傘下におさめる大合同を実現して70% 近いシェアを占めました。さらに，工場を大胆に統廃合するとともに，直営の営業所を置き，また原料部門を統合するなどの垂直的統合戦略をとります。ついで，中央研究所を設置して研究・開発を促進しました。これらの各部門は経営委員会と財務委員会をトップとする機能別組織によって管理されると同時に，管理会計システムをはじめとするさまざまな管理手法が開発されていきました。

第一次世界大戦はデュポン社に大儲けの機会を与えただけではなく，その運命を大きく変えることになりました。同社は大戦中に生産設備を大幅に拡大し，人員も増やしていました。経営資源を火薬製造に大量にそそぎ込んでいたのです。戦争が終われば，それらが遊休化することは目に見えていました。そこで，デュポン社は戦争中からその転用を検討していました。戦後，同社は人造皮革，セルロイド，塗料，染料などに進出することになります。多角化により火薬製造企業から総合化学企業へと転身を図ったのです。

しかし，この多角化戦略は深刻な組織問題を引き起こし，業績を悪化させました。

1921年のデュポン社の組織

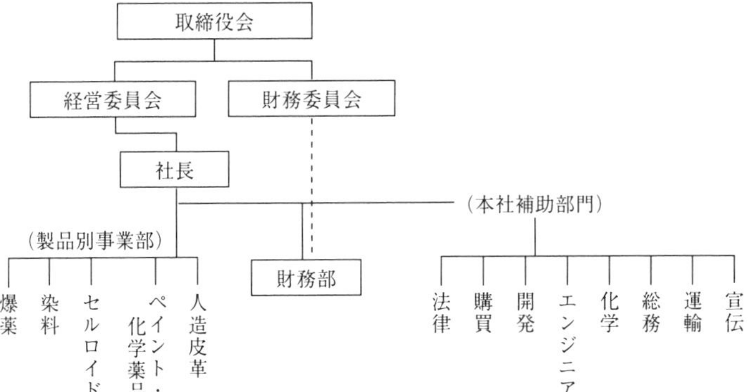


（注）なお各製品別事業部長は，その下に，製造・販売・購買，技術開発，原価計算と分析，品質管理と苦情処理，受注，生産計画，運輸，営業記録と営業費統制を遂行する部下を持つ。
（出所）小澤（1986），226ページ，より。

火薬の作り方，売り方と他の製品のそれとはまったく違っていました。新しい製品の間でもそうでした。従来の機能別組織は機能しなくなっていたのです。同社は組織問題の研究を開始し，最後に事業部制組織というまったく新しい組織に行き着くことになったのです。図は1921年に採用された事業部制組織です。

GMの事業部制組織はデュポン社が開発したものを参考にしたとされていますが，2つの組織はほぼ同じ時期に導入されており，両者の関係は検討の余地があるように思えます。

ればその企業は業績を悪化させるでしょう。ここから「組織は戦略に従う」という有名な命題が導かれました。著名な経営史家チャンドラーによるものです。

以上の話をまとめると，環境→戦略→組織という図式が描かれます。まず環境に変化が起こります。企業はその環境の変化に適応しようとして戦略を立て，それに基づいて行動を起こします。しかし，従来の組織のあり方ではその戦略を遂行するのに支障がある場合，組織の変革が求められます。このようにして，企業は環境適応の1サイクルを経るわけですが，それがうまくいった場合には企業の業績は上がるでしょうし，そうでない場合は業績が低下し，最悪の場合は倒産ということになるでしょう。

## *4*　考えてみよう・調べてみよう

⑴　第二次世界大戦後のアメリカ自動車産業は，ケースに述べられている製品のライフサイクルの成熟期を脱して新たな発展を遂げますが，なぜそのようなことが起こったのか，どのような環境の変化が生じたのか，そこでどのような戦略がとられたのか，調べてみましょう。

⑵　1970年代から80年代にかけて，日本の自動車企業はアメリカの自動車企業に追いつき追い越していきますが，アメリカの失敗の原因は何だったのか，日本の優位性はどこにあったのか，環境と戦略を中心に調べてみましょう。

⑶　現在，自動車産業を取り巻く環境はCASEという言葉で表現される大きな変化を経験しようとしています。コネクティビティ（接続性）のC，オートノマス（自動運転）のA，シェアード（共有）のS，そしてエレクト

リック（電動化）のEです。CASEが何をもたらすのか。それに対応するために各企業はどのような戦略をとろうとしているのか，調べてみましょう。

(4) 1980年代までは，アメリカの自動車企業の組織は事業部制組織が普通でしたが，日本の自動車企業は機能別組織をとるのが一般的でした。なぜこのような違いが起こったのか考えてみましょう。また，その後の組織の変化についても調べてみましょう。

## 5　読んでみよう

下川浩一（1992）『世界自動車産業の興亡』（講談社現代新書）講談社。

➾自動車産業についてさらに知りたい人に薦めます。

A. D. チャンドラー，Jr. 著，内田忠夫・風間禎三郎訳（1970）『競争の戦略：GMとフォード――栄光への足跡』ダイヤモンド社。

➾GMとフォードの角逐を見事に描いた傑作です。

A. D. チャンドラー，Jr. 著，有賀裕子訳（2004）『組織は戦略に従う』ダイヤモンド社。

➾アメリカ巨大企業の経営史を戦略と組織という視角から分析し，経営史学に多大の影響を与えた名著の新訳です。

アルフレッド・P. スローン，Jr. 著，有賀裕子訳（2003）『GMとともに』ダイヤモンド社。

➾GMの社長が自ら語ったGMおよびアメリカ自動車産業経営史の新訳です。

# 第4章

# 競争戦略の基本型

## マクドナルドとモスバーガーの戦略

キーワード
競争戦略　コストリーダーシップ戦略
差別化戦略　フォーカス（集中）戦略

### 1　この章のねらい

企業の最も重要な目標のひとつは，利益を上げることです。この経済的成果を高めるためには，どうしたらよいのでしょうか。

ひとつの産業には，たいてい複数の企業が参入しており，さまざまな製品・サービスを提供しています。こうした競争環境の中で，収益を上げるためには，消費者に複数ある選択肢の中から，自社の製品・サービスを選んでもらう必要があります。そのために必要なことのひとつは，自社の製品・サービスと他社の製品・サービスとの間には「違い」があると消費者に認識してもらうことです。この「違い」を作り出すために，企業の持つ指針が競争戦略です。企業は，この競争戦略によって，競合企業に対抗し，顧客を獲得しようとします。

この章では，日本のハンバーガー産業におけるマクドナルドとモスバーガーの2社を取り上げて，それぞれの競争戦略について見ていきたいと思います。この2社は，同じハンバーガーチェーンでありながらも，競争における「違い」の作り方が大きく異なっており，その背後にはそれぞれ別の論理が働いています。それを明らかにする中で，企業がとりうる競争戦略の基本型について考えていきましょう。

## 2　ケース：マクドナルドとモスバーガーの戦略

### 2.1　日本のハンバーガー産業とは

1969年に海外企業に対する日本市場への参入規制が撤廃されると，多くの産業で外資企業が次々と日本に進出してきました。外食産業では，1970年にミスタードーナツとケンタッキーフライドチキン，73年にはピザハットやサーティーワンアイスクリームなどが日本企業と提携し，日本上陸を果たしています。

ハンバーガー産業では，米国マクドナルドが1971年5月に藤田商店との合弁で日本マクドナルドを設立しています。もともと米国マクドナルドは，ダイエーとの提携を模索していましたが，その交渉は不調に終わり，ダイエーは米国統治下の沖縄を除けば日本初のハンバーガーチェーンであるドムドムハンバーガーを出店しています。それから遅れること1年5カ月，マクドナルドは一号店を東京・銀座に出店しました（写真4-1）。また，翌72年6月にモスバーガーが，9月にはロッテリアが，それぞれ一号店を板橋区成増と高島屋日本橋店に出店しています。

また同時期に，ファミリーレストランも誕生，広がりを見せました。1970年にすかいらーく（現在はガストやバーミヤンなどの持株会社），71年にロイヤルホスト，73年にサイゼリヤと次々にファミリーレストランがオープンしています。そしてその後，長らくファストフードとファミリーレストランが日本の外食産業の中核となり，現在の約25兆円の産業規模にまで発展してきました。

日本のハンバーガー産業は，現在約76％の市場シェアを持つマクドナルドと，約14％のシェアを持つ

**企業プロフィール**

**日本マクドナルドホールディングス株式会社**（2018年12月期）

- 設　　立　1971年5月
- 資 本 金　241億1387万円
- 事業分野　ハンバーガー・レストラン・チェーンを中心とした飲食店の経営
- 売 上 高　2722億円
- 営業利益　250億円
- 従業員数　2208人
- 店 舗 数　2899店（FC 1990店，直営909店）（2018年度）

写真4-1　日本マクドナルド一号店

写真提供　日本マクドナルド

モスバーガーの上位2社で産業全体の9割を占める寡占産業です。また店舗数で見ると，マクドナルドは約2900店舗，モスバーガーは約1300店舗を展開しています。このように，日本のハンバーガー産業は，業界シェア首位のマクドナルドと2位のモスバーガーを中心に競争が繰り広げられてきました。そこで，この2社にスポットを当て，それぞれの企業がどのような競争を行っているのかを，見ていくことにしましょう。

### 2.2　マクドナルドの競争戦略

#### 1　マクドナルドの新製品導入と低価格化

米国マクドナルドと藤田商店が出資する日本マクドナルドは，1971年7月に銀座三越の1階に一号店をオープンさせました。米国マクドナルドは，マクドナルド兄弟からフランチャイズ権を得たレイ・クロックが1955年に興した企業で，2017年時点で全世界に3万7000店以上を展開する世界最大の外食チェーンです。ここまで成長できた要因は，美味しい質の高いハンバーガー（Quality）と，真心がこもったサービス（Service）を，清潔で居心地のよい空間（Cleanliness）で提供することだと言われており，その結果としてお客様が価値（Value）を感じることができます。この「QSC＆V」という顧客満足の方程式は，マニュアル化されており，それは日本マクドナルドにも導入されました。

写真 4-2　マクドナルドのウィークデースマイル・キャンペーン

時事通信フォト　提供

マクドナルドが一号店を出店した1971年の「ハンバーガー」の価格は80円でした。その後1984年まで，物価の変化に合わせて価格は上昇し，また売上げも順調に伸びていきました。しかし，1985年以降，その伸びは鈍化し，また為替レートの変動や牛肉などの関税の引下げによって輸入食材のコスト削減が行えたこともあり，価格を下げることにしました。

1987年に，ハンバーガーとフライドポテト，ドリンクを組み合わせると個別に購入するよりも価格が安くなる390円のセットメニュー「サンキューセット」を発売，翌88年には360円のセットメニュー「サブロクセット」を発売しました。1989年には，「てりやきマックバーガー」や「ベーコンレタスバーガー」を期間限定で発売（後に定番メニュー化）し，その後も「月見バーガー」，「チキンタツタ」（1991年）や「グラタンコロッケバーガー」（1993年）などの新製品を導入していきました。

さらにバブル崩壊後，1992年からの2年間は前年比売上げがマイナスになったこともあり，94年に「バリューセット」を発売し，翌95年には，210円だったハンバーガーの定価を130円に値下げ，さらに平日半額で販売するキャンペーンを期間限定で行いました。2000年2月からは，ウィークデースマイル・プログラムがスタートし，平日限定で「ハンバーガー」が65円，「チーズバーガー」が80円で販売されました（写真4-2）。また2005年からは100円で購入できる単品メニュー「100円マック」を導入しています。その後，2006年には「えびフィレオ」を定番メニューとして販売を開始し，期間限定で「メガマック」や「クォーターパウンダー」などを発売しています。

このようにマクドナルドは，定番メニューや期間限定の新製品導入と，定番メニューの低価格化やセットメニューの導入を交互に繰り返すことで，売上げを伸ばし，店舗数を増やし，市場シェアを拡大させてきました。

とくに，製品の低価格化は日本の外食産業に大きな影響を及ぼしました。マクドナルドが「サンキューセット」を発売した際，競合企業であるロッテリアが380円のセットメニュー「サンパチトリオ」で対抗しましたが，マクドナルドはそれに対して「サブロクセット」を展開しました。また，1990年代後半には，「ハンバーガー」と「チーズバーガー」を80円と100円というマクドナルドより低い価格づけを行ったロッテリアに対抗して，マクドナルドは65円と80円へと値下げをしています。

### 2　低価格化のロジック

それでは，他社を圧倒するほどの低価格化はどのように実現されたのでしょうか。たとえば，定価130円であった「ハンバーガー」は，ウィークデースマイル・プログラムや期間限定で65円で販売されました。その当時，「ハンバーガー」1個当たりのパティやバンズ，包装材などの原価（変動費）は40円，店舗の賃貸料や光熱費，人件費などの固定費は80円ほどと言われており，利益は10円（＝130円－40円－80円）となります。そこで，販売価格を65円とすると，55円（＝65円－40円－80円）の赤字となってしまいます。

ただし，半額にすることで，来客数は増加しました。それまでのマクドナルドの最大の顧客層は10代を中心とした若者でしたが，平日に半額となったハンバーガーを求めて20代から50代までのサラリーマンが，昼食をとるためにマクドナルドを訪れるようになりました。その結果，販売個数は4倍ほどになったと言われています。

通常，マクドナルドの店舗売上げは土・日・祝日の方が多く，週末のオペレーションに合わせて店舗が設計してあります。そのため，平日の稼働率は4割ほどだと言われており，ハンバーガーが半額で販売され，平日に来客数が急増しても，追加的な投資は必要なく，固定費の増加もそれほど多くないと考えられます。

そして，販売個数が増加すれば，調達してくる原材料も増えます。一般的に，調達量が多ければ，買い手は供給業者に対して，有利な条件で取引交渉を行うことができ，大量調達によって，原材料費を低く抑えることが可能です。

以前からマクドナルドは，全世界のマクドナルド・チェーンの仕入部とオンラインで結ばれ，世界中の産地情報を瞬時に読み取れる購買システム「GPIA（グローバル・パーチェシング・インフォメーション・アンド・アナリシス）」を構築しています。このシステムでは，マクドナルドが購買している原材料について，企業名，現地価格，運賃，保険料のすべてが表示され，最終的な仕入れ価格がわかるようになっています。

加えて，マクドナルドは，取引メーカーに原材料の値下げを一方的に要求するだけではなく，「プライシング・プロトコル」と呼ばれる原材料のコスト分析作業を供給業者ごとに行いました。これは，食材メーカーの原材料の詳細なデータをもとに，マクドナルドと食材メーカーの担当者が工場を見て回って，さらなるコスト削減策を徹底的に追求するものです。

こうした調達コストの削減を考慮に入れ，65円で販売しても，仮に原材料費を1個当たり3円低減できたとし，販売個数が4倍となれば，80円の固定費は来客数が増えてもほとんど変わらないので分散され，原価は下がり，8円（＝65円－(40円－3円)－(80円/4)）の利益を残せることになります。

ただし，もともと「ハンバーガー」は原価が高く，儲けはそれほど大きくありません。それに対し，セットメニューの原価率は約30%と低くなっています。個々の製品を単品で買うよりも，セットメニューは割安な価格設定となっていますが，原価率の高いハンバーガーに，原価率のより低いポテトとドリンクを組み合わせることで，セットとしての原価率を下げているのです。

そして，この売上点数の約7割を占めると言われるセットメニューの販売個数は，平日半額キャンペーンの前後でもほとんど落ち込みませんでした。つまり，半額バーガーの販売が増えるのに伴って，利益率の高いセットメニューも売れるようになるため，利益は増大しました。このように，集客のためのメニューとして65円ハンバーガーがあり，原価率が低く儲けが出やすいセットメニューによって収益性を確保していました。

### 3　マクドナルドの店舗展開と集客

これまで見てきたように，マクドナルドは，低価格の製品を大量に販売することで，さらなる低価格化を可能にしてきました。一号店を銀座に出店したように，マクドナルドは，利便性が高く人が多く集まる場所に出店する「一等地戦略」をとってきました。その後，徐々に郊外にも出店を増やしていき，1990 年代からは，大量販売を可能にする積極的な出店戦略が見られました。創業から 22 年間をかけて 1993 年に 1000 店舗目を出店しましたが，そのわずか 6 年後には 3000 店舗目を出店しました。

マクドナルドは，適切な出店場所を検索するために情報データベース「McGIS」を構築・活用しつつ，「サテライト店」と呼ばれる従来店舗よりも小規模な店舗を増やしていきました。この店舗形態の 1 店舗当たりの投資額は従来の 3 分の 1 から 4 分の 1 で済むため，小さな商圏でも収益を上げられるようになり，病院や大学，企業などの大規模施設やショッピングセンター，高速道路のサービスエリアなどに出店できました。その後，メニューの拡充や新しい厨房システム「メイド・フォー・ユー（MFU）」導入のため，サテライト店の出店はやめましたが，24 時間営業の店舗を増やし，2007 年にはその実施店舗は 1000 店を突破しました。また，100 円の「プレミアムローストコーヒー」を 2008 年に発売，「e クーポン」や「公式アプリ」，SNS と連動した新たなマーケティング施策を打ち，顧客との接点を増やし，集客力を上げようとしています。

### *2.3*　モスバーガーの競争戦略

#### 1　モスバーガーの多様な製品

マクドナルドが，低価格化競争を繰り広げてきたのに対し，モスバーガーは，製品を差別化することで成長してきました。

モスバーガーは，証券会社を脱サラした櫻田慧ら 3 人により 1972 年に設立され，一号店を板橋区成増に出店しました。彼らは，その前年に米国に渡り，ロサンゼルスにあるトミーズというハンバーガー店を参考に，製品開発を行いました。当時のハンバーガー店の大半が作り置きをしていたのに対し，トミーズは注文を受けてから調理を始めるアフターオーダー方式を採用していました。作りたてが食べられることや独特のメキシコ風ピリ辛チリソース，肉や野菜はクオリティが高く新鮮で，ボリューム感があることなどが相まって，大変な人気を博していました。

**企業プロフィール**

**株式会社モスフードサービス**

（2018年3月期）

- **設　　立**　1972年7月
- **資 本 金**　114億1284万円
- **事業分野**　フランチャイズチェーンによるハンバーガー専門店モスバーガーの展開，その他飲食事業など
- **売 上 高**　713億円
- **営業利益**　37億円
- **従業員数**　1372人
- **店 舗 数**　1341店（FC 1300店，直営41店）

このトミーズを参考にしながら，モスバーガーは，日本人の口に合うように製品開発を進めていきました。パティは，日本人が幼い頃から食べ慣れている家庭の手作りハンバーグのように，ふっくらジューシーに仕上げました。この肉汁がしたたるパティとタマネギに，汁物好きの日本人の食の嗜好に合わせたたっぷりのミートソースをかけ，輪切りのトマトをのせて，風味と食感のあるバンズで挟み込んだのが「モスバーガー」です。

また1973年には，ロサンゼルスの日系人が経営するテリヤキハウスというレストランから着想を得て，醤油と味噌をベースに作られたソースに新鮮なレタスとマヨネーズをたっぷりのせ，ほかほかのバンズで挟み込む「テリヤキバーガー」を発売しました。これは業界初の和風味のハンバーガーで，発売当初はなかなか売れずに苦労しましたが，徐々に売上げを伸ばしていき，ハンバーガー業界の定番メニューとなりました。

その後も，コメの消費が減っていることを相談されたことがきっかけで開発が始まり，バンズの代わりにコメを平らに丸く固めたライスプレートで具を挟む「モスライスバーガー」（1987年，写真4-3は，1987年発売の「つくねライスバーガー」）や，和風の下味をつけ衣に米粉を使った「モスチキン」（1992年）など，日本人向けに和風の味付けをしたメニューを開発していきました。

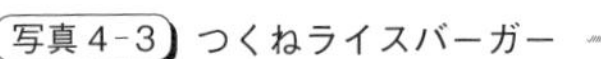
写真4-3　つくねライスバーガー

写真提供　モスフードサービス

加えて，健康志向のメニューも開発しています。たとえば，バンズの代わりに

写真4-4　モスの菜摘（なつみ）モス野菜

レタス
オーロラソース
細切りレタス
トマト
オーロラソース
オニオンスライス
ハンバーガーパティ
レタス

写真・資料提供　モスフードサービス

レタスで具を挟み込んだ「モスの菜摘（なつみ）」（写真4-4）や，肉を使用せず大豆由来の植物性たんぱくを使った「ソイパティ」が定番メニュー化しています。

以上のようなモスバーガーの製品開発の特徴として，日本人の口に合う和風メニューやヘルシーなメニューを強化してきたこと，開発に時間をかけ，発売してからも改良を重ねて，徐々に売上げを伸ばしていったことが知られています。

こうして製品ラインを拡張してきたモスバーガーは，競合企業と比較すると，数多くのメニューを取り揃えています。一般的には，メニュー数を絞ることで，必要な食材の種類も少なくなり，配送や調理などのオペレーションにかかるコストを抑えることができると言われています。たとえば，マクドナルドであれば，期間限定メニューも含めて20種類ほどです。それに対し，モスバーガーでは，約50種類（期間限定メニュー含む）を提供しており，メニュー数が多ければ，コスト的には高くつきますが，消費者の多様な好みに応えられます。

2　おいしさへのこだわり，食の安心・安全の追求

モスバーガーでは，これらの製品をつくる際，鮮度の高い食材を最大限に活かせるようアフターオーダー方式を取り入れています。この方式では，注文を受けてから製品を作り始めるため，お客に手渡すまでに時間はかかってしまい

ますが，出来たてのおいしさを提供できます。

また，品質の高い食材を使うため，その原価率は35〜40％ほどで，競合企業と比べて高いと言われています。そして，マクドナルドとロッテリアが価格競争を行っていたときも，応戦はせず，値下げはしませんでした。

加えて，1997年からは協力農家によって農薬や化学肥料に極力頼らない方法で育てられた「モスの生野菜」を使用しています。2006年には，農業生産法人（株）サングレイス（現，モスファーム・サングレイス）を設立し，トマトなどの原材料の生産に積極的に取り組んでいます。

### 3　モスバーガーの店舗展開と集客

すでに米国で成功し，日本に進出したマクドナルドとは異なり，モスバーガーは，櫻田らが創業した企業です。創業当時，ハンバーガーの認知度が低く，資金集めには苦労しました。マクドナルドは銀座という日本の商業の中心地に一号店を出店しましたが，モスバーガーは資金が乏しく，実質的な第一号店は，板橋区成増の八百屋の倉庫を改装した2.8坪の非常に小さな店舗でした。その後も，モスバーガーの出店戦略は「路地裏戦略」と呼ばれるように，目立ちにくい二等地，三等地へ出店していきました。

また，マクドナルドが直営店を中心に出店していったのに対し，モスバーガーは，店舗開設の費用を抑えられるフランチャイズによって店舗数を増やしていき，全店舗の9割以上をフランチャイズ店が占めています。これは，モスバーガーも加盟店も資金的余力がなかったことが理由ですが，おいしいハンバーガーを提供すれば場所にこだわる必要がなかったとも考えられます。

ただし，誰もがモスバーガーのフランチャイズに加盟できるわけではありませんでした。一般的には，特定地域での知名度を上げ，効率的な配送網を構築するため，一定の地域に「面」としてチェーン展開していこうとします。これはドミナント出店と呼ばれ，マクドナルドも狭い範囲に高密度で店舗を展開しています。そのため，通常はフランチャイズチェーンへの加盟の条件として，資金の有無や店舗物件の良否が優先されます。

それに対して，モスバーガーは，モスバーガーの持つ価値観を共有できる人を厳選するため，加盟の審査は厳しく，加盟希望者のほんの数％ほどしか店舗をオープンさせることができませんでした。このようにモスバーガーの独自の加盟基準によってフランチャイズ店が増加していった結果，加盟店は全国に「点」として店が散在していくことになりました。加えて，モスバーガーは，食材にこだわっていたため，パティやバンズを製造できる工場が限られており，当初首都圏以外の店舗を網羅する配送システムを持っていませんでした。そのため，食材の配送には苦労が多く，製品とコスト，配送の安定化には時間がかかりました。にもかかわらず，人を見てフランチャイズへの加盟の可否を決めることはユニークです。

そして，加盟店オーナー間の横のつながりは，「モスバーガー共栄会」と呼ばれています。モスバーガーでは，加盟店同士の交流や助け合いが自然と始まり，その後，この動きを本部がサポートし，国内を 20 支部に分割して，全国組織へと拡大していきました。年 2 回実施される HDC（Hospitality，Delicious，Cleanliness）強化期間に開かれる支部会では，互いの店舗をチェックしあいます。こうした加盟店同士の交流が各店舗のレベルアップと連帯感をもたらし，モスバーガーチェーン発展の強固な基盤となっていきました。

また，モスバーガーの店内は自然な色合いで，入り口には観葉植物が置かれ，それぞれの座席はスペースのあるゆったりとした落ち着いた雰囲気の内装となっており，全面禁煙のお店を増やしています。資金的な理由もあり，創業期にはマス媒体を用いた販売促進は行っておらず，地域に密着し，クチコミで固定客を増やしたり，現在ではモスカードと呼ばれるプリペイドカードを用いてリピーターを増やすよう工夫しています。

### 4　モスバーガーのブランド価値

こうした結果，ファストフード業界におけるモスバーガーのブランド価値は高くなっています。たとえば，日経 BP コンサルティングが発表する「ブランド・ジャパン 2018」によると，モスバーガーは，消費者から見た総合ランキングでは 24 位，ファストフード部門では，前年に続き 1 位となっています（図表 4-1）。また，図表 4-2 の通り，モスバーガーはすべての部門を対象とした購入の意向を聞いた項目では 2 位，他のブランドよりも価格が高くても購入する価格弾力性を聞いた項目では 4 位となっており，価格以外での差別化に成功していることをうかがい知ることができます。

以上のことから，他社よりも高価であったとしても，クオリティの高いもの

図表4-1 「ブランド・ジャパン2018」業種別ランキング：ファストフード部門

| 順位 | ブランド名 | 順位 | ブランド名 |
|---|---|---|---|
| 1 | モスバーガー | 11 | サブウェイ |
| 2 | 無添くら寿司 | 12 | すき家 |
| 3 | ケンタッキーフライドチキン | 13 | 吉野家 |
| 4 | マクドナルド | 14 | ロッテリア |
| 5 | 餃子の王将 | 15 | 松屋 |
| 6 | ミスタードーナツ | 16 | CoCo壱番屋 |
| 7 | 丸亀製麺 | 17 | かっぱ寿司 |
| 8 | リンガーハット | 18 | なか卯 |
| 9 | スシロー | 19 | バーガーキング |
| 10 | いきなり！ ステーキ | 19 | フレッシュネスバーガー |

（出所） 日経BPコンサルティング。

図表4-2 「ブランド・ジャパン2018」「ロイヤルティ」ランキング：コンシューマー市場編

| 利用（購入）したい【利用意向】 | | 他ブランドより価格が高くても，利用（購入）する【価格弾力性】 | |
|---|---|---|---|
| 順位 | ブランド名 | 順位 | ブランド名 |
| 1 | セブン-イレブン | 1 | ハーゲンダッツ |
| 2 | モスバーガー | 2 | ヱビスビール |
| 3 | 日清フーズ | 3 | ゴディバ |
| 4 | カルビー | 4 | モスバーガー |
| 5 | コカコーラ | 5 | ソニー |

（出所） 日経BPコンサルティング。

を提供するというモスバーガーの姿勢が，消費者にも理解されていることがわかります。

# *3*　ケースを解く

## *3. 1*　競争戦略と競争優位

先に述べたように，企業の最も重要な目標のひとつは，利益を上げることです。この経済的成果を高めるために，企業は競争戦略を立てます。そして，競争戦略に基づいた意思決定・行動の結果として，その企業が業界の平均的な収益性以上の業績が上げられる状態のことを競争優位と呼んでいます。

では，どのように競争優位を構築していくのか，そのための競争のやり方を具体的に見ていきましょう。

## *3. 2*　競争戦略の基本型

競争戦略には，どのくらいの幅のターゲットに対して，何を競争優位の源泉として競争をするのかによって，図表4-3に示すように，大きく3つの基本的定石があると考えられてきました。それが，「コストリーダーシップ戦略」「差別化戦略」「フォーカス（集中）戦略」です。

「コストリーダーシップ戦略」とは，業界内の広範なターゲットに対し，他社の製品・サービスよりもコストが低いことを競争優位の源泉とする戦略です。価格は，消費者にとって最もわかりやすい評価尺度のひとつであり，他社の製品・サービスに比べて安い価格であれば，消費者に選ばれる可能性は高くなります。

それに対して，「差別化戦略」は，自社の製品・サービスが，他社の製品・サービスとは異なることを消費者に認識してもらい，その違いを消費者から評価されることを競争優位の源泉とする戦略のことです。

また「フォーカス戦略」とは，特定のセグメントに資源を集中させることで，ターゲットを絞った狭い範囲の中で競争優位を獲得していく戦略となります。

1　コストリーダーシップ戦略

低コストを実現できる要因のひとつに，規模の経済性があります。規模の経済性とは，製品の生産量が増加すればするほど，製品1単位当たりのコストが低減していく現象のことです。

図表4-3　競争戦略の基本型

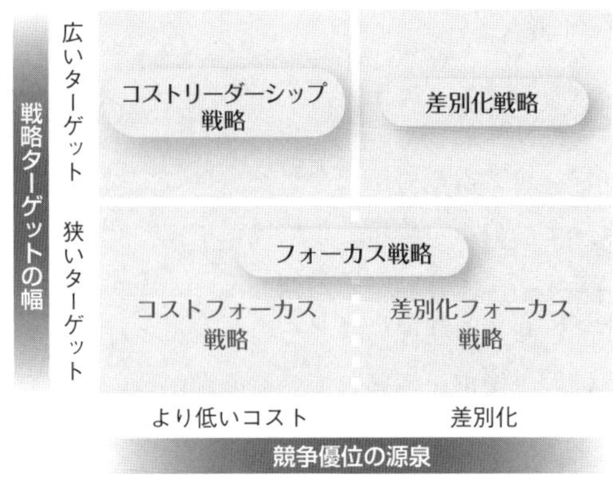


マクドナルドの事例で考えてみましょう。平日半額キャンペーンによって，ハンバーガーの生産量は増加しました。食材を大量に購入すれば，仕入れ先に対して値下げの交渉力は高くなります（仕入れコストの低減効果）。またマクドナルドは，もともと世界中から安い食材を調達することができる購買システム「GPIA」を持ち，国内メーカーと協力してコスト低減に努める「プライシング・プロトコル」を行っていました。このような強力な交渉力，グローバルな調達システム，国内メーカーとのコスト低減活動により，原材料費を低減させることができました。

一方で，平日の生産量の増加に対応するための追加的な投資は必要ありませんでした。したがって，賃貸料や人件費などの固定費は分散されるため，ハンバーガー1個当たりに均（なら）した固定費は減少します（固定費の分散効果）。

加えて，マクドナルドは，大量販売を可能にするために出店ペースを上げました。人通りの多い一等地に出店し，また従来までの標準店だけではなく，サテライト店を出店して，商圏に合わせたサイズの店舗を展開しました。店舗密度を上げて，24時間営業を行うなど，消費者が店舗にアクセスしやすくし，購買機会を増やしたのでした。

最終的に製品が消費者に届くまでに，企業はさまざまな業務活動を行っています。具体的には，購買調達や配送，製造や販売などの主要活動と，それを支えるための支援活動があり，この一連のビジネスの流れはバリューチェーンと呼ばれています。マクドナルドは，このバリューチェーンの中で，大量調達・大量生産・大量販売を実現することで，規模の経済性を働かせ，製品１個当たりのコストを低減させていたのです。こうして半額でも低コストで利益の出るハンバーガーと利益率の高いセットメニューを組み合わせることで，低い価格設定を行いながら，収益を上げました。

なお，この規模の経済性を活用した「コストリーダーシップ戦略」は，大量調達・大量生産・大量販売を必要とするため，業界トップの企業にしかできない方法であると言われています。

### ②　差別化戦略

企業が消費者に製品の「違い」を認識してもらうためには，まず製品自体に「違い」をつくる必要があります。モスバーガーの場合，原価率が高くなっても，厳選された高品質な食材を使って，おいしく安心安全なハンバーガーを追求していました。また日本人の嗜好に合わせた和風メニューを連続的に開発しています。そのため，提供するメニュー数は多く，多様なニーズに対応することができました。そして，出来たてを提供するため，アフターオーダー方式をとっています。その結果として，競合企業に比べて，高い価格設定を行っても，市場から評価を得ることができました。また，他社が低価格化競争を繰り広げた際にも，値下げはせず，製品自体の魅力で勝負しました。

加えて，製品以外のポイントでも「違い」をつくることは可能です。創業当時，モスバーガーは資金的に恵まれておらず，「路地裏戦略」と言われるように，大通りからは一本入った人通りの少ない場所へ出店することが多く，元手が少なくても展開できるフランチャイズシステムを積極的に活用しました。それでも，加盟の審査は厳しく，モスバーガーの価値観を共有できる人のみを厳選しました。そして，「モスバーガー共栄会」と呼ばれる加盟店同士の横のつながりが創出され，本部からのマニュアルや指導だけではなく，自律的な店舗運営が可能になりました。また，ゆったりとして居心地のよい雰囲気の店舗作りをし，固定客やリピーターの獲得を目指して，地元密着で顔の見える販売促進を地道に続けてきました。

以上のように，モスバーガーは，製品自体で他社との差別化をし，店舗の運営やその立地，店舗同士の協力体制やプロモーション活動などでも差別化を図ろうとしています。つまり「差別化戦略」では，価格以外のポイントで他社との明確な「違い」を作り出せるかどうかが重要になります。

### 3　フォーカス（集中）戦略

「コストリーダーシップ戦略」と「差別化戦略」が，幅広いターゲット層を対象とした競争戦略であるのに対し，「フォーカス戦略」とは特定の顧客層（市場セグメント）や特定の地域市場などに集中する戦略です。図表 4-3 で示す通り，「フォーカス戦略」には狭いターゲット層に対してコスト優位を確立する「コストフォーカス戦略」と，特定のターゲット層に対して徹底的な差別化を図る「差別化フォーカス戦略」の 2 つがあります。

ハンバーガー業界では，マクドナルドやモスバーガーなどのチェーン店が画一化されたイメージを持つ中，店舗ごとの個性を尊重するフレッシュネスバーガーは「差別化フォーカス戦略」をとっていると言えます。メニューはすべて店舗で素材から調理し，手作り感を大切にしています。また，チェーン店展開するうえで不可欠なマニュアル化を最低限に抑え，スタッフの個性を認めて，親しみやすさを出しています。こうして，他のチェーン店では味わえない個性的なメニューと居心地のよい空間を提供しながら差別化を図り，20 代から 30 代の女性を主要な顧客層と想定し，このターゲットに対してフォーカスしています。

同様にシェイクシャックも「差別化フォーカス戦略」に分類されるでしょう。2004 年に一号店がニューヨークに出店され，16 年に日本に上陸し，都市部を中心に 13 店舗を展開するシェイクシャックは，ホルモン剤を使用せずに育てられたアンガス牛 100% のパティと無添加の素材を活かしたハンバーガーを提供しています。また，店舗ごと手作りされるレモネードや，ハンバーガーに合うようにブレンドされたニューヨークの地ビールやワインといったアルコール類など，他社にはないサイドメニューを用意しています。ハンバーガーの価格は 600 円から 1200 円ほどと，他のチェーン店に比べると高価になっており，こだわりの強い顧客層をターゲットの中心にしていると考えられます。

## 4　考えてみよう・調べてみよう

⑴　すき家や吉野家，松屋などの牛丼チェーンや，スシローや無添くら寿司，はま寿司やかっぱ寿司などの回転寿司チェーンが激しい競争を繰り広げている和風ファストフード業界を取り上げて，この章で取り上げた3つの競争戦略の基本型をもとに分類し，各企業の戦略を分析してみましょう。

⑵　マクドナルドは，2010年代に入ると，閉店する店舗を増やし，直営店を売却して，全店舗に占めるフランチャイズ店の比率を7割近くまで高めています。また，高単価の新製品を導入しながら，定番製品の値上げを行っています。こうした動向は，マクドナルドの競争戦略に変化が生じていることを示しているのかもしれません。そこで，近年のマクドナルドは，どのような戦略をとっているのか，調べてみましょう。

⑶　ひとつの企業が同時に「コストリーダーシップ戦略」と「差別化戦略」の双方を追求することは難しいと言われています。この現象は「スタック・イン・ザ・ミドル」と呼ばれていますが，なぜ二兎追うことは困難なのでしょうか。

また，近年，コストを下げながら，買い手にとっての価値を高める「バリュー・イノベーション」が提起されています（『ブルー・オーシャン戦略』）。そこで，具体的な事例を考えながら，「スタック・イン・ザ・ミドル」をどう克服できるのか考えてみましょう。

## 5　読んでみよう

M. E. ポーター著，土岐坤他訳（1995）『新訂　競争の戦略』ダイヤモンド社。

◈産業組織論の研究成果に基づいた，競争の基本的戦略について論じた古典的著書です。

W. チャン・キム，レネ・モボルニュ著，入山章栄監訳・有賀裕子訳（2015）『新版　ブルー・オーシャン戦略：競争のない世界を創造する』ダイヤモンド社。

◈激しい競争が行われている既存市場（「レッド・オーシャン」）から，「ブルー・オーシャン」と呼ばれる競争のない新しい市場に漕ぎ出すための戦略を示しています。またブルー・オーシャン戦略の土台となっているのが，「バリュー・イノベーション」です。

レイ・クロック，ロバート・アンダーソン著，野崎稚恵訳（2007）『成功はゴミ箱の中に：レイ・クロック自伝』プレジデント社。

◈外食チェーンとしてのマクドナルドがどのように生まれて拡大していったのか，その過程がよくわかる創業者の自伝です。

第5章

# 事業のリストラクチャリングと組織改革

## GEの企業革新

キーワード
多角化　事業部制組織
範囲の経済（シナジー）　PPM
リストラクチャリング
コングロマリット

## 1　この章のねらい

多角化によって成長しようとする企業は，ヒト・モノ・カネ・情報（これらをまとめて経営資源と呼びます）をさまざまな事業に投じることになりますが，経営を取り巻く環境が変化すると，企業はそれらの経営資源を適切な事業に再配分し，事業のリストラクチャリング（再構築）を図ることを迫られることになります。また，そのために組織の改革を実行しなければならなくなることもあります。ここでは，総合電機企業として君臨したゼネラル・エレクトリック社（GE）が金融を中心とするコングロマリットへと変身を遂げ，再び製造業へと回帰していく過程をたどることによって，20世紀を代表する企業が激しい環境の変化の中で大きく変革される様子を観察し，その意味を考えてみます。

## 2　ケース：GEの企業革新

### 2.1　20世紀の代表的巨大企業

GEは1892年にエジソン・ゼネラル・エレクトリック社とトムソン＝ヒューストン社とが合併して設立された企業です。前社は発明王エジソンが，自ら発明した白熱電灯システムを事業化するために1879年に設立したエジソン・エレクトリック・ライト社に始まり，後社はトムソンのアーク灯システムを事

**企業プロフィール**

| ゼネラル・エレクトリック社 | (2018 年 12 月期) |
|---|---|
| • 創　立 | 1892 年 |
| • 事業分野 | コングロマリット（電力システム，航空機エンジン，医療機器，エネルギー，金融，その他） |
| • 売 上 高 | 1216 億 1500 万ドル |
| • 営業利益 | −201 億 3400 万ドル |
| • 純 利 益 | −228 億 200 万ドル |
| • 従業員数 | 28 万 3000 人 |

業化するために 1880 年に設立されたアメリカン・エレクトリック社に始まります。両社の合併は電灯システムを中核とする巨大総合電機企業を生み出し，以後，GE はアメリカ最大の総合電機企業として君臨し続けることになります。

そればかりでなく，GE は，1896 年にダウ工業株平均の算出が開始されたときの 12 銘柄の 1 つで，一時除外されましたが，1907 年から最近までその構成銘柄であり続けました。その生命力の強さは特筆に値します。その理由としては，同社が多角化による成長戦略を不断に追求してきたこと，環境変化に対応して事業構成を変化させ，さらに組織革新を遂行してきたことをあげることができます。1950 年代にラドルフ・コーディナーのもとで事業部制組織に基づく分権管理を導入して大きな飛躍を遂げたことは，繰り返し語られてきました。しかし多角化と事業部制組織によって巨大化した GE は 1960 年代に「利益なき成長」と揶揄される状態に陥り，変革を迫られることになります。

### *2.2*　ジョーンズによる PPM，SBU，セクター制の導入

1960 年代の GE は事業部制組織のもとで原子力事業，コンピュータ事業，航空機事業を中心に多角化を進展させました。その結果，1955 年に事業グループが 5，事業部が 23 であったのに対し，68 年には事業グループが 10，事業部が 49 に増大することになりました。売上高も 34 億 6400 万ドルから 83 億 8200 万ドルに増加しています。ところが，1955 年には 6.0% あった売上高純利益率は徐々に減少し，68 年には 4.3% となり，69 年には 3.3% にまで低下してしまったのです。このような事態に対処するためには，多角化戦略によって拡大した経営資源の再編成に着手し，収益性の高い事業，有望な事業を選択して経営資源を集中して投入し，そうでない事業からは経営資源を撤収しなくて

はならなかったのです。1963年に社長に就任し68年からは会長としてGEを率いたフレッド・J.ポーチは，この事態を解決すべく，コンサルタント会社のボストン・コンサルティング・グループやマッキンゼー社に検討を依頼しており，70年には低迷していたコンピュータ事業からの撤退を決断していました。1972年にレジナルド・H.ジョーンズが会長兼CEOに就任すると，その方向はさらに進められ，両社の協力で開発されていたプロダクト・ポートフォリオ・マネジメント（PPM）に基づく戦略事業計画が本格的に導入されることになります。さらに戦略事業計画の計画単位として戦略事業単位（SBU）が導入され，従来の事業部制組織の再編が行われました。さらに，1977年にセクター制が導入され，いくつかのグループを束ねた自律的な単位としてのセクターを置いて個々の事業分野に関わる意思決定を委譲し，本社は全社的な意思決定に集中する体制を作り出すことになりました。こうして，1960年代に陥った「利益なき成長」を脱却し，売上高純利益率は71年に5.0%に回復し，70年代後半には6%台にまで上昇することになります。

### *2.3*　ウェルチが直面した問題

1981年，ジョーンズ会長は後継者に弱冠45歳のジャック・ウェルチを選びます。前評判の低かったウェルチの就任は驚きをもって迎えられました。このウェルチのもとでGEは大きな変身を遂げることになるのです。

ウェルチが引き継いだGEは表面的には順風満帆のように見えました。しかし，グローバリゼーションと情報革命の進展はGEを取り巻く環境を激しく変化させていましたし，SBUを基礎とする事業部制組織はこの変化に対応するのに不適切なものとなっていました。

GEの生産性は，日本企業が年率8%台で向上させているのに対し，わずか1.5%にようやく達するという有様でしたし，事業構成もいまだ伝統的事業分野が50%近くを占めており，国際活動からの利益の半分近くはエネルギー子会社ユタ・インターナショナル1社からのものでした。危機感を抱いたジョーンズは1977年にGEの技術競争力について1年間に及ぶ分析を命じていたのでした。国際競争力の強化，新しい事業分野への進出，グローバル化のいずれをとっても十分な状態にあるとは言えませんでした。

図表5-1　収益構成の劇的な変化

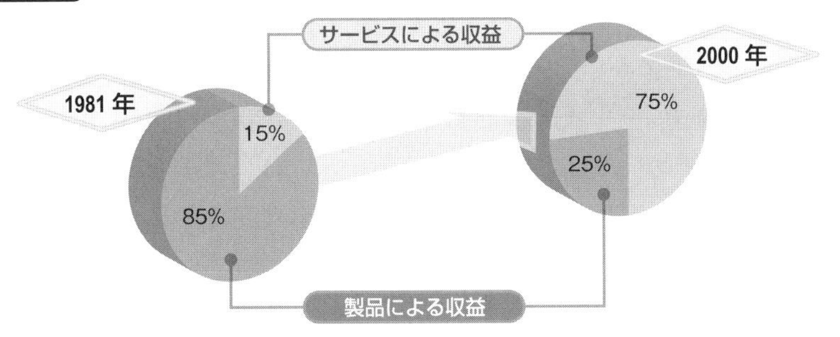


（出所）　Tichy and Sherman (2001), p. 39, より。

事業部制組織についてはウェルチが自伝の中で次のように述べています。

「現実はこうだった。1980年末のGEはアメリカ産業界の例にもれず，形式を重視する巨大な官僚機構であり，その官僚職の階層はあまりに多すぎた。2万5000人以上のマネージャーが組織を管理し，それぞれが平均して7人の直属の部下を抱えていた。工場の現場の社員から会長の私までの間になんと12もの階層を重ねたピラミッド構造だ。バイス・プレジデント以上の肩書を持つエグゼクティブが130人を超え，しかもその1つひとつが思いつくかぎりの肩書きをつけたサポートスタッフを抱えていた。」

さらに，SBUを基礎とする事業部制管理機構のもとでは，本社の戦略スタッフと財務スタッフが各事業単位，事業部門の戦略計画と財務的結果に対する恐ろしい取調官となり，現場の実態から離れたところで物事が決められるようになっていました。

### 2.4　ウェルチによる企業革新(1)：ハードウェアの変革

このような状況のもとで，ウェルチは事業構成を劇的に変化させ，グローバル化を推進し，組織改革を断行する決断を下します。彼はこれらをハードウェアの変革と呼んでいます。

ウェルチがCEO在任中（1981～2000年）の20年間の変化を見てみましょう。まず，事業構成が大きく変化しています。それは一言でいえば製造からサービスへということになります。図表5-1が示すように，それは劇的です。1981

年には85% が製品販売によっていた収益が，2000 年には75% がサービスによることになっています。2000 年度の年次報告書は，1980 年には売上高の85% を製品販売に依存していたが，今日ではその70% はサービス関連事業によってあげられるようになった，と述べています。この中で特筆すべきは，金融サービス部門の比重の増大です。1984 年は売上高の9.0% を占めるにすぎませんでしたが，88 年には23.2%，そして2000 年には45.1% と目を見張る成長を遂げています。GE は総合電機企業からコングロマリットに変身したと言うことができるかもしれません。

このような事業構成の劇的な組み替えは，有名な「ナンバー1・ナンバー2戦略」に従って行われました。それは，GE の事業はそれぞれの市場で第1位か第2位に位置しなければならず，その基準からはずれた事業からは売却などを通じて撤退するというものでした。これによって，経営資源は競争力が強く収益性の高い事業に集中して投入されることになりました。

ついで，事業のグローバル化も本格的に進展しました。1981 年の売上高に占める海外事業の比率は22.0% にすぎず，資産に占める海外資産の比率も24.1% でしたが，2001 年には，売上高で43.0%，資産で36.4% となっており，海外へのシフトが大きく進んだことを示しています。

このような事業構成の変化とグローバリゼーションはM&A&D（Mergers and Acquisitions and Divestitures）すなわち事業の買収と売却を積極的に展開することによって実現されました。トムソン・フィナンシャル社のデータベース（2002 年9月現在）によると，GE およびその関連会社が関与した買収件数は1981 年から2001 年の間で発表件数788，完了件数593，売却件数は発表件数が362，完了件数が258 で，きわめて多数の事業が買収されると同時に多数の事業が売却されていることが示されています。その中にはNBC 放送を含むRCA の買収，投資銀行キダー・ピーボディの買収（後に売却），そしてGE のアイデンティティとも言えるテレビ事業部門の売却など，人びとに衝撃を与えた取引が含まれていました。

さらに，以上のことを実現するために，また，製造からサービスへと構成を変化させた事業の運営を的確に行うために，組織の革新が行われました。ウェルチがまず手をつけたのは，従来のGE の事業部制組織が陥っていた官僚主義を打破し，スリムで機敏な組織に生まれ変わらせることでした。そのため，「セクターやグループその他，多角的経営を実施するために採用していた上層階層の多くを取り払い」，CEO と各事業の工場との間に存在する管理職を 9 人から 3~5 人にまで削減しました（delayering：ディレイヤリング）。事業は 13 の主要事業部門にまとめられ，各事業部門は，従来のように副社長に報告し，副社長が上級副社長に，しかもすべて補佐とともに報告するのではなく，会長と 2 人の副会長に直接報告するようになりました。同時に，これまでの戦略計画策定の基礎単位であった SBU も廃止し，「スタッフの役割は審査し，検査し，承認を与えるという従来の役割から 13 事業の第一線が活動しやすくなるように支援する役割へと 180 度の転換を遂げ」たのです。その結果，戦略的な意思決定の過程はスピードアップされ，これまで 1 年かかっていた主要な投資決定も数日間でできるようになったと言われます。こうして，ウェルチの言う「統合された多角性」が実現されることになったのです。

以上の改革が組織の構造と垂直的な意思決定のシステムの変革を目指したものだとすると，いわゆる「境界のない企業」の形成は，水平的な情報の共有と協働を追求するものでした。ウェルチは次のように述べています。「私が考える境界のない企業では，設計や製造，マーケティングなどの部門間の障壁がすべて取り除かれる。国内と海外の事業の区別もなくなる。……境界のない企業は，外部との壁も取り払い，サプライヤーや顧客も社内のプロセスに取り込む」。そして，このような企業は，境界のない行動によって生み出されるのであり，「このように事業間の境界をなくし，社内のどこかで生まれたアイデアを他に伝達することこそが，当社の提唱する『統合された多角性』の神髄です」とまで言っています。

### *2.5*　ウェルチによる企業革新(2)：ソフトウェアの変革

このような激しい変革を断行したウェルチは，建物だけを残してすべてを破壊する中性子爆弾になぞらえてニュートロン・ジャックと呼ばれるようになっていました。1981 年には 40 万人に達していた従業員は 93 年には 22 万人にまで大きく削減されました。当然のことながらマネージャーの人員削減も含まれており，その実数はわかりませんが，1990 年の年次報告書は 90 年代末までに現行のマネージャー職の3分の1を廃止すると宣言していたのです。

激しいハードウェアの改革とそれに伴う人員の削減は，ウェルチによって「この契約は，終身雇用が保証されるという前提にもとづいており，父性的で封建的で茫洋とした忠誠心を生み出した。自分の時間を捧げ，懸命に働けば会社が一生面倒をみてくれるという感覚である」と評された「暗黙の契約」のもとで会社主義的なコミットメント（貢献）を行ってきた従来型の従業員に代わって，会社との「暗黙の契約」を信じない，利己的なキャリア主義的従業員を生み出すことになります。製造からサービスへと事業構造が大きく変化する中で，このような従業員からいかにして積極的なコミットメントを引き出すか，崩壊した会社と従業員の関係をどのように再構築するのか，このことが組織能力を左右する決定的な問題となっていたのです。ウェルチはハードウェアの変革からソフトウェアの変革へと進むことになります。

ウェルチのソフトウェア変革の核心は，ミドル・マネジメントすなわちマネージャー層の変革にありました。彼らこそが，企業の競争力を決定する組織能力の根幹をなすものであったからです。巨大な階層構造の中で膨大な情報の処理に追われているミドル・マネジメントをさまざまな機能を担う専門家集団に再編成し，リーダーシップを発揮させて全体の生産性を上げていくことが，ウェルチの目的であったと言えます。

まず，価値観の共有が図られました。ウェルチは早くから「自信，簡潔，スピード」を優良企業の3条件とし，これらをGEの企業文化とすることを提唱していました。また，3つの経営原則として，「境界のない行動，スピード，ストレッチ」を掲げていました。これらはさらに，すべてのリーダーに必要な資質すなわちGEバリューズとして7項目にまとめられ（図表5-2），この価値観を共有することが求められたのです。そして，リーダーを，①バリューを共有し成果を出す人，②バリューを共有するが成果を出さないでいる人，③バリューを共有せず成果も出さない人，④バリューを共有しないが成果を出している人，の4つのタイプに分け，①は昇進，②は再チャンス，③は退社，④は企業に最も害をなすもので，見つけ出して退社を迫る，という方針を明らかにしました。

さらに，この価値を共有し，それに基づく行動へと従業員を動員していく運

図表 5-2　GE バリューズ

**すべてのリーダーに必要な資質**

◉明確でシンプル，かつ現実的で顧客重視のビジョンを構築し，それを組織の構成員すべてに率直に伝達できる能力
◉責任と約束の意味を理解し，決断力があり，積極的な目標を定め，実現し，常に断固たる高潔さを尊重する姿勢
◉素晴らしいものを目指す情熱を持ち，官僚主義と，それに伴う無用の長物すべてを嫌悪する精神
◉他者に権限を委譲し，境界のない行動に自信を持ち，権限委譲の手段としてワークアウトを信頼し，これを支持し，どこからでもアイデアを受け入れる心構え
◉グローバルな知性とグローバルな対応力，またその開発能力を備え，多様なグローバル・チームを構成する能力
◉変化を誘発し，楽しむことができ，恐れやパニックを知らず，変化を脅威ではなくチャンスとして受け止める姿勢
◉エネルギーに満ち，周囲を活性化し刺激する能力があり，スピードが競争を有利にすることを理解し，かつスピードの重視が組織全体に利益をもたらすと考える態度

（出所）GE コーポレート・エグゼクティブ・オフィス（2001），129 ページ，より。

動として「ワークアウト」が全社的に展開されることになります。この運動は全従業員を巻き込む運動となりますが，とくにリーダー層に GE バリューを共有させることに主眼が置かれていました。

ワークアウトは 1988 年 10 月に始まりました。それは一種の「タウン・ミーティング」のようなもので，その場には各部署からさまざまな職位の従業員が集まり，さまざまな意見やアイデアを述べあい，その過程で，相互信頼を築き，権限の委譲を進め，不必要な仕事を除去し，新たなパラダイムを創造することが追求されました。官僚的体質を変革し，問題解決のための具体的改善案を見つけ出し，直ちに意思決定を行い，即座に実行する。単なる管理を行うのではなく，このような過程をリードしていくマネージャーこそが求められるようになったのです。さらに，1995 年からはモトローラ社が開発した品質改善手法である「シックスシグマ」を導入し，ブラックベルトと呼ばれるリーダーを中心にこれを全社的な運動として展開することになります。

ウェルチによる以上のような企業革新は，図表 5-3 に示されているように，売上高，純利益，生産性，株価，いずれをとってもめざましい成果をもたらす

図表5-3　GEのパフォーマンス

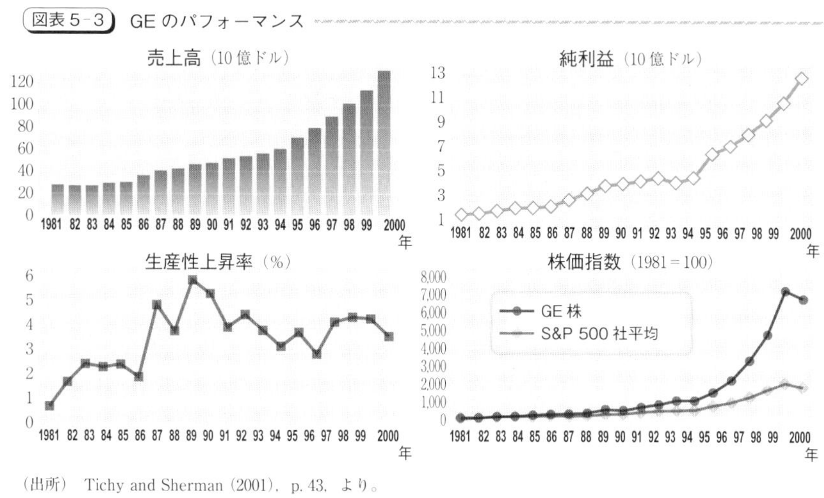


（出所）　Tichy and Sherman (2001), p. 43, より。

ことになりました。

### 2.6　イメルトの挫折

ジェフ・イメルトは，2001年9月11日同時多発テロ勃発の4日後にウェルチの後任として会長に就任しました。2000年にはいわゆるITバブルが崩壊し，2001年から2002年にかけてエンロンやワールドコムの破綻により，コーポレート・アメリカの信頼は大きく揺らぐことになるわけで，最悪の時期に舵取りを任されたと言えます。2000年のバブル崩壊以前に60ドルを付けていた株価は，30ドルを切る水準にまで下落しました。

イメルトの当初の基本戦略は，ウェルチの路線の踏襲と発展であったと言えます。まず第1に，M&A&Dによる事業構造の再編・強化が継続されました。2001年と2002年でおよそ350億ドルの買収，2003年には300億ドルを超える買収を行っています。他方で事業の売却も進められました。2005年には，2002年に金融サービス部門を分割して総数を8から11に増加させたセグメントを，インフラストラクチャー，コマーシャル・ファイナンス，コンシューマー・ファイナンス，ヘルスケア，NBCユニバーサル，インダストリアルの6

つに整理統合し,「強力なポートフォリオ」を構築することになりました。

第2に，中国を中心に世界各地での事業展開が図られ，グローバリゼーションのいっそうの進展が追求されました。その結果，2005年の海外の売上高は全体の売上高の48%を占めるまでになったのです。

第3に，毎年10億ドルを教育訓練に投入してミドルのリーダーシップを育成しながら，シックスシグマをはじめとする全社的な経営課題（イニシアティブ）を提起し，日常的に業務改善に取り組みました。

そのうえで，イメルトは独自の方向も打ち出しています。それは一言でいえば内部成長（Organic Growth）の強調です。2005年の年次報告書でイメルトは全社共通のイニシアティブとして内部成長をあげ，売上高の内部成長率を年8%に設定することを宣言しました。そのための方策のひとつが研究開発の重視です。ニューヨーク州ニスカユナのグローバル・リサーチ・センターを1億ドルかけて改修するとともに，インドに加えてドイツ，中国にもグローバル・リサーチ・センターを設立して世界的な研究開発体制を整え，2000年に22億ドルであった研究開発費を2005年には34億ドルにまで増大させ，従来M&Aに依存して獲得する傾向のあった有望事業を自力で発掘・育成していく努力を強めたのでした。

他方で，内部成長の実現のために営業とマーケティングの重視を打ち出しています。イメルトは卓越した営業・マーケティングを推進することを自分の使命とし,「(就任後の) この4年間，私はほかのどのチームよりも，営業・マーケティングのチームと時間を過ごしてきた」と述べています。

以上のような経営努力の結果，図表5-4に見られるように，2001年に売上高が減少したとはいえ，すぐに回復し，売上高純利益率はウェルチが達成した水準を常に上回って10%を超える水準を維持しています。2007年には過去最高の12.9%を実現しました。そのこともあって，GEは『フィナンシャル・タイムズ』の「世界で最も尊敬される企業に」毎年選ばれ続けたのです。

2008年のリーマン・ショックはGEとイメルトの運命を大きく変えることになりました。このときGEは資金繰りに行き詰まり危機的な状況に陥りますが,「投資の神様」と呼ばれるウォーレン・バフェットから30億ドルの出資を得てなんとか急場をしのぐことができたのです。その後イメルトは,「GEを

図表5-4　GE の売上高と純利益（2000～18年）

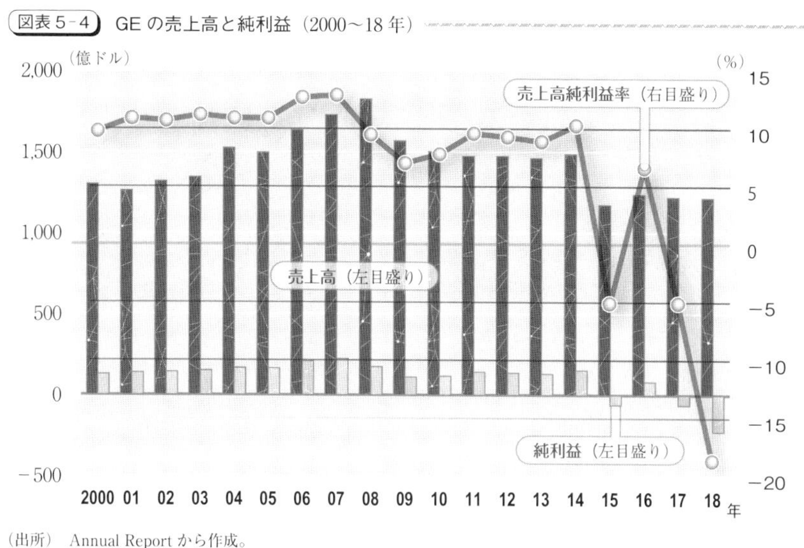


（出所）Annual Report から作成。

将来，世界で最も価値のあるインダストリアル・カンパニーにする」という目標を立て，金融やメディアを非中核部門と位置づけてその縮小を進め，製造業とくにインフラ事業へと軸足を移していくことになります。ウェルチの歩みを逆回転させるかのような動きでした。金融危機以前からその動きは始まっており，2005年には保険事業を，2007年にはプラスティック部門をすでに売却していましたが，2009年にはNBCユニバーサルをコムキャストに売却し，14年にはフランス企業アルストムのエネルギー事業を買収，15年にはGEキャピタルの大部分を売却，16年には家電事業を中国のハイアールに売却，石油会社ベーカー・ヒューズを統合と，事業ポートフォリオの組み替えを積極的に進めていきました。その結果，図表5-5のようにGEの事業構成は金融から製造へと大きく変化しています。

イメルトの戦略は，ポートフォリオの組み替えにとどまるものではありませんでした。「インダストリアル・インターネット（産業のインターネット）」をスローガンに掲げ，「モノ」と「データ」が融合する第4次産業革命を主導する企業すなわち「デジタル・インダストリアル・カンパニー」を作り上げること

図表 5-5　金融から製造への転換

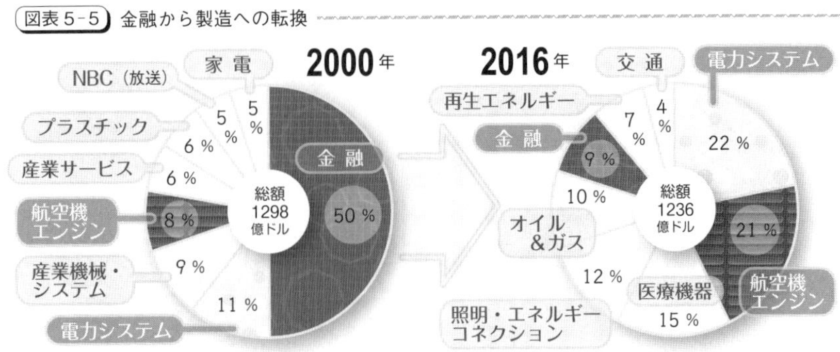


（注）GE の連結売上高，総額はセグメント間取引消去後。
（出所）『日本経済新聞』2017 年 6 月 13 日，より作成。

が彼の目標となりました。そのためにソフト開発者やデータアナリストを大量に採用するとともに，シリコンバレー出身者を各事業部門に CDO（最高デジタル責任者）として置き，デジタル化を推進するとともに，2015 年にはソフト開発部門を GE デジタルとして独立させデジタル化の中核部隊とすることになりました。イメルトが目指したのは，GE が販売した製品さらに他の企業の製品も情報ネットワークに接続させ，それを通じて集積した稼働データを分析して生産性や稼働率を改善するとともに製品の改良にも利用しようとするものでした。その基盤を形成するのがプレディックス（Predix）と呼ばれる情報プラットフォームです。ここにあらゆるデータを集積し，処理することによって，全社的な経営資源を投入して，顧客に必要な製品を販売するだけではなく，顧客の直面している問題を解決する手立て（ソリューション）をも提供しようというものです。さらに，GE は「全組織で知識と経験を共有する取り組み『GE Store』を通じて，テクノロジーのみならずマーケットや仕組み，インテリジェンスを地域や事業部門を超えて活用することで，さらなるイノベーションを推進し」ようとしました。GE は多様な事業をプレディックスという情報システムと GE Store で統合し，その能力を最大限に高めようとしたのです。そのために，それを可能とする事業を選択してきたのでした。

2017 年 6 月 12 日，7 月末にイメルトが退任することが発表されました。業績悪化の責任を問われた事実上の更迭でした。業績悪化の原因はさまざまと思われますが，金融部門の負の遺産の存続，電力部門の不振に加え，デジタル化の努力が十分な利益を生むに至らなかったことが大きかったと思われます。イメルトは志なかばで退任に追い込まれたのでした。そして2018年6月，GEはついにダウ工業株30種平均の構成銘柄から外れることになったのでした。

## 3　ケースを解く

### 3.1　PPM

GEはジョーンズの時代にPPMとSBU組織の導入によって「利益なき成長」を脱却し，事業部制組織は完成された姿をとることになりました。それは経営学の教科書で必ず取り上げられ，多くの企業が模倣するモデルともなったのです。これを引き継いだウェルチは，一方でPPMの考え方を究極にまで推し進め，他方でSBUに基づく事業部制組織を破壊することになったと言えます。まず，PPMとSBUについて簡単に説明しておきましょう。

企業は経営資源をさまざまな事業に振り向けることによって成長を実現しようとします。新たにどの事業を選択して経営資源を投入するのかは，それぞれの「事業の魅力度」とその事業における「自社の競争力」によって決まると言ってよいでしょう。PPMはそれぞれの事業をこの2つの次元で評価し，それぞれの事業の戦略的目標を明確にし，資源配分を有効に行うための手法として開発されたものです。

PPMでは，それぞれの事業を「事業の魅力度」と「自社の競争力」という2つの次元で評価し，その2つの軸で形成される平面のどこに位置するかを図表5-6のようにプロットします（この図は説明のために簡略化されています。また「事業の魅力度」は市場成長率で，「自社の競争力」は市場シェアで表されています）。これによって，全社的な事業の構成がどのようになっているかもビジュアルに認識できます。この事業構成のことをプロダクト・ポートフォリオと呼びます。

このプロダクト・ポートフォリオでは，市場成長率も市場シェアも低い「負け犬」は無いに越したことはありませんが，他の3つはバランスがとれている必要があります。市場シェアが高くて市場成長率の低い「金のなる木」にプロットされる事業では，今後資源を投入する必要はあまりなく，むしろ投下した

図表5-6　プロダクト・ポートフォリオ・マトリックス

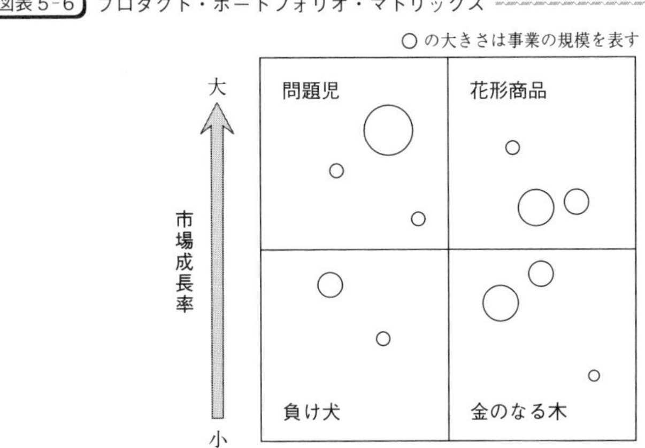


資金が利益とともに回収されることが期待されます。もし，このような事業がなければ，市場成長率が高く今後も投資を続ける必要のある「花形商品」と「問題児」に自前で資金を供給することはできないでしょう。「問題児」がまったくないとすると，これから伸ばすべき将来性のある事業を持たないということで，これも問題でしょう。

全社的なプロダクト・ポートフォリオを把握することによって，事業構成をどの方向にもっていくべきかという全社的な戦略が形成されることになります。同時に，各事業が全社的なプロダクト・ポートフォリオの中でどの位置にあるかが客観的に表示されることになります。そして，その事業がとるべき戦略目標が明らかにされます。「金のなる木」は，他の事業への資金供給源となる戦略目標を与えられますし，「問題児」にはシェア拡大による「花形商品」への成長，「花形商品」には優位性の確保・拡大，「負け犬」には場合によっては撤退という戦略目標が与えられることになります。こうなれば，各事業がそれぞれその事業規模を最大限に拡大しようとするような計画を策定することはできなくなり，与えられた戦略目標に従った計画が策定されることになります。各SBUへの資源の配分もこの戦略目標に従ってなされることになるのです。こ

図表5-7　理想的な多角化企業組織

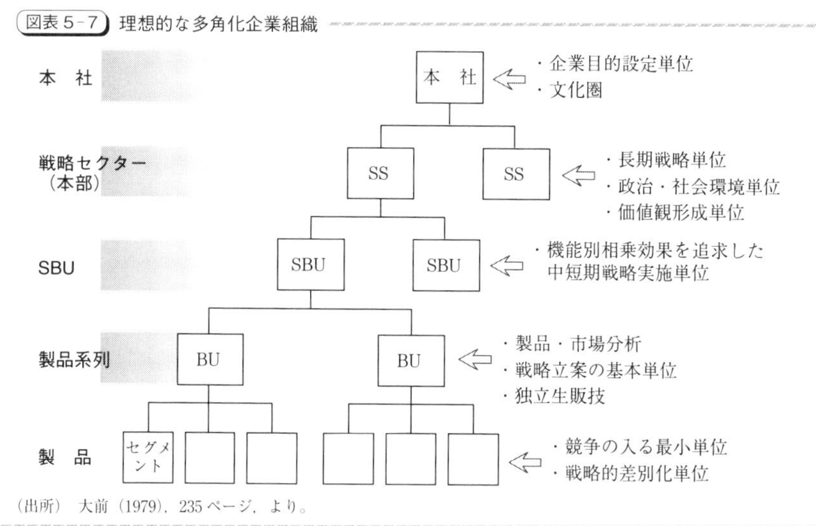


（出所）　大前（1979），235ページ，より。

の一連のプロセスをプロダクト・ポートフォリオ・マネジメントと呼んでいます。

### 3.2　事業部制組織とSBU

この PPM を実施するに当たって問題になったのが既存の事業部制組織でした。事業の拡大の過程で事業部—事業（製品系列）—製品という組織の階梯と市場とがうまく対応しなくなるという事態が生じていました。つまり，異質の事業が同じ事業部に属していたり，同質の事業が違う事業部に属していたりしたのです。同じようなことが製品系列と製品の間でも起こっていました。異なった性格の事業，製品が同じグループに括られることになっていたのです。このような状態で PPM を実施することは意味がありません。まず，性格の共通なもの，市場を同じくするものにグルーピングすることから始めなければなりません。戦略的事業単位（SBU）はこの目的のために導入されました。SBU は戦略的計画の立案・実施の組織単位として，旧来の事業部の枠を超えた形で設定されます。しかし，それは事業部制組織に替わるものではなく，事業の管理単位としての事業部のうえに計画の立案・実施の単位としての SBU を重ね合わせた形をとることになります。したがって，両者がぴったりと重なり合う方が望ましいのです。図表5-7は1970年代に理想的とされた多角化企業の組織です。しかし，ウェルチはこの組織を破壊しようとしたのでした。なにがウェルチを破壊に駆り立てたのでしょうか。

### 3.3　リストラクチャリング

就任時のウェルチが直感的に把握していたのは，経営環境の変化が今後ますます激しくなっていくということだったと思われます。情報革命の進展とグローバリゼーションの深化そして規制緩和は，技術と市場の急速な変化をもたらしていました。世界規模での競争がますます厳しいものになっていくことは，はっきりしていました。この変化に対応して事業構成を俊敏に変化させていくには，「事業の魅力度」と「自社の競争力」を綿密に分析してSBUの戦略目標を決定するPPMの手法はスピードに欠けるところがあります。それに代わるナンバー1・ナンバー2戦略は，きわめて簡略化された基準で事業を絞り込むところに特徴があります。「負け犬」に分類されるような事業については，即時撤退・売却ということになりますし，「問題児」に分類される事業は，ゆっくり時間をかけて育てるという戦略をとるよりは，買収などを通じて急速にナンバー1・ナンバー2に移行させるか，撤退・売却ということになります。そこでは，事業構成をスピーディーに変化させるためにM&A&Dが積極的に利用されることになります。また，新規事業に進出する際にもM&Aは時間を節約できるので多用されることになります。まさに，ウェルチが言う「スピード」と「簡潔」が重視されなければならないのです。PPMの考え方はナンバー1・ナンバー2戦略によって究極の形へと推し進められたといえるかもしれません。

しかしM&A&Dによるリストラクチャリングは個々の事業間の関連性を薄くし，事業の組み替えだけによって利益を高めようという傾向を強めますし，研究投資がおろそかにされ，長期的な事業の育成を阻害することにもなります。イメルトは内部成長を重視することによってこの傾向に歯止めをかけようとしたのです。

### 3.4　組織革新：階層型組織から水平型組織へ

このように行われたリストラクチャリングによってGEの事業構成は製造からサービスへと大きく変化しました。企業が事業を行う領域のことをドメインと言いますが，明らかにGEのドメインはかつてのものと大きく異なるものになったわけです。製造をドメインとする企業とサービスをドメインとする企業とでは，その経営のあり方が異なるのは当然です。ここでも「スピード」がキーワードとなってきます。

従来のSBUに基づく事業部制組織は，この点で，大きな欠点を持っていました。事業部制の何層にも重なる階層組織は，情報の伝達のスピードを遅らせますし，現場の情報が希釈化されてトップに伝達されることになりかねません。また，現場からの提案は，トップに届くまで何度も中間の承認を必要とするため，時機を失することがたびたび起こることになります。また，PPMによる戦略計画策定は本社の戦略スタッフによってなされ，それに基づいて各SBUがそれぞれの戦略案を作成し，それを戦略スタッフが評価し，修正案が作成され，計画が承認され，予算が決まり実行に移されるといった過程が1年周期のサイクルで展開されていたので，臨機応変の対応は困難でした。さらに，この過程で，本社の戦略スタッフと財務スタッフの力が強まり，現場から離れたところで分析のための分析が行われる傾向が強まっていました。

このような状況を打破するためには，組織の階層を思い切って減らして（ディレイヤリング），組織をフラットなものにする必要があります。また，現場が臨機応変に環境の変化に対応できるようにするために，現場への権限の委譲がなされる必要があります。そして，本社のスタッフの役割を，現場を統制することからそれに助言とサービスを与えることに変化させなければなりません。そのうえで，水平的な方向での情報の共有を進め，部門間の協働を促進し，場合によっては企業の壁を取っ払って，外部とのネットワーク的な組織を形成することも追求されることになります。図表5-8に示されているような階層型組織から水平型組織への変化が起こっているのです。

イメルトによってもこの傾向は維持されたと考えられます。プレディックスやGE Storeなどによって，製造業回帰の中でも水平型組織を維持する試みがなされたと言えます。

図表5-8　階層型組織から水平型組織へ

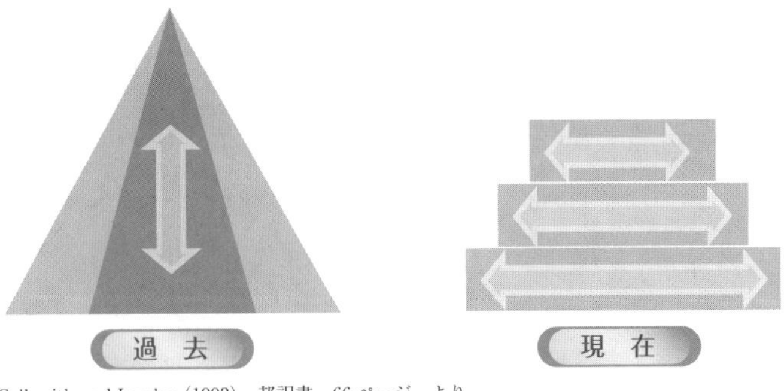


（出所）Galbraith and Lawler (1993)，邦訳書，66ページ，より。

### 3.5　多角化戦略と範囲の経済

多角化戦略と事業部制組織については第3章で学びましたが，この章のテーマは，多角化し事業部制組織をとる企業がその後の成長過程において直面する問題でした。

そもそも多角化企業が抱える異なる事業部門はなぜ個々バラバラにならず，ひとつの企業のもとに包摂され続けているのでしょうか。経営学では「範囲の経済」あるいは「シナジー」という概念で説明します。個々の事業をバラバラに経営するよりも，ひとつの企業のもとで経営する方が効率のよい場合，そこには範囲の経済あるいはシナジーが存在すると言います。範囲の経済（シナジー）を実現するためには，1+1が2以上になるための共通の基盤が存在する必要があります。ここではそれをプラットフォームと呼ぶことにしましょう。先の組織図（図表5-7）で言うと，セグメントを束ねるBU（製品系列）には何らかの範囲の経済を実現するプラットフォームが存在しているはずです。それは，生産技術かもしれませんし，販売部隊の共有かもしれません。同様にBUを束ねるSBUにも何らかのプラットフォームが存在するはずです。SS（戦略セクター）も同様でしょう。SSを統括する本社レベルにもそれがあるはずです。そうでなければ，本社は必要なくSSが独立した会社になってもよいはずです。範囲の経済の基盤となるプラットフォームは階層的に形成されると言ってもよいと思います。

他方で，複数の事業を自社の境界内に包摂することによってさまざまなコストが発生することが予想されます。このコストを「範囲の不経済（負のシナジー)」と呼ぶことにします。多角化が進展すればするほど全体を調整して範囲の経済（シナジー）を実現するためのコストは高くなります。そのコストが高くなりすぎれば，複数の事業を自社内に包摂することができなくなり，何らかの手段が講じられる必要があります。企業は範囲の経済を最大化し，範囲の不経済を最小化する努力を不断に行っていると言えるでしょう。

ところで，GE の場合，最初の全社的なプラットフォームは電気あるいは電子を利用する技術にあったと言えます。それを基盤に電力システム，産業機械，電気鉄道，家電，エレクトロニクス，コンピュータなどが生み出され総合電機企業へと成長することになるわけですが，やがてそれぞれの部門は独自の発展を遂げ，相互の関連性を薄くしていくことになります。

ジョーンズの改革では，SBU によって共通のプラットフォームのもとに同質の事業を括り直して範囲の経済を高めようとしたと言えますし，セクター制は共通のプラットフォームのもとにグループを束ねて範囲の経済を高めるものでしたが，逆にそのことが官僚制的な組織を形成し，部門間の調整コストを高めて範囲の不経済を生じさせたと言えます。

ウェルチはディレイヤリングによって範囲の不経済を削減しようとしましたが，ナンバー1・ナンバー2戦略によるリストラクチュアリングは GE をコングロマリット化し，事業間の関連性を希薄化することによって範囲の経済の実現を困難にしてしまいました。そこで，GE バリューズ，シックスシグマなどのソフトウェアの変革あるいはイニシアティブの提起によって全社的なプラットフォームを構築する努力をしたと言えます。金融部門の高収益性は範囲の不経済を覆い隠していたとも言え，それはイメルトの時代に顕在化してくることになるのです。

イメルトは製造業回帰と内部成長の重視によって範囲の経済を高めることを図り，プレディックスと GE Store いう全社的なプラットフォームの形成を目指しましたが，道なかばで挫折することになってしまったのです。

## 4　考えてみよう・調べてみよう

(1)　イメルト退任後，GEは危機的状況に陥っています。後任のジョン・フラナリーは航空，ヘルスケア，電力を柱に据えて再建を図りましたがうまくいかず，1年後に更迭され，GE外部からローレンス・カルプを迎えることになりました。この間の経過を調べ，GEに何が起こっているのかを考えてみましょう。

(2)　GEのライバルであるドイツのシーメンスはマインドスフィア（MindSphere），日本の日立製作所はルマーダ（Lumada）と呼ばれる，プレディックスと同様の情報プラットフォームを構築しています。その内容について調べ，比較検討してみましょう。

(3)　東芝は1970年代にGEの経験を参考にしてPPMとSBUを導入しました。バブル崩壊後，東芝もリストラクチャリングを迫られましたが，その内容をGEと比較してみましょう。

(4)　リーマン・ショック以後，日本の電機企業は巨額の損失を計上するなど大きな苦難に直面しました。その克服に多大の労力を費やし，事業構造も組織構造も大きな変化を経験しています。GEの経験と比較してみましょう。

## 5　読んでみよう

チャールズ・W.ホファー，ダン・シェンデル著，奥村昭博他訳（1981）『戦略策定：その理論と手法』千倉書房。

　SBUとPPMを中心に戦略策定の理論と手法を明らかにした名著です。

J. R.ガルブレイス，E. E.ローラーⅢ世他著，寺本義也監訳（1996）『21世紀企業の組織デザイン：マルチメディア時代に対応する』産能大学出版部。

　新しい企業組織のあり方を模索した好著。

ジェイ・B.バーニー著，岡田正大訳（2003）『企業戦略論：競争優位の構築と持続（上・中・下）』ダイヤモンド社。

➾上中下３巻からなる企業戦略論の教科書。下巻の「会社戦略編」は多角化戦略と範囲の経済について多くのことを教えてくれます。

ジャック・ウェルチ著，宮本喜一訳（2005）『ジャック・ウェルチ　わが経営（上・下）』（日経ビジネス人文庫）日本経済新聞社。

➾ウェルチの自伝です。彼の考え方が率直に語られています。

ノエル・M.ティシー，ストラトフォード・シャーマン著，小林陽太郎監訳（1994）『ジャック・ウェルチのGE革命：世界最強企業への選択』東洋経済新報社。

➾GEのコンサルタントおよび社内教育の責任者であった経営学者ティシーの経験に基づく興味深いインサイド・ストーリーです。

デビッド・マギー著，関美和訳（2009）『ジェフ・イメルト：GEの変わり続ける経営』英治出版。

➾リーマン・ショック以前のイメルトの経営について教えてくれます。

坂本和一（1997）『GEの組織革新：21世紀型組織への挑戦』（新版）法律文化社。

➾戦後のGEの組織革新の歴史を綿密に分析しています。

# 第6章

# ビジネス・システム

## コマツのビジネス・システムの革新とIoT

キーワード
ビジネス・システム
オープン・イノベーション
IoT　AI　ICT

### *1*　この章のねらい

ビジネス・システムとは，企業が顧客に対して価値をうまく届けるための事業の仕組みのことを言います。個々の製品やサービスそのものではありません。事業の仕組みですから，外からははっきり見えにくいところがありますが，企業が競争優位を確立し持続するためには大切なものです。近年このビジネス・システムが大きく変化していますが，それを促している要因のひとつには，デジタル通信技術の急速な進歩があります。

あらゆるモノをインターネットにつなげて，モノから生じる大量データを収集し分析するIoT（Internet of things：モノのインターネット）の台頭がその典型です。企業はIoTを活用してビジネス・システムをどのように革新していけるのでしょうか。本章はIoTの先駆けと称されることが多い，建設機械メーカー，コマツの取り組みを紹介します。建設機械（建機）の単体売りビジネスから遠隔監視システムへ，そしてスマート・コンストラクションによるトータルソリューションへ，さらにオープンなプラットフォームの構築へと，コマツがビジネス・システムを革新していったプロセスを見てみましょう。

## 2　ケース：コマツのビジネス・システムの革新とIoT

### 2.1　縮小する建設機械市場とコマツの戦略

建機市場は1990年代に成熟化し，公共投資の減少に伴って縮小し建機は売れなくなりました。図表6-1は，建設機械の国内販売額を表していますが，1995年や96年頃の多少盛り返しの時期を除けば，基本的に90年代はほぼ一貫して減少していることがわかります。コマツの売上高も，図表6-2が示すように1990年代は約1兆円前後で頭打ちしている時期が続き，本業の建機事業は停滞していたことがわかります。コマツは，1980年代から90年代にかけて，脱建機を目指して本業以外への事業の多角

**企業プロフィール**

株式会社小松製作所（呼称としてコマツ）

（2019年3月期）

- 創　　立　1921年5月
- 資 本 金　678億7000万円（連結）
  　　　　　701億2000万円（単独）
- 事業分野　建設・鉱山機械，小型機械，産業機械
- 売 上 高　2兆7252億円（連結）
- 営業利益　3978億円
- 従業員数　6万1908人（連結）
  　　　　　1万1537人（単独）

図表6-1　建設機械の国内販売額と輸出額の推移

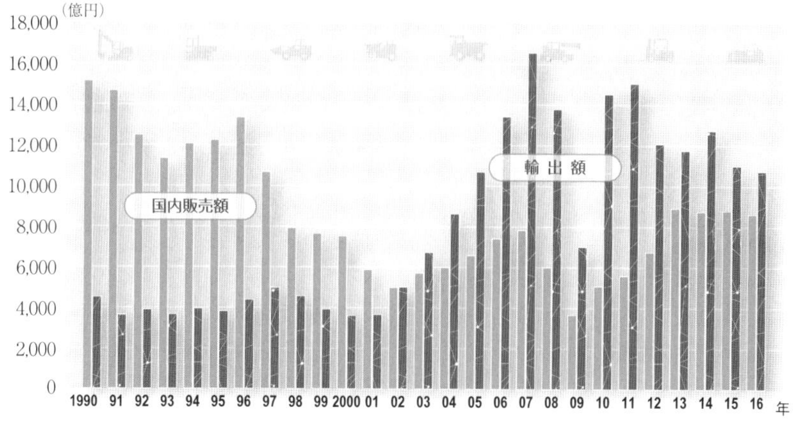


（出所）　日本建設機械工業会「建設機械出荷金額統計」を用いて筆者作成。

図表 6-2　コマツの売上高推移

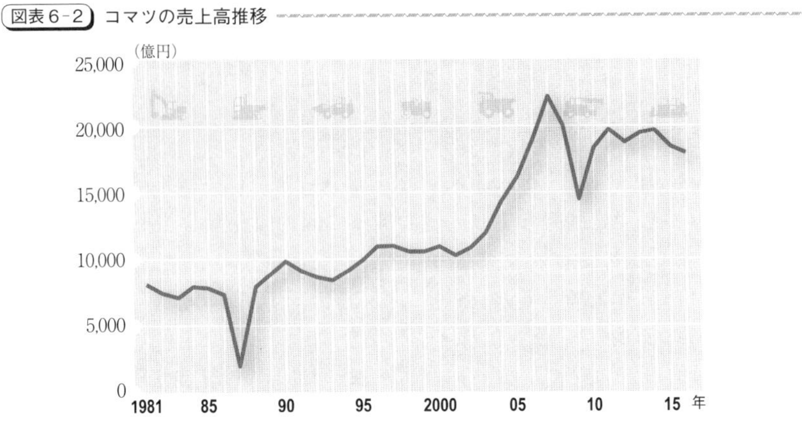


化を試行錯誤しましたが，建機市場の縮小を補うほどには成功しませんでした。ついに2002年3月期決算で，コマツは800億円もの最終赤字を出しました。

しかし図表6-2は，それ以降のコマツの目覚ましいV字回復の様子を示しています。コマツは，1990年代の多角化の失敗を教訓にすると同時に，建機ビジネスにはプレイヤーが少なく将来的に利益が見込めるという判断から，中長期的には建機ビジネスに集中することを決めたのです。その結果，現在のコマツの売上げの約90%は鉱山機械を含んだ建機ビジネスになりました。

このように建設機械という本業回帰の成功がV字回復の主因のひとつとなりました。ただし本業回帰と言っても従来とまったく同じビジネスのやり方ではありません。コムトラックス（KOMTRAX：Komatsu Tracking System）というイノベーションを起こし，それを活用した新たな事業の仕組みを構築したことがV字回復の主因です。

### 2.2　コムトラックスの誕生

コムトラックスとは一言でいえば，移動体通信技術やGPS（Global Positioning System：全地球測位システム）を使って，建設機械を遠隔で管理する情報機器システムです。これを使えば，世界に40万台以上稼働しているコマツ製の建設機械の現在位置や稼働時間，燃料の残量，作業負荷，機械の異常，部品の摩耗状況，オイル等消耗品の状況など機械に関するさまざまなデータを，わざ

図表6-3　コムトラックス・システムの全体概要

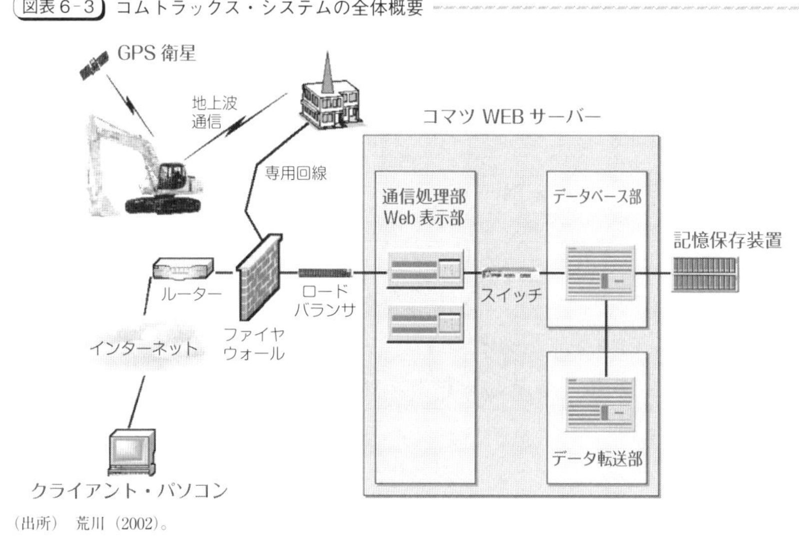


（出所）　荒川（2002）。

わざ建設現場に行かなくてもオフィスで居ながらにして把握できるのです。

それぞれの建機に組み込まれている複数のセンサーを介して，機械に関するさまざまなリアルタイムデータが，コマツのコンピュータセンタに設置されているサーバーに送られてきます。コマツはこれらの情報を販売代理店や顧客と共有しているのです（図表6-3参照）。

たとえば図表6-4は，エンジンオイルや燃料等消耗品の交換時期をコムトラックスによって通知している画面です。現在，コマツの販売代理店や顧客である施工業者は，世界中で稼働している個々の建機についてのこのような情報を，リアルタイムでしかもオフィスに居ながらにしてパソコンで把握できるのです。コムトラックスが「IoT の先駆け」と称される理由はこのあたりにあります。このようなコムトラックスのイノベーションはどのようにして生まれたのでしょうか，それを知るためには1997年までさかのぼる必要があります。

1997年に坂根正弘（のちに，コマツ社長）が経営企画室長に就任しました。当時，経営企画室にはさまざまな部署から人員が派遣されていましたが，開発部門から派遣された技術者が，1997年末に10ページを超える企画書を坂根に提

図表 6-4　コムトラックスによる消耗品交換時期のお知らせ画面

交換時期情報　[最新SMR：5216.7 H (11/14/2010)]　履歴

| 項目 | 前回交換日 | 前回交換時SMR | 次回交換までの残り時間 |
|---|---|---|---|
| エンジンオイル | 09/13/2010 | 5202.5 H | 485.8 H |
| エンジンオイルフィルタ | 08/26/2010 | 5195.7 H | 479.0 H |
| 燃料フィルタ | 08/26/2010 | 5195.7 H | 979.0 H |
| 作動油フィルタ | 08/26/2010 | 5195.7 H | 978.9 H |
| 作動油タンクブリーザ | 08/26/2010 | 5195.7 H | 479.0 H |
| コロージョンレジスタ | 08/26/2010 | 5195.7 H | 979.0 H |
| ダンパケースオイル | 08/26/2010 | 5195.7 H | 979.0 H |
| ファイナルケースオイル | 09/13/2010 | 5200.7 H | 1984.0 H |
| マシナリケースオイル | 08/26/2010 | 5195.7 H | 979.0 H |
| 作動油 | 08/26/2010 | 5195.7 H | 4978.9 H |
| 燃料プレフィルタ | 08/26/2010 | 5195.7 H | 479.0 H |

（出所）土井下・村本・神田（2010）。

出しました。それが建機を遠隔監視する仕組みの企画書であり，今から振り返るとコムトラックスの原型とでも言うべきものでした。サービス部門が長かった坂根は，建設機械の保守管理の大変さを身に染みて感じており「これは価値あるシステムだ」（私の履歴書『日本経済新聞』2014年11月24日）と直感して開発にゴーサインを出したのです。このようにコムトラックスの開発は，コマツ社内で正式にオーソライズされた正規の開発プロジェクトとしてではなくて，経営企画室の資金を使った私的プロジェクトのような形でスタートしました。

そして1998年には5台の試作品が完成しました。そこで当時，福島県郡山市で株式会社ビッグレンタルという建機のレンタル会社を営んでいた四家千佳史（現，コマツ スマートコンストラクション事業本部長）に，5台の試作品のテストを依頼しました。当時四家は，ICTを活用したレンタル事業の効率化に大変熱心に取り組んでいたからです。たとえばレンタル建機の稼働率をできるだけ上げるために，ICTを駆使して集中管理するというこれまでにないレンタル事業の仕組みを考えていました。建機の遠隔監視というアイデアはそれに合致していたために，四家は試作品のテストを引き受けました。

1998年当時の初期のコムトラックスは，どういう技術水準だったのでしょうか。当時の通信量と通信速度の技術的限界から，建機の位置情報と稼働状況など最低限の情報収集しかできませんでした。それに対して現在のコムトラックスは，燃料の残量や冷却水の温度，作業負荷や部品の摩耗状況など，機械に関するさまざまな情報収集ができますので，雲泥の差と言ってよいでしょう。しかしそれでも，市販の PC を使った地図の上で，建機の現在位置や稼働状況などを正確に確認することができたのです。従来は，レンタルで一度外に貸し出した建機は，戻ってくるまでまったく状況がわからなかったのですから，それに比べると画期的だったのです。

建機は大きくて重いために，ひとつの工事現場から他の工事現場にいかにして効率的に移動できるかが，レンタル建機の稼働率を上げるための重要なポイントになります。そのためには建機の位置情報は有効な情報になるのです。こうしてさまざまな試作品テストの結果，レンタル会社から見た建機の稼働率は，従来の 4 割から 8 割へと大きく向上することがわかりました。レンタル事業でのコムトラックスの有効性はこうして確認されたのです。

しかしその後，コマツ社内では，コムトラックスの開発と事業化を継続するかどうかに関して紆余曲折の議論があり，コムトラックスは存亡の危機にも直面しました。しかし，四家がコムトラックスを大量発注したことによってビジネスとして成立する見通しが立ち，コマツ社内で開発が続行されたのです。坂根は当時の状況を回想して「福島のレンタル会社が大量発注してくれて，ようやく事業が滑り出した」と述べています（私の履歴書『日本経済新聞』2014 年 11 月 24 日）。コムトラックスの真価を最初に見抜いたのは，実は当時レンタル会社を営んでいた四家だったのです。コマツ社内だけでは，コムトラックスの真価を見抜くことが難しかったのかもしれません。

いずれにしても 2000 年初頭に，コムトラックスは商品化されました。しかし，当時想定されていた用途は，建機のレンタル事業における ICT を使った新たなビジネスモデルとしてでした。しかも，ユーザーオプションの位置づけにすぎませんでした。

コマツはビックレンタルと共同で，遠隔監視に関するビジネスモデル特許を 2001 年 9 月に出願しました。公開特許公報を見ると，発明者はビックレンタル社長の四家千佳史になっています。発明の名称は「遠隔配置された対象物を監視するシステム及び方法」，この発明で解決しようとする課題は「遠隔配置された対象物を的確に監視できるようにすること」となっています。当時想定していた用途は遠隔監視だったことがわかります。

2001年6月に坂根が社長に就任し，2002年にコムトラックスをユーザーオプションから標準装備へ転換しました。この頃になると，情報通信技術の急速な進歩によってコムトラックスの性能と機能も大きく進化し，建機の単なる位置情報と稼働状況だけではなくて，すでに説明したさまざまな機械情報を遠隔でとれるようになったのです。とくに重要だったのは，機械の状態をリアルタイムで遠隔診断できるために，故障する前にその予兆を察知して事前に部品交換することで，突発故障を限りなくゼロに近づけることができるということです。

この重要性は建設機械の特性を考えると理解できます。建設機械は高価な設備投資になりますから，現場での建設機械の突発故障をできるだけ少なくすることが重要なのです。建設現場で建機が突然に故障してしまえば，仕事を中断せざるをえなくなってしまうからです。そのため従来は，壊れた後でどれくらいの時間で部品交換できるのかが，建設機械メーカーにとって重要な能力でした。たとえばコマツの長年のライバルである米国のキャタピラーは，世界中どの場所であっても24時間以内に駆けつけますということを宣伝文句にしていたのです。それを実現するためには，広範な代理店網の構築と補修部品の在庫管理が必要になりますが，それを構築していることがキャタピラーの強みだったのです。

しかしコムトラックスを使えば，部品が故障する前にそれを察知して交換し，燃料が切れる時期を予知して停止する前に燃料補給できますので，突発故障それ自身をゼロにできます。これは顧客の満足度向上につながり，それを可能にするコマツの建機が選ばれることになるのです。

またコムトラックスは，保守サービスの効率向上とコスト低減をもたらしました。保守サービスに見通しが立ちやすくなりますし，交換部品の売上げもかなり正確に予想できるようになります。補修部品の在庫を少なくできますので，在庫管理コストの削減にもつながります。機械の故障に備えた修理サービス機能もできるだけ少なくできますので，この点でもコストの削減になります。事後の保守サービスよりも予防的な事前保守サービスへと力点がシフトしていったのです。

図表6-5　中国市場におけるコマツとキャタピラーの市場シェア推移

（単位：%）

| | 2001年 | 2002年 | 2003年 | 2004年 |
|---|---|---|---|---|
| コマツ | 18.8 | 17.7 | 18.7 | 21.2 |
| キャタピラー | 13.9 | 12.5 | 13.0 | 8.7 |

（注）代表的建設機械である油圧ショベルの台数。
（出所）酒井（2014）。

さらに，コマツ自身の製品開発にもうまく使えることがわかってきました。販売した建設機械の現場での実際の使われ方がわかるわけですから，そのデータを次期製品の改良・改善などに反映させることができます。このように，コマツと顧客双方に，コムトラックスは多くのメリットをもたらしたのです。

コマツにとって幸運だったとも言えることは，2000年初頭から始まった中国市場の急速な成長に，コムトラックスの導入が間に合ったことです。コマツの建機であれば，広い中国のどこにいても，その稼働状況がわかることから，コマツとその代理店はリアルタイムで建機の稼働状況をつかむことができました。さらに建設機械は高価なために盗難が多いのですが，コマツの建機にはGPSが付いているために建機の居場所がすぐわかり，盗難防止にもなりました。また代金返済の不履行があれば，コマツと代理店は遠隔操作でエンジン始動を強制的にロックすることもできました。

このような機能を持つコムトラックスは，地理的に広大な中国市場でとくに威力を発揮し，高速鉄道や道路の敷設工事の現場では，何千台というコマツの建機が使われました。その結果，世界全体の市場ではキャタピラーが一貫してコマツを上回っているのですが，中国市場ではコマツがキャタピラーを抜いて第1位のシェアを占めるようになりました。さらに2001年から2004年にかけて，コマツとキャタピラーの市場シェアはいっそう大きく開きました（図表6-5参照）。中国で建設機械の需要が花開く2000年代初頭までに，コムトラックスの実用化が間に合ったことが，コマツの業績回復に大きく寄与したと言ってよいでしょう。

このようにコムトラックスというイノベーションの用途は，まずレンタル事業における新たな事業の仕組みとして始まり，次にコマツ自身の建機ビジネスで，事後の保守サービスから予防的な事前保守サービスへと事業の仕組みが進化しました。さらに施工現場での実際の使われ方がわかることから，製品開発戦略や経営戦略策定へと新しい用途が次々に開拓されていったのです。

その後 2008 年には GPS を使った鉱山向けの無人ダンプトラックシステムを本格稼働させました。これは鉱山で使う大型ダンプですが，高精度 GPS で位置を測定し，鉱山内を無人で走行して土砂を運搬するダンプです。人件費は不要ですからその分のコストは下がりますし，何よりも安全だという大きなメリットがあります。

さらに 2013 年には，ブレード（地面を削る部分）を世界で初めて完全自動化した ICT 建機（ICT ブルドーザー，ICT 油圧ショベルなど）を日米欧市場に投入しました。ICT 建機は GPS で自分の位置を把握して図面データに従ってアームなどを自動制御します。さらにアームが掘りすぎそうになったら自動停止する自動制御停止技術も備えており，効率のよい掘削作業が行えるようになっています。それによって，初心者でも熟練者なみの施工が容易に行えるのです。これらの開発は，建設機械にデジタル技術を組み込み，機械を知能化するという意味で，コムトラックスの目指した方向をさらに推し進めたものと考えることができます。

### 2.3　建設プロセス全体をつなぐスマート・コンストラクションへ

現在，建設現場は，技能労働者の減少，高齢化，新卒就業者の減少など労働力不足がきわめて深刻な問題になっています。実際，建設就業者数は 1997 年度の 685 万人をピークにして，2014 年度には 505 万人とピーク時から 26% の減少になっています。実際の建設現場を下支えしているのは，年商 6 億円以下，従業員 10 人以下の零細中小の建設会社がほとんどなのです。労働力不足を補うためには労働生産性を上げることが重要になります。そのような社会課題を背景にして，コマツは 2015 年に発表したスマート・コンストラクションによって，建設機械メーカーの範疇を超えて，顧客の仕事にまで関与し，ビジネス・システムをいっそう大きく変えようとしています。

スマート・コンストラクションとは一言でいうと，稼働する建機，現場作業員，現場の土など，施工現場に存在するすべてのものを ICT で有機的につなげて，建設現場のトータルプロセスを３次元で「見える化」することです。それによって建設現場のプロセス全体の生産性を大幅に向上させることが狙いです。

建設現場のトータルプロセスは以下のように，複数の工事事業者が関与する複数のプロセスで構成されています。

まず施工の準備段階として，施工現場の現況をできるだけ正確に測定する必要があります。現況測量の段階です。そして測定した現況データと施工計画データを照らし合わせることで差分を計算して，施工する範囲や土量を正確に把握し，施工計画図面を作成します。その後，施工計画図面に基づいて，工期やコストなどの施工条件を操作して施工計画のさまざまなシミュレーションを行います。実際に施工が行われるのはこの後であり，コマツの建機が実際に使われるのはこの段階になってからです。この段階では，建機を使って掘削する仕事のみならず，ダンプで土砂を運搬するなど，複数の種類の仕事が切れ目なく有機的につながる必要があります。そうでなければ，施工現場全体の生産性は向上しません。

このように建設プロセスは，事前の現況測定から実際の施工まで複数の工程がつながっていますので，コマツの商品である建機の自動化と無人化をいくら進めても，効果は部分最適にとどまり全体最適にはならないのです。ボトルネックが他にあると全体の生産性は向上しないからです。実のところ，スマート・コンストラクションの提供に先駆けて，コマツは2013年からICT建機を市場に投入しましたが，建設プロセス全体の生産性向上にはつながりませんでした。ICT建機が担当する掘削作業自身の生産性は高まりましたが，ボトルネックが他にあったからです。

コマツ自身のこのような経験を踏まえて，ICTを活用して建設プロセスの全体最適を実現しようするのがスマート・コンストラクションなのです（図表6-6参照）。たとえば工事を始める前の現況測量を考えてみましょう。現況測量をいかに高精度で効率よく行えるのかが重要になるのですが，従来は，設計図面をもとに各測点の測量を行い，平均断面法やメッシュ法によって施工土量の算出を行ってきました。

それに対してスマート・コンストラクションではドローン測量を行います。

図表 6-6　スマート・コンストラクションの俯瞰図

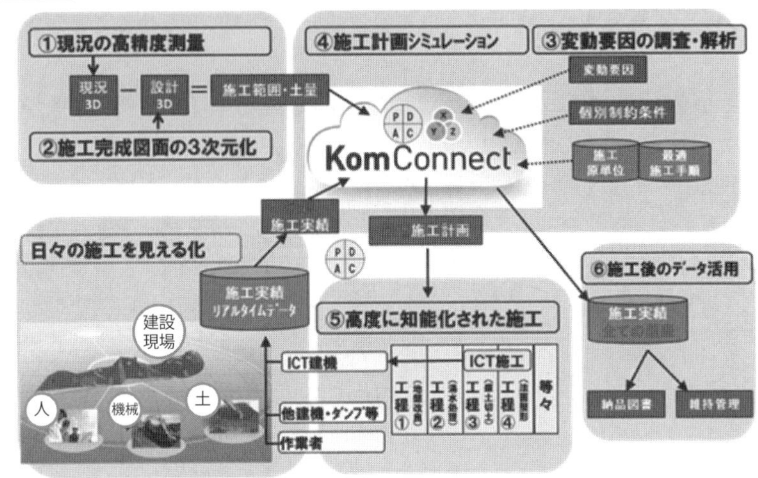


（出所）　四家・小野寺・高橋（2015）。

写真 6-1　ドローンで地形を測量

写真提供　小松製作所

施工現場の上空にドローンを飛ばし，事前に入力した飛行経路に従って自動で飛び，自動的に施工現場を写真撮影します（写真6-1参照）。そして空撮した写真をKomConnectというクラウドサーバーへアップロードして，撮影した写真から自動的に3次元の点群データを作成するという仕組みになっています。このシステムによって，従来の現況測量に比べるとはるかに効率的で高精度な施工土量の算出が可能になったのです。ドローン測量がなかった時代，地形の土量を正確に測る技術が存在しなかったと言っても過言ではありません。

さらに，工事を実際に開始してからの施工中，ICT建機による稼働データはKom-

Connectに転送されて進捗状況に反映されます。日々の進捗状況が3次元データとしてリアルタイムで見える化されるのです。コマツによるとスマート・コンストラクションを導入した現場の数は，2018年3月時点で累積5000現場を超えたと言います。

### *2.4*　オープンなIoTプラットフォーム「LANDLOG」へ

コマツはこの取り組みをさらに先に進めるために，2017年にオープンなIoTプラットフォーム構想を発表しました。

たしかにスマート・コンストラクションは，ICT導入による施工プロセス全体の効率化には貢献するのですが，建設現場にはコマツの製品以外のものが数多くあるため，建設工事のプロセスを横断的にデータでつなぐことには限界がありました。スマート・コンストラクションはあくまでもコマツの機械から得られるデータを対象にしたものなのです。一方，実際の建設プロセスには，さまざまな専門を有する複数の工事事業者が関与するために，各種データは事業者ごとに管理されており，全体を一元管理して最適化するためには障害があったのです。

このような課題を解決するため，コマツは2017年10月に株式会社NTTドコモ，SAPジャパン株式会社，株式会社オプティムと共同で株式会社ランドログ（以下，ランドログ社と表記）を設立し，同社を通じてオープンなIoTプラットフォームの企画・運用を行うことを発表しました。いわば大企業が協力してランドログ社というベンチャー企業を設立したと考えていいでしょう。

ランドログ社が提供する「LANDLOG Platform」（以下，LANDLOGと表記）は，調査・測量・設計・施工・メンテナンスなどの建設プロセス全体に関わるデータを収集し，ビッグデータとして分析することで，建設プロセスに必要なあらゆるサービスを施工業者などの顧客に対して，ワンストップで提供することを目指しています。アップルのスマホに例えて言えば，建設会社や施工業者向けのApp Storeを作ろうとしている，と考えるとわかりやすいかもしれません。

そのためには2種類のパートナーとの協力が必要になります。現場のデータを蓄積するためのIoTパートナーとデータを活用するためのアプリケーショ

図表6-7　オープンな IoT プラットフォーム LANDLOG の概念図

（出所）　小松製作所ホームページ。

ンプロバイダーです。IoT パートナーは，建設現場で稼働する IoT などから得られる各種データを，API（Application Programming Interface：基本ソフトと応用ソフトを媒介するソフトウェア）経由で，共通フォーマットに変換して LANDLOG に収集し蓄積します。LANDLOG はそのようにして蓄積された大量データを，人工知能などを使って分析し，3 次元データや API の形にしてアプリケーション・プロバイダーに提供します。そしてアプリケーション・プロバイダーは，建設プロセス全体の生産性と安全性を向上させるためのさまざまなアプリケーションを，API を使って開発し，施工業者をはじめとするさまざまなユーザーに対して提供します。つまりオープンなプラットフォームを志向する LANDLOG は，現場のデータを蓄積するための API と，データを有効活用するための API という 2 種類の API を持っているのです（図表6-7参照）。

野路國夫（のちに，取締役会長）は LANDLOG をめぐる提携の目的を次のように語っています。

「顧客の生産性や安全性を高めるアプリは，アプリ提供者が互いに競い合って高い価値を提供すればよいが，プラットフォームはオープンでなければだめだ。そこでIT企業と手を組んだ。」

このオープンなIoTプラットフォームの取り組みは始まったばかりです。その成否は，IoTパートナーやアプリケーション・プロバイダーなどの協力者が今後どの程度得られるかにかかっていると言っても過言ではありません。そのためコマツは現在，自前主義から脱却してより多くの仲間づくりに向けて積極的に働きかけています。今後コマツ自身は，アプリケーションを提供するプロバイダーの1社として，建設現場の課題解決に集中して取り組む計画です。

## *3*　ケースを解く

### *3.1*　IoTとAI

IoT（Internet of Things）は「モノのインターネット」と称されます。日本政府が提唱するソサエティ5.0やドイツ政府が提唱するインダストリー4.0の中核になるコンセプトです。それはヒトを含めて，あらゆるモノをインターネットにつなげ，モノに取りつけられたセンサーを介してあらゆる情報をビッグデータとしてインターネット上に吸い上げようというコンセプトです。コマツのコムトラックスはまさにこれに相当します。

重要なのは，センサーとインターネットを介して集めたビッグデータから，いかにして有用な知見を引き出せるのかということになります。センサー経由で集めた大量の情報の山を宝の山にできるかどうかは，データを分析する能力によります。膨大なデータをただ集めただけでは，価値は生まれません。そのために，深層学習（ディープラーニング）機能を持つようになった近年のAIの発展に期待が集まっています。

実はIoTとAIは相互に促進しあう補完的関係になっています。IoTによって機械発の膨大なデータを低コストで収集できるようになったことが，AIの研究を加速させています。AI研究を進展させるためには，良質で膨大なデータ蓄積を必要とするからです。さらにその必要性が，膨大なデータ収集を可能にするIoTの実装を加速させています。このように，IoTとAIは相互に促進しあいながら進化していく関係になっているのです。

IoT や AI は，確かに産業や生活の質を大きく向上させる可能性を秘めた技術であると言えるでしょう。しかしこれらの技術から本当に価値を生み出せるのかどうかは，優れたビジネス・システムを構想できるかどうかにかかっています。

## 3.2　ビジネス・システムの進化

差別化は企業が正面衝突競争を避けるための有効な戦略ですが，差別化には，個々の製品やサービスでの差別化とビジネス・システムでの差別化の2種類があります。一般的に，後者の方が模倣されにくいために競争優位は長続きすると考えられます。事業の仕組みは外から見えにくくわかりにくいところが多くあるからです。ビジネス・システムのわかりやすい例には，パソコンを製造販売しているデルの注文生産による直販スタイル（ダイレクトモデル）があります。またヤマト運輸は，宅急便事業をつくるために，集荷システムや幹線配送システムなどから構成される新たなビジネス・システムを作り上げました。

ビジネス・システムと似た概念には，ビジネスモデルやビジネス・アーキテクチャなどの概念もあります。これらは，どの側面を強調するのかという力点の置き方が少し違うという相違はあっても，事業のトータルな仕組みを対象にしているという意味でほぼ同義だと考えても間違いではありません。

コマツはビジネス・システムをどのように進化させていったのでしょうか。従来コマツは，建設現場の施工業者に対して建設機械を売って収益をあげていました。また，部品が壊れたらいかに早く部品を現場に届け交換できるかが重要な競争要因になりますので，広範な代理店網の充実を図ってきました。建設業界では，代理店が機械の販売とサービスを担っているからです。コムトラックスの導入は，この従来のビジネス・システムをどのように変化させたのでしょうか。

まずコムトラックスの導入によって，部品が壊れる前に予兆を察知して，故障前に交換できるようになります。これによって壊れた後にいかに早く部品を届けるのかという従来の組織能力の重要性が低下し，代わって，いかに正確に故障時期を予測できるのかという予測精度が重要になります。多数の建機からのデータが蓄積されればされるほど，深層学習機能を備えた AI による予測精度はいっそう高まることになります。これは保守サービス費用の削減につながります。

さらにコマツのサプライチェーン（部品供給網）もメリットを受けました。従来コマツの工場は，代理店からのオーダー情報を頼りに生産を行っていましたが，コムトラックスにより建機の稼働状況や部品の損傷状況がわかるようになり，生産時期の予測精度が高まりました。またコマツへ部品を収めるサプライヤーとこれらの情報を共有することで，製品リードタイムを短縮することができました。

またコムトラックスによって建機に関するさまざまな情報がデジタル化されますので，データの一元管理と共有が容易にできるようになります。そうなると建機に関することだけではなくて，工事の開始から終わりまで全期間にわたって，建設現場と人と機械のすべてをICTでつなぐという新しいビジネス・システムが技術的に可能になってきます。それがまさにスマート・コンストラクションです。コムトラックスによる建機のデジタル化が，スマート・コンストラクションという新しいビジネス・システムの誕生を促したと言ってよいでしょう。言い換えれば，スマート・コンストラクションは建機のデジタル化を前提としてはじめて成立するのです。

しかし工事の初めから終わりまでICTで一気通貫につなぎ，画像や3次元データも含めてあらゆるデータを一元管理し共有するというのは，コマツ単独でできるわけではありません。建設現場にはコマツ以外の建機もたくさん稼働しているからです。そこでコマツが構想したのがIoTプラットフォームのLANDLOGです。スマート・コンストラクションでは主役はコマツでしたが，LANDLOGではコマツは単なるひとつのアプリケーション・プロバイダーになります。この一連の変化から見えてくることは，コムトラックスの導入を契機として，ビジネス・システムの変化が連鎖的に誘発されたということです。

このようなビジネス・システムの誘発は，産業間でも見られます。ある産業での新しいビジネス・システムの成立が，他産業でのビジネス・システムの変化を誘発するという連鎖反応です。わかりやすい事例は，ヤマト運輸が作り上げた宅急便という運送システムが，通販や電子商取引という新たなビジネス・システムを促進する誘因になった例です。

### 3.3　自前主義からオープン・イノベーションへ

日本企業はできるだけ自社内で研究開発を完結させようとする，いわゆる「自前主義」にこだわる傾向が伝統的に強いと言われてきました。最近はそれに対比する形で，オープン・イノベーションの重要性が指摘されることが多くなりました。

オープン・イノベーションを提唱したカリフォルニア大学バークレー校教授のヘンリー・チェスブロウは，オープン・イノベーションを「知識の流入と流出を自社の目的にかなうように利用して社内イノベーションを加速するとともに，イノベーションの社外活用を促進する市場を獲得すること」とかなり広く定義しました。そのためオープン・イノベーションは意味が広く解釈に多義性が残っている概念です。大きく言うならば，大学や他の民間企業や新興企業なども含めて，広く外部の経営資源を活用して研究を進めることを総称しています。

技術と知識の方向性によって，オープン・イノベーションはインバウンド型とアウトバウンド型の2種類に大別できます。前者は，外部から技術や知識を導入し拡大することによる価値の創造と獲得を行うものであるのに対して，後者は，外部への技術や知識の提供と普及を行うことによる価値の創造と獲得を行うものです。前者の具体例として，ユーザーやサプライヤーあるいは大学との共同研究開発や知的財産の購入などがあります。後者の具体例には，スピンオフや知的財産のライセンス供与などがあります。

今日，オープン・イノベーションの必要性が広く喧伝される背景には，日本企業に多く見られる「自前主義」が海外企業に後れをとるひとつの要因だという暗黙の前提のようなものがあるようです。しかし，自前主義よりもオープンが常によいという確たる論拠は，現時点では存在しません。たとえばセイコーエプソンのように，技術の自社開発に飽くまでもこだわりつつ，インクジェットプリンター事業で高い市場シェアをあげている企業も少なからず存在します。また海外企業でも，革新的な掃除機や扇風機で有名な英国のダイソンは，オープン・イノベーションに否定的です。

このように企業や産業の置かれている状況や特性に応じて，オープン・イノベーションの有効性は変わるものと考えることができるでしょう。しかし，とくに近年は技術と市場の変化が激しいために，広く外部にも経営資源を求めてそれをうまく活用しなければ環境変化に対応できない，という傾向が存在することは否定できません。

そのため日本政府も，オープン・イノベーションを促進させるためにいくつかの政策的支援をしてきました。そのひとつは，企業の研究開発に要した費用の一部を法人税から差し引く「研究開発税制」によって，企業の共同研究を後押ししようとする税の優遇策です。たとえば，大学と共同研究を行う場合は30％が控除されますし，他の民間企業との共同研究の場合，控除率は20％になります。大学との共同研究の控除率が高いのは，大学と大企業との共同研究をより活性化させたいという政府の意図の現れだと理解できます。

コマツもまた野路社長の時代（2007～13年）に，技術自前主義からの脱却を目指して，オープン・イノベーションを推進するために組織体制を整備しました。自前主義からオープン・イノベーションへ戦略を転換するためには，組織体制もそれに合わせる必要があるからです。具体的にはCTO室とCTO（Chief technology officer：技術担当役員）という役職を新設しました。

CTO室は，外部とコマツ内部の媒介役となり，外部の技術を取捨選択して，有効な情報を社内につなぐ部署です。オープン・イノベーションを促進する部署と言ってよいでしょう。CTO室が目標とするのは，単なる顧客が満足する製品・サービスの開発ではありません。むしろ，社会の変化を先取りしたイノベーションにつながる課題解決型ソリューション・ビジネスを目標としています。新設したCTOは，このようなCTO室と研究開発全般を統括する研究開発本部長を統括して，コマツ全体の技術戦略を取りまとめる役割を果たします。

そのような体制のもとで，コマツはICT建機やスマート・コンストラクションを推進するために，オープン・イノベーションを展開しました。CTO室を窓口として，企業連携や産学連携を積極的に進めたのです。主要な対象技術は，画像技術などのICT関連技術です。コマツは元来，建設機械を作ってきたことから機械技術の蓄積はありますが，ICT関連技術の蓄積は十分ではありませんでした。そのため，ICT建機やスマート・コンストラクションを展開するには，足りない技術を外部から補う必要があったのです。シリコンバレーに拠点を持つスカイキャッチ（Skycatch）社との連携で，「Edge Box」を開発したことは，その代表的な例です。Edge Box は，工事現場に設置するステーションで，ドローンで撮影した画像を 3D データに変換し，クラウドに送信する処理をします。これによって，従来 6 時間かかっていた現場のドローン測量を 30 分で実施できるようになりました。

## 4　考えてみよう・調べてみよう

(1)　コマツの長年のライバルは米国のキャタピラー社です。2000 年初頭から立ち上がった中国の建機市場でも，コマツとキャタピラーは激しい競争を展開してきましたが，図表 6-5 に見るように，2000 年代後半になるとコマツとキャタピラーの差はいっそう大きく開きました。シェアがいっそう大きく開いた要因にはどのようなものがあるでしょうか。また，コムトラックスの導入はキャタピラーの強みにどのような影響を与えたのかを考えてみましょう。

(2)　LANDLOG のアプリケーションは他の大手建設機械メーカーが使用することも可能です。そうなると，コマツの競争相手に利益をもたらすことにもなりかねません。にもかかわらず，なぜコマツは LANDLOG のようなオープンなプラットフォームを構想したのでしょうか。

(3)　ICT（あるいは IoT や AI）を使ってビジネス・システムを進化させた事例を調べてみましょう。また，なぜそのようにビジネス・システムを変化させたのかを考えてみましょう。

## 5　読んでみよう

坂根正弘（2011）『ダントツ経営：コマツが目指す「日本国籍グローバル企業」』日本経済新聞出版社。

☞坂根正弘は経営企画室長時代にコムトラックスの価値をいち早く見抜き，その後 CEO に就任してコマツの V 字回復を導きました。坂根は，コマツが目指すべき企業像をダントツ経営というコンセプトで表しています。

加護野忠男・井上達彦（2004）『事業システム戦略：事業の仕組みと競争優

位』有斐閣。

◎事業システムについて体系的に取り上げて，事業システムからいかに価値を生み出すのかについて紹介しています。多くの企業エピソードを取り上げていることも本書の特徴です。

ヘンリー・チェスブロウ著，大前恵一朗訳（2004）『OPEN INNOVATION：ハーバード流イノベーション戦略のすべて』産能大出版部。

◎イノベーションが企業内に閉じられていた時代から，広く外部に資源やアイデアを求める時代へと変わりつつあることを指摘して，初めてオープン・イノベーションというコンセプトでまとめた本です。ゼロックスやIBMなどの具体的な事例を数多く紹介しています。

# 第7章

# 破壊的技術への対応と新規事業創造

## 富士フイルムの企業変貌

キーワード
破壊的イノベーション
イノベーションのジレンマ
両刀使いの組織
コア・コンピタンス

### 1 この章のねらい

新しい技術の台頭は，企業にとって脅威でもあると同時に機会にもなります。とりわけ既存技術で成功してきた企業にとって，それを代替するような新技術の台頭は大きな脅威になるでしょう。そのため，産業革命以来，新しく台頭する技術にうまく対応できなかった企業が衰退するということが繰り返されてきました。他方でうまく対応できた企業は，むしろそれを成長の機会として飛躍していきました。

わかりやすい例は，フィルムカメラ市場で長年にわたり激しく競争してきた富士フイルムと米国コダックの対照的な命運です。写真市場に押し寄せてきたデジタル技術の波を，富士フイルムはうまく乗り越えて，現在はトータルヘルスケア・カンパニーへと変貌を遂げつつあります。他方で，歴史上初めてインスタントカメラを発明し，人々の生活を豊かにしたことで，偉大な企業として広く知られるコダックは，デジタル技術の波に翻弄されたあげくに，2012 年ついに経営破綻しました。本章では従来の写真フィルム事業からまったく新しい事業領域へと進出して，大きく変貌を遂げつつある富士フイルムを取り上げて，そのマネジメントを考えてみます。

## 2　ケース：富士フイルムの企業変貌

富士フイルムの主力事業は，創業以来1990年代まで，銀塩フィルム（写真7-1）やフィルムカメラなどの写真関連事業でした。写真関連事業への依存度は6割から7割にも上り，写真フィルム産業の約7割の国内市場シェアを占めるリーディングカンパニーでした。富士フイルムは1980年代から始まったデジタル技術の台頭にどのように対応し，どのようにして現在のトータルヘルスケア・カンパニーへと変貌を遂げたのでしょうか。富士フイルムの企業変貌プロセスは，2段階のステージで行われました。

第1ステージは，押し寄せるデジタル化への対応です。写真フィルムとの共食い関係にあるデジタルカメラの技術探索に早い段階から取り組みました。その結果，独自のCCDを搭載したデジタルカメラ，FinePix4700Zで初期の成功を収め，2000年には世界市場で22%のシェアを占めました。しかしデジタルカメラ市場の競争激化に伴い市場シェアは2005年には10%程度，2008年には8%にまで落ち込んでしまいました。このように第1ステージは，デジタル技術が急速に台頭する中で，デジタルカメラの探索と開発に積極的に取り組んだ時期として位置づけることができます。

**企業プロフィール**

富士フイルムホールディング

（2019年3月期）

- **創　　立**　1934年1月（富士写真フイルムの設立），2006年に持株会社に移行し，富士写真フイルムの事業を継承して新たに事業会社富士フイルム株式会社として設立
- **資 本 金**　400億円
- **事業分野**
  - (1) イメージング・ソリューション（カラーフィルム，デジタルカメラ，フォトフィニッシング機器など）
  - (2) インフォメーション・ソリューション（メディカルシステム，グラフィックシステム，化粧品，液晶ディスプレイ用フィルムなど）
  - (3) ドキュメント・ソリューション（オフィス用複写機・複合機，レーザープリンターなど）
- **売 上 高**　2兆4315億円（連結）
- **営業利益**　2098億円（連結）
- **従業員数**　7万2332人（連結）
- **連結子会社**　273社（国内88社，海外185社）

写真7-1　35 mm カメラ用フィルム

istockphoto.com/Bestgreenscreen　提供

そして2003年に古森重隆がCEOに就任して以降，企業変貌のプロセスは第2ステージに入りますが，新規事業の創造による多角化に積極的に取り組みました。古森は急速に減少する写真フィルム事業の構造改革を行うと同時に，デジタルカメラ以外の医療や化粧品などへ事業の多角化を加速していきました。デジタルカメラでは，写真フィルム事業の消滅分を補うことはできなかったからです。そのために，研究開発の司令塔とも言うべきR&D統括本部を設置して，研究開発体制を大幅に刷新することで，新技術の探索と新事業の育成を体系的かつ有機的に行おうとしたのです。

以下，各ステージで行われた新しい技術と事業の探索状況を詳しく見てみましょう。

### 2.1　デジタルカメラの探索

富士フイルムは非常に早い時期からデジタル技術の研究開発に着手しています。たとえば1983年には，医療画像分野において世界で初めてのデジタルX線画像診断システムであるFCR（Fuji Computed Radiography）を出荷しました。FCRは従来のX線フィルムを使用しないで，デジタル化された診断情報を医師に提供できるものです。その後，印刷分野でもデジタル化の波が訪れ，富士フイルムはこの分野に対しても積極的に投資しました。CEOの古森は，写真分野にも訪れるデジタル化の波に関して次のように語っています。

> 「我々は，デジタル技術が医療分野と印刷分野の両方に浸透するのを目の当たりにし，一般写真分野にも普及するのは分かっていました。」（ガベッティ＝トリプサス＝青島，2010）

写真分野のデジタル化は，医療や印刷のデジタル化よりもはるかに大きな影響を，富士フイルムに与えます。主力事業の写真フィルム事業を脅かすことになるからです。写真フィルムが売れれば，撮影した写真をプリントするための現像液や印画紙も売れます。一石が三鳥にも四鳥にもなる写真フィルム事業は，その関連事業を含めると売上げ全体の54%，営業利益全体の70% 近くを稼ぎ出す金のなる木でした。

1977年，富士フイルム中央研究所は，デジタルカメラの研究開発プロジェクトに着手しました。デジタルカメラの基幹部品は，レンズとCCD（電荷結合素子：光をデジタルデータに変換する半導体素子）です。これまでのフィルムカメラで培った光学技術は，デジタルカメラのレンズにも活かせます。他方でCCDは，写真フィルムやフィルムカメラでは必要としませんでしたので，富士フイルムはCCDに関する技術とノウハウを持っていませんでした。そこで当初富士フイルムは，CCDを外部から調達していました。しかし，デジタルカメラの基幹部品であることから，自社開発を目指して半導体技術の研究開発を開始しました。CCDを開発するには半導体技術が必要だからです。

1981年，富士フイルム足柄研究所の所長をしていた上田博造（77年から足柄研究所所長，95年から98年までR&D部門トップで副社長）は，CCDの自社開発に向けてマイクロエレクトロニクス研究室を開設しました。しかし，富士フイルムの長年の主力事業は写真フィルム事業であることから，半導体技術の蓄積は十分ではありませんでした。そこで，当時半導体研究の第一人者だった東北大学の西澤潤一研究室にエンジニア5人を3年にわたって派遣し，半導体技術を習得させました。その後も，画像処理用半導体を設計製造する富士フイルムマイクロデバイスを子会社として仙台に設立し，CCDの研究開発と製造を継続したのです。

そして1985年には，デジタルカメラの開発と事業化をいっそう加速させるために，電子映像事業本部を正式に設置しました。電子映像事業本部は，東芝から採用した技術者も含む30人の技術者，および5人のマーケティングスタッフで出発しましたが，2000年には，電子映像事業本部の部員は約400人にまで増えました。

この間，部員が大きく増えたのは，カシオが1995年に発表したQV10で100万画素の画質を実現することに成功して，ようやくデジタルカメラ市場が

図表7-1　富士フイルム半導体関連特許出願数の推移

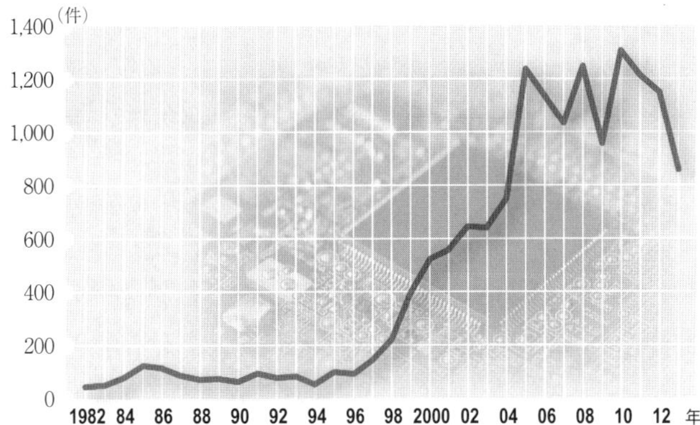


（注）　WIPOのIPC AND TECHNOLOGY CONCORDANCE TABLEに基づいて，富士フイルムの半導体（IPC: H01L）関連特許の年別出願数を集計した。
（出所）　データソースはEPO Worldwide Patent Statistical Database。

立ち上がる兆しが見えてきたからです。さらにその頃，パソコン産業で，デジタルカメラの利便性に影響を与える製品が出荷されました。マイクロソフトによるウインドウズ95の製品化です。それが出荷されたことでPCが広く浸透し，デジタルカメラとPCとの連携による利便性が，フィルムカメラにはない独自の価値をデジタルカメラにもたらしたのです。さらに1998年には，富士フイルムが150万画素のFine Pix700を開発して，フィルムカメラと同水準の画質レベルに到達し，デジタルカメラ市場の成長が確実視されました。

以上のようなデジタルカメラの開発戦略は特許出願動向からも確認できます。企業は研究開発の結果生まれた研究成果を特許化したいという強い動機を持ちます。特許が認められれば，研究成果に対する独占的な所有権を得られるようになるからです。つまり，企業が出す特許の出願動向を見れば，その企業の研究開発戦略をうかがい知ることができるのです。

図表7-1は，半導体技術領域における富士フイルムの特許出願動向を示しています。前述のようにCCDの開発には半導体技術が必要になりますので，半導体関連の特許出願数の推移は，デジタルカメラの開発状況を示していると考えることができるでしょう。これを見ると1984年以降，出願数は100前後に

図表7-2　世界のデジタルカメラ市場シェアの推移

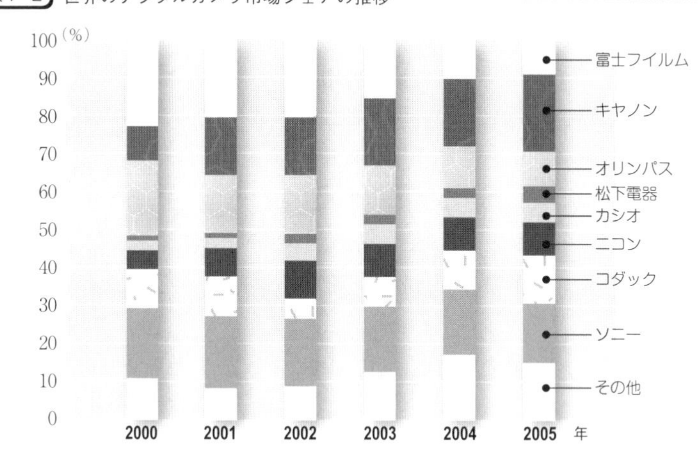


（出所）　ガベッティ・トリプサス・青島（2010）。

上昇し，しばらく70前後で推移していますが，これはこの時期に，富士フイルムが半導体関連領域の技術探索に積極的に取り組み始めたことを示しています。またカシオがQV10を出した1995年以降，出願数が急上昇していることも確認できます。

デジカメ市場の初期，富士フイルムは一定のシェアを占めました。たとえば2000年に，独自のスーパーCCDハニカムを搭載したデジタルカメラ（FinePix4700Z）を投入しましたが，当時富士フイルムは，世界市場シェアの23%，国内市場シェアは28%を占めました。しかしそれと前後して，多くの企業が異分野からデジカメ市場に参入し競争が激しくなりました。1999年にはキヤノンが参入し，2000年には松下電器も参入しました。激しい競争の結果，利益を出しにくい状態になり，利益を保つためには製造コストを抑えることが必要になりました。そのため各社は台湾，韓国に製造拠点を移転しましたが，富士フイルムは標準的な低価格品には参入しなかったために，市場シェアは2005年には10%を切るまで下落しました。デジタルカメラ産業の初期，富士フイルムは一定のシェアを占めたのですが，厳しい競争環境の中で，次第にそのシェアを低下させていったのです（図表7-2参照）。

### 2.2　デジタルカメラとフィルムカメラの共存

写真フィルムを主力事業としていた富士フイルムにとって，写真フィルムを必要としないデジタルカメラの成長は脅威と言ってよいでしょう。デジタルカメラが売れれば売れるほど，写真フィルムの需要は減少するからです。その意味で，デジタルカメラ事業と写真フィルム事業は共食いの関係になっているのです。またフィルム事業に従事している技術者にとっては，デジタルカメラの台頭は自分達が培ってきたノウハウや技術の価値を棄損することを意味するために，デジタルカメラ事業の成長は必ずしも歓迎すべきものではなかったはずです。

軋轢（あつれき）が生じやすい環境の中でしたが，1980 年代後半から 2005 年前後までの 20 年間にわたり，主力の写真フィルム関連とデジタルカメラ両方の開発を富士フイルムは行いました。当時は，写真フィルムの需要はまだまだ伸びると考えられていたからです。2000 年の時点では，5 億台の銀塩カメラが普及していました。中国やインドなどの新興国ではフィルム需要はまだ伸びると予測されており，日米欧の先進国でも，より感度の高いフィルムを開発すればまだ需要が伸びる余地は残されていると考えられていました。

実際 1986 年には，レンズ付フィルムという新しいコンセプトのもとで「フジカラー　写ルンです」を発売しましたが，爆発的なヒット商品になりました。発売初年度は約 100 万本だった年間出荷台数は，毎年倍以上のペースで伸び，1994 年には国内で 5500 万本，海外で 1800 万本にもなりました。さらに 1996 年には，APS（Advanced Photo System）というカメラの新規格に準拠した APS カメラを発売しました。APS とは，富士フイルム，コダック，キヤノン，ニコン，ミノルタが共同開発したカメラとフィルムの規格です。

カメラ本体に関しても，富士フイルムは 1995 年から 2005 年までの 10 年間にわたって，デジタルカメラとフィルムカメラ双方の新製品を継続して開発し，市場に投入し続けてきたのです（図表 7-3 参照）。このように，主力事業である写真フィルムの改善と新規事業であるデジタルカメラの開発を，富士フイルムは並行して行いました。

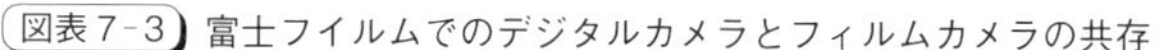

図表7-3　富士フイルムでのデジタルカメラとフィルムカメラの共存

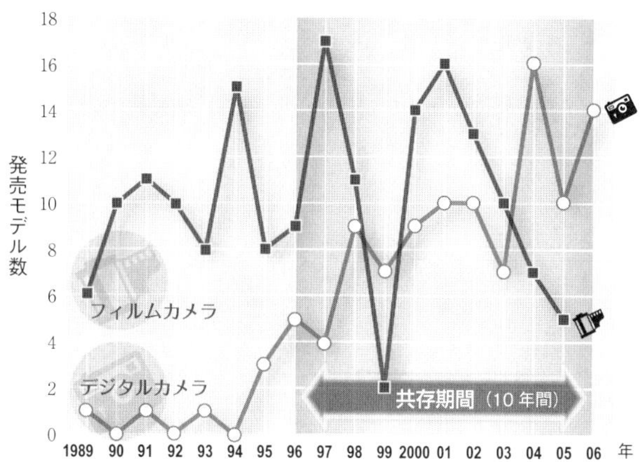


（出所）ガベッティ・トリプサス・青島（2010）をもとにして筆者作成。

## 2.3　第2ステージ：新規事業の体系的な探索と育成

2000年以降，デジカメ市場の成長と呼応するようにカラー写真フィルムの需要は急速に減少していき，2005年にはピークの半分にまで落ち込みました（図表7-4参照）。デジタルカメラのシェアも競争激化の中で次第に低下していきましたから，富士フイルムにとって，新事業の探索と育成は急務になっていったのです。従来の富士フイルムの新事業開発は，既存事業から自然に分化するような形で生まれてきており，産業材料事業部がその役目を担っていました。第2ステージでは，もっと積極的で体系的な新事業開発の仕組みを作り上げる必要がありました。そのために行ったことは，適切な新事業領域を選択することと，R&D組織体制の抜本的な見直しという2つです。

この第2ステージは，デジタルカメラという一探索すべき製品が自明だった第1ステージとは異なり，一体どの事業領域を探索すればいいのかが自明ではありません。そこで，進出すべき事業領域の探索から始める必要がありました。そのため，富士フイルムは2001年頃から技術と市場の2次元マトリクスに基づいて，今後参入すべき事業領域を探索していきました。富士フイルムは創業以来，写真感光材料などの分野で培った有機材料化学や無機材料化学，画像技

図表 7-4　カラー写真フィルムの世界総需要の推移

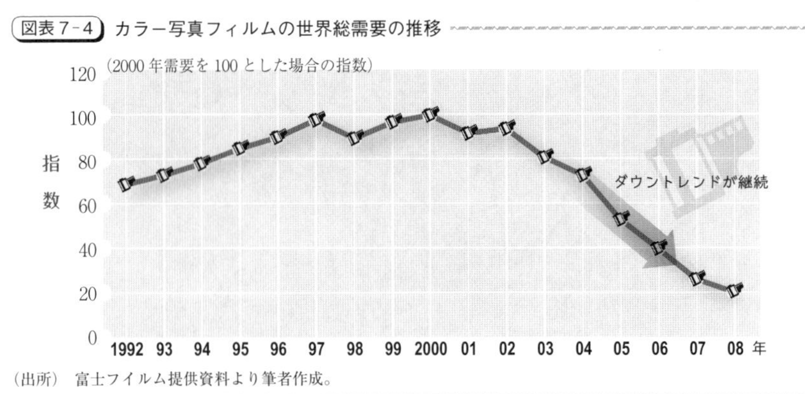


(出所)　富士フイルム提供資料より筆者作成。

図表 7-5　技術の棚卸

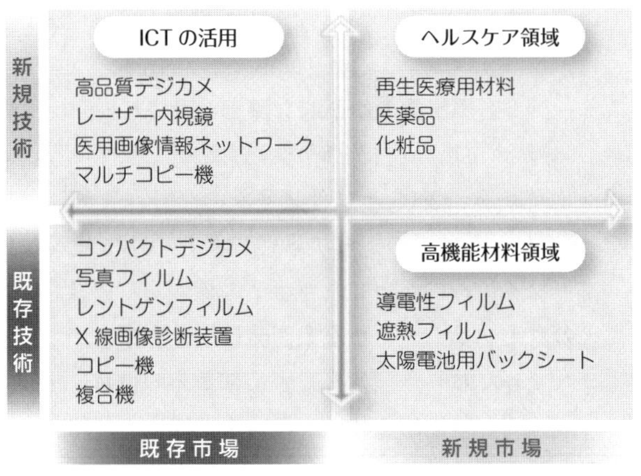


術，光学技術，解析技術など汎用性の高い基盤技術を蓄積してきました。蓄積してきたこれらの技術の棚卸を行って，市場のニーズと突き合わせるという作業を 2 年がかりで行ったのです。最終的には，縦軸に現行技術と新技術をプロットし，横軸に現在の市場と将来の市場をプロットして 4 象限マップを作成しました（図表 7-5 参照）。その検討結果をもとにして，富士フイルムの持つ技術力を活かし応用できる事業分野として，「ヘルスケア」「高機能材料」「グラフ

図表7-6　写真時代のR&D組織体制

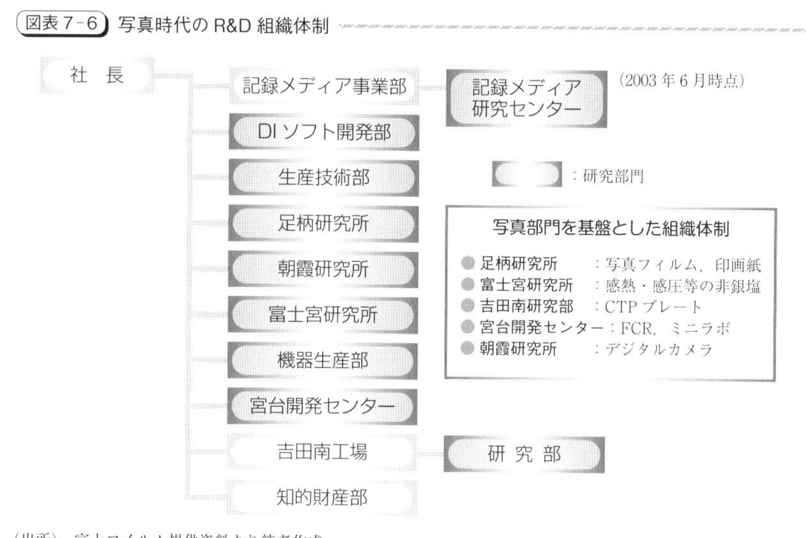


(出所)　富士フイルム提供資料より筆者作成。

ィック」「光学デバイス」「デジタルイメージング」「ドキュメント」という6つの分野を成長分野に定めました。この段階で初めて，今後探索する事業領域を全社的に明確化し共有できたのです。

さらに，R&D組織体制を抜本的に見直しました。2003年の時点では，主力事業だった写真ビジネスを中心としたR&D組織体制になっていました。図表7-6は2003年までのR&D組織体制を表しています。足柄研究所ではフィルムの研究開発を行い，富士宮研究所では印画紙の研究開発を行うというように，写真事業を構成する事業要素ごとに研究開発の仕組みが分割されており，横の共有はほとんどありませんでした。つまりR&D全体を統括する指揮命令系統や，必要に応じて柔軟に技術者を配置させる資源の全体最適の仕組みがなかったのです。写真フィルムの売上げが急速に減少する中で，新事業を創造し育成するためには，このような全社的な仕組みの欠如が大きな問題として認識されていました。

そこで，2004年にR&D統括本部を作り，その下に技術戦略部（現，イノベーション戦略企画部）を置き，社長直結の知的財産本部を作りました。また，そ

図表 7-7　新しい R&D 組織体制

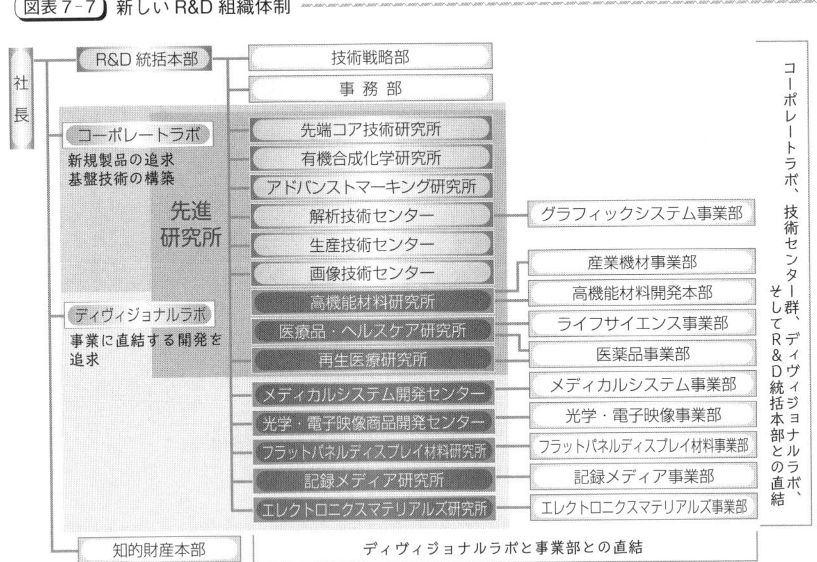


（出所）　富士フイルム提供資料より筆者作成。

れぞれの事業部の顧客ニーズに対応した開発を行う「ディビジョナルラボ」を設置すると同時に，他方で全社レベルの基盤研究と先端研究を行う「コーポレートラボ」が長期の視点から事業部を支えていくという体制に変更しました。その背景にある考え方は，役割を明確にした R&D 組織体制へ再編するということです。事業に直結する開発を追求するために「ディビジョナルラボ」を設置する，しかし，それだけでは新しいものを生み出す力に欠けるために，先進的で基盤的な研究開発を行う全社レベルの「コーポレートラボ」を設置し，研究開発機能を分化させたのです。さらに，R&D 統括本部が「ディビジョナルラボ」と「コーポレートラボ」の両方を見ることで，機能分化だけではなく研究開発を統合させました。つまり，R&D 機能の分化と統合を両立しようとしたのです。図表 7-7 はそのような構想で設置された新たな研究開発体制を図示したものです。

これらの結果，第 2 ステージでは事業領域の転換が実現しました。図表 7-8

図表7-8　イメージング分野とインフォメーション分野の売上高推移

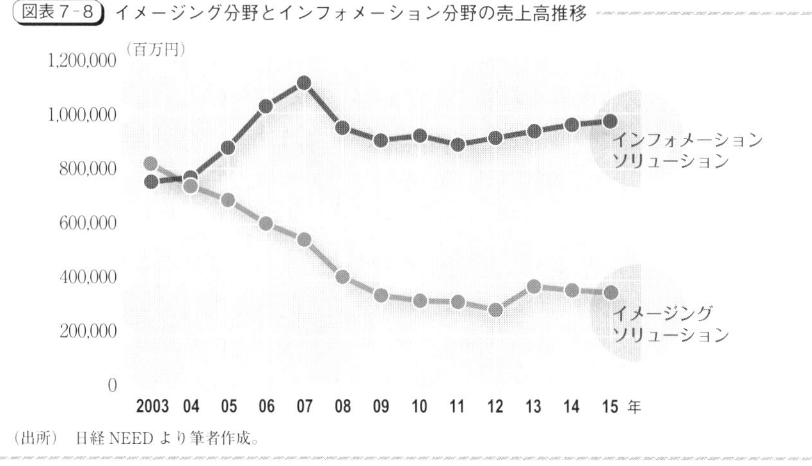


（出所）日経NEEDより筆者作成。

はイメージング分野とインフォメーション分野の2つの事業領域の売上高を，時系列的にプロットしたものですが，事業領域の転換が行われたことを示しています。イメージング分野は，従来の写真フィルム関係，印画紙，デジタルカメラ関係を含んでいます。インフォメーション分野は，医療機器や医薬品，化粧品，印刷システム，FPD材料などを含んでいます。2004年3月期（2003年度）には，イメージング分野の売上げがインフォメーション分野よりも多かったことがわかります。しかし，次第にイメージング分野は減少するのに対してインフォメーション分野は増加していき，ついにこれらの軌跡は交差して逆転するに至ります。2015年にはインフォメーション分野はイメージング分野の3倍の売上げをあげています。このように第2ステージでは，従来の主力事業を含んだイメージング分野からインフォメーション分野へ事業転換が行われたのです。

### 2.4　化粧品事業の探索と創造

第2ステージではすでに述べたように6つの成長分野を定めましたが，その中のヘルスケア領域に属する化粧品事業の探索と創造を，富士フイルムはどのようにして進めていったのでしょうか，それを具体的に見てみましょう。同社が化粧品を市場に投入したのは2006年秋です。2007年に発売した主力ブランド「アスタリフト」の売上げは，4年後に100億円を突破しました。

化粧品市場は規制緩和により参入企業数は2000社を超え，市場規模はこの10年間ほとんど変わりません。需要が飽和した典型的な成熟市場と言ってよいでしょう。その意味では，化粧品市場はけっして魅力的な市場とは言えません。にもかかわらず，なぜ富士フイルムは参入したのでしょうか。一言でいうと，主力の写真フィルム事業で蓄積した技術とノウハウを有効活用することで，他社と差別化できる化粧品を開発できるに違いないと考えたからです。

化粧品事業の探索と育成は，当時のライフサイエンス研究所の初代所長だった戸田雄三の直轄で行われました。富士フイルムはヘルスケア領域を新たな成長事業領域として選択しましたが，ヘルスケア領域といってもその範囲は実に広範な事業領域に及びます。もっと領域を特定する必要がありました。富士フイルムは具体的に一体何をやるのか，そして何をやるべきなのかを，棚卸した基礎技術の応用可能性を検討しながらいろいろと探索し議論しました。当時，肌のハリ弾力の元であるコラーゲンが，実は写真フィルムの主原料であることはわかっており，写真フィルム事業で蓄積した基礎技術が，化粧品にも応用できそうだと考えたのです。

しかし，化粧品の事業化にまでたどり着くには，まだ多くの不確実な要素がありました。確かに基礎技術はありましたが，それらが本当に化粧品に対して効果的に応用できるのかどうか，その確証はなかったからです。さらに，これまで化粧品事業を手掛けたことがなかったために，化粧品を顧客に対して売る仕組みや販売チャネルも当時は持っていませんでした。つまり市場へのアクセス方法に関しても，確実な見通しを持っていたわけではなかったのです。このような状況だったために，社内外からさまざまな疑問と反発の声が上がったことはむしろ当然と言ってよいかもしれません。化粧品事業を主導した戸田は，当時を回想して，「化粧品事業に賛同してくれたのは社内で2%から3%しかおらず，残りはほとんど無関心だった」と述べています。

成熟した化粧品市場への参入に際して，伝統的な化粧品会社が思いつかない化粧品を開発するにはどうしたらいいのかを考えました。そのために，肌にとって一体何が必要なのかという根本的な観点に立って化粧品を捉え直しました。

シミやシワといった女性が本当に気になる部分に対処できる化粧品に焦点を定めたのです。

肌に一体なにがよいのかという技術探索を進めると，写真用粒子の機能や安定性を高める独自の「ナノ技術」が，コラーゲンの機能向上に応用できることがわかってきました。またコラーゲンを守るためには，発生する活性酸素を抗酸化成分でいかに除去するかという「抗酸化技術」が重要になります。そこで，独自の化合物データベースから植物由来の天然成分である「アスタキサンチン」を選定したのです。解析技術センターの協力のもとで，このアスタキサンチンの抗酸化力の研究を行ったところ，非常に高い活性酸素の消去能力を持っていることがわかりました。

そして肌の奥までアスタキサンチンを届けるためには，粒子をナノレベル（$\times 10^{-9}$ m）にまで小さくする必要がありましたが，そこには多くの課題があり，単独では容易に解決できませんでした。そこで協力を求めたのが，写真フィルムの頃から乳化の研究に携わっていた社内の乳化分散グループでした。彼らの技術支援でアスタキサンチンの性能を保ちつつ小さくすることに成功したのです。肌の老化を防ぐ「抗酸化技術」はこのようにして開発されました。

このようにして富士フイルムは，技術で差別化された機能性化粧品を探索し，製品化にまでこぎつけることができました。その背景にある基盤技術は，コラーゲンに関する技術，抗酸化技術，微細粒子を制御するナノ技術の3つです（図表7-9）。これらはすべて写真フィルム事業で蓄積した技術を化粧品用に転用し応用したものなのです。そしてその過程では，解析技術センターや乳化分散グループなど，部門を超えた社内の他グループとの連携と協力が大きな役割を果たしました。それは新たなR&D組織体制によって可能になったと言ってよいでしょう。

さらに，化粧品の価値を顧客に対してどのようにして適切に伝えるのかという市場戦略を考える必要がありました。まず，通信販売で化粧品市場に参入し，次に店舗販売へ広げていくという戦略を考えました。富士フイルムの目指す化粧品は，技術で差別化された機能性化粧品ですが，そのような化粧品の価値を適切に市場に伝えるためには，技術的な情報を詳しく伝達できる通信販売が適切だと考えたからです。その後2008年からはテレビCMでの放映も開始しま

図表7-9　新規事業の創出：化粧品事業への参入

フィルム関連技術とのシナジー

化粧品に活用されている富士フイルムのコア技術

（出所）　富士フイルム提供資料より筆者作成。

した。このようにして富士フイルムは，表面上は写真フィルム事業とはまったく関係ないように見える化粧品事業へ参入したのです。

## 3　ケースを解く

### 3.1　破壊的イノベーションとイノベーションのジレンマ

なぜ経営資源の豊富な優良企業が技術革新に失敗するのでしょうか，この問題の背後にある法則性を明らかにしたのは，ハーバード大学教授のクレイトン・クリステンセンです。彼は，イノベーションのタイプを持続的イノベーションと破壊的イノベーションという2種類に類型化し，前者に対しては既存企業が有利だが，後者に対しては不利であり，既存企業が技術革新に失敗するのは多くの場合このタイプのイノベーションに対してであると主張しています。

クリステンセンは，HDD（ハードディスクドライブ）産業を詳細に研究しました。それによれば，1950年代に最初のHDDがIBMで開発されて以降，90年代までに116の技術革新が生まれましたが，そのうち111は持続的イノベーションに類型化され，残りの5つは破壊的イノベーションとして類型化されました。そして，111の持続的イノベーションを牽引したのはすべて既存の優良企業であるのに対して，5つの破壊的イノベーションを牽引したのはすべて新興企業であったと言います。さらに，既存優良企業の中で，破壊的イノベーションにうまく対応して従来の市場シェアを維持できた企業はひとつもなかったと指摘します。なぜそのようなことが起こるのでしょうか。それを理解するために，製品が顧客にもたらす顧客価値とはどのようなものかを考えてみる必要があります。

たとえば薄型テレビの場合を例にとってみましょう。薄型テレビの持つ顧客価値はひとつではありません。画質，画面の大きさ，薄さ，寿命，省電力，値段など複数の次元で，顧客は薄型テレビを総合的に評価し，どの薄型テレビを購入するのかという購買の意思決定を下すはずです。そしてそれら複数の次元は常に同じ訴求力を持つわけではなく，市場でどの価値次元が重視されるのかは状況によって変わります。薄型テレビの場合，市場の草創期には画質が重要でしたが，市場の成長とともにそれが満たされると，次第に画面サイズや薄さなどが重視されるようになります。どのような製品やサービスでも，これとほぼ同じことが言えるでしょう。

その中で持続的イノベーションとは，主流の価値次元に沿って製品価値をさらに高める革新を意味します。たとえば当時のHDDの重要な価値次元は記憶容量でしたが，記憶容量をいっそう増加させる革新は持続的なタイプのイノベーションになります。そしてこのタイプのイノベーションに対しては，既存優良企業はうまく対応できるのです。

他方，破壊的イノベーションとは，主流の価値次元に沿った性能を一時的には引き下げるのですが，しかし同時に新しい価値次元を打ち出すことで次元の転換をしているイノベーションを意味します（図表7-10参照）。HDDの場合では，記憶容量は低下しますが，同時に小型化という新しい価値次元を実現している革新は破壊的なタイプになります。このタイプのイノベーションに対して既存企業はうまく対応できないと言うのです。

では，なぜ既存優良企業は破壊的イノベーションに失敗するのでしょうか。優良企業は顧客の声によく耳を傾けるというすぐれた経営ゆえに優良企業にな

図表 7-10　破壊的イノベーションと持続的イノベーション

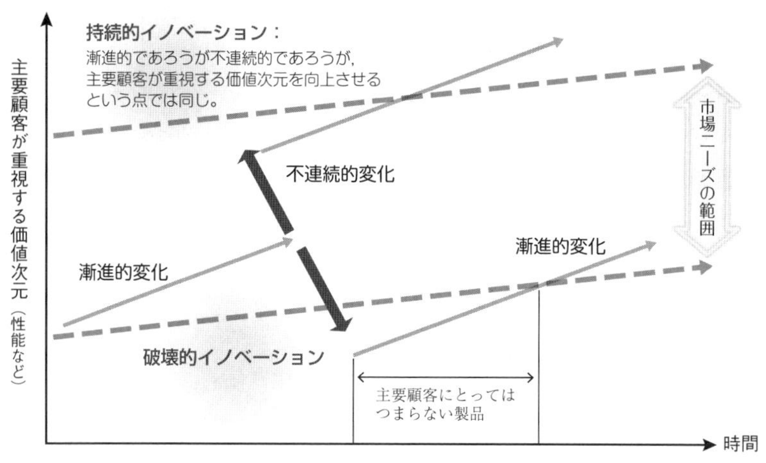


ったのですが，皮肉なことにそのすぐれた経営ゆえに，破壊的なタイプのイノベーションにはうまく対応できないのだ，とクリステンセンは言います。そのような現象をクリステンセンは「イノベーションのジレンマ」と呼びました。破壊的イノベーションの場合，なぜ既存顧客の声に耳を傾けることが失敗をもたらすのでしょうか。

既存顧客とはどのような性質を持った存在なのかを考えると，そのことはわかります。既存顧客は特定の価値次元を重視し，ある意味でそれに拘束されているために，従来とは違う新たな次元を持つ製品やサービスの価値を評価できない場合があるのです。HDD の例をとれば，記憶容量を重視する既存顧客は，たとえ耐久性や省電力にすぐれていても記憶容量が低下する HDD に対しては，否定的な評価を下すに違いありません。

その結果，顧客の要望に耳を傾けて成長してきた既存優良企業は，記憶容量では劣りますが省電力にすぐれた新しい HDD を開発することに，否定的な経営判断を下すことになります。記憶容量を重視してきた既存顧客は，それを引き下げる革新には否定的な評価を下すからです。このように，主流顧客の声に耳を傾けるというすぐれた経営行動それ自身の中に，破壊的なタイプのイノベーションに対してはうまく対応できないメカニズムが組み込まれているのです。

デジタルカメラは，写真フィルムおよびフィルムカメラにとって破壊的イノベーションだったと考えられます。優良企業だったコダックはうまく対応できずに失敗しました。しかし本章で取り上げた富士フイルムは，うまく対応して生き残りに成功しました。ということは，既存企業でもうまく対応できる方策は残されているのです。

### 3.2　探索と活用の両刀使い

では，既存企業はどのようにすれば破壊的イノベーションにうまく対応できるのでしょうか。そのためのカギが，探索と活用の「両刀使い」という考え方です。この考え方は，ハーバード大学教授のマイケル・タッシュマンらが 2004 年に発表したものです。

「活用」とは，蓄積した知識や技術，ノウハウをさらに効果的に使うことで，生産性などを高める作業です。主力事業や既存技術を改良して，完成度を高める作業に当たります。「探索」とは，従来の領域とは異なる知識や技術を探り，新たな技術や事業機会を見つけ出し育成する作業です。企業が持続的に成長するためには，活用による主力技術・事業の改良・改善と，新しい技術・事業領域の探索，その両方を行う必要があるのです。

難しいのは活用と探索という 2 種類の作業は，目標や仕事の進め方，価値基準など多くの点で異なるということです。そのため，組織の中に両方をどのように埋め込み，バランスをとればよいのかということが重要な経営課題になってきます。活用への過度な傾斜は探索を阻害し，将来に向けた新事業・技術の芽を摘むことになります。かといって探索への過度の傾斜は，現在の収益性の低下につながってしまいます。

主力事業・技術の「活用」と新事業・技術の「探索」をバランスよく行う仕組みを組織の中に埋め込むには，どういう観点が重要になるのでしょうか。まず，活用に特化する部署と探索に特化する部署を分離させることが基本になります。活用と探索では，仕事のプロセスや評価基準，仕事の目標などが根本的に異なるためです。そして同時に，主力事業の中で蓄積した技術などの経営資源を新事業に有効活用できれば，相乗効果が期待できるはずです。仕事のプロセスと価値基準は分離しつつも，経営資源レベルでは必要に応じて統合・共有するという高度なマネジメントが必要になります。これができれば，既存企業はその強みを活かしつつイノベーションを遂行できるはずです。

「両刀使い」は，主力事業・技術が衰退していく局面でより重要性を増します。新たな技術や事業の探索に迫られるためです。このような事業の転換過程をうまく管理できるかどうかが，企業盛衰の分岐点になると言っても過言ではありません。

本章で取り上げた富士フイルムは，それに成功したわかりやすい例です。すでに見たように，富士フイルムは1970年代後半からデジタル技術の研究プロジェクトに役員直轄のもとで着手し，85年には独立した電子映像事業本部を正式に設置しました。主力の写真フィルム事業から分離した状況で，非常に早い時期からデジタル技術を探索していたのです。そして1995年から2005年の10年間は，フィルムカメラとデジタルカメラの両方を開発しながら構造転換を進めました。これは活用と探索を両方行ったことに相当します。

しかし既存事業・技術の活用と新事業・技術の探索が，ちょうどフィルムカメラとデジタルカメラのような代替的な関係にある場合，経営資源をめぐる衝突が組織内で起こりやすくなりますので，それを適切に管理できるかどうかがポイントになります。2012年に経営破綻したコダックは，実は富士フイルム同様，早い時期からデジタル時代の到来を予見し，1993年までにデジタル技術に関して約5000億円の研究開発投資をしていました。

しかし，デジタル部門と写真フィルム部門との間の分離が不十分だったために，経営資源をめぐって現場で激しい軋轢（あつれき）が生じました。それを解消させるために何度も組織変更を行い，その間に遅れをとってしまったのです。富士フイルムとコダックを分けたものは，技術開発それ自身ではなくて，活用と探索の両刀使いマネジメントの巧拙だったと言ってよいでしょう。

### *3.3*　組織のコア・コンピタンス（中核能力）

富士フイルムとコダックは，写真フィルム関連事業で長年激しい競争を繰り広げてきました。そして，デジタル技術の台頭という同じ環境に直面しましたが，一方は生き残りに成功し，他方は経営破綻するという対局的な運命をたどりました。この現象を根本的に理解するためには，企業の持つ組織のコア・コンピタンス（中核能力）という観点が必要になります。コア・コンピタンスとは，企業の持続的な競争優位の源泉であり，他の企業によって「模倣・複製・代替されにくい」企業特有の資源や能力を指しています。

具体的には，企業の持つ技術，文化，業務プロセスなどがそれに相当します。たとえば富士フイルムのコア・コンピタンスには，写真感光材料などの分野で培った有機材料化学や無機材料化学，画像技術などがあります。さらには，コラーゲンを制御する技術，抗酸化技術，微細粒子を制御するナノ技術などもコア・コンピタンスとしてあげることができるでしょう。これらはすべて従来の写真フィルム事業で長年にわたり蓄積した技術です。富士フイルムはそれを化粧品開発に応用することで，他社が模倣しにくい差別化された機能性化粧品を開発することができました。その意味では，コア・コンピタンスをうまく有効に活用したと言ってよいでしょう。

## *4*　考えてみよう・調べてみよう

⑴　富士フイルムの変貌プロセスを大きく言うと，第１ステージではデジタル技術への対応に取り組み，第２ステージでは新規事業創造による多角化に取り組みました。それぞれのステージで対応すべき重要な経営課題にはどのようなものがあったでしょうか。またどのようにしてそれらの経営課題を解決したのでしょうか。富士フイルムのケースをあらためて整理し，考えてみましょう。

⑵　破壊的イノベーションの例をひとつあげて，それによって影響を受けた企業はどこか，そしてそれらの企業はいかにして破壊的イノベーションに対応したのかを調べてみましょう。

⑶　富士フイルムは，もはや写真を主力事業とする会社ではありません。富士フイルムのように，主力の事業領域を大きく変えた企業には，他にどのような企業があるでしょうか。その企業は，なぜ従来の事業領域を変更したのでしょうか，またどのような考え方と基準で新しい事業領域を選択したのでしょうか，考えてみましょう。

## 5　読んでみよう

クレイトン・クリステンセン著，伊豆原弓訳（2011）『イノベーションのジレンマ：技術革新が巨大企業を滅ぼすとき（増補改訂版）』翔泳社。

➡破壊的イノベーションおよび持続的イノベーションの概念を提唱した先駆的研究です。HDD 業界や掘削機業界の豊富な事例をもとにして，なぜ優良企業は持続的イノベーションには強いのに破壊的イノベーションには弱いのか，ではどうすればいいのかを考察しています。

チャールズ・A.オライリー，マイケル・L.タッシュマン著，渡部典子訳（2019）『両利きの経営：「二兎を追う」戦略が未来を切り拓く』東洋経済新報社。

➡成熟企業が中核事業を維持しながらイノベーションを起こし，新事業による新たな成長を実現するにはどうしたらいいのか。そのような問いに対して，最近の経営学は，知の探索と活用の両方を行う両刀使いの経営を提唱していますが，その考え方を豊富な事例をあげて説明しています。本章で取り上げた富士フイルムのエピソードも多く含まれています。

古森重隆（2013）『魂の経営』東洋経済新報社。

➡2003 年に CEO に就任して以降今日まで，富士フイルムを引っ張ってきた著者が語る経営論です。当時富士フイルムの内部で何が起きたのか，そして何をしたのかが語られています。

# 第8章 プラットフォーム・ビジネス

## アップルのApp Storeの展開

キーワード
プラットフォーム
プラットフォーム企業
サイド内ネットワーク効果
サイド間ネットワーク効果
ツー・サイド・プラットフォーム戦略

### *1* この章のねらい

アップルはシリコンバレーを代表する企業であり，Macintosh（Mac），iPod，iPhone，iPadなど，世の中に革新的な製品を次々と発表してきました。アップルの創業者の一人であり，カリスマ経営者と言われたのがスティーブ・ジョブズです。ジョブズは1976年にスティーブ・ウォズニアック，ロナルド・ウェインとともにアップルを創業，その後97年に自らが創業した会社を追い出されるという憂き目にあいましたが，98年にアップルに乞われて復帰し，その後，亡くなるまでアップルのトップに君臨しました。ジョブズは2011年に亡くなりましたが，現在でもその存在はアップルのみならず，米国のイノベーションのメッカであるシリコンバレーの象徴とも言える存在になっています。

アップルはもともとパソコン・メーカーでしたが，2001年に音楽メディアプレーヤーであるiTunesの開発を機にデジタル音楽市場に参入しました。その後，音楽プレーヤー，iPodの販売，iTunes Storeによる音楽配信事業への参入，さらに電話・音楽プレーヤー・その他の機能を組み合わせたiPhoneの販売，およびそのアプリを販売するApp Store（アップストア）に進出し，ハードからソフトまでを網羅する事業を展開してきました。

本章では同社が事業展開をしていく際に，App Storeというプラットフォームと呼ばれるビジネスモデルを打ち立て，業界に大きな影響を与えた事例を取り上げ，その成功の背後にある論理を考えていきたいと思います。

## 2　ケース：アップルの App Store の展開

### 2.1　iPhone の発表時のアプリの扱い

iPhone は 2007 年 1 月 10 日にサンフランシスコで開催されたマックワールド（米国 IDG ワールド・エキスポが主催するアップル製品の発表や展示が行われるイベント）で，スティーブ・ジョブズによって発表されました。ジョブズは『タイム』誌のインタビューに対して，「(iPhone は）タッチコントロール機能を持つワイドスクリーンの iPod，革命的な電話，インターネットコミュニケーション用の画期的な機器」と答え，「これは今までに作ったものの中で最高の一品だ」として iPhone を自信たっぷりに紹介していました。実際，iPhone の処理能力は iMac や PC に引けをとらない高性能でした。

しかしこのとき，アップルのエンジニアたちは iPhone に対して大きな不満を抱いていました。なぜなら発表当時，iPhone の専用アプリケーションはアップルが提供したもの（メール，カレンダー，天気予報，地図，電卓，時計，カメラなど）以外搭載されていなかったからです。

**企業プロフィール**

アップル社（2018 年 9 月期）

- 創　業　1976 年（当時，アップルコンピューター，2007 年にアップルに改称）
- 資 本 金　402 億 100 万ドル
- 事業分野　家電，電子機器，ハードウエア，モバイル機器，流通，ソフトウエア製品の開発・販売
- 売 上 高　2656 億ドル
- 営業利益　708 億 9800 万ドル
- 従 業 員　13 万 2000 人

ジョブズはこのとき，アップル以外の他社にアプリを開発させることなどまったく考えていませんでした。なぜならウィルスを感染させたり，iPhone のシステムにダメージを与えたりするようなアプリが潜り込まされることを恐れたからです。

このようなジョブズの対応に対して，他社製のアプリを使うことを主張する意見は社内から出ていましたし，アップルのファンからも出ていました。またベンチャーキャピタル

の中にはジョブズの頑なな態度に苦言を呈する者もいました。しかしジョブズは耳を貸さず断固としてアプリの自社開発にこだわりました。ジョブズは，アプリを開発する社外のデベロッパーをチェックし秩序を守らせることができる人間を，アップル社内に確保できないと考えていたのです。

### 2.2　アプリ開発のオープン化へ

しかしジョブズの態度は徐々に変わらざるをえなくなっていきました。2007年6月29日にiPhoneが発売になり，その四半期には150万台を売るヒット商品になりましたが，その売れ行きは関係者を満足させるものではなかったのです。「iPhoneの性能をもってすればもっと売れてもよいはずだ」という意見を関係者の多数が持っていました。

その理由のひとつとして指摘されたのは，従来から指摘されていた通り，アプリの貧弱さでした。ベンチャーキャピタルの一人は「iPhoneは発売時，欠陥品であった」とあからさまに発言するほどでした。取締役会でもアプリの件が何度も取り上げられようになりました。結局，ジョブズは方向転換をせざるをえなくなったのです。こうして2007年11月，iPhone発売から5カ月後，アップルは，iPhone向けアプリ開発ソフト「iPhone SDK（iPhoneソフトウエア開発キット）」を公開することを発表しました。

ソフトウエア開発者はiPhone SDKをダウンロードし開発をした後，アプリを配信します。アプリはiTunesの中に新たに開設されたApp Storeというサイトでのみ販売され，それ以外の販路は許されていません。

開発者は，アプリを配信する前にiPhone Developerプログラムに登録し，App Store上で掲載するカテゴリー，有料か無料か，を決めて，アプリ登録を申請します。その後，アップルは，アプリに反社会的なものが含まれていないか，常識的な内容かどうかを精査します。そこで認められて初めてApp Storeで販売が始められます。

アップロードされたアプリが売れ，売上げが上がると，その7割は開発者，残り3割はアップルという比率で配分されます。その後，アプリをダウンロードした後にコンテンツの更新やサービスの機能追加によって生じる課金，「アプリ内課金」は，開発者が自由に設定できるようになり，開発者がより儲けられるような仕組みに改変されました。

### 2.3　アプリ開発を促進する仕組み

iPhone SDK の公開を機に，シリコンバレーは iPhone 一色になり，アプリの開発競争が過熱化していきました。さらに開発者を鼓舞するように，ジョブズは，シリコンバレーを代表するベンチャーキャピタルである，クライナー・パーキンス・コーフィールド＆バイヤーズ（Kleiner Perkins Caufield & Byers）に，iPhone 用のソフトを開発するベンチャーに対し投資するファンド，「ｉファンド」を立ち上げさせました。ジョブズの言によれば，「多くの開発者が利益を上げられる生態系を作る」ためでした。

さらに 2008 年 7 月に，iPhone 3G が世界 22 カ国で発売されました。iPhone 3G は，iPhone 史上，最も評価が高い機種でした。第三世代移動通信システム（3G）に対応しており，世界中どこでも使えるようになりました。また高速マイクロプロセッサを搭載，無線接続も改良され，携帯電話というよりはパソコンやゲーム機に近い性能が達成されました。さらにタッチパネルや加速度センサーも搭載されていました。このような新機能が開発者の創造力と開発意欲を刺激したのか，多数の iPhone 向けのアプリが作り出され App Store で売られるようになりました。

### 2.4　開発のオープン化による業界への影響：ビジネスモデルの変化

アップルによるアプリとスマートフォンの分離は，携帯電話事業者（キャリアー），携帯電話端末メーカーとアプリ開発会社とのパワー関係を根本から変えるものとなりました。それまで携帯電話では，携帯電話事業者が端末メーカーやアプリ開発メーカーと共同で企画し，端末開発，アプリ配信などのサービスまで事業全体を統括していました。そして携帯電話事業者が携帯電話の通信料と一緒にアプリの料金も徴収していたのです（図 8-1(1)）。ところが iPhone では，アップルが端末（iPhone）を開発し携帯電話事業者に納品しますが，端末で使われるアプリは基本的なものを除いて，アップルとは別の存在であるアプリ開発メーカーによって提供されます。アプリを開発するのはアップル社外の開発者です。ただしアプリはアップルが運営する App Store でないと販売

図表8-1　iPhone 登場前後のビジネスモデルの変化

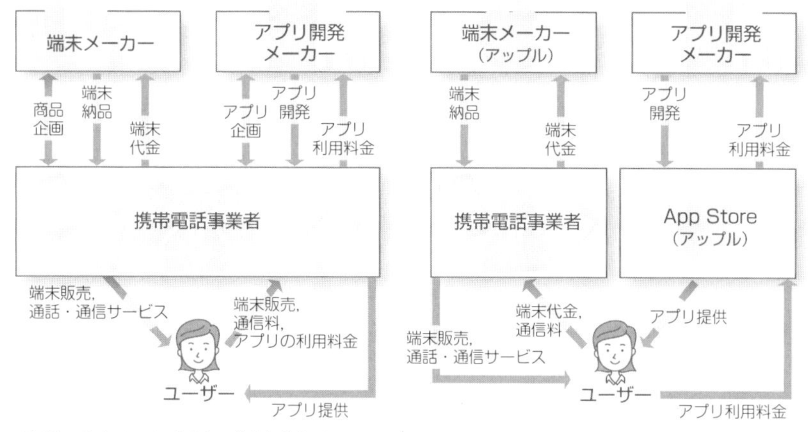


（出所）松元（2008）をもとに筆者加筆修正。

できないことになっているのです（図表8-1(2)）。

開発者にとってiPhone向けアプリを開発することには，以下のような魅力がありました。アプリ開発者は，①自分の作成したアプリを世界に配信することが容易になり，②携帯電話事業者や機種の違いに縛られないでアプリ開発ができるようになり，③iPhoneの新たな機能（タッチパネル，加速度センサーなど）を活用したユニークなアプリの開発も可能になりました。

他方，ユーザーも，①世界中のあらゆる地域で開発されたさまざまなアプリを入手可能になり，②機種を変えても同じアプリをダウンロードすれば同じ環境を再現できるようになり，③有料アプリは100～1000円の売り切り型となっておりクレジットカードなどで簡単に決済ができるようになる，といったメリットを享受できるようになりました。

しかしこのシステムから最も利益を得たのはアップルでした。アプリ開発を外部の開発者に任せることによって自社の開発コストを削減することができました。他方，アプリ販売はApp Storeを必ず通させているので，アプリに対する主導権はアップルが握っています。こうして多様なアプリを世界中から調

図表8-2　iOS App Store でリリースされたアプリの累積本数と iPhone 販売数（世界）

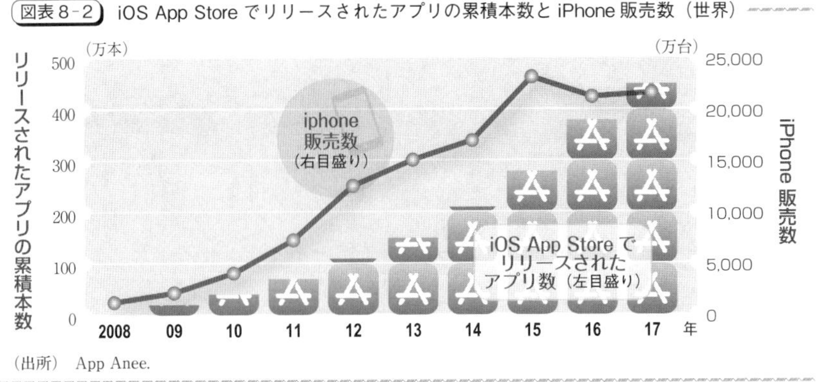


（出所）App Anee.

達しつつ，同時に App Store から世界中にアプリを配信できる仕組みを作り上げたのです。

さらに，アプリ売買を通じてアップルは手数料収入を得ているので，アプリの売買が増えれば増えるほどアップルはより多くの収益を得ることができます。また魅力的なアプリが多数開発され流通すればするほど，そのアプリのために iPhone を選ぶ消費者が増え，iPhone の売上げ増加にもつながります。さらに iPhone の売上げはアプリのダウンロードにつながります。このような好循環が App Store を中心に回り始めたのです。

### 2.5　アプリ市場の拡大

App Store は 2008 年 7 月 10 日にサービスを始めました。リリースされたアプリの累積本数は 2009 年に 20 万本，10 年には 40 万本と増加し，その後，タブレット型 PC である iPad の投入もあり，その数は等比級数的に増加していきました（図表 8-2）。2017 年には，累積で約 450 万種類のアプリが App Store でリリースされ，1800 億回ダウンロードされています（図表 8-3）。またそれと並行して iPhone の販売数も急増していきました（図表 8-2）。

アップル全体の売上高の中で，サービス事業（デジタルコンテンツやライセンス料など）の売上高は 372 億ドル（2018 年）と，すでに Mac，iPad，その他の製品のそれを上回り，iPhone に次ぐ事業へと成長しています（図表 8-4）。

図表8-3　App Stpre からのダウンロード

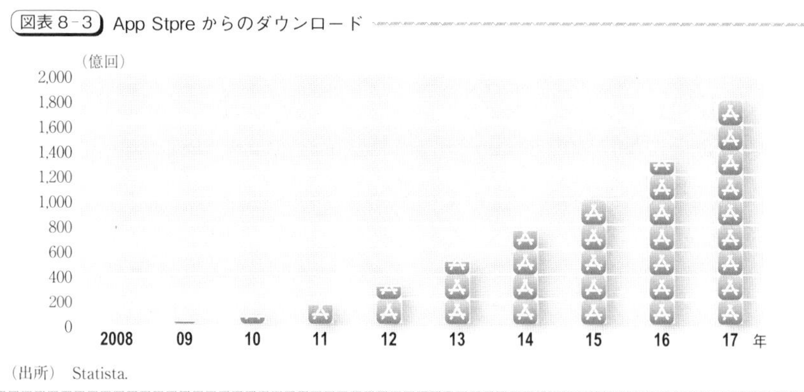


（出所）　Statista.

図表8-4　製品別売上高

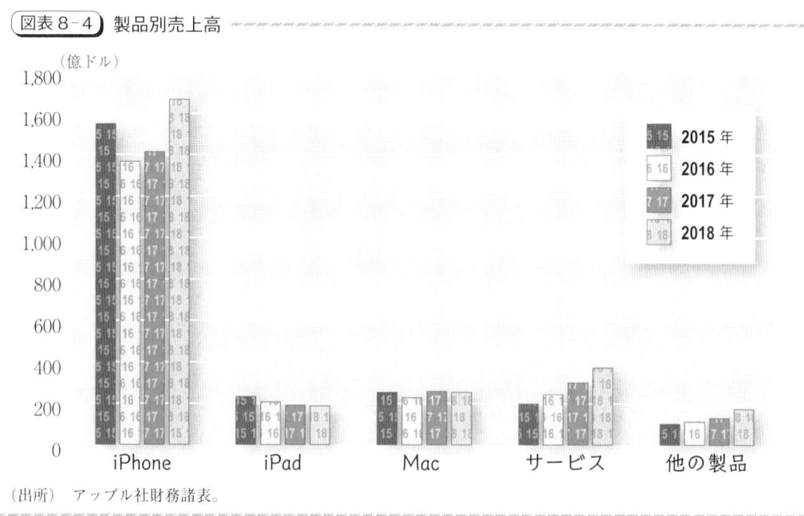


（出所）　アップル社財務諸表。

アップルはこのビジネスモデルにおいて，社外のアプリ開発者が重要であることを当初からよく理解しており，開発者との関係を大切にしてきました。アップルは毎年6月に，カリフォルニア州サンノゼにおいて世界開発者会議（WWDC）を開催し，そこで世界中から集まるアップル向けの製品やアプリの開発者・技術者たちに，アップル製品の最新の技術動向の説明や，CEOによる講演，さらに新製品のお披露目，最新市場情報の共有や意見交換をしたりする場を提供しています。この会議は原則として非公開であり，参加者は秘密保持契約を事前に結ぶことを要求されます。アップルは開発者たちを，「秘密を共有する仲間」として遇しているのです。2017 年の会議では 82 歳の日本人女性，若宮正子が最高齢の iPhone アプリ開発者として参加し，アップル CEO のティム・クックが称賛したことが話題になりました。

近年では，アップルは，アプリ開発者向けに，AR（拡張現実）機能を組み込むソフト，人工知能（AI）による音声アシスタント Siri と外部アプリを連携機能させるソフトを無料公開しています。アップルの開発者の創造性を掻き立てるような開発ソフトを提供することによって，より魅力的なアプリが生み出されているのです。

### 2.6　ライバルの追随

アップルの快進撃に対して，ライバルであるグーグルは，アンドロイド版アプリの開発コードを無償公開しました。さらに 2008 年 10 月に「アンドロイド・マーケット」を開設し，スマートフォン向けアプリ市場に参入しました。

後発者であったグーグルは，アップルを追撃するためにいくつかの手を打ちました。まずグーグルは，開発ソフト（SDK）を無償配布し，「開発者が作ったアプリの審査をしない」というオープンさを前面に打ち出しました。さらにグーグルは開発者数を増やすために，開発者を集めた会議において開発用のアンドロイドが搭載されたスマートフォンを無償配布したりもしました。その結果，アンドロイド向けのアプリ開発数は急増しました。またアンドロイドを搭載したスマートフォンを多くの企業が市場に投入したことも，グーグルの追撃を後押しすることになりました。

2012 年に入ると，グーグルは，「アンドロイド・マーケット」という名前を「Google Play」に改称しました。グーグルのオープン化政策によってタイトル数は 70 万本に達し，ついにアップルに肩を並べるまでになりました。2017 年にはアプリ全体の 7 割がアンドロイドによって占められるまでになっています（図表 8-5）。

しかしアプリに対する消費者の支出金額の比率を見ると，アップルの方が高いことがわかります（図表 8-6）。つまりアップルのアプリの方が，アプリ 1 つ

図表8-5 ダウンロードされたアプリのシェア

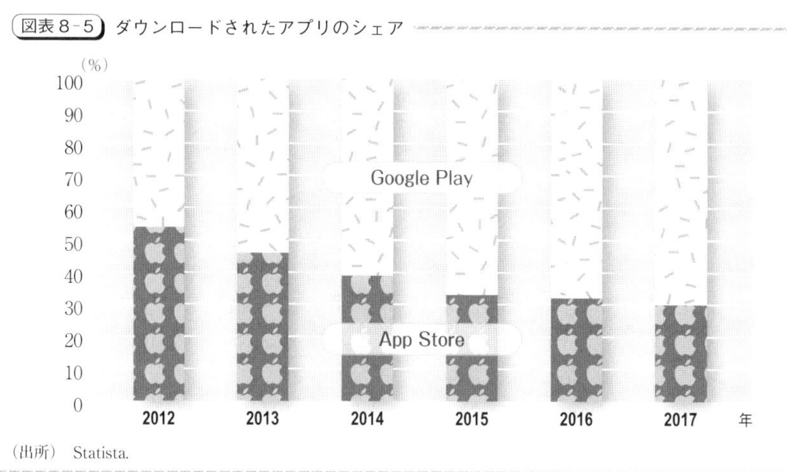


（出所） Statista.

図表8-6 消費者が支出した金額比率推移

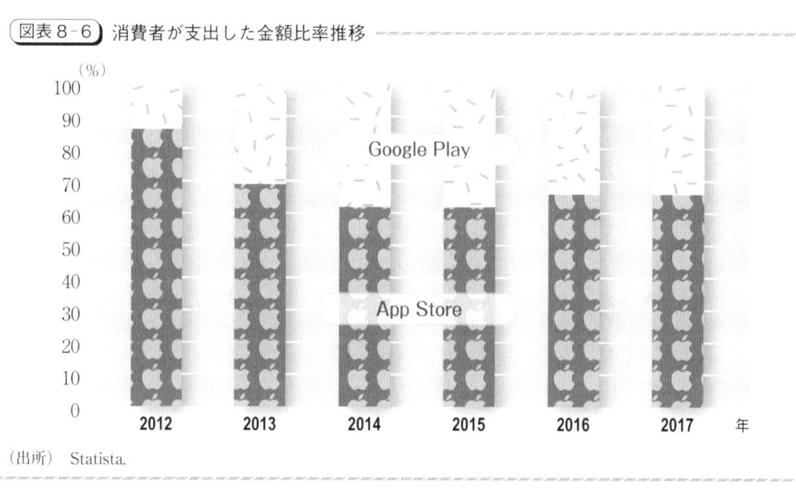


（出所） Statista.

当たりの価格が高いことがわかります。また開発されたアプリのカテゴリーをGoogle Playのそれと比較すると，アップルの方がゲームの比率が低く多様なカテゴリーのアプリを取り揃えているのに対し，Google Playはゲームが65%を占めています（図表8-7）。またApp Storeでは年間100万ドル（1億1000万円）の売上げをあげたアプリ開発会社が164社であったのに対し，Google

図表 8-7　アプリの種類の比率

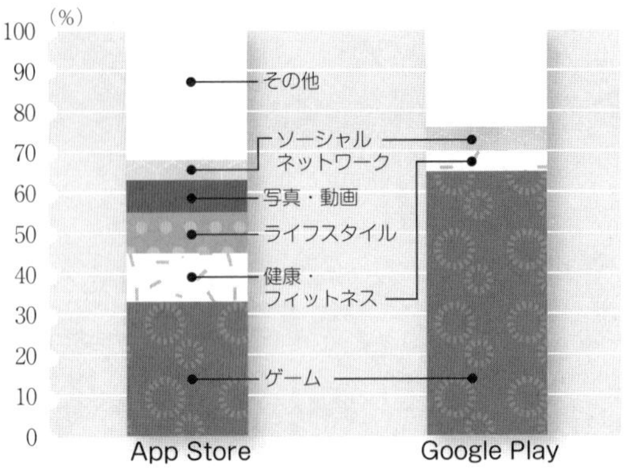


（出所）Statista.

Play ではその約半分の 88 社でした。

つまり App Store のアプリは，ダウンロード数だけ見れば Google Play のそれより少ないのですが，多様な種類の，しかも高い価格を付けてもダウンロードされるアプリが揃っていると言えるでしょう。他方で Google Play は安く，ゲームに偏ったアプリを配信していると言えます。

アップルによって行われたハード（iPhone）とアプリの分離と，それを結びつけた App Store というプラットフォームは，携帯電話産業の業界構造を大きく変え，そこでの競争の質をも一気に変えました。その中で後発であるグーグルが，新たな構想のもとで，アップルとは異なる戦略で同社を追撃しています。両者の競争は，今後のアプリ市場とスマートフォン市場の拡大につながっていくでしょう。

## *3*　ケースを解く

### *3. 1*　プラットフォームとは

本章で取り上げたアップルは，iPhone および App Store への進出を機に，PC メーカーからプラットフォーム企業に変貌していきました。

もともとプラットフォームとは，「土台」を意味します。製品開発論では部品を乗せる土台，IT 業界では「コンピュータの OS（オペレーション・システム)」を指し，「ゲーム機器」もプラットフォームと言えるでしょう。

本章では，プラットフォームを「異なるユーザーグループを結びつけ，一つのネットワークを構築するような製品やサービス」(Eisenmann, et al., 2007) と定義し，プラットフォーム企業を，そのような製品・サービスを提供する企業と捉えました。プラットフォーム企業は，異なるグループ間の「仲介」役を果たすとき，複数の異なるグループのやりとりを促すためのインフラとルールを提供します。

### 3.2　プラットフォーム・ビジネスが現れてきた背景

プラットフォームという概念が出てきた背景には，製品やサービスの質の変化があります。つまり製品単体だけでは機能を発揮できず，別の財（補完財）と組み合わせなければならない財が増えてきているのです。

たとえば，アプリとスマートフォンの関係で言えば，アプリがないとスマートフォンはただの箱で，組み合わせないとその機能が発揮されません。また，これまでそれらはひとつの企業が一括で提供してきましたが，近年ではそれらの製品・サービスは，別々の主体によって提供され，それぞれの財を提供する企業間の相互依存関係は複雑化してきています。

このような取引の煩雑さを解消するのがプラットフォームなのです。プラットフォームという共通の土台があれば，それに合わせた財やサービスを提供しさえすれば，財の間の交換や組み合わせが容易になります。この交換の基盤をつくることが，プラットフォーム・ビジネスの大切な点なのです。

また，プラットフォームは，これまで「つなげられてこなかった」人々をつなげることによって，新たな価値を生み出すことも可能にします。本書の第1章で取り上げたメルカリも，そのような意味においてプラットフォーム企業と言ってよいでしょう。

### 3.3　ネットワーク効果(1)：サイド内ネットワーク効果

主体同士のつながりを「ネットワーク」と呼びます。どのような種類のネットワークに囲まれているかによって，また，どれだけの人がそのネットワーク

図表 8-8　サイド内ネットワーク効果

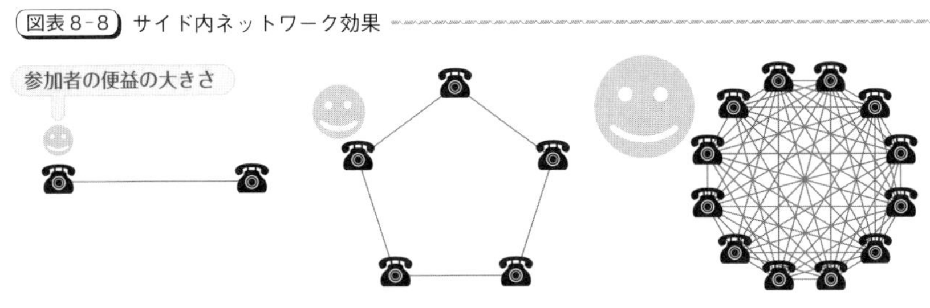


に属しているかによって，ネットワークに属する個人が享受できる便益は変わってきます。これを「ネットワーク効果」と呼びます。プラットフォームの文脈で言うと，ネットワーク効果とは，「ユーザー数（プラットフォームへの参加者数）が，そこに参加している各ユーザーの価値に影響を与えること」なのです。

ネットワーク効果には2つの種類があります。ひとつは，同種の財・サービスを多くの人が使用することによって，一人ひとりの便益が上がるというものです。これを，「サイド内ネットワーク効果（ネットワーク外部性）」と呼びます（図表 8-8）。つまり「（同質な財やサービスの）ユーザー数の増加自体から得られる便益の増加」です。たとえば，LINE は自分だけがアプリをダウンロードしてもメッセージを送る相手がいなければ意味がありません。たくさんの知り合いがダウンロードしていれば，やり取りする相手の数や回数も増え，LINE という財の価値とそれから得られる便益は増していきます。

### 3.4　ネットワーク効果(2)：サイド間ネットワーク効果

他方，異なる複数のユーザーグループとの間で発生するネットワーク効果のことを，「サイド間ネットワーク」と呼びます。本章で取り上げたスマートフォンとアプリの関係はこれに当てはまります。たとえば，スマートフォンの利用者とアプリの開発者は異なるグループです。しかし開発者によって魅力的なアプリが App Store にアップロードされればされるほど，「そのアプリが使えるスマートフォン」を使いたいためにそのスマートフォンを購入するユーザーが現れます。逆にアプリ開発者にとっては，自分が作ったアプリが購入されやすくなるので，「利用者の多いスマートフォン」のアプリを開発したがります。

図表8-9　プラットフォーム企業とサイド間・サイド内ネットワーク効果

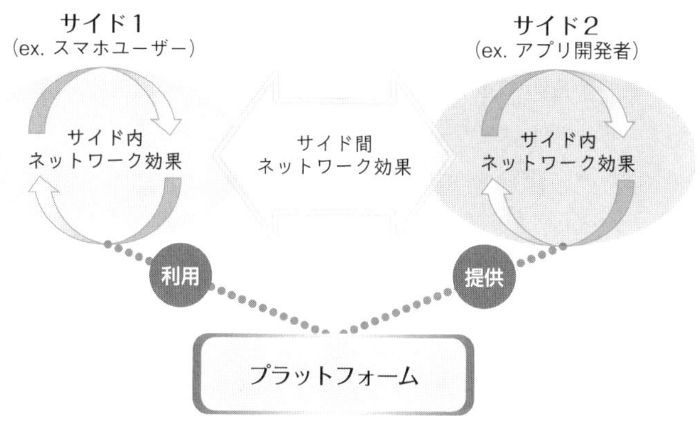


（出所）立本（2017），19ページを参考に筆者作成。

このように直接関係のないグループ同士が相互に影響を与えるような関係にあるとき，サイド間ネットワーク効果が生じるのです。

プラットフォーム企業は，このような関係にある異なるグループをつなぐことによって，サイド間ネットワーク効果から生じる利益を享受することができます。またグループ内ではサイド内ネットワーク効果が生じている（iPhone利用者同士，あるいはアプリ開発者同士）ので，プラットフォーム企業は2つのネットワーク効果を両方享受できるポジションにいるのです（図表8-9）。

異なる複数のグループ同士を結びつけ，直接交流させることによってネットワーク効果を生み出す製品・サービス・技術のことを，「マルチサイド・プラットフォーム」と呼びます。とりわけグループが，「売り手vs.買い手」のように二者である場合は，「ツー・サイド・プラットフォーム」と言います。

### 3.5　プラットフォーム企業の戦略：ツー・サイド・プラットフォーム戦略

プラットフォーム企業がとる戦略として代表的なものに「ツー・サイド・プラットフォーム戦略」があります。

ツー・サイド・プラットフォーム戦略では，直接的に関係のない2つのユーザーグループを，プラットフォームを介して連結し，相互にサイド間ネットワーク効果を及ぼし合う関係に置き，この関係を利用します。つまり片方のユーザーグループを優遇するだけで，もう片方のユーザーグループも効果的に増加させることができるのです。

たとえば，アップルはアプリ開発者を増やし質の高い魅力的なアプリを開発してもらうおうと，iPhone 向けアプリの開発コードをダウンロードできるようにしたり，iPhone 向けアプリを開発する企業に投資するファンドを立ち上げたり，開発者への利益の配分を高くしたり，さらに定期的に開発者に最新情報を流し交流を図る機会を設けたりしました。こうして開発者が iPhone 向けアプリを開発したくなるような環境を整備したのです。その結果，多様で質の高いアプリが開発・提供され，それらを求めて iPhone のユーザーも増加していきました。さらに iPhone ユーザーの増加は，アプリ開発者の増加を引き起こすという好循環が生まれたのです。

このようなツー・サイド・プラットフォーム戦略は，同じグループ内のユーザーが増えることによって便益が増大するサイド内ネットワーク効果のみならず，別のグループのユーザーの増加からの影響を受けて当該グループも拡大するというサイド間ネットワーク効果もうまく利用しています。

### 3.6　ネットワーク効果の企業間競争への影響

ネットワーク効果が働く製品・サービスの競争は，単体で販売される製品・サービスのそれとは異なる性質を帯びるようになってきています。第一に，ネットワークの参加者数が競争に決定的な影響を与えるようになりました。第二に，ネットワークの増殖効果は指数関数的に増大するので，勝敗が早くつくようになりました。つまりネットワーク効果が働く市場において，初期のわずかな差が，結果として大差を生み出してしまいます。第三に，一度決まった勝敗の結果はなかなか覆りにくく，企業間の競争関係は硬直化，つまり逆転が起こりにくくなります。そのため，ネットワーク参加者を一定数（その数をクリティカルマスと言います）以上，確保できなかった組織は撤退せざるをえなくなります。

このようなネットワーク効果が働く財においては，他社よりも早く参入し，

図表8-10 ネットワーク効果が存在する場合の競争

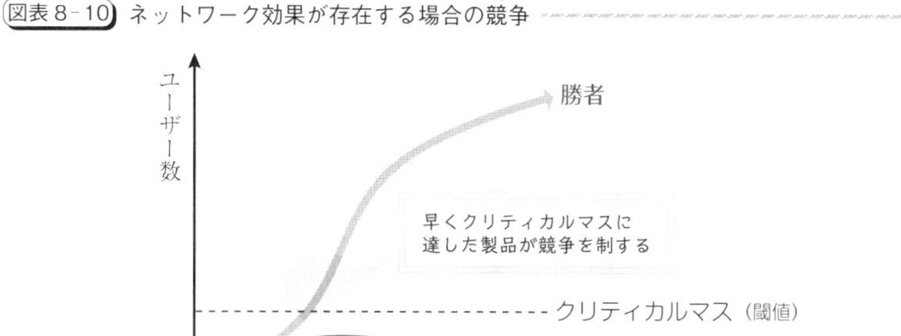


できるだけ多くのユーザーをいち早く囲い込むことが，競争優位の獲得に欠かせないポイントになってくるのです。

ただし，ネットワークは闇雲に大きくすればよいというわけではありません。多様なグループを相手にすることによって，プラットフォーム企業がそれらを管理するコストも増えていくからです。たとえば，もし悪質な参加者がプラットフォームに入ってくると，「負のネットワーク効果」が生じる可能性も出てきます。またグループ間のバランスをとることなども必要となるでしょう。さらに，グループの過度な増加がサービスの質を低下させることもあります。iPhone 導入初期に，アプリ開発ソフトをオープンにしなかったジョブズが心配していたのは，このようなことだったのです。

## 4　考えてみよう・調べてみよう

(1)　本章で取り上げた，異なるユーザーグループを結びつけるプラットフォーム企業をひとつあげて，その企業がどのようなユーザーグループを相手にしているのか，それぞれとどのような関係を構築しているのか，さらにプラットフォーム企業はどのように収益を上げているのかを調べてみましょう。さらに，これらユーザーグループの間でサイド間ネットワーク効果が生まれているかを考えてみましょう。

(2)　ネットワーク効果は必ずしも参加者によい影響を与える「正のネットワ

ーク効果」ばかりではなく，負のネットワーク効果を生み出す場合もあります。とくにプラットフォームが拡大することによって負のネットワークを生み出してしまうことがあります。たとえば，マッチングサイトにおいて登録者数が増えすぎると，最適なマッチングを見つけにくくなるというのは，その一例としてあげられるでしょう。このようなプラットフォームの拡大によって負のネットワーク効果が生じる事例をいくつかあげてみましょう。また，それを防ぐためには，プラットフォーム企業はどのような対策をとればいいのかを考えてみましょう。

(3)　アップルとグーグルはアプリ開発のプラットフォームのオープン化に対して異なる態度をとってきました。両者のとったオープン化戦略を比較し，それぞれのメリットとデメリットを考えてみましょう。さらに両社が現在，どのようなオープン化戦略をとっているのかについて調べてみましょう。

## 5　読んでみよう

マーシャル・W. ヴァンアルスタイン，ジェフリー・G. パーカー，サンギート・ポール・チョーダリー（2016）「パイプライン型事業から脱却せよ　プラットフォーム革命」『DIAMOND ハーバード・ビジネス・レビュー』第41巻第10号，ダイヤモンド社，26-38ページ。

◈プラットフォームの概念とその背後の理論について，アップルの iPhone と App Store の事例も取り上げ，わかりやすく説明した論文です。より深く理解するためには，同じ著者の著書（『プラットフォーム・レボリューション：未知の巨大なライバルとの競争に勝つために』ダイヤモンド社，2018年）も読むことをお勧めします。

アレックス・モザド，ニコラス・L. ジョンソン著，藤原朝子訳（2018）『プラットフォーム革命』英知出版。

◈プラットフォーム企業を「現代の独占企業」と呼び，プラットフォームという現象をより広い文脈の中で位置づけています。

ロール・クレア・レイエ，ブノワ・レイエ著，根来龍之監訳，門脇弘典訳（2019）『プラットフォーマー：勝者の法則　コミュニティとネットワーク

### コラム　フリーミアム

「フリーミアム」とは,「フリー」(無料) と「プレミアム」(割増金) の合成語です。製品を市場に出すときに, まずは無料で配布し, 限定された機能を使ってもらい, 製品・サービスを体験させた後, より高度な機能やプレミア製品を提供し, それらを使ってもらうことに対して課金し, そこから収益を得るという価格戦略のことです。

フリーミアムはとりわけオンラインビジネスとの親和性が高いと言われています。たしかにフリーミアムは, 食品や化粧品の試供品など, これまでもさまざまな製品でも使われてきました。しかしこれらの無料製品を配布するには配布数に応じたコストがかかるため, 配布できる量に上限があり, その効果は限定的でした。他方, オンライン上で提供するサービスは, 顧客数が増えても追加コストはほとんどかからないので配布量に上限がなく, 無料ユーザーをたくさん抱え込むことができます。

さらに, フリーミアムの顧客には無料ユーザーと有料ユーザーが混在しますが, 5% の有料ユーザーがいれば収益が出ると言われています。つまり少数の有料ユーザーが 95% の無料ユーザーのためのサービスを支えていることになります。これをフリーミアムの世界では「5% の法則」と呼んでいます。

ネットワーク効果を持つ製品・サービスにおいては, フリーミアムは非常に有効な手法です。このような製品・サービスは, 早い段階で多数の顧客を囲い込み, 早く臨界点に到達しなければ, 他社との競争に負けてしまいますので, 顧客をできるだけ早く囲い込めるフリーミアムという手法は多数の企業で使われています。

本章で取り上げたアプリ市場では, これまで広告主に課金をし, その収益で無料ユーザーへのサービスを賄うという「アプリ内広告型」が多かったのですが, 近年, 無料サービスとアプリ内課金を組み合わせたフリーミアムが増えてきています。フリーミアムを採用して成功した事例としては, アイテム課金制の各種オンラインゲーム, グーグルの Gmail, クックパッド, ニコニコ動画, 食べログなどがあげられます。

の力を爆発させる方法』日本経済新聞出版社。

◈プラットフォームがこれまでのビジネスモデルとどう違うのかを論じ, プラットフォームを立ち上げるためのロケットモデルや価格設定, 信頼構築, さらにプラットフォームが抱える課題にまで踏み込んだ, 実践的な内容となっています。

付録）

スティーブ・ジョブズのスタンフォード大学での卒業式でのスピーチ。

（https://news.stanford.edu/2005/06/14/jobs-061505/）

◈スティーブ・ジョブズが2005年にスタンフォード大学の卒業式で行ったスピーチです。「Connecting the dots」（今は役に立たないと思われるものでも，いつかはつながりあい意味を持つものに変わることがある）という言葉は，ジョブズが若者に伝えたいメッセージを集約した金言といえるでしょう。

第9章

# グローバル戦略

## サムスン電子の統合と適応のジレンマ

キーワード
グローバル戦略　多国籍企業
統合と適応　グローバル人事政策
企業帝国主義

### 1　この章のねらい

私たちが日々消費する製品やサービスの多くは，グローバルに活躍する企業活動の産物です。国境を越え複数の市場で事業展開をする企業が抱える戦略的な課題として，いわゆる「統合と適応」(Integration-Responsiveness) の問題があげられます。それは，たとえば10カ国でビジネス展開をする多国籍企業が，その10カ国をひとつの同一な市場として捉えるのか，あるいは10の異なる市場として捉えるのかといった選択のことを言います。

グローバル事業による規模や範囲の経済効果を狙うには，本社など少数の拠点に機能や意思決定権限を集約させるといった「統合」が望ましいでしょう。一方，統合が進みすぎてしまうと，市場別の異なるニーズや環境変化，規制，ライバル企業の動向などへの対応がうまくとれず，市場機会を失ってしまう恐れがあります。ここでは，「適応」の必要に迫られます。しかし，また「適応」に寄りすぎてしまい，開発や生産，マーケティングなどの機能が国や地域別に分散されると，意思決定もそれぞれの拠点で独自になされることになります。そうなると，各市場に最適な商品・サービスは提供できるものの，投資の重複などによりグローバル規模での事業を展開する企業としてのメリットが享受し難くなります。このようなジレンマを多国籍企業は宿命的に抱えているのです。

それでは，グローバル企業はどのようにしてこの課題に対応しているのでし

**企業プロフィール**

**サムスン電子**（2018年3月期）
- **創　立**　1969年1月
- **資本金**　約897億円
- **事業分野**　家電，ディスプレイ，半導体，IT&モバイル・コミュニケーション
- **売上高**　約24.37兆円
- **営業利益**　約5.8兆円
- **従業員数**　10万3929人

ょうか。本章では，2000年代以降グローバル企業として急成長を遂げてきたサムスン電子の事例を取り上げます。企業の成長や衰退を説明する視点はさまざまですが，本章では主にサムスン電子のグローバル戦略に焦点を当て，当社がとってきたグローバル統合と適応の戦略について説明します。

## *2*　ケース：サムスン電子の統合と適応のジレンマ

以下ではまず，サムスン電子という企業の現状を紹介し，その誕生と成長について簡単に述べます。そのうえで，グローバル統合を図る技術・ブランド戦略について，次に現地適応を図る製品・マーケティング戦略について説明します。最後に，現地化戦略を支える人事制度を紹介します。

### *2.1*　サムスン電子の急成長

サムスン電子の成長には目を見張るものがあります。かつて粗悪なコピー製品しか製造できない無名の企業だったサムスン電子は，2000年代から急成長を始め，2018年度には年間売上げは約24兆円，営業利益は約5.8兆円を記録しました。図表9-1は2007年度から2017年度までのサムスンと日本電機メーカー8社の売上高推移を示しています。一目でわかるように，2000年代後半に日本電機メーカーに追いついたサムスン電子は，その後も売上高を伸ばし，2017年には日本電機メーカー各社との間で大きな差をつけています。

また，サムスン電子は1990年代末より積極的な海外展開を進めてきました。2017年には全世界に217箇所の生産拠点，販売拠点，デザインセンター，R&Dセンターを展開しています。その結果，図表9-2で示しているように，売上高の9割近くを海外市場から生み出しています。より早くから海外へのビジネス展開を進めてきた日本電機メーカーと比べても高い水準の国際化を達成

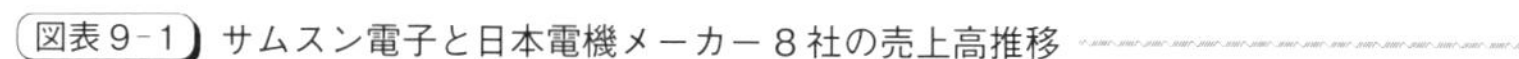

図表9-1　サムスン電子と日本電機メーカー8社の売上高推移

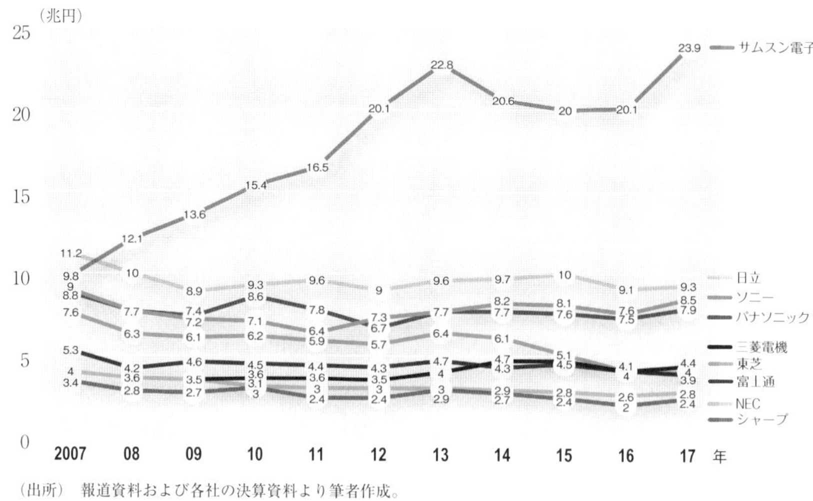


（出所）　報道資料および各社の決算資料より筆者作成。

図表9-2　サムスン電子と日本電機メーカー8社の海外売上高比率

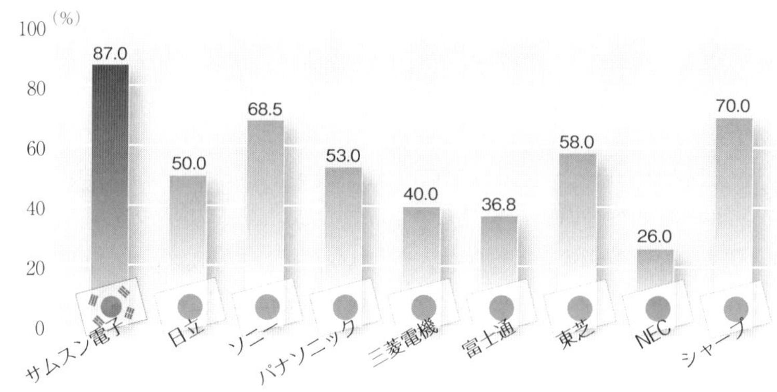


（出所）　報道資料および各社の決算資料より筆者作成。

していることがわかります。これは国内市場の規模の小ささから海外展開を必死に行ってきた結果であるとも言えます。

### 2.2 サムスン電子の誕生と成長

サムスン電子の母体であるサムスン物産は1938年に設立され，食品（製糖や製粉）と繊維産業に携わっていました。サムスンが本格的に電子事業に進出したのは1969年であり，それは当時の韓国政府による工業化政策の一環でした。砂糖や布を作っていた企業に電子関連の技術などあるわけがありません。そこでサムスン電子は，三洋電機とNECなど日本の先進企業との戦略的提携や合弁を通じて技術指導を受け，白黒テレビ，電子部品，通信機器などの技術を吸収していきました。

1980年代までは日本やアメリカの先進企業に追いつくというのが優先課題でしたが，前代の李建熙会長（当時）による1993年の「新経営宣言」で転機を迎えることとなります。すなわち，量中心の成長から質中心の進化へ切り替え，高いブランド価値を構築しようとする動きがこの時期から始まったのです。それは，1993年の初頭，李前会長がアメリカのロサンゼルスの家電量販店であるベスト-バイを訪ねたときに受けたショックがきっかけとなりました。売れ筋の日本製家電製品とは違って，サムスン電子のテレビは陳列台の片隅でホコリをかぶって放置されていたのです。当時サムスン電子は韓国国内では1位のメーカーでしたが，海外市場では安かろう悪かろうの製品として扱われていたことに，李前会長は大きな衝撃を受けたのです。

そこで李前会長は，「妻と子ども以外のすべてを変えよう」というスローガンを掲げました。そして，不良品をなくすための品質革新，人事制度の改善，情報インフラ構築などの改革を進めました。1990年代末アナログ製品からデジタル製品へと市場が切り替わる中，サムスン電子が抱えた大きな危機感も，ブランド価値を高める活動を後押ししました。デジタル化により，安い労働力を武器に追随してくる中国やその他新興国の企業もサムスン電子と同じような品質を実現しやすくなったのです。そこで，これからはブランドがないと生き残れないと判断し，ブランド価値の高い世界一の製品を生産しようという「ワールド・ベスト戦略」を開始しました。

品質向上への革新とともに，今のサムスン電子の成功を支えたのは半導体産業への参入とスピーディで連続的な製品開発，生産能力向上です。サムスン電子が半導体産業に進出したのは，電子産業が軌道に乗りつつあった1974年で

図表 9-3　サムスン電子の事業別売上高比率（2017 年度）

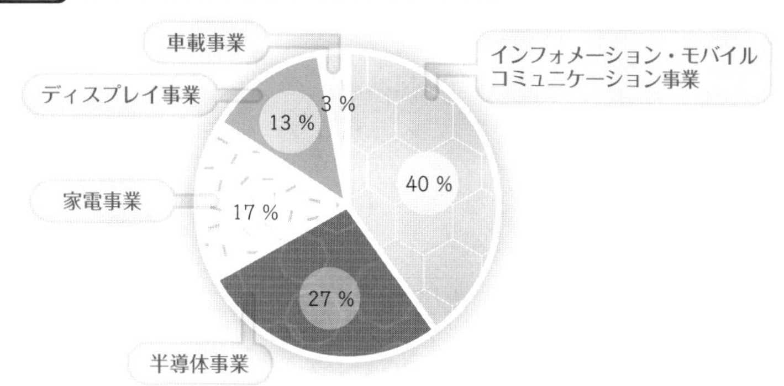


（出所）　サムスン電子アニュアルレポートより筆者作成。

あり，買収を通じてでした。当時の半導体産業はすでにアメリカと日本が席巻しており，競争他社より 27 年も遅れた出発でした。「3 年以内に店じまいするだろう」「基本家電事業に集中するべきだ」など否定的な評価一色だった中，サムスン電子は半導体開発に全力で取り組みました。その結果，1983 年には韓国最初の 64K のディーラム（DRAM：Dynamic RAM）開発に成功し，その後は 64M のディーラムを世界で初めて開発しました。それに続き，1994 年には 256M のディーラム，1996 年には 1GB のディーラムを世界初として連続開発することで，次世代半導体市場のリーダーとしての地位を確保することになったのです。

このような成長を経て，2017 年時点で，サムスン電子は主に 4 部門における事業を展開しています（図表 9-3）。スマートフォンをメインとするインフォメーション・モバイルコミュニケーションズ事業が全体売上高の約 4 割を，ディーラム，NAND メモリー，システム LSI（集積回路）などを扱う半導体事業が 3 割弱を占めています。そして，デジタルテレビ，エアコン，冷蔵庫など家電事業が約 17%，液晶ディスプレイなどを扱うディスプレイ事業が約 13% といった構成となります。

### 2.3　技術とブランドのグローバル統合

グローバル企業としてその存在感を高めてきたサムスン電子は，世界市場へ

写真9-1　映画とスポーツを活用したサムスン電子のマーケティング

左は，映画マトリックス・リローデッドにちなんだ広告

（出所）ITmedia Mobile.

（出所）サムスン電子ホームページ。

の事業展開のためにどのような戦略を実行してきたのでしょうか。とくに，本章の冒頭で取り上げた「統合と適応」といった多国籍企業が抱えているジレンマについて，サムスン電子はどう対応してきたのでしょうか。サムスン電子の場合，技術とブランド構築・管理においては本社がグローバルに統合した管理を行い，製品やマーケティング活動においては現地適応を図るといった特徴が見られます。まずは，統合のアプローチをとった技術とブランド構築について説明します。

そもそも技術力が乏しかったサムスン電子は創業当時より日本企業から技術指導を受けていました。その後はグローバルM&Aや戦略的提携を通じて新製品開発と製品性能向上に力を注いできました。たとえば，オーディオ（LUX社），PC（ASTリサーチ），半導体（GI，東芝，Texas Instruments），ディスプレイ（富士通）など，積極的な連携を通じて技術品質を高めていきました。海外

図表9-4　サムスン電子とソニーのブランド価値の推移（2000～18年）

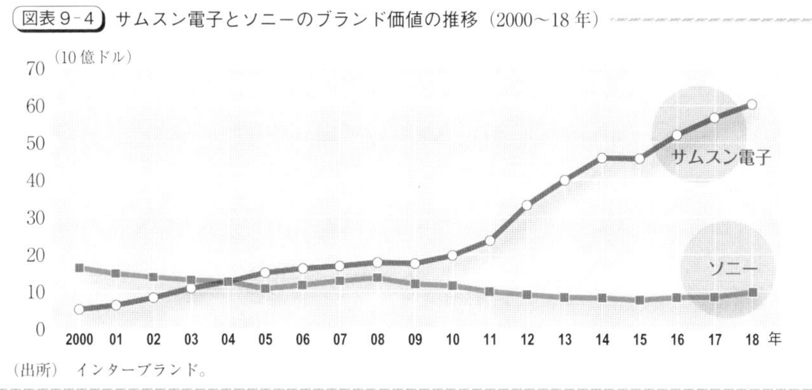


（出所）インターブランド。

における R&D センターやデザインセンターの設立も増やしてきましたが，基本的には技術の開発方針，提携先の選定，新製品開発など一切の活動は本社の戦略策定と意思決定のもとで行っています。

そして，2000 年代に入ってからは本格的にブランド構築への投資も行い始めました。「SAMSUNG DIGITall, everyone's invited」というスローガンのもとで，欧米先進国を中心にデジタル企業としてのイメージアップを図るための施策を打ち出しました。世界各地で開催したグローバル・デジタル・ロードショーを始め，最も代表的なのはスポーツ・マーケティングへの集中投資です。2004 年のアテネ・オリンピックでは約 200 億円を投資するなど，1998 年からすべてのオリンピックの公式スポンサーとなりました。また，映画を通じたキャンペーンも大きな効果を収めています。たとえば，2003 年には映画『マトリックス・リローデッド』に，2006 年には『スーパーマン・リターンズ』に主人公がサムスン電子の携帯電話を使うシーンなど自社製品を登場させ，最先端デジタル製品のメーカーとしてイメージを高めていきました。

世界市場をターゲットに明確なブランドを構築していくためには，統一されたメッセージを持続的に消費者に訴えていく必要があります。そのため，本社に資源と意思決定の権限を集中させ，グローバル統合戦略でブランド構築を力強く進めていったのです。

このような技術連携とブランド構築活動は確実な成果を収めてきました。図表 9-4 は，2000 年から 18 年までの 19 年の間サムスン電子とソニーのブランド価値がどのように変化してきたかを示しています。ブランド・コンサルティング・グループであるインターブランド社の2018年度の発表によると，日本の電気メーカーの中では最も高いブランド・イメージを有するソニーのブランド価値は約93億ドルで，世界59位でした。それに対し，サムスン電子は約599億ドルで6位にのぼりました。サムスン電子自社の過去と比べても，2000年の52億ドルから18年の599億ドルへと，約12倍にもなっています。

### *2.4*　製品とマーケティングの現地適応

上述の通り，技術とブランドの管理は本社が統合して行っている一方，製品そのもののコンセプト，仕様，外観，そして宣伝や販売のあり方に関わるマーケティング活動は現地適応のアプローチをとってきました。それは，半導体のような事業者向けのB to B（business to business）製品ではなく，一般消費者向けとなる家電製品や携帯電話が対象となります。家電や携帯電話といった汎用品市場に後発企業として参入したサムスン電子には，海外市場で勝負をかけるために先発企業とは異なる戦略が必要でした。そこでサムスン電子は競合他社とは真逆のアプローチをとり，徹底した製品とマーケティングの現地化を図りました。具体的に言うと，家電事業の場合，サムスン電子が海外進出に拍車をかけていた2000年前後にほとんどの欧米や日本のメーカーは「グローバル統合」のアプローチをとっていました。すなわち，標準化された製品を開発したうえで同じような売り方で世界中に販売をしていったのです。欧米や日本メーカーにとって当時はまだ，欧州，米国，日本といった先進国が主な販売先でした。一方，アジア，南米，中東，アフリカなどいわゆる新興国には型落ちのモデルを一部の富裕層に販売するのが一般的なやり方だったのです。

その背景には，1990年代までの新興国は安い人件費を活用し先進国向けの輸出用生産基地とみなされることが多く，消費者の購買力は非常に制限されていたことがあります。ちょうどサムスン電子が海外進出を本格化した2000年前後は，新興国市場の成長が注目される時期でもありました。サムスン電子は，新興国消費者の購買力が増加するタイミングに注目し，競争他社とは違った戦略を打ち出したのです。つまり，各国の生活習慣，文化，製品の使い方，使用環境，風習などを積極的に取り入れた製品開発とマーケティング活動に全力で

写真9-2　2014年発売の洗濯機アクティブ・ワッシュ

（出所）筆者撮影。

取り組んでいきました。まさに，この「郷に入っては郷に従え」の考え方は，2000年代からインド，ロシア，ブラジル，中東といった新興国市場が急成長する中，サムスン電子が大成功を収めた秘訣のひとつになります。いくつかの事例を紹介しましょう。

サムスン電子がインドに進出したのは1995年で，同じ時期に進出した韓国のLG電子とともにさまざまな現地化製品を投入し，販売網を拡充してきました。それによって，両社が僅差で1位と2位を競いながらインド家電市場の約6割を占めるといった成果を生み出しています。LG電子は，蚊を介した伝染病を防ぐため蚊が嫌う超音波を出すテレビやエアコン，電力供給が不安定なインドで停電しても7時間は冷気を維持できる冷蔵庫，さらにサリーなどインドの伝統衣装を傷めず洗えるように考案された洗濯機など，数々のヒット商品を出してきました。サムスン電子も「ライフ・スタイル研究所」を設け，インド人の生活や習慣の研究に力を入れてきました。

最近の成果のひとつとして，アクティブ・ワッシュという洗濯機があげられます。現地の10の家庭を選定し，毎日10時間ずつ2週間にわたり洗濯する様子を観察した結果，多くの場合洗濯機を使う前に手で下洗いをすることがわかりました。さらに，その発見がどれぐらい一般化できるのかを検証するために，700の家庭を対象にアンケート調査を実施したところ，やはり洗濯物の下洗いをしてから洗濯機に入れるとの答えが圧倒的に多かったのです。そこで，ライフ・スタイル研究所は写真9-2のように洗濯機の上部に下洗いがしやすい板を

写真 9-3　ブラジルでのサッカーの英雄たちを登用した宣伝

（出所） Samsung Newsroom Brazil Webpage.

デザインした製品を 2014 年に発売しました。その結果，洗濯機市場において前年比 45% も売上げが増加しました。その後，この製品は世界各地に販売され，1 年で 150 万台が販売されるヒット商品となりました。写真 9-2 の左側の写真には「Made for India: Designed to meet tough Indian washing needs」（インドのために作りました：インドでのタフな洗濯ニーズに合わせてデザインしました）というアピール文句が書かれています。このようなキャンペーンを通じて，サムスン電子がインドの消費者の特殊なニーズを研究し，それに合わせた便利な製品を開発・提供していることを訴えています。

サムスン電子は，製品そのものはもちろん，各国消費者への広告・宣伝の現地化にも力を注いでいます。たとえば，ブラジルのテレビ市場では，金額ベースで 41% のトップシェアを誇っており，とくに 65 インチ以上の大型セグメントでは約 58% のシェアを占めています（2018 年）。サッカーが大好きなブラジル人に特化したマーケティングがその効果を発揮していると評価されています。

写真 9-3 は，サムスン電子のブラジル法人が 2018 年 4 月に公開した「Emotion for Strong Hearts」という広報動画の一部です。この動画には，1960 年代から 80 年代までワールドカップ優勝の主役であったブラジルのサッカーの英雄たちと現ブラジル国家代表チームの監督が出演しています。各動画で，サ

ッカーの英雄たちは現役時代の裏話をTVスクリーンの大きさを表す数字65・75・82と連想させながら聞かせてくれます。その中で，サムスンの超高画質（UHD：Ultra-High Definition）テレビが，スポーツ観戦の現場にあるかのような臨場感を伝えてくれます。この動画はブラジル人の心をつかんだと評価されています。また，UHDテレビには，サッカーなどスポーツ視聴に特化された「スポーツTVアプリ」が搭載されており，スポーツを4Kの超高画質の画面で視聴できるのはもちろん，レビュー機能や，各スポーツ競技に出場するチームや選手に関するさまざまな情報を提供する機能が搭載されています。

サムスン電子の成功は，インドやブラジルといった新興国市場に限りません。米国や欧州などでも高い市場シェアを持つサムスン電子の製品は数多くあります。たとえば，フランスでは，携帯電話，テレビ，冷蔵庫（大型），電子レンジなど複数の部門において1位の市場シェアを獲得しています。ブラジル人の心をつかむにはサッカーで攻めたのに対し，フランスでは料理や美術品をマーケティングの軸としました。「クック（Cook）マーケティング」という名でフランスの最高料理人が競う大会のスポンサーとなり，ルーブル美術館，オルセー美術館，ポンピドゥーセンターの3大美術館をはじめさまざまな文化施設にサムスンの製品を供給しました。また，美術館を貸し切り，最先端のディスプレイ技術を活用した美術品の展示会を開き，サムスンのテレビがどれだけ繊細なタッチまで表現できるのかをアピールしました。

以上，インド，ブラジル，そしてフランスにおけるサムスン電子の製品とマーケティングの現地化について見てきました。先発者である欧米・日本メーカーは「グローバル統合」戦略で広く浅く世界市場に対応してきたと言えます。それに対して，サムスン電子は「現地適応」戦略で規模の大きな海外市場を中心に，各国の実情に合わせた「痒いところに手が届く」製品開発とマーケティングを行ってきたのです。

### 2.5　地域専門家制度

これまで見てきたような現地適応戦略を支える人事政策として，サムスン電子の地域専門家制度は有名です。1990年導入以来，毎年200人以上の若い人材を世界80カ国に派遣してきました。累積5000人を超える地域専門家が養成されてきたのです。地域専門家研修に選ばれた若手社員はまず，12 週間の集中言語コースを履修したうえで，通常 1 年から最大 2 年間を派遣国で過ごすこととなります。会社側は，通常の給料以外に 1000 万円前後の滞在費用をサポートしますが，それ以外のサポートは一切ありません。すなわち，出向者とは違って，家探しから各種手続きなど生活に必要なすべてのことを自力で立ち上げながら現地国での滞在を始めます。

1 年間の前半 6 カ月間の彼らの任務は，現地の言語と文化を身につけ，友だちをつくり，旅行をするなど，「派遣先国でうまく遊ぶ」ことだけです。その後，残りの半年間は，自ら決めたテーマのプロジェクトを実行することとなります。当初は先進国への派遣が主でしたが，過去 10 年間は中国などの新興国やアフリカなども増えています。先進国ではすでにその地域に精通した専門家が多くなっていること，またサムスン電子のブランドがしっかり認識されているとの判断からです。

地域専門家として派遣されてきた若手社員は多くの実績を残してきました。たとえば，1990 年，タイに派遣された A 氏は，タイ語が流暢となるとともにタイの経済・政治界の主要人物との関係も構築していきました。地域専門家として 1 年をタイで過ごした彼は，タイの上級公務員や企業の CEO が通うタイの名門チュラロンコン大学のビジネススクールに進学しました。彼らとの交流を通じて，A 氏はタイの規制や税制などについて深い理解を得ることができたのです。また，ビジネススクールで構築したネットワークは，A 氏がタイ市場にサムスン電子のテレビやオーディオ，ビデオ製品を導入する時に大いに役立ちました。さらに，サムスン電子の名前がほとんど知られていなかった当時，マーケットリーダーであった日立から副社長を採用することも可能にしました。また，1991 年度にインドネシアに派遣された B 氏は，インドネシア語が堪能で，現地で人的ネットワークを構築できたことから，インドネシアにサムスン電子の販売網を作り上げる主体となりました。その後，毎年の売上げを倍増させるという成果を上げることができました。もうひとつの例として，C 氏は 2009 年にインドのガンバロールに派遣されました。彼は自分のプロジェクトとしてインドの農村地域を支える活動に取り組んでおり，その活動から得られた知識を活用することで，サムスン電子の家電製品がインドの農村地域に浸透することに大いに貢献したと言います。

サムスン電子の地域専門家制度は，各国・地域に強い連携を作り上げ，高い専門性を持つ人材を養う制度として十分な成果をあげてきたと言えます。ただし，その裏面も認識する必要があります。韓国人駐在員，つまり本国人材による現地化が組織風土として定着し，現在でも現地拠点の経営が本国人材中心になっています。そのため，優秀な現地人材を十分に活用できていないということは課題と言えるでしょう。優秀な人材を採用できたとしても，トップマネジメントの座が本国人材で占められていると，現地採用した人材のモチベーションは低下し転職の意欲は高まるかもしれません。

## *3*　ケースを解く

### *3.1*　グローバル戦略：統合と適応

本章の冒頭で触れた「統合と適応」は，グローバルに事業展開をするすべての多国籍企業にとって悩ましい戦略的課題となります。この現実的な課題を概念化したものが図表9-5です。I-R フレームワークまたはI-R グリッドとも呼ばれるこの図は，縦軸ではグローバル統合の度合いを，横軸ではローカル適応の度合いを示す枠組みです。グローバル統合とは，同一の製品・サービスを全世界に供給しようとする戦略アプローチです。その主な目的は効率性の追求であり，進出各国で展開する事業や製品を標準化することで規模の経済や範囲の経済の実現を図ります。コストの低減とともに，標準化された製品やサービスの質の改善，より効果的な管理にもつながるでしょう。他方，ローカル適応とは各国・地域特有の環境（政府の政策，市場における競争，経済状況）や顧客ニーズに応えようとする戦略アプローチです。より柔軟で的確な市場・顧客対応が可能になるでしょう。I-R フレームワーク上では，「統合と適応」への戦略アプローチを大きく4つに分類することができます。

しかし，「統合と適応」は取捨選択の問題ではありません。多国籍企業は統合と適応の間のどこかに自社の戦略を位置づけ，両方のバランスをとろうとします。つまり，完全な統合や完全な適応の戦略をとる企業の事例はほとんどありません。コカ・コーラやアップルのようにグローバル統合を重視する企業で

図表 9-5　I-R（Integration-Responsiveness）フレームワーク

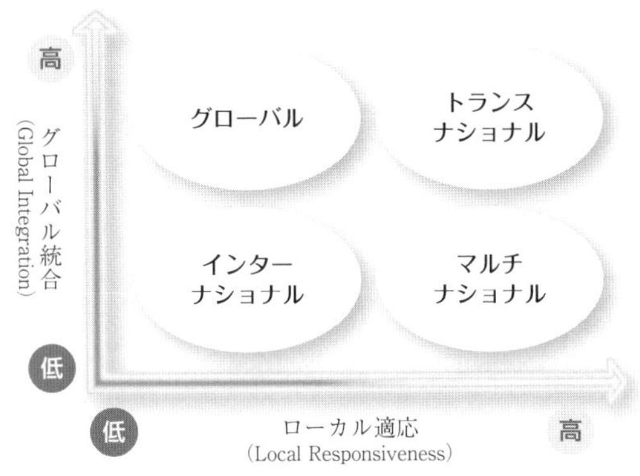


（出所）Prahalad and Doz（1987），Bartlett and Ghoshal（1989）をもとに作成。

も，流通や販売チャンネルは国によって異なります。同様に，味の素のように各国への適応を重視する場合でも，素材や技術の共通化できる部分をなるべく活用し，効率性も追求しようとするわけです。

この統合と適応のバランスをどのようにとるかに正解はありません。産業や製品の特性，企業の文化や強み，競合の戦略などを考慮したうえで，判断するべきものです。図表 9-6 を見てみましょう。これは，産業，企業，機能，タスク別に統合と適応の相対的な必要性を 1980 年代の企業活動を観察した結果として整理したものです。たとえば，最も左側の産業別統合と適応の必要性を見ると，家電は統合の必要性が高く，一方食品は現地適応が必要な産業として位置づけられています。言い換えると，家電や自動車は統合による規模や範囲の経済を活かす効率重視型産業，食品は国特有の環境や生活様式，習慣などに合わせるべく，現地適応が重視される産業として認識されていたのです。また，図の左から 2 番目の企業レベルの図では，同じ産業に属していながらも企業ごとの位置づけは異なることがわかります。トヨタは統合寄りで，フィアットは適応寄り，フォードはその間の戦略をとっています。産業レベルの図と同じく，各企業の I-R グリッドの中の戦略的位置づけも今は変わっているかもしれません。

サムスン電子の事例では，従来グローバル統合型製品とされていた家電産業

図表9-6　I-R フレームワーク：産業，企業，機能，タスク別

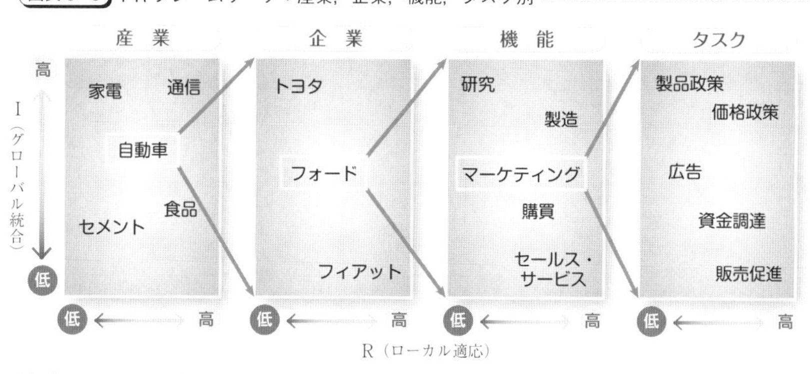


（出所）　Ghoshal (1987), p. 429.

で，いわば従来の常識を覆すような戦略をとりました。つまり，どちらかというと食品産業に近いアプローチをとり，国や地域固有のニーズ，生活習慣，嗜好に合わせた製品を提供できるように，経営資源を配分したわけです。

このように，企業や機能など，どのレベルにおいても，統合と適応の位置づけはあらかじめ決まったものではありません。むしろ，各企業の戦略的選択によるものと言えます。サムスン電子の事例が示すように，競合相手が統合という方向へ勢ぞろいしているところに，逆手を打って差別化を図ることが有効な場合もあるでしょう。ただ，そういった戦略を実行する時には，またそれに合わせた組織のあり方，人材の育て方が必要です。サムスン電子はローカル適応戦略を支える地域専門家制度に多くの経営資源を投入し成果を生み出してきました。次節では，多国籍企業の人事政策についてもう少し掘り下げてみましょう。

### 3.2　グローバル人事政策

企業のグローバル化が進むにつれて，国内のみで事業展開をしているときや，輸出で海外市場対応をしていたときとは違うさまざまな人材管理の課題が浮かび上がってきます。まず，海外における R&D，生産，販売などの拠点を誰に管理してもらえばいいのでしょうか。たとえば，日本企業がアメリカで販売拠点を設立した場合，日本人とアメリカ人のどちらにトップマネージャーの役割

図表 9-7　EPRG プロファイルと志向別特徴

| 分　類 | 本国中心型 (Ethnocentric) | 現地志向型 (Polycentric) | 地域志向型 (Regiocentric) | 世界志向型 (Geocentric) |
|---|---|---|---|---|
| 組織の複雑さ | 本社では複雑で，現地拠点では簡素 | 多様で独立的 | 地域別に同一 | 非常に複雑で相互依存的 |
| 権限と意思決定 | 本社が中心 | 本社の権限は弱く，現地拠点の自律権を持つ | 地域本社レベルで意思決定 | 本社と海外拠点の協力・調整 |
| 評価とコントロール | 本社の標準を適用 | 各現地拠点で決定 | 地域単位で決定 | 普遍的な基準とローカル基準の併用 |
| 補償システム | 本社が決定 | 多様 | 多様 | 多様 |

を任せたほうがいいのか，といった課題が出てきます。

また，本社からの管理や技術移転などのために人材交流のあり方をどのようにデザインすれば効果的かといった課題もあります。本社から駐在員を派遣する方法や，現地従業員を本社に派遣する「逆駐在」という方法，または研修，長期出張，循環勤務など，さまざまな方法を組み合わせるなど，自社の事業特性や戦略目標に合わせたやり方を選択する必要があります。

さらに，日本とはまったく異なる社会的・文化的背景の海外で，日本式人材管理システムは通用するのか，どのような部分を守り抜き，何を現地に合わせるべきかといった課題もあるでしょう。文化，価値観，習慣がそれぞれ異なる世界各地の社員を抱え，マネジメントするということは，多国籍企業が抱える最も根本的かつ重大な課題かもしれません。

「多国籍人材の管理アプローチ」という点について最も広く使われるものとして，H. V. パールミュッターの EPRG プロファイル（Heenan and Perlmutter, 1979）があげられます。彼は，多国籍企業がどのような経営思考をとるかによって，人事体系も異なってくると主張しながら，「本国中心型（Ethnocentric）」「現地志向型（Polycentric）」「地域志向型（Regiocentric）」「世界志向型（Geocentric）」の 4 つの分類を提示しました（図表 9-7）。

まず，本国中心型の経営思考の企業では，重要な意思決定の権限が本社に集中されており，海外子会社は本社のやり方や管理基準に従ってオペレーションします。そのため，本社からの出向者（駐在員）が海外子会社の主要ポストを占め，現地従業員には限定的な役割しか与えられません。欧米企業と比較した場合，日本企業は一般的に本国中心型企業の典型例とされます。主に日本人駐在員が現地経営の中心となり，その数も欧米企業に比べると多いうえに，意思決定も日本人駐在員が本社との相談を通じて行う傾向が強いからです。

次に，現地志向型は本国中心型とは対照的と言えます。つまり，それぞれの国のやり方が優先され，現地国籍人材に海外子会社の主要ポストを任せるといった考え方です。一部の欧州企業によく見られるパターンです。

地域志向型は，たとえば北米，欧州，中国など各国を地域ごとに束ね，地域ごとの特徴に合わせて人事政策を考案・実行するアプローチです。現地志向型と次に述べる世界志向型の中間型でしょう。「北米本社」「アジア本社」「欧州本社」といった地域本社を設ける動きは欧米企業だけではなく，日本企業にも広がっています。ただし，地域本社の役割や権限は企業によってさまざまな違いが見られます。

最後に，世界志向型は，本社や海外子会社など世界各地の拠点が相互に複雑に依存しあい，協調している状況で，世界中からベスト人材を起用し，適材適所に配置するといった考え方です。多国籍企業として理想的な状態とも言えますが，非常に洗練された評価や人事制度がなければ実現は難しい方法です。

サムスン電子のグローバル人事管理は，どの経営思考に基づいているものでしょうか。半導体や通信分野における技術導入のために世界各地のすぐれた技術者を本国にて雇用したりはするものの，地域専門家制度の説明からもわかるように，海外拠点のマネジメントは主に韓国からの駐在員，つまり本国人材に頼っているのが事実です。すなわち，日本企業と同様，韓国企業も本国中心型の経営思考を有し，それに合った人事管理を行っていると言えます。この点を踏まえて考えると，パールミュッターのEPRGプロファイルは現実の企業にきれいには適用されないかもしれません。たとえば，家電事業におけるサムスン電子の経営思想そのものは「現地適用」であり，パールミュッターによると現地志向型の思考で経営されていますが，人事政策は本国中心型の特性が見られます。パールミュッターが研究を行っていた1970年代に比べ，現代にはより多様な企業が，多様なアプローチを工夫しているとも解釈できます。サムスン電子は，経営思考と人事政策がずれていても良好な成果が出せた事例であり，必ずしもその両方が一致する必要があるのかについて考えさせられます。

### *3.3*　「企業帝国主義の終焉」

サムスン電子の現地化の事例は，家電事業における統合と適応のバランスを競合他社と差別化したこと以上の意味合いを持ちます。すなわち，従来の多国籍企業のアプローチでは限界があったこと，そして新たなやり方でより大きな成功を収められることを証明したと言えます。この点に関する代表的な議論として，1998年の『ハーバード・ビジネス・レビュー』のベスト論文として選ばれた「企業帝国主義の終焉」（The End of Corporate Imperialism）を紹介します。

ミシガン大学で企業戦略を研究していたC. K. プラハラードとケネス・リーベルサールは，欧米多国籍企業の新興国市場進出が本格化されつつあった1998年に，西洋のビジネスモデルをそのまま新興国に適用しようとする姿勢，つまり「企業帝国主義」は大きな間違いであると厳しく指摘します。1980年代の国際化と海外進出の第一の波の中で，欧米多国籍企業は中国やインドといった巨大新興国市場を，型落ちの製品在庫を売りさばける新たな市場として捉えていました。古びた技術・製品から収益を絞り出せる市場と位置づけており，ごく一部の富裕層のみを販売対象としていたため，非常に限定的な成果しかあげられなかったのです。そのようなやり方の背後には，新興国市場の消費者は欧米社会で使われているような現代的な製品とサービスに憧れており，西洋の消費者と同様のニーズを持っていると想定する考え方がありました。この「企業帝国主義」的な考え方が，新興国市場でのオペレーション，マーケティング，販売チャンネル構築などすべての意思決定を間違った方向に導いてきたと彼らは指摘します。

その結果，新興国の社会経済的なピラミッドの下部に位置するはるかに巨大な規模の市場セグメントに浸透する機会を逃してきたのです。1990年代後半に，新興国市場のボリューム・ゾーンと呼ばれる中間層市場の存在に気づいた企業は，考え方そのものを改め，従来のビジネスモデルのすべての側面を再考する努力をし始めました。

プラハラードとリーベルサールは，とくに6つの要素を取り上げ，従来とはまったく違った考え方が必要であると主張します。つまり，コスト・パフォーマンス，ブランド・マネジメント，市場構築のコストと方法，製品のデザイン，パッケージのやり方，資本効率の6つにおいて，新興国顧客の要求水準やニーズを先入観や偏見なく理解する必要があるということです。このようなビジネスモデルの構成要素だけではなく，販売チャンネルの構築，現地における人材管理（現地人マネージャーと駐在員，どちらのリーダシップがより強化されるべきか），現地企業とのジョイント・ベンチャーなどにおいても，新興国ならではの特性を十分に考慮するべきです。そして，彼らは，多国籍企業は中国やインドのような巨大新興国で今までとはまったく違うような新たなチャレンジに直面するが，これは同時に豊かなイノベーションのチャンスとなり得ると主張します。欧米とはまったく違ったインフラ状況や使用環境，それと同時に厳しいコスト要求を持つ新興国顧客の特殊なニーズに応えようとする中に，イノベーションのリソースがたくさん隠されているからです。また，「企業帝国主義の終焉」だけではなく，「中央集権的な企業権限の終焉」でもあると述べます。すなわち，新興国の浮上とともに世界市場がより多様化されていく中で，本社がすべてを把握し判断する時代は終わり，権限と影響力がより分散されていく時代になると予見したのです。

家電などの事業におけるサムスン電子の現地化戦略は，このような大きな変革期の流れの中で考察することができます。サムスン電子が統合と適応のバランスをライバルと差別化させた背後には，従来の欧米，そして日本の多国籍業が富裕層のみをターゲットとしていた新興国市場の中間層に大きな潜在性を見出し，そのセグメントにも浸透できるような戦略を工夫したことがあります。プラハラードとリーベルサールの論文は，まだ世界中の多国籍企業が新興国戦略に多くの課題を抱え，とまどっていた時期に，問題の本質を「企業帝国主義的な考え方」に見出した的確な分析として高く評価されています。

## 4　考えてみよう・調べてみよう

(1) 1980年代から90年代にかけて日本の総合家電メーカーは世界的に高い評価を受け，家電やテレビ，オーディオなど広い製品分野ですぐれた成果を収めていました。故障の少ない高い品質の製品をリーズナブルな価格で提供できることで，高い競争優位を有していたのです。そのような日本の総合家電メーカーが図表9-1のように成長動力と国際競争力を失ってしまったのは一体なぜでしょうか。外部環境の変化と，内部組織の課題の両面からこの疑問への答えを探ってみましょう。

(2) 日本市場に進出してビジネスを展開している多国籍企業のうち，「グローバル統合」戦略をとっている企業や製品と「現地適応」戦略をとっている企業や製品の事例を探してみましょう。図表9-6を参考に，産業特性，企業特性，製品特性などの面で，なぜそれぞれの企業は特定のアプローチをとっているのかについて整理し，議論してみましょう。

(3) 本章の*3.2*では，多国籍企業の人事政策の類型について説明しており，サムスン電子も多くの日本企業も，本国中心型の人事政策をとっていると述べました。なぜ日本企業には本国中心的な人事政策を採用している場合が多いのでしょうか。日本の代表的なグローバル企業であると考えられる企業を取り上げ，そのグローバル人事政策について調べてみましょう。そのうえで，日本からの駐在員を中心とした海外拠点のマネジメントがもたらすメリットとデメリットについて議論してみましょう。

(4) 本章の*3.3*で紹介した論文「企業帝国主義の終焉」は，新興国市場の特殊性とそれに対する企業のマインドセットについて議論しています。日本企業も2010年前後から新興国市場戦略に本腰を入れてきました。中国，インド，ASEANといった新興国市場で成功している日本企業の事例を調べてみましょう。それらの企業は従来欧米先進国市場を対象にビジネスを展開していたときと比べ，何が違うのでしょうか。

## 5　読んでみよう

張世進（2009）『ソニー VS. サムスン』日本経済新聞出版社。

◎デジタル化といった技術の変革や世界化などの課題に，ソニーとサムスン電子がそれぞれどのような戦略的決定を行いながら対応してきたのかを，詳細な事例分析より明らかにしています。

中川功一・林正・多田和美・大木清弘（2015）『はじめての国際経営』有斐閣。

◎国際経営の基本的な知識を押さえておきたい方にお勧めです。

吉原英樹・白木三秀・新宅純二郎・浅川和宏編（2013）『ケースに学ぶ国際経営』有斐閣。

◎国際経営の基本的な知識を事例を通じてより深く理解されたい方にお勧めです。

天野倫文・新宅純二郎・中川功一・大木清弘編（2015）『新興国市場戦略論：拡大する中間層市場へ・日本企業の新戦略』有斐閣。

◎日本企業が中国，インド，ASEAN といった新興国でどのような新たな課題を抱え，それにいかに対応しているのかについて多くの事例を用いて説明しています。

G. ホフステード，G. J. ホフステード，M. ミンコフ著，岩井八郎・岩井紀子訳（2013）『多文化世界：違いを学び未来への道を探る　（原著第3版）』有斐閣。

◎世界各国の市場や顧客のニーズはなぜ違うのかについて，根本的な説明を提供する研究書です。「文化的な違い」の中身を理解するには欠かせない一冊です。

第 III 部

# 企業のマネジメント

この部で扱われるケース

リクルート

双日

トヨタ自動車

サントリー

良品計画

# 第10章

# 経営理念と組織文化

## リクルートの起業家精神に基づく組織文化

キーワード
経営理念　起業家精神　組織文化
動機づけ　カリスマ経営者
リーダーシップ

### *1*　この章のねらい

今日の日本ではリクルート（現，リクルートホールディングス）は，「人材輩出企業」として知られています。民間企業から初めて杉並区立和田中学校校長に就任して注目された藤原和博やＪリーグチェアマンに就任した村井満をはじめとして，経済界でも多くの起業家や経営者を輩出してきました。リクルートには，1960 年の創業当時から脈々と受け継がれてきた起業家精神という DNA があると言われています。現在のリクルートグループの社員には，こうした DNA が受け継がれているだけでなく，「卒業」した（リクルートグループでは退職は「卒業」と呼ばれます）元社員までも同じ DNA を受け継いでさまざまな業界で活躍しています。

リクルートグループの社員に共通する DNA は，特有の価値観や行動規範を形成し，一般的には組織文化と呼ばれています。組織文化を直接的に見ることはできませんが，その組織に所属する社員一人ひとりの価値観や行動に多大な影響を与えており，組織を離れた後でも保持されています。

では，組織に特有の組織文化とは，どのように形成され，維持され，場合によっては変革されていくのでしょうか。その過程において，トップマネジメントを中心とするリーダーは，どのような役割を果たしているのでしょうか。本章では，起業家精神を基盤とする強烈な組織文化を持つリクルートのケースを通して，経営理念と組織文化について考えてみましょう。

## 2　ケース：リクルートの起業家精神に基づく組織文化

### 2.1　リクルートグループの歴史

現在のリクルートグループの起源は，創業者である江副浩正が東京大学在学中に東京大学新聞のアルバイトの延長線で起業した，大学新聞に特化した求人広告代理業でした。江副は，1960 年 3 月，東京大学教育学部卒業後，就職せずにそのまま創業して同年 10 月に「株式会社大学広告」を設立しました。

しかし，大学新聞の求人広告を営業し続けていると，新聞記事よりも求人広告が多くなるため，売上げはどこかで頭打ちにならざるをえませんでした。そこで，当時のアメリカの就職情報ガイドブック『キャリア』誌を参考にして，求人広告記事だけの就職情報誌『企業への招待』（後に『リクルートブック』に改名）を発行することを決断しました（写真 10-1）。

ところが，既存の大学新聞の求人広告に比べると，新たな求人情報誌の社会的な信用力がないため，大手企業の求人広告が十分に集まらず，一部無償で掲載するなど苦労の連続でした。また，印刷会社に支払う資金がないため，広告料の一部を前金で支払ってもらうなど資金繰りにも奔走しました。そして，1962 年，日本で初めての求人情報誌を誕生させました。今日のようにベンチャー企業に出資したりする投資家や積極的に資金援助をするような金融機関

**企業プロフィール**

**株式会社リクルートホールディングス**
（2018 年 3 月期）
（リクルートグループの持ち株会社）

- 創　業　1960 年
- 設　立　1963 年
- 事業分野　2016 年 4 月より以下の 3 つの戦略ビジネスユニットにセグメント
  ①「グローバルオンライン HR（Human Resource）」:「Indeed」を主軸に，人材採用関連領域におけるグローバルでのオンライン HR 事業
  ②「メディア＆ソリューション」: 国内外の販促メディア事業
  ③HR テクノロジーを除く「HR 事業」および「グローバル派遣」: 各国の派遣事業を統合した人材派遣事業
- 売 上 高　2 兆 1733 億円（連結）
- 従業員数　4 万 152 人（リクルートグループ）
- 企 業 数　361 社（リクルートグループ，子会社および関連会社）

写真 10-1　リクルート創業当時の江副浩正と『企業への招待』

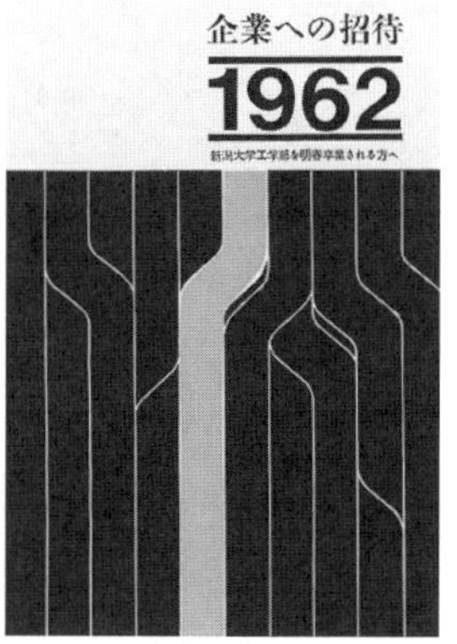


（出所）リクルートグループのホームページより。

などはまったくない時代でした。

新たな求人情報誌事業の初年度は赤字決算となり，江副は継続すべきか否かの判断に迷いました。しかし，新たな求人情報誌を受け取った学生からは感謝のハガキが数多く寄せられ，求人情報を掲載した企業からも一定の評価を得ることができました。そこで，江副は，この事業は社会的な貢献度も大きいことを確信し，事業を継続することを決断しました。その結果，初年度は無償で掲載した企業の求人情報は翌年度から有償で掲載でき，求人情報を掲載する会社数も倍増させることができました。その後も毎年，求人情報の掲載会社数を拡大し，多くの大学の就職部に配本することによって新たな事業を成功させたのです。

求人情報誌事業の成功を契機にして，1963 年，「株式会社日本リクルートセンター」に社名変更し，1984 年に「株式会社リクルート」に変わりました。その間にリクルートは，大卒向けの『リクルートブック』だけでなく，高卒向けの『リクルート進学ブック』や中途採用者向けの週刊誌『就職情報』など，矢継ぎ早に就職・進学関連の専門雑誌を発行しました。また，一般向けの不動産情報の専門週刊誌『住宅情報』をはじめとして中古車情報の『カーセンサー』や結婚式情報の『ゼクシー』を発行するなど，人々のワークライフに関する多種多様な情報プラットフォームを提供して事業を拡大してきました。また，マンションやオフィスビルなどの不動産開発事業および岩手県安比高原のリゾート開発事業など幅広い事業領域に拡大を続けてきました。このように創業からわずか二十数年間で急成長を遂げたリクルートの成長神話は世間の注目を浴びて，創業者の江副はカリスマ的な経営者として政財界から一目置かれる存在になりました。

ところが，会社の急成長の過程で，1988年，政財界を揺るがすスキャンダル事件として知られる「リクルート事件」が発覚しました。当時，値上り確実と言われていた不動産関連会社のリクルートコスモス社の未公開株の提供が政治家や官僚への賄賂であると認定された贈収賄事件でした。

創業者の江副は，この事件を契機としてリクルートの社長を辞任し，位田尚隆が後継者として社長に就任しました。その後，日本のバブル経済が崩壊した直後の1992年，江副が保有するリクルートの全株式は，小売り流通業大手のダイエー（現，イオングループ）に譲渡されました。その結果，リクルートは一時的にダイエーグループの関連会社になり，ダイエーの創業者である中内㓛が会長に就任しました。

また，当時のリクルートグループは，バブル経済期の不動産やノンバンク事業の失敗によって約1兆8000億円もの巨額の有利子負債を抱えていました。リクルート事件直後に社長に就任した位田は，借金返済による再建の道筋をつけて1997年に河野栄子にバトンタッチしました。河野は，江副が生涯をかけて手掛けてきた安比高原のリゾート開発事業を売却するなど本格的な事業構造改革を断行しました。また，徹底した経営の合理化に取り組みながら，新たな価値の創造に向けて既存の情報誌事業のデジタル化や『タウンワーク』や『ホットペッパー』などの地域情報誌を開花させました。

そして，2004年，社長に就任した柏木斉は，有利子負債を完済し10年度までにグループ売上高を1兆円にする目標を掲げて再び事業を拡大させて優良企業に変貌させました。さらに，2012年，社長に就任した峰岸真澄は，「グローバル＆株式上場」を宣言して東証一部に株式公開し，市場から資金を潤沢に調達して「Techカンパニー」として果敢な海外事業展開を図り，リクルートグループはグローバル企業に成長しました（図表10-1）。

図表 10-1　リクルートグループの事業領域の拡大と価値創出の歴史

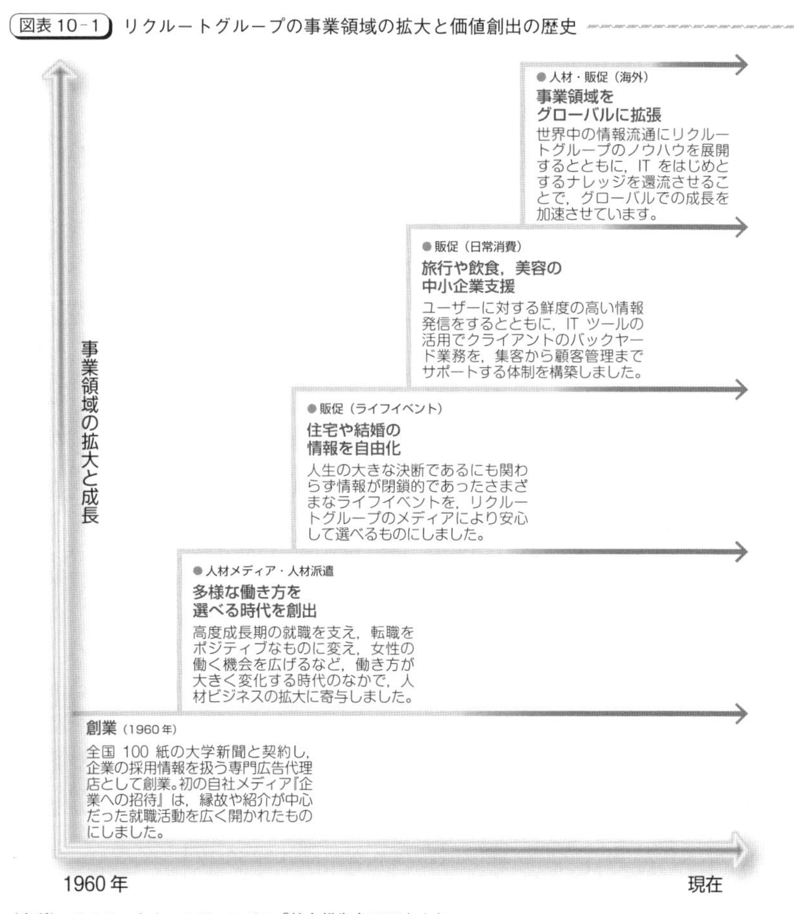


（出所）リクルートホールディングス「統合報告書 2018」より。

## 2.2　リクルートの起業家精神と組織文化の形成

リクルートの起業家精神に象徴される DNA は，カリスマ的な創業経営者である江副のリーダーシップによる新規事業の創造と拡大の過程で生成されました。江副は失敗を恐れることなく常に自ら新たな事業への挑戦によって会社を発展させることを信条にしていました。創業からしばらくして，江副自身の起業家精神や経営理念を社員と共有するために社是と社訓を策定しました。

写真10-2　リクルートの社訓が刻まれた当時のプレート

自ら機会を創り出し
機会によって自らを変えよ

（出所）　筆者撮影。

経営理念としての社是となる「経営の三原則」は，「社会への貢献」「個人の尊重」「商業的合理性の追求」でした。まず，「社会への貢献」とは，世の中にこれまでにない新しいサービスを提供して社会の役に立つことです。次に，「個人の尊重」とは，個々人には得手・不得手がありますのでそれを積極的に認め合い，得意なことを通して成果を上げて組織に貢献することです。最後に，「商業的合理性の追求」とは，仕事の生産性とスピードを上げて，高収益を実現して税金を納めることを誇りにすることです。

また，江副自身の信条を表現した「自ら機会を創り出し機会によって自らを変えよ」という社訓を策定しました。当時，この社訓がプレートに刻まれて全社員に配布され，毎年，新入社員にも配られていました（写真10-2）。今日でも，リクルートグループでは全社員が主体的に考えて行動する当事者意識が尊重されており，頻繁に上司は部下に対して「君はどうしたいのか！」と問いかけています。新卒で入社後，多くの社員がこのような薫陶を受けながら社員自身も「セルフ・イノベーション」（自己変革）によって成長し続けて自己実現を目指すようになります。

こうした社是や社訓は，リクルートの経営理念として具体的な行動規範とともに明文化され，新入社員研修や新任マネジャー研修などの節目となる機会でも共有されて全社員に浸透していきました。その中で最も起業家精神の醸成に関係している理念は「社員皆（かい）経営者主義」です。全社員が経営者としての事業責任を担い行動することが求められるという考え方です。実際に，社内の新任マネジャー研修では，毎回，江副自らが講師となり，「諸君らは経営者の仲間入りをした」と語りかけていました。

社員皆経営者主義を浸透させるための仕組みは，社内にミニカンパニーを作り，全マネジャーが経営者として各自のミニカンパニーを経営するという「PC（プロフィット・センター）制度」です。一般的に，組織形態として事業部制を採用する企業では，事業部単位で損益計算書などが作成されて評価されますが，リクルートのPC制度は末端組織の課や営業所の単位で損益計算書が作成されます。全マネジャーは売上げから最終損益までの収支責任を持つPC長となり，彼らを社内でミニ経営者を育成する仕組みです。毎年，最も優れたPC経営をしたマネジャーは，最優秀経営者として表彰されました。

こうした経営理念の他にも自由闊達で活気ある組織文化を尊重するためのイベントや仕掛けがいくつも生み出されていました。たとえば，業績目標を達成した営業職や部署は，机の上に目標達成を祝福するための垂れ幕が掲げられて盛大な拍手で称賛され，インセンティブとしての報酬（金一封）が与えられました。また，「GIB（ゴール・イン・ボーナス）制度」によって，営業目標を達成した部署には，原則として部署旅行にしか使用できない特別ボーナスが支給され，旅先でメンバー間の親睦を深めることを奨励しました。こうして高い目標にチャレンジして高い業績を上げた社員には高報酬が与えられるという組織文化が定着していきました。

また，創業当時から学生サークルのような仲間意識が醸成され，活発なコミュニケーション文化も形成されました。創業当時から社内では役職を呼称につけず，「江副さん」をはじめとして全員がニックネームなどで「○○さん」と呼ばれていました。そして，社内には全社員に配布される『週刊リクルート』や『月刊かもめ』をはじめとして事業部ごとにさまざまな社内報が発行され，組織の規模が拡大しても経営情報が共有されてリクルートの一体感を高めることになりました。

最後に，全社員からさまざまな業務改善や新規事業などの提案を引き出すために「RING（リクルート・イノベーション・グループ）活動」を普及させました。部門や部署を越えて社員同士が自主的に仲間を募って経営への提言をする機会です。毎年，優秀なチームの提案内容は表彰され報酬が与えられるだけでなく，実際に新規事業として実現したビジネスも少なくありませんでした。こうしたボトムアップによる経営への提言の機会が多くの新規ビジネスの芽を生み出すことにつながりました。

創業当時からこうした社内のさまざまな制度や仕掛けによって，社員の多くが主体的に仕事に取り組み，仕事にやりがいを感じて高いモチベーションを維持してきました。リクルート内では「仕事の報酬が仕事」と言われており，男女関係なく残業や休日出勤も厭わないほどよく働く文化が形成されてきました。こうした社員たちが活発なコミュニケーションをとりながら組織目標の達成に向けて強いインセンティブとプレッシャーを与えられ，普通の会社には見られないような活性化した組織が形成されてきました。

### 2.3　リクルートイズムの継承

創業から急成長を続けてきたリクルートグループは，1988年のリクルート事件によって大きな転換期を迎えました。創業者としてカリスマ的なリーダーシップを発揮してきた江副が経営から離脱し，一時的に大手小売業のダイエーグループ（当時）の関連会社となり，流通業では江副と同じくカリスマ的な創業経営者として知られる中内㓛が会長に就任したからです。

当時，江副の後任として社長に就任していた位田をはじめとしてリクルートの幹部は，リクルートの経営理念や組織文化の独自性が喪失することに大きな危機感を抱きました。「資本の独立性」ではなく「組織の独自性」（リクルートイズム）こそがリクルートの本質であり，これがなければリクルートは消滅すると考えていました。その際に彼らが守るべきリクルートイズムとは以下の内容でした。

①　透明で中立的な開かれた経営で常にあること。

②　社員持ち株会を常に筆頭株主とし「社員皆経営者主義」を貫くこと。

③　新規事業に果敢に取り組み，誰も手掛けぬ事業をやる誇りをもち続けること。

④　常に高い目標に挑戦し，その過程で個人と組織の持つ能力の最大化を目指すこと。

⑤　徹底した顧客志向により，得意先の満足を最大化すること。

⑥　個人を尊重し，社内は一切の肩書，学歴，年齢，性別から自由であること。

（馬場・土屋，2017，376-377 ページより）

当時，会長に就任直後の中内に対して，社長の位田はこのリクルートイズムを継承させることを迫りました。その結果，中内はダイエーとリクルートとの組織文化の違いを認め，リクルートの経営の独自性を継承させる決断をしました。こうしてリクルートの経営の独自性が担保され，創業当時からの経営理念と組織文化が守られることになりました。

その後，巨額の有利子負債を返済するための事業構造改革を進めながらも，創業当時からの起業家精神や自由闊達な組織文化が失われることはありませんでした。そして，リクルートらしさを象徴する創業当時からの DNA は，社内から昇進した経営者によって維持されて次世代へと受け継がれてきました。起業家精神をはじめとする独自の経営理念や組織文化は，高収益体制を維持して巨額の有利子負債を返済し，時代の変化に合わせて新たな事業を生み出し，会社を発展させる基盤になりました。

2018 年，5 代目社長である峰岸は，創業当時からの基本的な理念を発展させて，「一人ひとりが輝く豊かな世界の実現」をリクルートグループの経営理念として再定義しました。そして，尊重する価値観として「新しい価値の創造（WOW THE WORLD）」「個の尊重（BET ON PASSION）」「社会への貢献（PRIORITIZE SOCIAL VALUE）」を掲げています。

時代の変化に従ってさまざまな社内の制度や仕組みは変化してきましたが，リクルートの起業家精神や自由闊達な組織文化は，新たなビジネスを創造し，個人を尊重し，高い収益を上げて社会に貢献するという，創業当時からの経営理念とともに受け継がれています。今日でも，リクルートの起業家精神や組織文化こそが，リクルートのアイデンティティであり，全社員の拠り所になっています。そして，リクルートを卒業しても，リクルートの DNA を持ち続けることに誇りを持つ「元 R」（元リクルート社員の略称）は少なくないと言われています。

図表10-2　T. E. ディールとA. A. ケネディの4つの組織文化の類型

| | | 成果フィードバックの期間の長さ | |
|---|---|---|---|
| | | 短い | 長い |
| リスクの大きさ | 大 | マッチョ文化<br>（出版，広告エージェンシー，映画会社）<br>個人主義　持続力よりもスピード<br>厳しい内部競争　タフな態度を持つ<br>英雄　ギャンブル性 | 会社をかける文化<br>（コンピュータ会社，石油会社，投資銀行）<br>慎重な気風　集団・会議を通じた分析的決定　情報重視　熟練 |
| | 小 | よく働きよく遊ぶ文化<br>（販売会社など）<br>努力に価値を置く<br>集団一体感　スタミナ | 手続文化<br>（電力，ガス，銀行，保険会社）<br>手続<br>慣例　技術的な完璧さ |

（出所）石井ほか（1996），158ページより。

## 3　ケースを解く

### 3.1　組織文化の類型

1980年代初頭，欧米や日本のビジネス界では，組織文化が脚光を浴びはじめました。もとより文化とは文化人類学に代表されるように社会学的な概念でしたが，ビジネスにおいてもマネジメントテーマのひとつとして組織文化が注目されました。一般的に組織文化とは，特定の組織の成員に共通する特有の価値観や行動規範を意味していますが，経営戦略や組織構造だけでなく組織文化のマネジメントのあり方が企業業績に大きな影響を与えると考えられ始めたからです。

こうした潮流の発端は，社会学者のT. E. ディールと経営コンサルタントのA. A. ケネディの *Corporate Culture*（邦訳版は城山三郎訳『シンボリック・マネジャー』）が世界的なベストセラーとして注目されたことです。1970年代から80年代初頭の米国は，戦後の高度経済成長を遂げた日本企業などに産業競争力を奪われ始めていました。ところが彼らは，こうした経済情勢の中でも，組織に特有の文化的な信念を持つ米国の優良企業は常に好業績を上げ続けていることを発見しました。

その後，彼らが数百社もの企業を調査した結果，企業文化は主に4つの類型に分類することができると主張しました（図表10-2)。「逞しい（タフ)，男っぽい（マッチョ）文化」「よく働きよく遊ぶ文化」「会社をかける文化」「手続きの文化」です。

そして，強い組織文化を持つ企業では，管理者が率先して独自の組織文化を形成し維持していることを明らかにしました。そこで，こうした管理者のことを，邦訳書のタイトルにも使われた「シンボリック・マネジャー」と呼ぶことにしました。

ケースで取り上げたリクルートの組織文化は，「マッチョ文化」と「よく働きよく遊ぶ文化」を掛け合わせたようなタイプです。仕事を通して自己実現を図り，よく働きよく遊ぶことを尊重しますが，それだけに内部の競争も激しく，タフな精神力が求められます。

また，ほぼ同時期に世界的なベストセラーとなった，米国のコンサルタント会社であるマッキンゼー社のT. J. ピーターズとR. H. ウォータマンの *In Search of Excellence*（邦訳版は大前研一訳『エクセレント・カンパニー』）でも同じような調査結果が示されました。過去20年間で業績を伸ばし続けている米国企業を「エクセレント・カンパニー」（超優良企業）と定義し，これらの会社に共通する特徴を調べたところ，企業理念とでも言うべき独自のフィロソフィーが行動規範として組織の隅々にまで浸透していることを発見しました。

そして，当時，世界的に市場競争力を高めた日本企業の「日本的経営」の特徴のひとつとして経営理念や組織文化が注目されていました。とりわけ日本の大手製造業では，朝礼で全社員が社歌を歌ったり社訓を斉唱したりして職場の一体感を醸成し，組織に特有の価値観や行動規範が共有されていました。こうした経営理念や組織文化の共有化は，日本企業の高品質や生産性向上による市場競争力に関係していると考えられていました。

### 3.2　動機づけ（モチベーション）のモデル

リクルートには，金銭的なインセンティブや評価などの他に，社員個々人の才能を開発させて大きな夢を実現するという自己実現を支援する仕組みや組織

図表10-3　A. H. マズローの「欲求階層モデル」

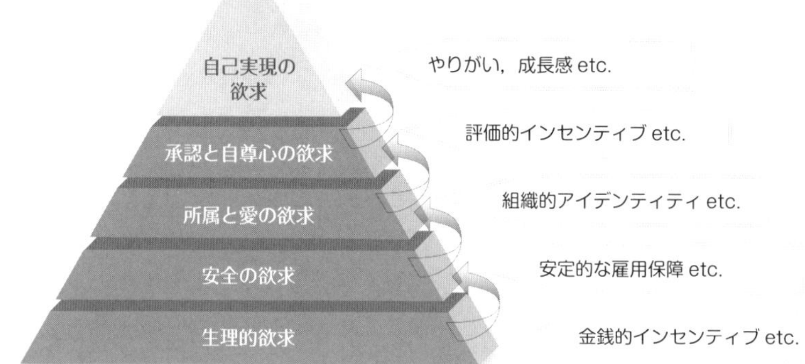


（出所） Maslow（1954），邦訳書，を参照して筆者作成。

文化が定着しています。自己実現とは，1950年代にA. H. マズローが提唱した人間の欲求に関する階層モデルの最上位に位置づけられる欲求です（図表10-3）。

彼の欲求階層モデルによると，一般的な人間の欲求は，低次の基本的欲求から高次のメタ欲求へと段階的なプロセスをたどると考えられています。最下位の基本的欲求は「生理的欲求」と呼ばれ，食欲や睡眠欲などの衣食住に関係する人間の生命活動を維持するために不可欠なものです。こうした欲求は，金銭的なインセンティブ（誘因）などによって動機づけられます。しかし，食欲が満たされると食欲を感じなくなるように，生理的欲求が満たされるとこの欲求は消失してしまいます。

そして「安全の欲求」と呼ばれる，身体の危険を除去したいという欲求が顕在化してきます。衣食住に関する日常生活を安定的に維持したいという願い（欲求）やテロ事件が頻発する国や地域からは離れて平和に暮らしたいというような欲求です。しかし，平和な国で雇用保障などによって安定的に衣食住が維持されて身の危険を感じない生活を送っていると，安全の欲求は消失して意識することがなくなります。

次に「所属と愛の欲求」と呼ばれる，人間同士の社会的な関係性を維持したいという欲求が顕在化してきます。愛し合う家族との絆や所属する組織での人間関係によって幸せを感じたりする欲求です。しかし，さまざまな集団や組織に所属して良好な人間関係が維持されていると，こうした欲求も満たされて消失してしまいます。

さらに「承認と自尊心の欲求」と呼ばれる，自分の個性や自分らしさを認知して承認してほしいという欲求が顕在化してきます。世の中や所属する組織で個性を認められて正当に評価されたいという欲求です。しかし，周囲から承認されていることを認識すると，こうした欲求も消失してしまいます。

そして，最後にたどり着く高次のメタ欲求が「自己実現欲求」です。自分の存在価値を自覚して才能や能力を十分に活用し成長し続けたいという欲求です。この段階に至るまでの基本的欲求は，何かが欠乏することによって顕在化し，ある程度満たされると消失するという欲求でした。他方，自己実現欲求は，さまざまな夢を実現して成長し続けたいという際限のない欲求です。自己実現を通してやりがいや成長感を感じて，さらなる自己実現を求めて動機づけされます。ただし，ここでの自己実現とは，自己中心的なものではなく，利他的で社会的な使命感などに基づくものであると指摘されています。

一般的に，こうした自己実現欲求は，創業起業家などに共通して顕著に見られるものです。彼／彼女らは，新たなビジネスに挑戦して自分の夢を実現したいという強い欲求によって動機づけられ，高いモチベーションを維持し続けているとも考えられます。リクルートでは社員の自己実現を積極的に支援していますが，起業家精神を尊重する組織文化を維持するためにはそれが不可欠であると考えられます。また，近年の心理学では，外部からの報酬による「外発的動機づけ」だけでなく，仕事そのものに動機づけられる「内発的動機づけ」が注目されてきました。

「内発的動機づけ」とは，E. L. デシらが発展させた近年の動機づけ理論ですが，仕事そのものに動機づけられ，働くことそのこと自体が生きがいとなる動機づけです。マズローの自己実現欲求に近い欲求で，何かに取り組む際の意欲の質に関する概念であり，人間は主体的で積極的な学習を通して成長する意欲を持っていることを前提としています。すなわち，人間は環境との相互作用の中で自らの認識を深めたり技能を高めたりして有能でありたいという意思（欲求）を持つという「有能感」と，学習の過程に自ら進んで参加し，自分の行動は自ら決定したいという意思（欲求）を持つという「自己決定感」によって内発的動機づけが促進されます。

リクルートでは，入社後間もない若手社員の頃から仕事に裁量の余地を与えて主体的な行動を喚起し，「セルフ・イノベーション」（自己変革）による成長を尊重する組織文化が支配的ですから，こうした内発的動機づけが多くの社員のモチベーションの源泉になっています。内発的な動機づけは，外発的な動機づけに比べると，創造的な仕事や学習を必要とする仕事において高いパフォーマンスを発揮することが実証的にも明らかにされています。リクルートの起業家精神と相まって，社内外で新たなビジネスを創発するモチベーションの基盤を形成しているのではないでしょうか。

### *3.3* 組織文化と企業業績の関係の再検証

1990年代に入ると，こうした世界的な組織文化の注目は沈静化しましたが，経営学者によって本格的に組織文化と企業業績の関係を実証的に検証するための調査研究がなされました。J. P. コッターとJ. L. ヘスケットがあらためて組織文化の強さと長期的な業績の関係を検証した結果，強力な文化を持ちながら業績が良くない企業もあれば，ひ弱な文化の企業が好業績をあげることもありました。すなわち，組織文化と企業の長期業績との間には正の相関関係があるものの，それほど強い相関関係ではないことが明らかになりました。また，短・中期的には組織文化と戦略が適合している企業の業績は高いが，長期的には環境変化にうまく対応できるか否かによって業績が左右されることも発見されました。環境変化に適応的な組織文化では，トップマネジメントが顧客，株主，従業員に対して深い関心を寄せており，有益な変革を進めることを促す人材やプロセスも重要視していました。つまり，組織の各階層におけるリーダーシップの発揮が尊重されていたのです。

### *3.4* 組織文化の生成と維持

組織心理学者のE. H. シャインは，組織文化を概念的に構造化して再定義しました。彼は組織文化には3つの階層が存在すると考えました。①見えるが，

図表 10-4　組織文化のレベルとその相互作用

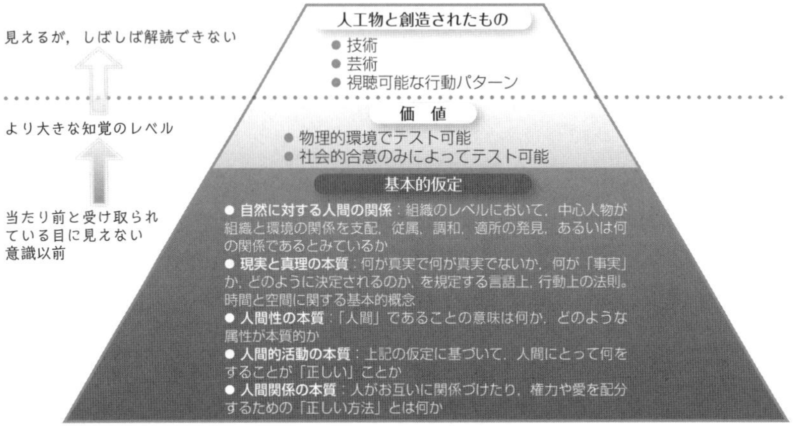

見えるが，しばしば解読できない

人工物と創造されたもの
- 技術
- 芸術
- 視聴可能な行動パターン

より大きな知覚のレベル

価　値
- 物理的環境でテスト可能
- 社会的合意のみによってテスト可能

当たり前と受け取られている目に見えない意識以前

基本的仮定
- **自然に対する人間の関係**：組織のレベルにおいて，中心人物が組織と環境の関係を支配，従属，調和，適所の発見，あるいは何の関係であるとみているか
- **現実と真理の本質**：何が真実で何が真実でないか，何が「事実」か，どのように決定されるのか，を規定する言語上，行動上の法則。時間と空間に関する基本的概念
- **人間性の本質**：「人間」であることの意味は何か，どのような属性が本質的か
- **人間的活動の本質**：上記の仮定に基づいて，人間にとって何をすることが「正しい」ことか
- **人間関係の本質**：人がお互いに関係づけたり，権力や愛を配分するための「正しい方法」とは何か

（出所）Schein（1985），邦訳書，19 および 108 ページより筆者作成。

しばしば解読できない「人工物と創造されたもの」，②より大きな知覚のレベルとしての「価値」，そして，③当たり前と受け取られている目に見えない意識以前の「基本的仮定」です（図表 10-4）。

したがって，組織文化を本質的に理解するためには，表層の視聴可能な行動パターンなどだけではなく，その下層に位置するより大きな知覚としての価値観と，その根底にある意識以前の基本的仮定まで理解することが不可欠であると言えます。リクルートのケースでは，目標達成祝いの垂れ幕や無数の社内コミュニケーション誌および PC 制度などが視聴可能な人工物や仕組みに相当します。そして，「君はどうしたいのか！」と上司から質問されると，主体的に物事を考えたり行動したりすることが重要であるという，より大きな知覚としての価値観が確認されます。さらに，そもそも人間とは「主体的に仕事に取り組ませると責任感を持って必死になって働く」とか，「適切なフィードバックを与えることによって大きく成長する」というような暗黙の基本的仮定が存在しています。

では，こうした組織文化は，どのようにして生成され維持されていくのでしょうか。同じくシャインによれば，組織文化は創業経営者の価値観や経営理念

**コラム　カリスマ経営者とリーダーシップ**

今日，政治やビジネスの世界だけでなく大小さまざまな組織においてリーダーシップの発揮が希求されています。一般的にリーダーシップとは，特定の組織目的を達成するためにさまざまな関係者を巻き込む影響力を意味しています。役職などのポジションに付随する公式的な権限や権力とは区別されますが，ほとんどの経営者や管理者のマネジメントには両者が混在しています。

リーダーシップにはさまざまな形態やスタイルが存在しますが，その中のひとつに「カリスマ的リーダーシップ」があります。もともと「カリスマ」という用語は「帰依する」という意味の宗教用語ですが，20世紀初頭の社会学者マックス・ウェーバーが支配の形態のひとつとして使用したものです。明文化された法や規則による支配である「官僚制」の対極として，個人的な崇拝による支配を「カリスマ」と名づけました。神のように奇跡的な能力を持つ絶対的なリーダーに対してフォロワーが無批判的に従う（帰依する）ことによって支配関係が成立します。神様のようなリーダーは，誤ることのない絶対的な存在ですが，失脚したりするとその神通力は消失して組織支配力もなくなってしまいます。

松下電機産業（現，パナソニック）の創業経営者で「経営の神様」と言われた松下幸之助をはじめとして，リクルートとダイエーの創業者である江副浩正と中内㓛は，新たな事業を創造し急成長を遂げることによって成長神話を生み出し，カリスマ経営者として知られるようになりました。偉業を成し遂げたリーダーには，普通の人間の能力を超えた神通力があると思われるようになり，そのリーダーの言葉や行動は絶対的な影響力を持ち始めて独自の組織文化を形成します。なお，一般的に，世の中や組織に混乱が生じて人々の不安が高まると，こうしたカリスマ的リーダーが嘱望される傾向があります。

を源泉として生成され，事業の成功を積み重ねて成長と発展を続けることによってより強固に定着していきます。すなわち，組織文化は，創業経営者のリーダーシップによって形成され，その後継者となるリーダーによって維持されます。そして，次世代のリーダー自身が組織文化によって創造され，場合によっては新たなリーダーが既存の組織文化を破壊して創造することもあります。

リクルートのケースでは，カリスマ的な創業経営者の江副自身のワークライフを象徴する起業家精神や学生サークルの延長のような自由闊達で活発なコミュニケーション文化を尊重する姿勢や態度によって組織文化が生成されてきました。また，江副の経営理念や価値観を全社員で共有するために，社是や社訓を明文化し，社内研修などのさまざまなイベントや儀式を通して組織に浸透させました。

そして，江副の後継者となった位田や河野は，ダイエーグループの傘下に入り事業構造を変革しながらも，創業当時からのリクルートらしさ（リクルートイズム）である経営理念や組織文化を維持することに努めました。また，次世代の後継者となった柏木や峰岸のリーダーシップは，こうしたリクルートの価値観や行動規範によって育まれ，時代の変化に合わせて基本的な理念や価値観は変えずに経営理念が再定義されています。

### 3.5　経営理念と経営戦略の関係

C. A. オライリーと J. フェファーは，「真の競争優位とは，すぐれた戦略よりもむしろ，優れた実行力によってもたらされる」と主張しています。企業がどれほど優れた経営戦略を策定したとしても，最終的にその実行は社員一人ひとりの行動に依存しています。つまり，優れた戦略によって業績を上げるためには，個々人の整合的で一貫した行動規範に深く関係する実行力が決定的に重要な意味を持ちます。したがって，同じ業界の中で同じような戦略を実行しようとしても，その実行力の如何が業績の差に帰結してしまいます。

こうした意味では，従来の欧米企業に典型的に見られるように，戦略を立ててから人材を採用して教育し，行動や業績を管理する仕組みをつくるよりも，まず基本的な経営理念や価値観を確立し，それに沿った戦略を策定し実行する方が，業績が高いとも考えられます。基本的な理念や信念に基づく行動規範に従って社員一人ひとりが行動することによって，戦略が着実に実行されるからです。

経営理念とは，企業の社会的な存在価値や目的およびミッション（使命）を示すビジョンであり，しばしば社是や社訓として明文化されます。今日では，企業の社会的倫理やコンプライアンス（法令順守）の観点から，社員一人ひとりの行動規範を規定するものとして再び関心が高まっています。

明確な経営理念を組織の末端にまで浸透させて維持し，進歩を促す具体的な仕組みを持ち続ける企業は，業界でも卓越した企業であると言われています。こうした企業は，50 年を超える歴史を持ち，戦略を超えて製品ライフサイクルと CEO（最高経営責任者）の世代交代を繰り返しており，J. C. コリンズと J. I. ポラスは「ビジョナリー・カンパニー」と名づけました。彼らの実証的研究によれば，ビジョナリー・カンパニーは経営理念の内容そのものよりも理念が本物であり，企業がどこまでそれを貫き通しているかが重要であると主張しています。

このことは，リクルートが創業当時から形成され維持されてきた経営理念や価値観が組織の末端にまで浸透していることによって，紙媒体の情報誌から ICT を活用したデジタル情報への移行やグローバル化などの大きな環境変化に適応し，50 年以上も高収益性を維持して業績を上げ続けていることに深く関係していると考えられます。

今日，上場企業や大手企業では，会社のホームページなどで経営理念を掲げていない会社はほとんどありません。しかしながら，とても重要なことは，会社の経営理念が本物であり，組織の末端の社員一人ひとりにまで十分に浸透していることではないでしょうか。

## *4*　考えてみよう・調べてみよう

(1)　自分の身近な会社を取り上げて，その会社のホームページなどから経営理念や組織文化を象徴する内容を書き出してみましょう。また，その会社と同じ業界で競合関係にある会社のホームページから，同様に経営理念や組織文化を象徴する内容を書き出して，両社を比較して共通点と相違点を探してみましょう。

(2)　会社や官公庁だけでなく学校などの組織にも，それぞれ独自の組織文化が存在します。その組織の成員として参入して数年もすると，個々人の発言や行動にその組織らしさが浸透していきます。このように組織に特有の価値観や行動規範を学習して，次第にその組織らしい人に社会化されることは，「組織社会化」と呼ばれています。

では，特定の組織に参入すると，どのようなイベントや施策が組織社会化を促進するのでしょうか。皆さんのこれまでのさまざまな組織に参入した経験を踏まえて考えてみましょう。

(3)　組織文化が形成されて維持され続けると，経営環境が変化して組織変革の必要に迫られても，一人ひとりの価値観や行動規範を変革させることは容易ではありません。そうした場合，どうすれば個々人の価値観や行動規範を変えて新たな組織文化を創造することができるのでしょうか。これまでの皆さんの経験を踏まえてリーダーとしてとるべき行動や施策を考えてみましょう。

## 5　読んでみよう

T. ディール，A. ケネディー著，城山三郎訳（1997）『シンボリック・マネジャー』岩波書店。

◈1980年代初頭，はじめて企業には特有の文化が存在することを発見し，世界中で組織文化への関心を高めるきっかけをつくった記念すべき著書ですが，当時の日本でも「文化」という言葉はビジネスでは一般的でなかったため，章の見出しだった「シンボリック・マネジャー」を日本語訳のタイトルにしました。

A. H. マズロー著，小口忠彦訳（1987）『人間性の心理学（改訂新版）』産能大学出版部。

◈今日でも日本企業の管理職研修などでも説明される，人間の欲求に関する古典的名著です。

E. L. デシ著，安藤延男・石田梅男訳（1980）『内発的動機づけ：実験社会心理学的アプローチ』誠信書房。

◈近年の「内発的動機づけ」に関する実証研究の成果がまとめられた名著として評価の高い書籍です。

T. ピーターズ，R. ウォータマン著，大前研一訳（1986）『エクセレント・カンパニー（上・下）』講談社文庫。

◈上記の『シンボリック・マネジャー』と同時期に発刊され，組織文化だけでなく優良企業の条件を簡潔に整理して「エクセレント・カンパニー」ブームを巻き起こした著書です。

E. H. シャイン著，清水紀彦・浜田幸雄訳（1989）『組織文化とリーダーシップ：リーダーは文化をどう変革するか』ダイヤモンド社。

➡1980 年代初頭にビジネス界で注目され始めた組織文化を，研究者の立場から本格的に分析した名著として，今日でも広く読まれている必読書です。

# 第11章

# 人材のマネジメント

## 双日の人事管理

キーワード
人材マネジメント　日本的経営
人事管理制度　成果主義
内部労働市場　心理的契約

### 1　この章のねらい

1980年代，戦後の高度経済成長期に確立された日本の大企業に特徴的な「日本的経営」は世界的に脚光を浴びていました。世界中の企業が，安価で高品質の製品を輸出し続ける日本企業から多くのことを学ぶことができると考えられていました。この日本的経営の根幹となる仕組みが，日本企業に共通する特有の人材マネジメントのスタイルです。一般に「三種の神器」と呼ばれてきた「終身雇用」「年功序列」「企業別労働組合」という日本型雇用システムです。

ところが，1990年代初めのバブル経済の崩壊と経済のグローバル化を契機として，多くの日本企業の国際的な競争力が低下してしまうと，日本型雇用システムが批判の的になってしまいました。大企業を中心になりふり構わない人員削減や成果主義型人事管理制度の導入などが相次ぎ，巷では従来からの人材マネジメントの革新が叫ばれました。

では，今日の日本企業の人材マネジメントはどのようなものなのでしょうか。従来からの特徴の何が変化し，何が変わらないままなのでしょうか。

本章では，1990年代のバブル経済崩壊の中で業績が悪化し，2003年に合併によって再生した日本の総合商社である双日の人材マネジメントの仕組みを概観することによって，今日の日本企業の人材マネジメントの仕組みを考えてみましょう。

## 2　ケース：双日の人事管理

### 2.1　双日の事業内容と歴史

一般的な商社とは，輸出入貿易や国内販売を中心とする広義の卸売業を意味しています。その中でも「総合商社」と呼ばれる日本に特有の業態は，きわめて幅広く多様な商品やサービスを取り扱う特徴があります。そこから，主に特定の商品やサービスを扱う一般的な「専門商社」とは区別されています。

今日，「七大（総合）商社」と呼ばれる，三菱商事，伊藤忠商事，住友商事，三井物産，丸紅，豊田通商，双日が総合商社として名を連ねています。これらの総合商社の事業内容は，きわめて幅広く多様であるだけでなく，お互いに似通っていることも特徴的です。

**企業プロフィール**

双日株式会社（2018年3月期）

- 設　　立　2003年
- 資 本 金　1603億3900万円
- 事業分野　自動車やプラント，エネルギー，金属資源，化学品，食料，農林資源，消費財，工業団地などの各分野において，物品の販売および貿易業をはじめとして，国内および海外における各種製品の製造・販売やサービスの提供，各種プロジェクトの企画・調整，投資，ならびに金融活動など
- 売 上 高　4兆2091億円
- 当期純利益　568億円
- 従業員数　2451人（連結従業員数1万8899人）（2018年9月末現在）
- 対象会社数　国内122社，海外320社（連結）（2018年9月末現在）

こうした総合商社のひとつである双日は，自動車，航空産業・交通プロジェクト，機械・医療インフラ，エネルギー・社会インフラ，金属・資源，化学，食料・アグリビジネス，リテール・生活産業，産業基盤・都市開発という9事業本部体制で，幅広い事業活動を行っています。そして，グローバルな仲介取引だけでなくさまざまな事業への投融資にも積極的にシフトしており，ビジネス（収益）モデルも大きく変わりつつあります（図表11-1）。

双日は，2004年にニチメン株式会社と日商岩井株式会社が合併して誕生した総合商社です。合併前の両社は，明治・大正時代から戦後の高度成長期を経て百数十年以上も存続

図表 11-1　双日の売上総利益と投融資実績の推移

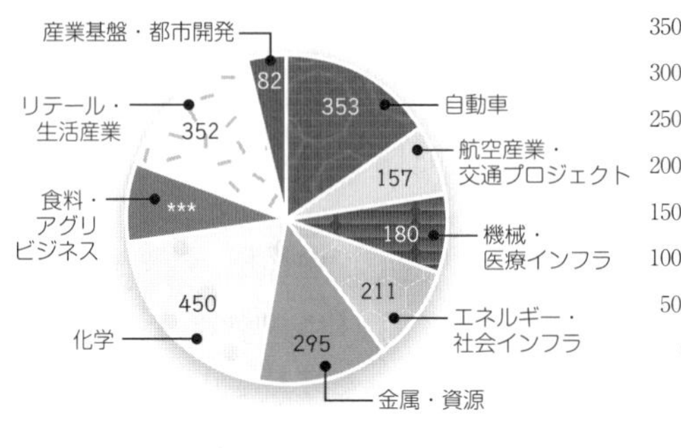


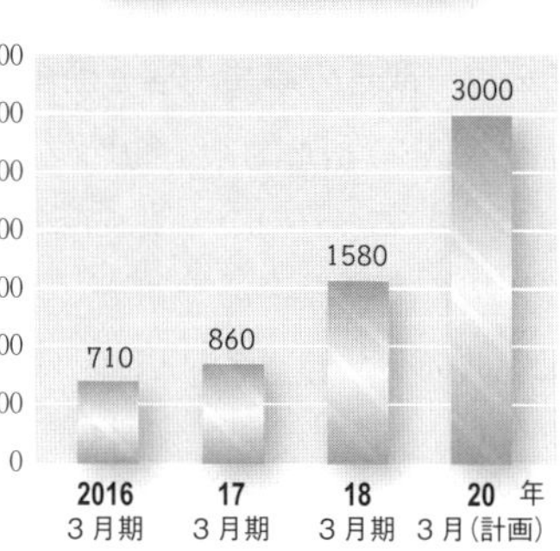


（出所）「双日株式会社統合報告書 2018」より筆者作成。

してきましたが，1990 年代前半のバブル経済崩壊後に業績が悪化した結果，合併によって生まれ変わることになりました（図表 11-2）。そして新会社の設立に際して，双日は「誠実な心で世界を結び，新たな価値と豊かな未来を創造します」という経営理念を掲げています。

### 2.2　ビジネスモデルと求められる人材像の変化

国内資源の乏しい日本の経済が発展するためには，海外からさまざまな工業製品の原料などを輸入し，国内で製造し商品化することによって付加価値を高めて海外に輸出する貿易が不可欠でした。こうした海外貿易において仲介取引を担う商社が重要な役割を果たしてきました。とりわけ戦後の高度経済成長期において，海外貿易できわめて多様な商品やサービスの仲介取引を担う総合商社の役割は非常に貴重でした。

こうした総合商社のビジネス（収益）モデルは「トレーディング」と呼ばれる輸出入貿易を中心とする大規模な仲介取引でした。たとえば，海外から工業製品の原料や食料などを調達して国内の製造業や小売業に販売し，そこでの仲介取引手数料としてのマージン（利鞘）が収益源でした。

こうしたビジネスで求められる人材は，多様な国内外の商品やサービスの市場動向を見極めながら，仕入先と販売先のニーズや要件を的確に把握しさまざ

図表 11-2　双日の歴史

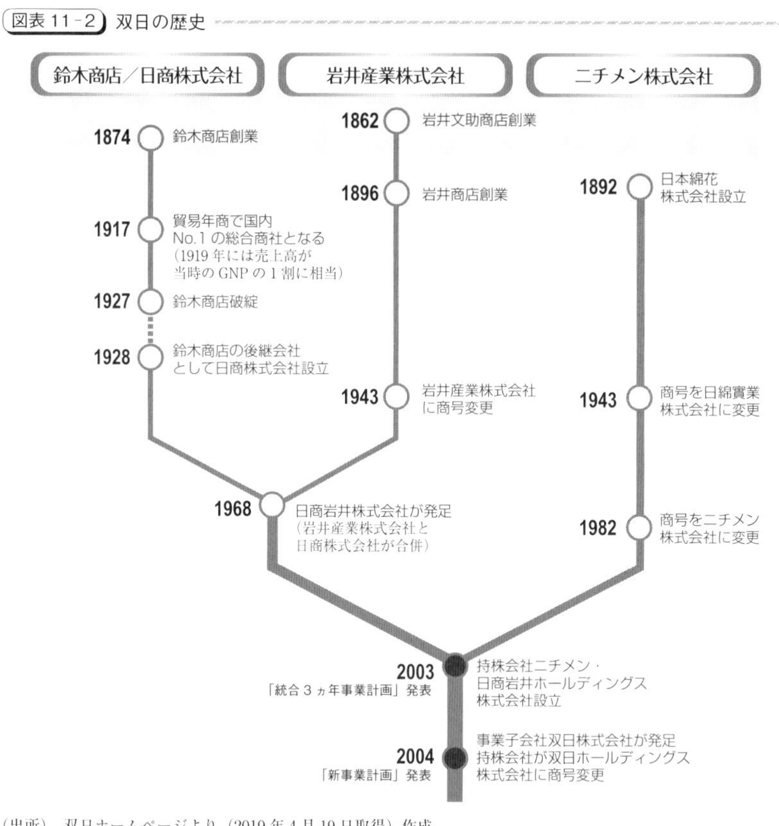


（出所）　双日ホームページより（2019 年 4 月 19 日取得）作成。

まな問題を解決して仲介取引を成立させる人材です。そのためにはタフなコミュニケーション能力や粘り強い交渉力などが求められてきました。つまり，世界を舞台にしたソリューション営業力が総合商社の「コア・コンピタンス」（中核能力）でした。

ところが，1990 年代のバブル経済の崩壊と経済のグローバル化によって，それまでの総合商社のビジネスモデルは大きな変革を迫られることになりました。バブル経済期の大規模な金融商品への依存によるダメージだけでなく，経済のグローバル化が総合商社における仲介取引から直接取引へのシフトを加速させ，多くの総合商社はそれまでの収益基盤を見直さざるをえなくなったからです。一般に「商社冬の時代」と呼ばれていた時期が到来しました。

こうした経済環境の変化に対応するために，1990年代後半から2000年代初頭にかけて，総合商社は大胆な経営改革に踏み切りました。従来からの海外貿易を中心とする仲介取引において収益力の低い事業を縮小し資源エネルギーなどの収益性の高い事業に集中する一方，将来的に有望な国内外の投資先を開拓して積極的な事業投資による配当を収益源の柱にした事業のリストラクチャリング（再構築）を実施してきました。

総合商社のビジネスモデルが海外貿易を中心とした仲介取引から事業投資へとシフトすることによって，「求められる人材像」も変化していきました。将来的に有望な事業会社を発掘して果敢な投資によって配当収益などを上げていくためには，国内外の対象企業の事業内容や資産価値を精査して，最終的にその会社の経営を任せられる人材が求められます。このような背景の中で，単独での経営改革が困難であると判断したニチメンと日商岩井は，2003年に持ち株会社を設立し，2004年に合併して双日が誕生しました。

今日の双日が求める「グローバル・マネジメント人材」（総合職）とは，「価値を創造することのできる人材＝稼ぐ人材」と定義されています。具体的には，投資対象企業の事業性を評価しキャッシュ・フローやデューデリジェンス（会社の資産価値）を精査するなどの高度で専門的な知識やスキルが求められています。また，こうした知識やスキルと同時に，いかなる経営戦略でも変わることのない，双日の経営理念に基づく5つの行動指針に従って行動することが求められています。

①　確かな信頼を築く。
②　将来を見据え，創意工夫する。
③　スピードを追求する。
④　リスクを見極め，挑戦する。
⑤　強固な意志でやり遂げる。

では，こうした求められる人材像に従って，人材マネジメントの基本機能である採用，報酬，配置・異動，育成などは，どのような仕組みになっているのでしょうか。次項では，人材マネジメントを制度的な側面から見ていくことにしましょう。

### 2.3　人材マネジメントと人事管理制度の概要

1　人材採用

双日が採用する人材は，大卒を中心として基幹業務を担当する「総合職」と，主に補助的な業務を担当し勤務地域が限定される「事務職」(一般職）に分かれます。また，採用の形態は，新卒採用と中途採用（キャリア採用）に区分されます。

新卒採用者は，採用者の中で最も多くの割合を占めていますが，毎年定期的に本社人事部が一括して採用しています。他方，中途採用者は，各事業部などの現場での即時的なニーズに応じて，さまざまなバックグラウンドを持つ人材が不定期に採用されます。

なお，新卒の初任給は，学歴や配属先に関係なく職種（総合職／一般職）および卒業学位別（大学卒／大学院卒）別に同一賃金（基本給）が適用されます。

2　資格制度と報酬

人事管理制度の基盤となるものが社内独自の職群／役割等級制度です（図表11-3)。まず，総合職の新卒として入社すると「P職群」として役割等級「P4」に格付けされ，その後は業務経験を積みながらほぼ一律に30歳前後で早ければ「P1」(上級主任)，遅くとも「P2」(主任）にまで昇格することが標準的です。また，一般に総合商社に共通して，総合職の30歳頃の月給は新卒入社時に比べて3倍近くに達し，賞与を含めた年収も3倍を超える額になります。

他方，事務職（一般職）の新卒として入社すると「A職群」として役割等級「A4」に格付けされ，業務経験を積みながらほぼ一律に「A1」(シニアアシスタント）まで，そこからさらに上級役割等級「A0」まで昇格することができます。A職群から直接管理職に昇格することはできませんが，特定の要件をクリアできれば総合職への職群変更の機会が設けられています。

総合職は役割等級が上がる際に必須試験の合格状況が問われます。また，過去の評価歴と上司からの推薦および本人の同意などの要件が満たされた候補者は，マネジメント職群の入り口となる「DC（副課長)」もしくは管理職の入り口に格付けされる「S6」(部長代理／課長代理）もしくは「G6（海外駐在／出向会

図表 11-3　双日の職群／役割等級制度

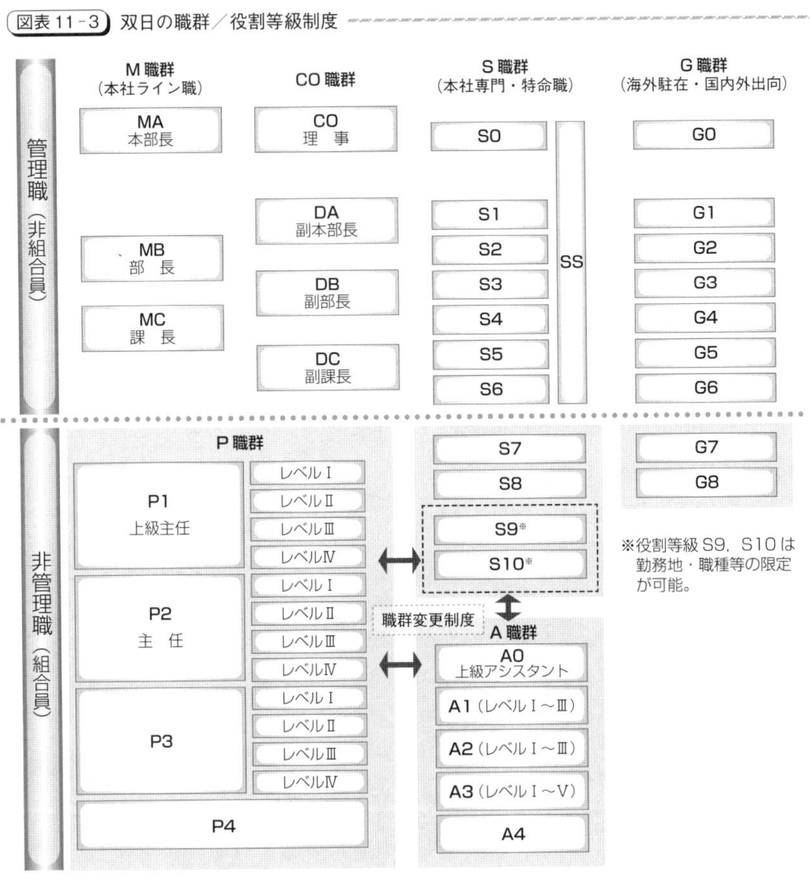


（出所）　双日人事部より提供（2019 年 4 月現在）。

社のマネジメント職）」に昇格することになります。

そこから先，標準的には 40 歳代半ば頃に事業遂行における現場リーダーである「MC」（課長）に昇格し，その後は組織上のポスト（役職）と個々人の評価に従って，「DB」（副部長），「MB」（部長），「DA」（副本部長），「MA」（本部長）に昇格するルートが設けられています。なお，最速で新卒入社後 9 年目（30 歳代前半）に課長職に就任が可能など，若手の早期登用ができる仕組みがあります。

また，こうした本社ライン職とは別に，一時的に海外駐在や国内外の関係会社などに出向する場合は「G職群」，本社専門・特命職として「S職群」に格付けされることもあります。つまり，複線型の昇格・昇進コースが設定されており，組織的なニーズや個々人の適性に応じて格付けの昇格や役職の昇進が決定されることになります。

いずれにしても月例給や賞与は，個々人の職群と役割等級をベースにして，年度ごとの目標管理に基づく定期的な業績評価と能力や行動などの評価に応じて少なからず個人差が生じることになります。

### 3　配置・異動

双日では，正社員の長期雇用を前提として，60歳で定年退職およびその後5年間は再雇用による継続雇用の機会があります。したがって，新卒で入社すると約40年間も勤務する可能性がありますが，実際の平均勤続年数は16年程度です。

一般的に総合商社に共通して，異なる事業部門を超える人事異動は容易ではありません。たとえば，食料関連事業とエネルギー関連事業とではまったく業界事情が異なります。そのため，事業部門を超えた人事異動をすると，業界特有の専門知識や価値観に習熟するまでに相当な期間が必要となり，期待されるパフォーマンスを発揮するまでに大きなタイムラグが生じてしまいます。その結果，各事業本部長は，自部門の中に優秀な人材を囲い込んでしまう傾向があります。

しかし，長期的な視点から見ると，若手社員の潜在的な能力や適性を見極めながら育成するためには，さまざまな部門や職種を経験させる必要が生じます。また，一部の事業部門や職種しか経験させずに育成してしまうと，将来的な経営幹部の育成に大きな支障をきたすことが懸念されます。

そこで双日では，新卒で入社してから管理職になるまでの期間に，3つの異なる部署を経験することによる，経験と知識の深掘りだけでなく幅出しを基本的な人事政策の柱にしています。国内外の事業会社や関係会社へ出向させたり，海外駐在を経験させたり，異なる本部に人事異動することを意図的に実施しています。また，本部間の異動だけでなく，営業職からコーポレート職（スタッフ職）やその逆のような職種間の異動も実施されています。

部長クラス以上の経営幹部の異動を除いて，決裁権者は人事担当本部長になりますが，実質的には各事業本部の企画業務室より異動案が出されます。特定の本部や職種に限定されることなく幅広くさまざまな本部や職種を経験させることを企図しています。

他方，管理職の人事異動については，各事業本部だけでなく本社人事部が関与することも少なくありません。その中でも部長以上の経営幹部になると，本社人事部が事務局となる人事審議会で決議され決裁権者は社長になります。これらの人事異動は，主に双日グループの経営戦略や事業戦略に従って戦略的に決定されています。

4　人材育成

新卒で入社すると，全員が１年間の「指導員制度」のもとで育成されます。最初に配属された職場の先輩が「OJT」(On the Job Training：業務遂行を通した実践的な教育）によって双日の行動指針を踏まえて業務遂行知識やスキルなどの習得を支援する仕組みです。具体的には，入社直後に所属部署の上司および上司が任命した指導員と本人とが三者面談を実施して１年間の成長目標を設定し，定期的に進捗状況をチェックして期末レビューを実施する「PDCA（plan-do-check-action）サイクル」による計画的 OJT の仕組みです。

そして，主に大卒の総合職は，さまざまな職場を経験するためのジョブ・ローテーション（人事異動）を通じて幅広いスキルや専門知識を習得し，大半が管理職や経営人材として成長することになります。

こうした仕事経験を通した実践的な OJT とは別に，職場を離れた学習の機会である「Off-JT」(Off the Job Training）としてさまざまな階層別研修や教育制度があります。階層別研修は，新入社員研修のように対象者全員が受講する必須研修や，対象者の中から選抜された人材だけが受講する選抜研修などのさまざまな形態の研修が体系化されています（図表 11-4)。また，早期から海外で求められる資質やグローバルな視点や視野を育成するために，入社５年目までに全員が海外に派遣される「海外トレーニー制度」などがあります（図表 11-5)。

このように，さまざまな職群の正社員が成長する段階でのニーズに従って，継続的な教育の機会が提供されています。

図表 11－4　双日の階層別教育研修（プロフェッショナルスキル/マネジメントスキル育成プログラム）

| 役割等級 | 育成コンセプト | プロフェッショナルスキル／マネジメントスキル育成プログラム | |
|---|---|---|---|
| 部長<br>課長 | 次世代経営者の育成<br>（リーダーシップ編成） | 階層別管理職研修 | 国内ビジネススクール派遣 |
| 課長補佐<br>課長代理 | 次世代ライン長の育成 | MM リスク管理研修 | |
| 約10年目 | 知識を具体的成果に繋げる力を育成 | **プロフェッショナル研修 B**<br>御殿場合宿研修（P1）<br>御殿場合宿研修（P2）<br>双日の原理原則（中級） | ビジネスプランニング<br>リーダーシップ |
| 約6年目 | 基礎知識の応用力を育成 | **プロフェッショナル研修 A**<br>経営シミュレーション<br>マーケティング（基礎）<br>アカウンティング（応用）<br>リーダーシップ（基礎） | 双日の原理原則（初級）<br>経営戦略（基礎）<br>ファイナンス（基礎） |
| 2年目 | 基礎知識の吸収 | **プロフェッショナル研修 A**（事前受講科目）<br>経営シミュレーション | 双日の原理原則（初級） |
| | | **必修試験 5 科目**<br>アカウンティング（基礎）<br>日商簿記（3 級）<br>法律・安全保障貿易管理・コンプライアンス試験 | TOEIC 730 点 , S6, W7<br>貿易実務試験 |
| 入社1年目 | 社会人としての基礎能力の育成 | **新人研修**<br>新入社員ステップアップ研修<br>新入社員導入研修 | 新入社員フォローアップ研修 |
| 内定者 | 社会人となる心構えの編成 | 内定者研修 | |

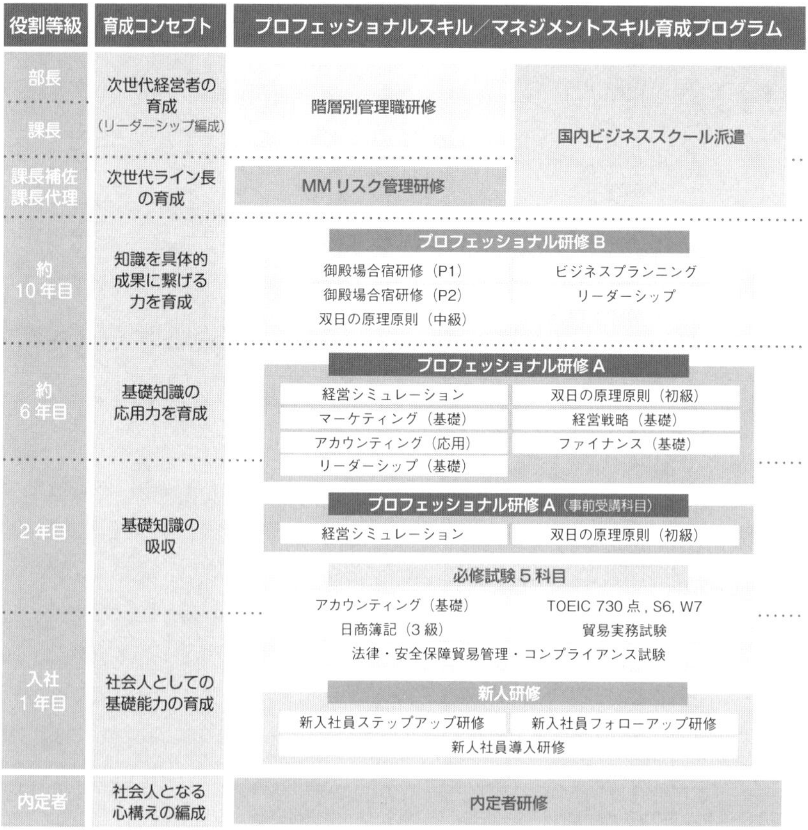

（出所）　双日人事部より提供（2019 年 4 月現在）。

## 3　ケースを解く

### 3.1　人材マネジメントの概念と変遷

人材マネジメントという概念が誕生したのは，20 世紀初頭の米国の大手企業です。当時の米国企業は，大規模な大量生産による経済発展が続く中，労働力の疲弊と破壊（労災と病欠）が蔓延し労働移動率も著しく高くなり，労働争

図表 11-5　双日の階層別教育研修（グローバル対応力育成プログラム）

| 役割等級 | 育成コンセプト | グローバル対応力育成プログラム |
|---|---|---|
| 部長<br>課長 | 次世代経営者の育成<br>（リーダーシップ編成） | |
| 課長補佐<br>課長代理 | 次世代ライン長の育成 | ●海外赴任異文化コミュニケーション研修<br>●コミュニケーション コーチング研修 |
| 約<br>10年目 | 知識を具体的成果に繋げる力を育成 | ●ロースクール<br>●海外長期トレーニー<br>●MBA<br>●語学研修<br>●経営シミュレーション研修 |
| 約<br>6年目 | 基礎知識の応用力を育成 | Global Business Communication（英語）《Advanced》<br>Presentation Skill 研修<br>Logical／Assertive Communication 研修<br>Negotiation Skill 研修 |
| 2年目 | 基礎知識の吸収 | Global Business Communication（英語）《Basic》<br>Business Writing 研修<br>Creative Speaking 研修<br>海外トレーニー |
| 入社<br>1年目 | 社会人としての基礎能力の育成 | TOEIC 強化研修 |
| 内定者 | 社会人となる心構えの編成 | TOEIC 強化研修 |

自己研鑽（英語、中国語、その他言語）

基本ルール E-learning
●コンプライアンス研修
●リスク管理研修
●情報セキュリティ研修
●腐敗防止研修
●内部統制研修
●CSR研修
●IFRS研修

（出所）　双日人事部より提供（2019年4月現在）。

議が頻発していました。そこで，大手企業を中心にして，職務分析や教育訓練などの人間工学や産業心理学に基づく産業民主主義による労使協調と新たな人間観を基盤とする「人事労務管理」（人材マネジメント）が成立し発展することになりました。なお，当時の人事労務管理は，今日の幅広い機能とは大きく異なり，福利厚生や労使関係管理が中心となる限定的なものでした。

第二次世界大戦後，米国では1964年の公民権法の制定による公式的な差別の撤廃や，60年代後半に労働者の職場生活の向上を掲げた「QWL（Quality of Work Life）運動」（「労働疎外」による労働生産性の低下防止）が社会を席巻していました。また，労働経済学においても人的資本（人間の知識や技能）の増大を図るための教育訓練を重視する「人的資本理論」が確立し，人間としての個性を重視する潮流が台頭していました。こうした時代を背景として，集団的労使関係（Industrial Relation）から個々の従業員の能力開発や活用を主目的とした個別管理への転換が図られ，「人的資源管理」（HRM：Human Resource Management）と呼ばれる概念が普及していきました。現在でも米国企業の中で一般に人事部門は，「human resource department」と呼ばれています。

そして，1980年代には，世界的に市場競争が激化して競争戦略論が勃興してくると，経営（事業）戦略に従って，企業独自の持続的競争優位の源泉である特異な人的資源とそのマネジメントが存在するという「戦略的人的資源管理」（SHRM：Strategic Human Resource Management）が注目されるようになりました。

戦略的人的資源管理は，概念的に3つのモデルに分けられます。まず，伝統的な米国企業に典型的に見られるモデルで，経営戦略の特性に応じたHRM編成との整合性（「外部／垂直的適合」）を強調する戦略決定論的な「コンティンジェンシー・モデル」。そして，1980年代の日本企業に共通する日本的経営に影響されたモデルで，経営戦略を含むあらゆる状況・組織に普遍的に妥当する「最善のHR施策」（「内部／水平的適合」を強調）が企業業績を向上させることに有効であるという「ベストプラクティス・モデル」。最後に，両者のモデルを統合して発展させたモデルで，経営戦略とHRMの整合性を踏まえてHRM施策間の相乗的なシナジーを重視したHRM施策の「最善の組合せ／編成」を強調し，より経験的検証を重視する「コンフィギュレーショナル・モデル」となります。

こうしたモデルは，経営環境や労働市場環境などによって国ごとに相違が見られるだけでなく，各企業の経営理念や戦略によって異なります。

### 3.2　人材マネジメントの機能

人材マネジメントの具体的な機能は，インフロー（採用），インターフロー（配置，評価，処遇，教育），アウトフロー（退職）および福利厚生や労使関係管理などのさまざまな職能によって形成されています（図表11-6）。こうしたさ

図表 11-6　人材マネジメントの主な機能と構図

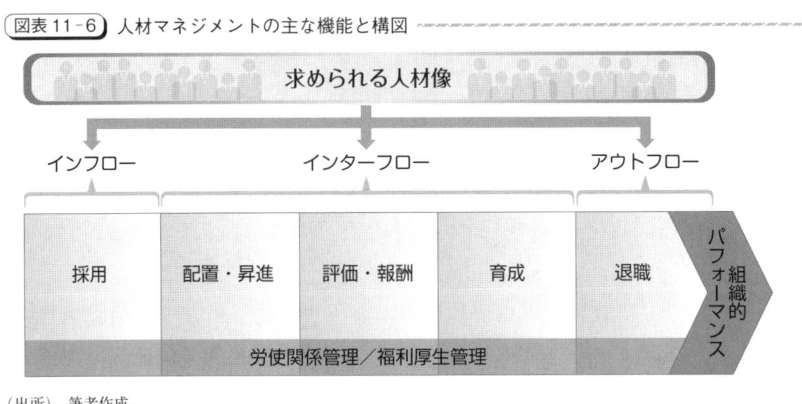


（出所）　筆者作成。

まざまな人材マネジメント機能の根幹は「求められる人材像」によって規定されます。求められる人材像に従って，どのような人材が採用され，配置され，評価され，処遇され，育成されるべきかが明らかになり，人材マネジメントの仕組みや制度設計の拠り所になるからです。

一般的に，求められる人材像は，具体的に見ると潜在的な側面と顕在的な側面とがあります。潜在的な人材像の要件は，会社の戦略が変化してもほとんど変わることがない基盤的な能力や態度などの価値観です。とりわけ新卒採用などではこうした人材像が強調されます。他方，顕在的な人材像は，企業の戦略に従って変化する特定の専門知識やスキルなどが中心です。主に即効的な知識やスキルを発揮することが期待される中途採用や入社後の人材育成などで強調されます。

ケースで取り上げた双日では，総合職に求められる人材像は「価値を創造することのできる人材＝稼ぐ人材」であると定義されていますが，こうした人材像の潜在的な要件は，グローバルなビジネスに不可欠なコミュニケーション能力や経営理念に基づく行動指針などです。他方，従来からの顕在的な人材像の要件は，仲介取引に必要なスキルとして顧客の懐に飛び込んで信頼関係を構築するようなソリューション営業のスキルなどでした。しかし，今後はますます重視される事業投資を推進するために不可欠な能力として，投資対象企業の事業性を評価しキャッシュ・フローやデューデリジェンスを精査する高度で専

図表 11-7　事業戦略と求められる人材像の関係

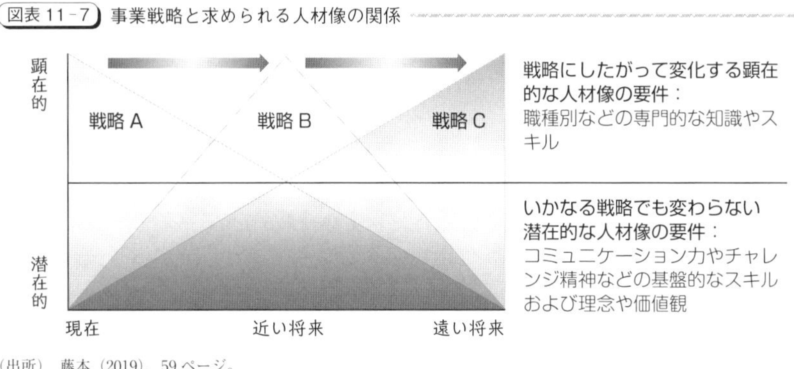


（出所）　藤本（2019），59 ページ。

門的な知識やスキルなどです（図表 11-7）。

では，こうした求められる人材像に従って，どのようにして人材マネジメントの仕組みが形作られているのでしょうか。

### 3.3　日本企業の人材マネジメントの特徴と変遷

従来からの日本企業の人材マネジメントの特徴は，戦後の高度経済成長の時代に形成されてきました。一般に日本的経営を象徴する「三種の神器」（終身雇用，年功序列，企業別労働組合）と呼ばれた日本型雇用システムの仕組みです。

「終身雇用」とは，J. C. アベグレンが 1950 年代末の日本の大企業と欧米企業との決定的な相違として名づけたものです。定年（当時は 55 歳）に達するまで同じ会社に勤め続けることが一般化していた雇用慣行は，当時の日本人の平均寿命からするとあたかも生涯にわたって雇用され続けることを意味していました。また，会社が従業員の仕事だけでなく個人的な財政支援（住宅購入や子どもの学費などの貸付融資）や家族のための教育や福利厚生にまで深く関わっていることにも彼は驚きを隠せませんでした。

ただし，こうした終身雇用関係は，日本の労働基準法や会社独自の就業規則（定年については明記されていますが）で明確に定められたものではなく，長期的な雇用慣行として普及していたことに留意する必要があります。また，このような長期雇用慣行は，大企業を中心として正社員と呼ばれる男性の正規従業員（労働基準法では「期間の定めのない従業員」と定義されています）に限って普及していました。

今日でも，日本企業の正社員を対象とした長期雇用慣行については，先進諸国の平均勤続年数に比べて長いことからも，伝統的な大手企業を中心として尊重されていると考えられています。厚生労働省の「賃金構造基本統計調査」によれば，2017年の日本企業の一般労働者の平均勤続年数は12.1歳（男性13.5歳，女性9.4歳）です。なお，企業規模が大きくなるに従って平均勤続年数も長くなる傾向があります。

また，今日の大半の日本企業では，正社員には「総合職／一般職」のような職群管理として複線型の人事管理制度が設けられています。また，正社員の他にも非正規従業員や派遣社員などの多様な雇用形態の人材が一緒に働いています。こうしたさまざまな職群や雇用形態の人材を組み合わせたきめ細かい「人材ポートフォリオ」によるマネジメントが一般的です。

「年功序列」とは，長期雇用慣行を前提として学歴別に年齢や勤続年数を重ねるに従って賃金や役職などの処遇が上昇するという人事管理の仕組みです。正社員が同じ会社に長く勤めることによって処遇に関するさまざまなメリットを安定的に享受することができます。また，会社側も彼らが長期的に会社に貢献することを期待できます。

今日では，こうした年功序列は入社直後の正社員などには典型的に見られますが，個々人の役割や業績および行動プロセスの評価が重視される成果主義的な要素が色濃くなっています。とりわけ管理職に昇進すると，年功的な要素はほとんどなくなり，会社への貢献度によって報酬が決定されることが一般的です。

「企業別労働組合」とは，企業の中につくられた労働組合のことです。なお，日本の企業別労働組合は，主に管理職を除く正社員に限定されています。ちなみに，欧米諸国では企業横断的に労働組合が結成されることが一般的です。同じ職種の労働者で構成される「職種別組合」や同じ産業に所属する労働者で構成される「産業別組合」などです。

今日では，全労働者に占めるホワイトカラーの割合が高くなり，組合参加率は低落を続けています。戦後間もなくのようなブルーカラー労働者を中心とした強力なパワーを持つ労働組合はきわめて限定的です。そこで，近年はパートタイマーなどの非正規従業員を加入させる動きが一部で見られます。

このように，今日の日本企業は，会社への貢献度を重視する成果主義的な要素が強くなりましたが，正社員の長期雇用を前提として彼／彼女らの能力開発を重視して長期的に会社への貢献を期待するという根本的な人材マネジメントの考え方は大きく変わっていないと考えられます。

### 3.4　人材マネジメントの国際比較

今日の日本企業に共通する特徴である長期雇用慣行などの他にも国際的に比較するといくつかの特徴が見られます。とくに米国企業に共通して見られる特徴と比較してみると，世界の中でも対極に位置づけられます。そこで，両者を比較することによって，今日の人材マネジメントの仕組みを概観してみましょう。

一般に米国企業は，株主の利益を尊重して短期的な経済合理性を重視するきらいがあると考えられています。また，米国の労働市場では，とりわけ若い頃は転職による労働移動が活発です。そのために，景気などの経済状況や会社の戦略に従って，その都度「外部労働市場」から人材を調達（採用）したり，不必要になった人材をレイオフ（解雇）したりします。つまり，日本企業のように新卒採用や長期雇用にこだわらず，経営環境の変化に従って欠員補充型の採用や人員削減を柔軟に実施することが一般的です。

米国企業の人材マネジメントの基盤となる人事管理制度は，「職務等級制度」が一般的です。個々の仕事（職務）の価値に応じて社内独自の格付け（職務等級）を決定し，これが賃金などの基本的な人事処遇の根拠になります。具体的には，外部の人事コンサルタント会社などに依頼して，組織を構成する仕事を網羅的に分析して詳細な課業や職責を定義する「職務記述書」(job description）を作成し，外部労働市場での相場と社内での影響力や価値に照らして基本的な賃金（職務給）などの処遇を決定する仕組みです。また，個々の職務に要求される知識やスキルおよび経験などが「職務要件」(job specification）として採用などの際に明確に提示されます。こうして大局的には職務と能力の適合マネジメントが合理的に追求されます。

こうした職務等級制度によって，具体的な職種や職務ごとに外部労働市場での賃金相場が形成され，高学歴のホワイトカラーなどはより高い処遇を求めて転職活動を活発に行います。また，同じ会社の新卒であっても入社時のポジションや条件によって賃金に大きな格差が生じます。そして，彼／彼女らはより専門的で高度な知識やスキルの習得の機会を求めながら，早期から昇進の可能性を探索することが一般的です。

人材育成についても，基本的な考え方は個々人が主体的に取り組むものであり，会社が選抜した教育投資の対象者に対してだけ会社が費用を負担する教育の機会が提供されます。たとえば，管理職を対象としたリーダーシップ開発などの研修は，特定の選抜された管理者や経営幹部を対象として実施されるケースが少なくありません。

他方，日本の労働市場では，昔に比べると中途採用による労働移動は活発になりましたが，依然として大企業などでは新卒採用が重視され，正社員は長期雇用が一般的です。また，先進諸国の中でも解雇規制が最も強いと言われているため，安易な普通解雇は法的にも制約されています。その結果，日本の大手企業などでは，外部労働市場よりも関連会社などのグループ企業も含めた，組織内部で活発な移動を繰り返す「内部労働市場」が発達しています。

日本企業の正社員を対象とした人事管理制度は，「職能資格制度」や「役割等級制度」が一般的です。職能資格制度は，個々人の職務遂行能力（職能）に応じて社内独自の格付け（資格等級）を決定し，これが賃金などの基本的な人事処遇の根拠になります。具体的には，職種別に社内独自の職能資格に要求される能力を定義した「職能要件定義書」を作成し，昇格に必要な滞留年数や評価などの基準が定められています。

また，役割等級制度は，米国型の職務等級制度による詳細な職務内容を大括りにした役割として定義し，さまざまな処遇の根拠にしたものです。しかしながら，若手の正社員に対しては実質的に職能資格制度に似た，職務遂行能力を重視した運用が一般的です。なお，こうした役割等級制度は，1990 年代後半の成果主義が注目された際の人事管理制度改革によって新たに誕生したものです。ケースで取り上げた双日の人事管理制度は，こうした背景の中で確立されたと考えられます。

いずれにしても，正社員について，新卒採用を重視して長期的な人材育成を前提とし，OJT や Off-JT を通した個々人の多様な能力開発を尊重する人事政策が日本企業に共通する特徴です。具体的には，米国企業のように個々人の職務内容が「職務記述書」によって明確に限定されることがなく，個々人の職務内容は大雑把に決められ，ポジションが変わらなくても仕事と責任の幅も拡大する傾向があり，能力開発の機会が提供されます。

日本企業での正社員は，半期に一度実施される定期的な人事評価だけでなく，日常的な「非公式の評判」や教育投資および本人の希望を総合的に考慮した「ジョブ・ローテーション」を通して幅広い専門的知識やスキルを習得しながら，大半がジェネラリストの管理職として会社に貢献することが期待されています。そして，こうした OJT の他にも Off-JT としてさまざまな教育研修の機会が継続的に提供されます。

このような正社員と会社との互恵的な関係は，「心理的契約」と呼ばれることがあります。明確な法律上の契約関係ではなく，心理的な暗黙の前提としての相互期待が機能しているからです。正社員の側は，会社が安易に解雇することなく教育投資や昇進の機会を与えてくれることを期待し，会社の側は，正社員が献身的に会社に貢献してくれることを期待します。

双日においても，正社員の総合職として入社すると，長期雇用を前提としてジョブ・ローテーションによってさまざまな部門や職種を経験することで幅広い専門知識やスキルを習得し，将来的には事業会社の経営を担うことができる経営人材として会社に貢献することが期待されています。

最後に，人材マネジメントの中心的な役割を担う部門が人事部ですが，やはり日米ではその役割も大きく異なります。米国企業では，事業部長などの特定の幹部を除いて，伝統的にライン部門長が一般社員の採用，配置や昇進，報酬や処遇などの意思決定権者であり，ライン分権的な管理です。米国企業での人事部の役割は，ライン部門長が意思決定をするための法律や事務的なサポートをすることが一般的です。

他方，日本企業では，正社員の採用，人事異動，昇進・昇格，報酬や処遇などのほとんどの職能は，人事担当役員や人事部長が決裁者となる中央集権的な管理が一般的です。ただし，双日のケースでも見られるように，今日の日本の大手企業などでは，事業部門などのライン部門にも独自の人事担当スタッフが存在し，実質的に部門内の経営幹部以外の配置や異動などに関して提案する機能を担っています。

## 4　考えてみよう・調べてみよう

(1)　日本では大卒の大半が在学中に就職活動を開始して，卒業する時点では就職先が決定していることが一般的です。また，多くの日本企業が新卒採用を重視する傾向があります。他方，欧米諸国やアジア諸国の大学などでは，卒業後に本格的な就職活動がスタートすることが一般的です。また，日本企業のように新卒採用にこだわるわけではありません。

　では，なぜ，日本企業がこれほど新卒採用を重視しているのでしょうか。新卒採用のメリットとデメリットを比較しながら，その背後にはどのようなメカニズムが機能しているのかを考えてみましょう。

(2)　戦後の高度経済成長期に確立したと言われる日本型雇用システムは，1990 年代初頭のバブル経済の崩壊によって大きく変容したと言われています。その最大の要因は，1990 年代後半から日本企業に普及した成果主義人事管理でした。

　では，この成果主義人事管理は，日本企業にどのような影響をもたらしたのでしょうか。経営者と従業員の視点からそれぞれメリットとデメリットを列挙して，デメリットを克服するための施策にはどのような制度や仕組みが導入されてきたのか調べてみましょう。

(3)　経済のグローバル化や AI（人工知能）の活用によって，これまでの働き方が大きく変わると言われています。投資家向けの株式や債券の売買を扱うデイトレーダーなどの仕事が AI に代替されるように，高度な知識やスキルを必要とする職業までもが AI に奪われると言われています。

　では，これから 10 年後の時代には，どのようなスキルや人的資本が重要になるのでしょうか。その際に，日本や欧米諸国の人材マネジメントはどのように変化すべきなのでしょうか。具体的に，何を残して，何を変えるべきなのでしょうか。

## 5 読んでみよう

岩出博（1989）『アメリカ労務管理論史』三嶺書房。

岩出博（2002）『戦略的人的資源管理の実相：アメリカ SHRM 論研究ノート』泉文堂。

◈米国における 20 世紀初頭の人事労務管理の誕生から今日の戦略的人的資源管理の台頭に至るまでの歴史的な変遷がよく理解できます。

J. C. アベグレン著，山岡洋一訳（2004）『日本の経営（新訳版）』日本経済新聞社。

◈戦後の高度経済成長期の初期，米国人の目から見た「日本的経営」の特徴がさまざまなエピソードとして詳細に記述されている歴史的な名著です。

楠田丘（2002）『日本型成果主義：人事・賃金制度の枠組と設計』生産性出版。

◈日本の「職能資格制度」の生みの親が執筆した日本型成果主義の特徴と方向性が描かれており，今日の日本企業の人事管理制度の仕組みがわかりやすく述べられています。

# 第12章 日本的生産システム

## トヨタの生産方式

キーワード
ジャスト・イン・タイム　自働化
かんばん　組織能力

### 1　この章のねらい

マイクロソフトの創業者であるビル・ゲイツは，2000年11月12日に米国のラスベガスで開催されたハイテク見本市で次のような基調演説をしました。

「私はGM中興の祖アルフレッド・スローンの『GMとともに』を座右の書としている。ここで重要なのは，天才的な事業家がいなくなった後にどのように組織を永続させるかである。この点でお手本になる格好の企業が日本に2社ある。トヨタ自動車とソニーである。私は5年間急成長する企業には驚かないが，20年，30年にわたって継続的に優れた成果を出している企業には非常に興味がある。要は永続性のメカニズムが埋め込まれているかどうか，である。」（『日経ビジネス』2001年1月1日）

ビル・ゲイツの言う永続性のメカニズムを，経営学では持続的な競争優位の源泉とも呼びます。成長し続け，市場で強い地位を保ち続けることはすべての企業の願いでしょう。それでは，企業の持続的な競争優位を支える根幹となるのは何でしょうか。すぐれた戦略や組織文化などさまざまな要因があげられますが，開発，生産，販売など「現場」で行われる活動をいかに効率的かつ効果的に行えるかということは不可欠です。どれだけすぐれた戦略を持ち，優秀な人材を揃え，最先端の技術や設備を備えたとしても，現場での効率的なオペレーションを継続し，それをうまく管理できなければ製品やサービスの品質は保

**企業プロフィール**

| トヨタ自動車（2018年3月期） | |
|---|---|
| •創　　立 | 1937年8月 |
| •資 本 金 | 6354億円 |
| •事業分野 | 乗用車，トラック・バスの製造・販売など |
| •売 上 高 | 27兆5971億円（2017年3月末） |
| •営業利益 | 1兆9943億円（2017年3月末） |
| •従業員数 | 36万9124人 |
| •子会社数 | 548社（連結） |

証できないでしょう。広告などに大規模投資を行い，ブランドイメージを高めることができたとしても，現場でよいものを作り続けることができなければ，いずれは顧客の信頼を失い，そのブランドの維持はできないはずです。消費者の目には見えないものの，企業の競争力を舞台裏で支える現場力は，ライバル企業に模倣されにくい貴重な経営資源となり得るのです。

本章では，現場管理に高い競争優位を有するとされるトヨタの事例を取り上げます。とくに今や世界的に有名となったトヨタ生産方式（Toyota Production System：以下，TPSと表記）を紹介しながら，現場管理のあり方について理解し，なぜ，どのようにそれが企業の競争力を支えるのかについて理解する材料にしたいと思います。読者の中には，自分は製造業より金融やIT分野に興味があるし，工場現場の管理について勉強しても仕方ないと思っている人もいるかもしれません。意外なことに，TPSは自動車以外の製造業分野で採用されているのはもちろんのこと，銀行，病院，空港，小売，自治体，運輸，宿泊，飲食，IT，保険といったサービス産業においても広く活用されています。本章ではまず，TPSの基本について概観し，その成果およびサービス業への応用について説明します。その後，TPSのようなシステムがなぜ日本で発生・進化したのかについて触れ，最後に日本自動車産業が抱える課題について考察します。

## *2*　ケース：トヨタの生産方式

### *2. 1*　世界で認められるトヨタ自動車

まずは，世界自動車市場の規模や主要プレーヤーについて知っておきましょう。2017年度の世界自動車の生産台数は9868万台で，販売台数は9612万台でした。販売台数トップ10の企業グループが世界販売台数の7割以上を占めている中で，トヨタ，日産，三菱，ホンダ，スズキといった日本企業は強い存在感を示しています（図表12-1）。3位であるルノー/日産/三菱自動車グループにはルノーの販売台数が含まれていることを考えても，世界中で売られる車の2〜3割は日本企業が生産した自動車であることがわかります。

図表12-1のように，トヨタグループは世界自動車販売台数の約1割強を占め，全体では2位のポジションにある企業です。2014年度にトヨタグループは初めて1000万台を超えて1023万台もの車を販売，2015年度には1015万台を販売し，12〜15年の4年連続で販売台数世界一を達成しました。しかし，中国市場の成長とともに中国で強いVW（フォルクスワーゲン）グループに僅差で1位の座を譲ったのが2016年度です。

1937年に設立されたトヨタは独自の生産方式を形成・進化させながら時代の変化とともに持続的な成長を遂げてきました。1960年代には日本国内のモータリゼーションの波に乗り大きく成長し，1970年代には2回のオイルショックを契機に急速に輸出を拡大させました。さらに，1980年代には海外生産を始めグローバル化に踏み出し，バブル崩壊後の1990年代にも世界販売台数，売上高，営業利益ともに拡大させながら成長し続けています。このような成長の原因として最も注目されてきたのがTPSです。実は，TPSは製品開発，購買（サプライヤー・マネジメント），生産，販売，人材育成といった一連のプロセスを含むもので，すべてが絡み合って持続的な競争優位を支えているものです。本章では，その一部である生産方式にのみ焦点を当て，説明していきます。

### *2.2*　トヨタ生産方式の概念

本章で紹介するTPSは，「リーン生産方式」，または「JIT（ジャスト・イン・タイム）方式」とも呼ばれ，日本の製造業を代表する生産方式として世界中に広く知られています。トヨタ生産方式は「自働化」と「ジャスト・イン・タイム」の2つの考え方を柱として確立されました。「自働化」は，「異常が発生したら機械がただちに停止して，不良品を作らない」という考え方で，「ジャスト・イン・タイム」は文字通りに，各工程が必要なだけのものを，流れるように停滞なく生産するといった考え方です。この2つの考え方によって，顧客の要望に合った車を，たしかな品質で，効率的かつタイムリーに作り，より早く

図表12-1　グループ別世界自動車販売ランキング（2017年）

| 順位 | グループ | 販売台数 |
|---|---|---|
| 1 | フォルクスワーゲングループ | 10,462,371 |
| 2 | トヨタグループ | 10,269,642 |
| 3 | ルノー/日産/三菱自動車グループ | 10,229,042 |
| 4 | GMグループ | 10,051,563 |
| 5 | 現代自動車グループ | 7,285,835 |
| 6 | フォードグループ | 6,222,587 |
| 7 | ホンダ | 5,273,167 |
| 8 | FCA | 4,615,968 |
| 9 | スズキ | 3,104,608 |
| 10 | PSA | 3,025,989 |

（出所）　FOURIN（2018）。

納品することを目的としています。次項以下では，それぞれの考え方の詳細について説明します。

### 2.3　ジャスト・イン・タイム：必要なものを，必要なときに，必要なだけ

自動車は非常に複雑な製品です。皆さんが聞きなれているトヨタ，日産，ホンダなどの自動車メーカーは，完成車を生産・販売していますが，完成車はおよそ2万点から3万点もの部品から構成されていると言われます。そのうち，会社によって違いはあるものの，大体6～7割の部品は自動車部品メーカーから調達しています。すなわち，1万～2万点ぐらいの部品を数百，数千の部品会社に発注し，調達し，自動車メーカーが完成車を組み立てているのです。さらに，各社の生産している車の種類やモデルも数十から数百にのぼります。仕様や色の違いまで加えなくても，完成車の生産管理がどれだけ複雑で大変なのかは想像に難くないでしょう。

「ジャスト・イン・タイム（JIT）」とは，「必要なものを，必要なときに，必要なだけ」という意味です。それを通じて，「ムダ，ムラ，ムリ」がないような生産計画を立て，生産効率を向上させようという考え方なのです。この方式は1900年代初頭のアメリカにおけるフォードの大量生産方式とは区別され，

写真 12-1　かんばんの例

写真提供　トヨタ産業技術記念館

作業の中で余分なものを持たない，余分なものを作らないことを基本にした生産の仕組みとして発展してきました。

これを実現するための道具として，生産指示や情報伝達の役割を果たすために考案されたのが「かんばん」です（写真 12-1）。TPS の代わりに「かんばん方式」とも呼ばれるほど大きく注目された仕組みであり，かんばんには，何を，いつ，どれだけ，どこで，どのように作り，どこに運ぶかといった情報が一目でわかるように表示されています。

このかんばんは，かつて「スーパーマーケット方式」とも言われており，正に 1950 年代のアメリカで普及していたスーパーマーケットからヒントを得て考案されました。スーパーマーケットでは，顧客の必要とする物品を，必要なときに，必要な量だけ在庫を確保し，いつ何を買いにきても対応できる品揃えをしておきます。トヨタ生産方式の基礎を築いた大野耐一（元副社長）が，アメリカのスーパーマーケットを視察した時に着想し，この考えを生産現場に応用しました。必要な部品を，必要なときに，必要な量だけを前工程に取りに行くことで，前工程が無駄に部品を多く作り，後工程に貯めてしまうという，それまでの非効率な生産性を改善することができたのです（図表 12-2）。

図表 12-2　かんばん方式の流れ

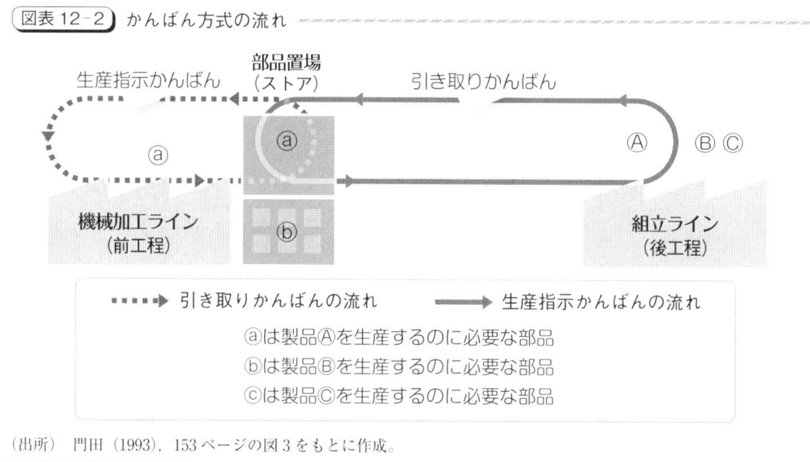


（出所）門田（1993），153 ページの図 3 をもとに作成。

### *2. 4*　「自動化」ではなく「自働化」：不良品を作らない仕組み

TPS のもうひとつの柱である「自働化」は，大野耐一の造語です。機械による単純な自動化と区別し，「人間の知恵を付与することで，不良品を生産しない」仕組みという意味を込め，ニンベンの付いた「働」を使っています。このアイデアの源流は，トヨタ自動車の創業者である豊田佐吉が発明した自動織機にさかのぼります。昔は手作業で織物を作っていましたが，豊田佐吉は 1896 年に日本初の動力織機である「豊田式汽力織機」を発明し，その後，糸切れなどの異常を検知すると運転を停止する「経糸切断自動停止措置」など，数々の革新的な機械を発明しました。これらの機械によって，繊維産業においても，「異常があれば機械が止まる」ことで，不良品は生産されず，作業者一人で何台もの機械を運転できるようになり，生産性は飛躍的に向上しました。このように，ただ自動で動くだけでなく，機械に異常を判断させる機能を組み込んだとの意味で「自働化」と呼ばれるわけです。これにヒントを得た大野耐一は，「工場内の機械が異常を検知したら自ら止まる」ことを，人間が作業を行うラインにも拡大して，「問題があれば機械を止めて，問題の原因を調べて改善する」ことにしました。

一般的な大量生産工場の現場を想像してみてください。大きな機械が動き，ベルトコンベアーが流れ，その周辺で作業員がモノを組み立てていき，最終的に検査を経て出荷するといったイメージでしょう。最終検査で合格できなかった製品がいわゆる不良品となり，さらにそこでも発見できなかった欠陥が市場に出た後に見つかり，顧客からクレームがくることもあります。トヨタは，従来の常識とされるこのようなやり方とは違ったアプローチを選びました。つまり，不良品を最終検査で発見するのではなく，そもそも不良品を作らないようにするといった発想です。TPSでは，「品質の造り込み」と言われ，問題を顕在化・見える化することで，各生産工程で品質を確保していくことを目指します。

自働化は，「ジャスト・イン・タイム」を実現するための重要な前提条件ともなります。つまり，前工程で作られ，後工程に引き取られる部品がすべて良品でなければ，滞りなく，タイムリーに完成品を生産することはできません。自働化では，2つの場合において機械が止まるように設計されています。1つめは，通常の加工が完了した場合，機械は安全に停止します。2つめは，万一，品質や設備に異常が見つかった場合，機械が自ら異常を検知して止まり，これを「アンドン」と呼ばれる異常表示盤で知らせます。それによって，不良品がそのまま後工程に流れ完成品に含まれることが未然に防止され，なぜ，どのような異常が発生したかという原因究明と再発防止も容易になります。このように機械が異常を検知し，知らせてくれるため，作業者は目の前の作業に安心して取り組めるだけではなく，作業者が多くの機械を受け持つことも可能になるため，生産性も向上します。

### 2.5　問題解決を支える5つの仕組み

先述の「ジャスト・イン・タイム」と「自働化」がTPSの基本的な考え方だとしたら，それを支え実現していく仕組みとして，小ロット，流れ生産，多能工，平準化，ポカヨケなど多くのものがあります。そのうち，産業を超えて最も広く適用されている仕組みを5つ紹介します。これらは，企業組織だけではなく，サークル，バイトなど皆さんの生活にも適用できるTPSの仕組みでしょう。なぜなら，TPSは工場での生産管理のみに適用しうる手法ではなく，考え方そのものに本質があるからです。

第一に，「改善」です。世界各地の外国企業の生産現場でも“Kaizen”という言葉が広く使われているほど有名かつ代表的な取り組みです。TPSのものづくりが目指すのは，「より良いものを，より早く，より安く」です。そのためには，日々与えられたルーチンの仕事をただただ繰り返すだけではなく，より良いもの，やり方を絶えず追求する姿勢が求められます。実際ものづくりに携わっている作業者こそが日々の問題やムダ，非効率に気づいたり，難しさやしんどさを感じたりするはずです。それを仕方なく受け入れるのではなく，常に「もっと楽なやり方はないか，ムダを省けないか，より効率的な方法はないか」と考え続け，解を見つけることが「改善」の基本です。ここで重要なのは，お金より知恵を使うことです。たとえば，NHKの子ども番組「ピタゴラスイッチ」のように，工場内のものの置き方，動かし方などを工夫し，動力の使用を最小限に抑えながら効率化する「カラクリ改善」は今や製造業全般に広く使われています。各企業では，作業者がより積極的に改善活動に取り組むように奨励賞やポイント制度などを設けていたり，業界を跨（また）ぐカラクリ改善展示会が開かれ，互いの事例を学び合ったりと，「改善」は日本製造業の文化として浸透しているとも言えます。

第二に，「見える化」です。生産現場での問題は，あってはいけないもの，ネガティブなものと認識されがちです。しかし，問題を解決するためにはその問題を隠すのではなく，皆に見えるようにすることが大切であるというのがTPSの考え方です。前述の「自働化」で説明したように，問題が検知されたら機械を止める，ラインを止めるというのもそのためです。機械やラインが止まったことで，問題が起きたことが皆に見えるようになり，これによってその問題を解決するための知恵を出し解決することが可能になります。逆に，ある工程で不良品が見つかり，それをラインの脇に置いたまま機械を動かし作業を続けたとしたら，問題は顕在化しなくなるし，問題の原因を探る機会も失われてしまいます。「見える化」は，「現場における問題の見える化」にとどまらず，「思いの見える化」「原価の見える化」「能力の見える化」「進捗状況の見える化」など広い領域に適用されている考え方です。いずれも問題解決に向けて皆の知恵を引き出す仕組みと言えます。

第三に，「5なぜ」です。大野耐一は，「一つの事象に対して，5回のなぜをぶつけてみたことはあるだろうか。5回のなぜを自問自答することによって，ものごとの因果関係とか，その裏にひそむ本当の原因を突き止めることができる」と述べています。積極的に問題を顕在化しようとするトヨタでは，ある問題が起きたとき，責任追及よりも原因追及を重視します。その際に，「なぜこの問題が起きたのか」に対する原因追及が甘いと，表面的な対策しか立てられず，同じような問題が再び起きてしまう可能性が高くなります。そこで，すぐに思いつく考えを安易に答えとせず，真の原因を探ることを目的とするのが「5なぜ」の考え方です。

第四に，「ムダどり」です。TPSは通常皆が仕事と思ってやっていることの中には「ムダ」と「付随作業」（本来はムダだが，現状ではやらなければならないもの），「正味作業」があると分類します。そこで，ムダを省き，付随作業を改善することで，可能な限り正味作業の比率を高めることを目指します。ちなみにここで言う「ムダ」とは，生産現場では「付加価値を生まない作業（＝原価のみを増加させる作業）」を指します。TPSでは「7つのムダ」を定め，それらの排除のために工夫していますが，具体的には，①作りすぎのムダ，②手待ちのムダ，③運搬のムダ，④加工そのもののムダ，⑤在庫のムダ，⑥動作のムダ，⑦不良品を作るムダが該当します。間接部門やサービス業では「顧客の役に立たない作業」が「ムダ」になります。各産業，組織の特性に合った「ムダ」を特定することで，そのムダを徹底的に省き，原価低減や生産性向上につなげることが可能になるでしょう。

最後に，「5S」です。トヨタ式考え方の最も基本とされる5Sとは，整理，整頓，清掃，清潔，躾（しつけ）のローマ字の頭文字を意味します。一般に，自動車の工場だけではなく，机の中，パソコンの中の探し物など，仕事の中に占める「ものを探す」行為に人は意外なほど時間を割いています。TPSでは「ものを探す」のは仕事の一部ではなく，ただの「ムダ」と捉えます。上述のように，それはまったく付加価値を生まないからです。「5S」の中でも最も重要なのが整理・整頓です。TPSの基礎を築いた大野耐一の有名な言葉があります。「いらないものを処分することが整理であり，ほしいものがいつでも取り出せることを整頓と言う。ただきちんと並べるだけなのは整列であって，現場の管理は整理・整頓でなければならない」。整理・整頓されたものを維持していくために，清掃・清潔が必要であり，このような取り組みを続けられるようにするには従業員の躾も欠かせません。TPSを導入している多くの海外企業の工場には，SEIRI, SEITON, SEISO, SEIKETSU, SHITSUKEと書かれた5Sが壁に大きく張られています。5Sを徹底することができて初めてTPSの基本が身につくからです。

### 2.6　日本的生産システムの成果

このように，トヨタをはじめとする日本の自動車メーカーは独自の生産システムを構築してきましたが，その真価が世界に知られるようになったのは1980年代に入ってからでした。1970年代から日本製の自動車や家電がアメリカ市場に浸透しつつありましたが，当時多くのアメリカの財界人・経営者たちは，日本の製造業の競争力を「ひどく安い給料で長時間労働をいとわない労働者たちを使って，モノマネ製品を作っているのだから，不公平なくらい安いのは当然だ」と捉えていました。

TPSが注目され始めた契機のひとつとして，「NUMMI（ヌーミー）の奇跡」は欠かせません。「NUMMI」とは，米国最大の自動車メーカーであったGM（ゼネラル・モーターズ）とトヨタが折半で出資した合弁会社の略称です。GMが1963年にカリフォルニア州に設立したフリーモンド工場は，サッカー場88個分と言われる巨大なものでしたが，その生産性は世界最悪とも言われ，82年に閉鎖されてしまいます。当時，アメリカとの貿易摩擦で悩まされていたトヨタは，相手先としてGMを選び，1984年このフリーモンド工場の再生に名乗りをあげたのです。合弁条件のひとつは，1982年に工場閉鎖とともに解雇した従業員を全員再雇用することでした。やる気がなく，工場内でお酒を飲んだり，大麻を吸ったりしていて，最低の生産性と高い不良品率で悪名の高かった従業員を再雇用したトヨタがどのように成果を出すのかに注目が集まりました。もちろん，トヨタはTPSを導入し従業員の再教育と生産性向上に取り組みました。その結果，NUMMI工場の生産性は，GMの平均的な工場生産性の約2倍となり，「NUMMIの奇跡」とまで称されたのです。

その頃から，TPSに関する世間の関心が高まり，本格的な研究も数多くなされました。代表的なものである，ジェームズ・P.ウォマック，ダニエル・

ルース，ダニエル・T. ジョーンズによる『リーン生産方式が，世界の自動車産業をこう変える』（経済界，1990年）は，自動車の組立生産性と製造品質はトレードオフの関係にあるという業界の常識を，「日本自動車メーカーは米国の自動車メーカーよりも，組立生産性は2倍，製造品質は3倍良い」という実態調査の結果によって覆しました。それによって，日本メーカー，とくにTPSに注目がさらに集まることになったのです。

このような生産システムに支えられ，バブル崩壊後の1990年代には危機に見舞われたものの，日本の自動車産業は世界の中で強い競争優位を保持してきました。日本の自動車産業の競争力の源がリーン生産方式（TPSの別名）と称される仕組み，考え方にあることを理解した欧米自動車メーカーは，熱心に日本のシステムに学び，その仕組みを取り入れ，業績回復につなげていきました。たとえば，1980年代後半の危機から立ち直ったクライスラー（米）やルノー（仏）はその代表例です。図表12-3は，アメリカのマサチューセッツ工科大学（MIT）とハーバード大学，東京大学が中心になって長年にわたって行ってきた国際比較調査のデータを整理したものです。自動車組立工場の生産性，製造品質，開発工数，開発リードタイムといった指標から日本と欧米を比較しており，表の下の注で示している通り，数値が小さいほど製造・開発の生産性や品質が高いことを意味しています。この表からも，1980年代後半に比べ，90年代には日本が首位の座は維持しているものの，欧米との差が縮まっていることがわかります。

MITの国際自動車プログラム（IMVP）の報告書（Womack, et al., 1990）でも，「リーン生産方式」をなんらかの形で導入した企業は1980年代の自動車市場で顕著な国際競争優位を示したと主張しています。そのすぐれた仕組みと成果は，欧米の自動車メーカーや部品メーカーにも取り入れられ，日本の自動車産業は1990年代初めに名実ともに絶頂期を迎えたのです。このように，TPSは世界のものづくりを変えたと言われており，1980年代から欧米諸国に，近年には中国やインドといった新興国企業にも広く導入されています。

### 2.7　サービス産業でも大活躍するTPS

TPSは自動車業界で絶賛されただけではなく，製造業全般にも学習され，

図表12-3　生産，開発に関する競争力指標をめぐる日米欧比較（1980年代後半〜90年代末）

| | | 1980年代後半 | 1990年代半ば | 1990年代末 |
|---|---|---|---|---|
| 組立生産性 | 日本 | 16.8 | 16.5 | 12.3 |
| | 米国 | 24.9 | 21.9 | 16.8 |
| | 欧州 | 35.5 | 25.3 | 20.1 |
| 製造品質 | 日本 | 38.0 | 33.0 | 31.0 |
| | 米国 | 56.0 | 46.0 | 45.0 |
| | 欧州 | 56.0 | 37.0 | 33.0 |
| 開発工数 | 日本 | 160.0 | 135.0 | 135.0 |
| | 米国 | 240.0 | 210.0 | 275.0 |
| | 欧州 | 275.0 | 275.0 | 360.0 |
| 開発リードタイム | 日本 | 48.0 | 51.0 | 44.0 |
| | 米国 | 57.5 | 48.0 | 54.0 |
| | 欧州 | 57.5 | 56.0 | 57.5 |

（注）組立生産性＝車1台を組み立てるにかかる時間
製造品質＝100台当たり欠陥箇所数
開発工数＝新車開発所要工数（万人／時間）
開発リードタイム＝新車コンセプト検討開始から発売までの時間（月）
（出所）青島・武石・クスマノ（2010），234ページ。

ひいては銀行，病院，空港，小売，自治体，運輸，宿泊，飲食，IT，保険といった非製造業部門にも幅広く導入されています。ここでは，病院と自治体への導入事例を簡単に紹介します。

近年，日本やアメリカの病院においてTPSの導入が進んでいます。TPSは多品種少量生産に適しており，高いフレキシビリティを強みとする生産方式です。その市場志向・顧客志向の思想が，病院など医療サービスにおける患者中心型医療と合致し，TPSを医療分野に適用する根拠となりました。2001年にTPSを導入したバージニア・メイソン病院（Virginia Mason Medical Center：以下，VMMCと表記）は，アメリカにおけるTPSの初期導入事例として有名です。VMMCは航空機メーカーであるボーイング社と同じくシアトルに立地しており，ボーイング社のTPS導入に影響を受け同病院への導入が始まりました。VMMCは愛知県のトヨタ自動車工場での社員研修を毎年行い，「顧客第一主義」を学びながら，改善推進オフィス（KPO：Kaizen Promotion Office）による改善活動の制度化，医師や看護師といった医療専門職の巻き込み（現場主導型）などに取り組みました。その結果，VMMCは医療保険分野におけるTPS導入のトップリーダーとしての地位を確立し，安全で質の高い医療サービスを提供している医療機関として全米トップクラスの評価を受けています。

もうひとつは，福島県伊達市役所における業務効率改善の事例です。伊達市は2006年度に伊達町，梁川町，保原町，霊山町，月舘町の5町の合弁により誕生しましたが，各町の異なる行政手法のすり合わせが行われてこなかったために事務の非効率が問題とされていました。合弁に伴う交付税の特別措置も削減される見込みとなり，厳しい状況への対応策としてTPSの導入に踏み出したのです。生産現場で活用されるTPSの導入がはたして意味があるのかという戸惑いの声も上がりましたが，JR東日本の元工場長であり，TPSを現場に導入しその効果を肌で感じてきた仁志田昇司市長の強力なリーダシップが牽引したと言われます。主に取り組んだのは，3S（整理・整頓・清掃）をもとにした業務改善で，「あるべき位置に，あるべきものが，あるべき数量を常に確保できる仕組み」を心がけました。それから，全41課120係の業務を洗い出し，業務内容やスキル，業務進捗の「見える化」を進めました。その結果，生産性の向上，コスト削減，窓口の待ち時間の削減，職人の意識変化など目に見える成果が上がりました。また，作業改善や委託業務の見直し，進捗管理の徹底などにより，2015年には人件費を含め約5500万円の削減効果がありました。とくに，保険推進課で最も業務量の多かった「がん検診業務」は年間1126時間の短縮に成功しました。何より一番の効果は，職員の意識が変わり，「そもそもこの業務は必要か，ムダはないか，何か改善ができないか」と考えることが広まったことでした。

## 3　ケースを解く

### 3.1　なぜ日本ではTPSのようなシステムの発展が可能であったのか

TPSは，1910年代アメリカで形成され大量生産方式の代表格となっていたフォード方式（Ford System）に代わる画期的な生産方式とされます。チャールズ・チャップリンの有名な映画『モダン・タイムス』で，彼がスパナを手にベルトコンベアーを絶え間なく流れる部品のネジを回し続けたり，歯車に巻き込まれたりするシーンを見たことがあるでしょうか。まさにフォード方式で代表される大量生産方式の一面を喜劇的に描いたものです。図表12-4では，フォード方式で代表されるアメリカ生まれの大量生産方式と，TPSに代表される日本的生産方式の違いを簡単にまとめてあります。日本より数十年も早く発展したアメリカの生産システムを，日本の自動車会社各社も学習しました。しかしその後，なぜ日本でTPSのようなまったく違った生産システムが生まれ，進化していったのでしょうか。

それは，日本という国が置かれた状況や企業家の特性，それからベンチマーキングといった3つの要因から説明されます（藤本，1997）。第一に，戦後日本が抱えていたある種の歴史的制約条件が，TPSのような生産システムの形成を促しました。戦後，ヒト，モノ，カネといった経営資源がきわめて不足する中で，日本の自動車産業は生産の拡大を余儀なくされました。そのため，部品メーカーと緊密な協力関係を築いたり，生産設備の面でも既存の機械に人の知恵を加えて再活用したりするなどの工夫をせざるをえない状況だったのです。また，1960年代から日本のモータリゼーションが始まりますが，国内市場の成長がモデルの多様化を伴わざるをえず，その結果としてフレキシブルな生産システムが構築されました。日本の自動車産業は戦後多くの企業が共存しながら，それぞれのセグメントにおける各社の新車販売競争が激しく繰り広げられました。そのため，生産システムそのもののフレキシブル化とともに，新製品開発システムの効率化にも圧力がかかったわけです。

それに加えて，資本の慢性的な不足が過剰技術の選択を回避する効果を導きました。その結果，アメリカでは1960年代後半からコンピュータ技術が広く導入されていましたが，トヨタはかんばん方式で貫きましたし，完全なオートメーションではなく，ヒトの知恵を加える自働化が定着することとなりました。言い換えると，このような経営資源の不足や国内における激しい競争といった歴史的制約条件が，TPSの進化の方向に影響を与えたと考えられます。

第二に，トヨタ自動車の創始者である豊田喜一郎の創業以来の構想も，TPSの形成に大きな影響を与えました。制約条件を考慮せずに直感的に導き出され

図表 12-4　フォード方式とトヨタ生産方式との比較

| | フォード方式 | トヨタ生産方式 |
|---|---|---|
| コストダウン戦略 | 大量生産による規模の経済の追及 | 徹底したムダの排除，在庫を極限まで削減 |
| 製　品 | 少品種大量生産（T 型フォード） | 多品種少量生産 |
| 生産原理 | 生産計画に合わせ，前工程から後工程へ | 市場からの受注に合わせ，後工程から前工程へ |
| 部品サプライヤー | 多数のサプライヤーと短期的取引 | 系列サプライヤー中心の長期的取引 |
| 改善の主体 | エンジニア（ホワイトカラーとブルーカラーの身分格差） | 作業者全員（全員参加型・平等主義） |

た一見無謀なビジョンの提示が，結果として競争力のあるシステムの形成に結び付いたのです。豊田自動織機の豊田喜一郎は 1931 年頃，同社の一隅に研究室を作り，エンジンの試作・研究に着手しましたが，当時の喜一郎の構想は次の 2 点でした。

① 当時全盛のフォード，シボレーとの競争を回避せず，双方の長所をとって日本の環境に合った「大衆車」を作り，価格・性能で海外車に対抗する。

② 生産方法は米国の大量生産方式に学ぶが，そのまままねをするのではなく日本の事情（月産数百台規模を製造）に合った生産方式を考える。

この構想が，国内には生産工場すら存在せず，フォードや GM が全盛期であった 1931 年に示されたのは非常に野心的なものと評価されます。さまざまな歴史的制約条件があったとしても，喜一郎が提示したようなビジョンがなければ，TPS の構築は不可能だったかもしれません。

第三に，ベンチマークがあげられます。とくに，アメリカのフォード・システムと科学的管理法は，戦前日本の紡績業と航空機産業において活発に学習されました。いずれも外部のシステムを修正しながら既存のシステムに適用しており，図表 12-4 では対照的に示されているフォード・システムあるいはアメリカ的大量生産方式の要素も日本の製造業の各分野に広く導入されています。以上のように，TPS の形成と進化は経営環境・歴史・企業家・競争状況・知識移転などさまざまな要因が影響し合った結果として理解することができます。

### 3.2　日本的生産方式の歴史的意義

TPSが日本という地で生まれ進化したことは，世界経済や歴史といった大きな流れの中ではどのように位置づけられるでしょうか。マイケル・J.ピオリとチャールズ・F.セーブルが1984年に発表した『第二の産業分水嶺』によれば，次のようになります。

世界経済は1950年代から60年代を通して長期的な高度成長を続けてきましたが，70年代に入りその成長は限界に直面します。つまり，ドル危機とオイルショックを契機として長期の停滞と不況の時代に入ることになりました。当時の支配的な生産体制であったアメリカ発の生産システムは，規格化・標準化された製品を大量に生産し，それが安定的に販売できる市場を前提とするものでした。しかし，1970年代に入り経済の不確実性が高まることで，安定した大量消費市場が崩壊していきました。そこで，この大量生産体制を前提とする生産方式は深刻な危機に直面したのです。

そこで，この危機から脱却するための企業戦略として，大量生産体制の国際的拡大，そして柔軟な専門化が選択肢として浮かび上がりました。この2つのうちどれが支配的な生産体制になるのかは，企業が属する政治的・社会的諸条件によって決まります。当時のアメリカはどちらかと言えば大量生産体制の国際的拡大の道に進んだ企業が多かったのですが，日本は*3.1*で述べた環境や条件から柔軟な専門化が発達した国のひとつに進化してきたのです。ピオリとセーブルは，日本の他にもドイツやイタリアを柔軟な専門化を発達させた国としてあげ，これは19世紀以来，限定的なものとみなされてきたクラフト的な生産であると位置づけています。クラフト的な生産とは，大量生産体制に代わるものであり，汎用性の高い機械と熟練した技術者を用いることで絶えず変化する市場に応じて製品を生産することができる生産方式を意味します。

少し詳しく述べると，柔軟な専門化という概念は汎用性の高い多目的機械と熟練した技術者，（中小）企業のクラスター，企業間のネットワーキング，集団的な効率性，といった4つの要素から構成されています。ピオリとセーブルは，日本，ドイツ，イタリアのような地域における生産体制の基盤となるのがクラフト的伝統の系譜に立つ中小企業であるとし，柔軟な専門化は中小企業において支えられていると主張します。

このように生産方式というのは，世界経済の大きな流れの中でそれぞれの時代の経済状況，市場の要求に影響されながらその優位性が変わってきています。フォード方式に代表されるアメリカの大量生産システムから，TPS で代表される日本式生産システムへ移行したのも，大きな世界経済の変化といった背景がありました。また，日本社会や文化に生きるクラフト的伝統と実力のある中小企業の存在が，他ではなく日本で柔軟な専門化を発展させる土俵となったのです。

### *3.3*　日本の自動車産業，その競争力は続くのか

図表 12-1 で示したように，トヨタをはじめとした日本の自動車企業は世界的にも強い競争力を誇ってきました。上述の通り，その大きな理由のひとつが，TPS に代表される日本的生産システムです。しかし，すぐれた生産システムを有することがいつまでも企業の競争優位を担保するとは限りません。本項では，従来日本の自動車産業の弱みとして指摘されてきた要因をあげ，日本の自動車産業が直面している課題について考察しておきましょう。

まず，従来から日本自動車企業は欧米のライバル企業に比べて「戦略的経営が弱い」と指摘されてきました。すなわち，図表 12-3 で示したように依然として生産・開発のための基礎能力ではすぐれているものの，そうした強みを収益に結びつけるための仕組みづくりは欧米のライバル企業に比べると劣っているとの評価を受けています。他社より少ない時間や労働力でより優れた品質の製品が作れるのに，なぜそれが収益に結びつかないのでしょうか。これを理解するには，図表 12-5 が参考になります。

藤本（2003）は，企業固有の競争力を「組織能力」という概念を用いて説明しています。「組織能力」とは，企業に固有の経営資源や，組織に蓄積された知識，組織成員の行動を律する常軌的な規範や慣行である「組織ルーチン」の総体と定義されます。その組織能力が深層と表層という 2 段階の競争力を通じて，企業の利益やパフォーマンスとして市場で評価を受けるわけです。ここで，「深層の競争力」とは，本章の事例で主に焦点を当ててきた生産性や生産リードタイム，開発リードタイムや開発工数（効率），適合品質（不良品率）など，顧客の目に見えない次元での競争力のことです。一方，「表層の競争力」とは，

図表12-5　ものづくり組織能力とパフォーマンス

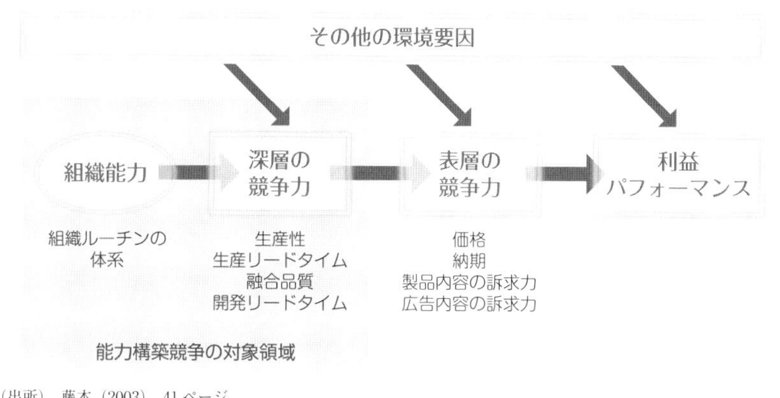


（出所）藤本（2003），41ページ。

特定の製品について顧客が直接観察・評価できる指標，たとえば価格や納期，製品機能や属性などでの競争力です。

企業は顧客の評価をめぐって市場で競争し，市場シェアとして表れる顧客の支持を追求しています。表層の競争力にすぐれた企業は，顧客の支持を得て，結果的に高い「利益パフォーマンス」を実現することができます。企業の決算報告，財務諸表に表れる数字や，販売台数・市場シェアなどの数字をイメージしてください。ただし，利益パフォーマンスには，表層の競争力以外の「その他」要因も影響しているため，高収益企業の表層の競争力が常にすぐれているとは限らない点には注意が必要です。

日本の自動車企業（とくにトヨタ）は「深層の競争力」では欧米のライバル企業を圧倒しています。しかし，1980年代のトヨタ自動車の収益はGMの2分の1程度（GMの税引き後純利益は平均2800億円程度，トヨタは平均1200億円程度）に過ぎませんでした。「深層の競争力」では勝りながら，利益では負けていたのです。言い換えると，消費者に直接訴える「表層の競争力」（価格，納期，製品内容の訴求力，広告内容の訴求力など）が弱いと解釈できます。ドイツのベンツやBMWと製品の仕様は同等の車でも，価格には2倍近く差がある場合も珍しくありません。すぐれた組織能力と深層の競争力を，どのように表層の競

**コラム　トヨタ生産方式のジレンマ？**

自動車の部品点数は2万～3万点に及び，その一点でもなければ自動車を造ることはできません。TPSは必要部品の在庫を極限まで減らすことでムダを徹底的に省くというもので，生産性向上の効果が評価されてきましたが，その裏側には課題も抱えています。代表的には「災害に弱い」ことがあげられます。2007年の新潟県中越沖地震や2011年の東日本大震災，2016年の熊本地震など，天災の際には生産停止が頻発してきました。つまり，部品工場が被災したことで車両組立工場が操業停止を余儀なくされたわけです。たとえば，2011年の東日本大震災の後には，トヨタの稼働率が前年度同月比で2割水準まで落ち込み，2016年度の熊本地震の際には，一時国内の9割のラインの操業が停止され，計8万台の生産が遅れるはめになりました。トヨタは部品調達の分散化をするとともに，下請企業の生産情報を把握するシステムを構築するなど対応策を工夫しています。ただ，分散化を進めれば進めるほど製造コストが上昇し，最終的には車の競争力に影響を及ぼします。逆に，特定部品を特定工場に集中させると，災害発生時の影響は免れません。だからと言って災難に備え在庫を多く持てば，それもコストアップの要因となるといったジレンマを抱えることになります。

争力を工夫することで収益パフォーマンスにつなげていくのか。これが日本の自動車企業が抱えてきた根本的な課題であると言えます。

## *4*　考えてみよう・調べてみよう

(1)　本章の*2.7*において，TPSのサービス業への導入事例として医療サービスと自治体の事例を紹介しました。TPSを導入しやすい業界と導入しにくい業界は存在するのでしょうか。非常に意外なTPSの導入事例を含め，TPS導入事例を広く調べてみたうえで，その適用範囲や導入における課題について議論してみましょう。

(2)　本章の*2.6*で述べたように，1990年代からTPSの有効性は世界的に有名になり，多くの競合企業でも積極的な導入が進められました。競合各社はトヨタ自動車に見学に行ったり，従業員を研修に出したり，コンサルティングを受けるなど多方面の努力を惜しまなかったし，トヨタもオープンな姿勢で指導を行ってきました。しかし，自動車産業においていまだにトヨタを超える生産性・品質を達成している企業はありません。TPS を学び，導入してもトヨタには勝てない，その理由は一体何でしょうか。

(3)　本章の *3.1* と *3.2* において，どのような背景において，そしてなぜ日本で TPS のような生産方式が発達したのかについて説明しました。日本の歴史・文化・社会的な背景をあげましたが，「日本的雇用システム」は日本的生産システムの形成にどのような影響を与えたのでしょうか。日本的雇用システムがあったからこそ日本的生産システムを発展させることができたのでしょうか。あるいは，日本的生産システムの発展過程で日本的雇用システムが形成されたのでしょうか。両者の関係性について資料を調べ論点をまとめたうえで，議論してみましょう。

## *5*　読んでみよう

大野耐一（1978）『トヨタ生産方式：脱規模の経営をめざして』ダイヤモンド社。

◈トヨタ生産方式の生みの親であり育ての親でもある本人が書いたものです。トヨタ生産方式の思想を理解するにはぜひとも一読する必要があります。

藤本隆宏（1997）『生産システムの進化論：トヨタ自動車にみる組織能力と創発プロセス』有斐閣。

◈少し高度の研究書ではありますが，トヨタ自動車を長年，深く研究した著者の豊かなデータと洞察に溢れています。トヨタ生産システムをより本格的に知りたい方にお勧めします。

日野三十四（2002）『トヨタ経営システムの研究：永続的成長の原理』ダイヤモンド社。

◈生産方式だけではなく，原価，人材，品質，サプライヤー，ブランド管理などトヨタの経営システム全体像について触れながら，トヨタが成長し続ける理由を明らかにしようとした本です。

青島矢一，武石彰，マイケル・A. クスマノ編著（2010）『メイド・イン・ジャパンは終わるのか：「奇跡」と「終焉」の先にあるもの』東洋経済新報社。

◈なぜデジタルカメラ，携帯電話，半導体といった日本のエレクトロニクス産業は国際競争力を失ってしまったのに，自動車産業は依然として強いのか。本書は，日本を代表する産業を取り上げながら「日本の競争力」について考察しています。自動車産業の相対的な意義を理解するうえで非常に有益な一冊です。

第13章

# 成熟市場における商品開発

## サントリーの新飲料開発

キーワード

PEST 分析　STP 分析
セグメンテーション
ターゲティング　ポジショニング
脱成熟化

### 1　この章のねらい

すでに成熟化したと考えられる市場であっても，多くの企業がさまざまな商品を企画し，市場に導入しています。成長していく市場における商品企画の行い方と，すでに成熟している市場における商品企画の行い方は異なるのではないでしょうか。アルコール飲料市場は依然として存在しており，一見成熟しているかのように見えますが，ここ何十年の間においてもいろいろな要因によって新しい商品ジャンルが創出されてきました。

本章ではアルコール飲料市場における新しい商品の開発について，サントリーのハイボールとストロングゼロという２つの商品の開発過程を概観します。ハイボールの事例からは，すでにあった飲み方を社会の変化に合わせてあらためて開発し直す過程を学ぶことができます。また，ストロングゼロの事例からは他社によって類似の商品がすでに市場に導入されている中で，いかに自社商品を位置づけていくかという過程を学ぶことができます。近年に行われたサントリーの試みから成熟市場におけるマーケティング活動のあり方について考えてみることにしましょう。

## 2　ケース：サントリーの新飲料開発

サントリーは1899年に鳥居信治郎が，大阪市で鳥井商店を開業し，ぶどう酒の製造販売を開始したことに始まります。1920年代にウイスキーづくりに乗り出し，37年には「サントリーウイスキー角瓶」を発売します。1960年代には2代目社長である佐治敬三のもと，ビール事業に，1970年代には食品事業にも進出しています。また同社は社会貢献にも熱心な企業として知られています。たとえば，1986年に開館したサントリーホールなどはその代表例でしょう。このような活動は，鳥井の事業で得た利益を「事業への再投資」「お得意先・お取引先へのサービス」にとどまらず，「社会への貢献」にも役立てたいという利益三分主義の精神の影響を受けているそうです。このように，サントリーはアルコール飲料にとどまらず，幅広い分野へ活動を広げています。本章では，2000年代におけるサントリーの商品開発活動から学んでいきましょう。

**企業プロフィール**

**サントリーホールディングス株式会社**
（2019年12月期）

- **設　立**　2009年2月（サントリーを社名に用いたのは1963年）
- **資 本 金**　700億円
- **事業分野**　グループ各社にて，飲料・食品関連事業，酒類関連事業，健康食品・外食・花・サービス他関連事業などを営む
- **売 上 高**　2兆4203億円（連結）
- **営業利益**　2兆5173億円（連結）
- **従業員数**　3万7745人（臨時従業員等9524人を含む）
- **グループ会社**　299社

### 2.1　ハイボールの復活（2008年）

図表13-1から日本における酒類販売数量の推移を確認してみると，1990年代をピークに低下していることがわかります。このように酒類業界は成熟あるいは衰退産業と言えそうです。さらに，アルコール飲料の中でのポジショニングを見てみても，後述するようにウィスキーのような高アルコール飲料ではなく，低アルコール飲料が求められるようになっていました。

当時ウィスキーよりも低アルコー

図表 13-1　酒類販売量の推移

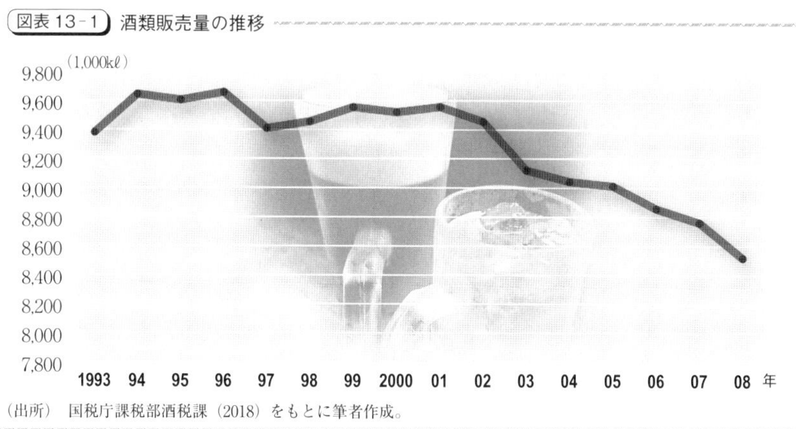


（出所）　国税庁課税部酒税課（2018）をもとに筆者作成。

図表 13-2　ビールと発泡酒の販売数量

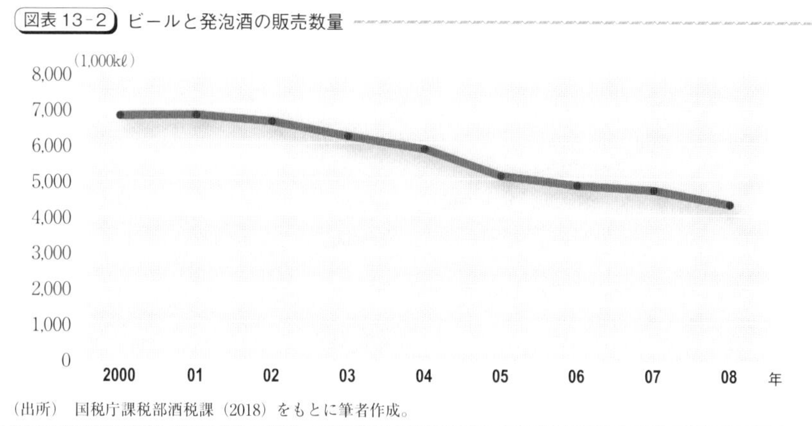


（出所）　国税庁課税部酒税課（2018）をもとに筆者作成。

ルであったビールであっても販売の減少が進んでいました。図表 13-2 ではビールとそれに類するお酒である発泡酒を加えた販売数量を記載しています。ビールもまた販売量が減少しており，「とりあえずビールから」というビールを中心とした飲み方もまた減っていたのではないかと考えられます。

代わりにチューハイなどを中心とした RTD（Ready To Drink）市場が成長していました。RTD とはそのまますぐ飲めるような缶やペットボトル入りの飲料のことを指します。広義にはお茶やソフトドリンクなども含みますが，日本

図表 13-3　RTD 市場の推移

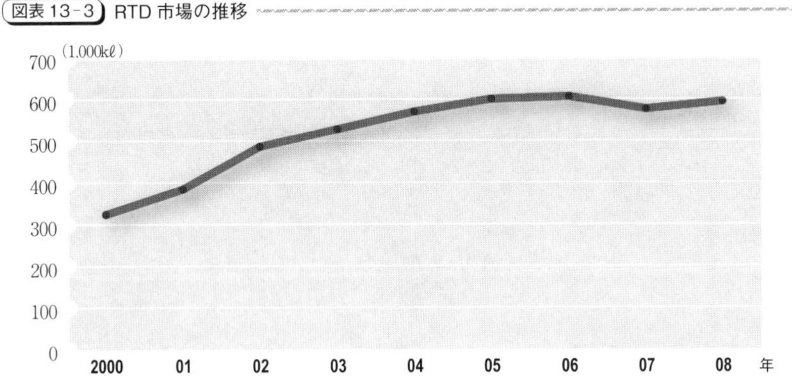


（出所）『食品産業新聞』記事（2018 年 2 月 1 日）をもとに筆者作成。ただし，元データはサントリー推計。

図表 13-4　ウィスキー販売数量の推移

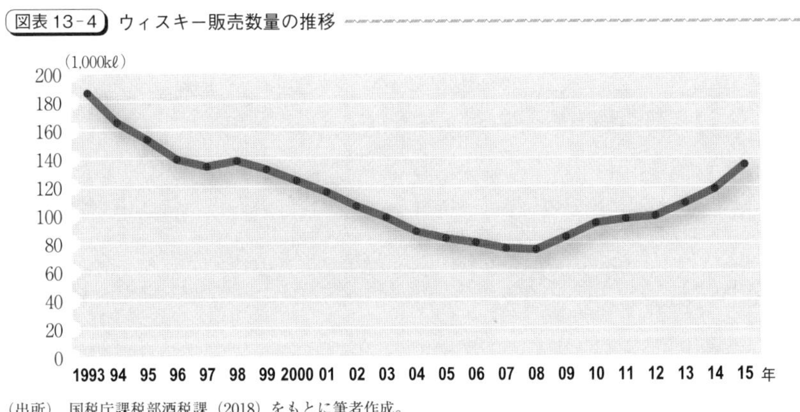


（出所）国税庁課税部酒税課（2018）をもとに筆者作成。

ではアルコール飲料，とくに酎ハイを代表とするような低アルコール飲料のことを指すのが一般的です。当時の RTD 市場の成長を示したのが図表 13-3 になります。2008 年までに缶入りの低アルコール飲料が市場で普及してきていました。したがって，市場のニーズとしてはウィスキーのような高アルコール飲料を求めているとは言えない状況になっていたわけです。

この中で，ハイボールの再登場が与えた影響はどのようなものだったのでしょうか。基本的にはハイボールはウィスキーをソーダ水で割ったカクテルのことです。したがって，ハイボールの影響はウィスキーの販売量を見ることである程度推測することが可能です。

図表 13-4 を見ればわかるように，ハイボールがサントリーからあらためて積極的にてこ入れされ始めた。2008 年頃から，市場全体におけるウィスキーの販売量が増加しています。そのため，サントリーがハイボールを投入したことで，全体が衰退する酒類市場の中で，ウィスキー分野が再活性化していることがわかります。

このようにウィスキー分野の再活性化に貢献したハイボールですが，どのような経緯で復活したのでしょうか。ハイボールという飲み方自体は，昔からあるものでした。1990 年代前半にも，サントリーは税制改正時の酒税の減税に合わせて「D ハイ」（でっかいハイボール）というハイボール飲料を提案し，缶入りとして発売しましたが，ヒットにはつながりませんでした。また，2004 年にも「ジャックダニエル」を用いた「ジャックハイボール」を提案したものの，やはりうまくはいかなかったのです。

ウィスキーのダウントレンドが変わらない中で，2008 年にサントリーではあらためてウィスキー復活のプロジェクトを組織します。若手中心の社内チームに立て直しが託されたのです。このチームはまず，ウィスキーがなぜ飲まれなくなってきたのかを分析します。20〜30 代の男女 1000 人ほどを対象に，ウィスキーのイメージ調査を行いました。その結果，ウィスキーについて以下のことがわかりました。1 つめはおじさんの飲むお酒で古くさいと思われていたということです。2 つめは前述したようにアルコール度数が高く，飲みにくいと考えられていたということです。3 つめは周りが飲んでいない，飲食店で目にしないなど，飲む場がないということです。またこれらの要素に潜在的に影響を与えていたのは，ウィスキーは他のアルコール飲料に比べて価格が高かったということです。2000 年頃から日本ではデフレが進んでおり，低価格の商品が消費者に訴求するようになっていました（第 14 章参照）。そのため，価格が高いウィスキーは消費者に求められているとは言えなくなっていました。

このような状況下でチームではあらためてハイボールという飲み方を提案することになります。なぜ，ここまで失敗が続いていたハイボールに再び挑戦しようと思ったのでしょうか。実はハイボールが特定の場所では飲まれているということがわかっていたからです。その特定の場所とは焼き鳥屋やお好み焼き屋といった「焼き物」のお店でした。しかも，その消費の中心にいたのは20～30代という若い世代だったのです。この事実は若者がウィスキーを敬遠しているというデータからは乖離がありますが，若者にとってハイボールは，ウィスキーを割った飲料というより，「ハイボール」という新しいタイプの酒として認識されていたと解釈されたのです。

以上を踏まえたうえで，サントリーのチームはハイボールを提案していくことを決めたのです。コンセプトは「居酒屋で1杯目に飲める」ということです。ウィスキーもビールやチューハイのように気軽に飲んでもらうということを考えると，サントリーのブランドである「角瓶」はドライでソーダとも相性がよく，価格もリーズナブルであるという特徴がありました。さらにハイボールをジョッキで飲むという方法も提案されました。この発想はウィスキーを普段飲まないメンバーの案だったそうです。ウィスキーという古いイメージにとらわれていなかったために生まれたアイデアと言えます。

しかし，このアイデアに対する社内の反応は冷ややかでした。これまでの失敗に加えて，「長い年月をかけて熟成したウィスキーをジョッキで飲むとはいかがなものか」といった厳しい批判も浴びたそうです。ただ，当時の社長であった佐治信忠が“やってみなはれ”の精神でゴーサインを出しました。ただし，その際に味にだけは絶対にこだわるという条件がありました。

そのため，チームは20～50代の男女205人を対象に，嗜好調査を実施しました。するとウィスキーとソーダ水の割り方の好みに関して意外なことがわかったのです。若者を中心に人気が高かったのは，バーでは一般的な割り方である1対2でも，チームメンバーが一般的であると考えていた1対3でもなく，1対4での割り方だったのです。加えて，レモンを加えた味が一番評価が高いことも判明しました。レモンを加えるということに対する社内の反対もなんとか乗り越え，販売に至りましたが，その後も問題は発生しました。

実際に居酒屋で営業するに当たっては，お店のスタッフによって割り方がばらばらになってしまうという問題が発生しました。その対策として，まず，居酒屋向けにハイボールの作り方を伝えるマニュアル（「こだわり3ケ条+1」）を作りました。「こだわり3ケ条+1」では以下のようなことが記載されています。

「冷やして提供するためにジョッキには氷を多めに入れて，冷やしたソーダを使う」「炭酸圧を強めに維持するためにソーダはジョッキを傾けて内側に沿わせて静かに注ぐ」「ウィスキーとソーダは1対4の割合とし，レモンは一番最初に少し絞って入れる」といったことです。さらに，ウィスキーの濃さを自動的に調整する専用サーバー「ハイボールタワー」も開発しました。ハイボールタワーは，パブで使われているスタンドコックを改良したもので，炭酸圧が高く冷えていて，ウィスキーと炭酸の割合が1対4となるハイボールを作れる機材でした。

また，2008年9月にはタレントの小雪を起用し，石川さゆりが歌う「ウィスキーが，お好きでしょ」というメロディと歌詞でおなじみのCMを放映しました。このCMはビジネスパースンの心をつかみ，ハイボール人気の立役者となりました。その後，2011年に小雪が降板した後，出演女優は菅野美穂，井川遥へとバトンタッチしていき，歌い手もゴスペラーズ，竹内まりやへと交替していきます。女優を替えるだけでなく，多くの魅力的な歌手の歌声も特徴的なこのCMですが，開始当初から変わっていない点があります。「美しい女主人」「カウンター越しの会話」「グラスに泡が立つ透明感」「黄色のトーン」などです。CM内にこうした気品がある強いコンポーネントがあることで，全体的なCMの方向性が確立され，完成度が高くなります。さらにこの基本フォーマットを崩さないことで，タレントが替わっても視聴者はハイボールのCMだと認識することが可能になるのです。

このようにハイボールは社会に浸透していきました。2008年末にはハイボール取扱店は1万5000店でしたが，2009年に入るとさらに人気が加速します。2009年6月にはたこ焼き屋「築地銀だこ」を展開するホットランド社が，クチコミの起点となりうる新宿に立ち飲み業態のハイボール酒場を出店したことで消費者への認知がさらに高まったのです。結果として，日経MJのヒット商品番付（2009年上半期版）では東前頭2枚目に食い込み，2009年末にはハイボール取扱店は6万点に達することになります。この年はハイボール復活元年になったと言えるでしょう。翌2010年には球場販売用のハイボールサーバーを開発したり，各ハイボール缶のロング缶（500 mℓ）を発売したりするなど，10年末にはハイボールを取り扱う店は14万店舗にまで拡大するのです。

図表13-5　現在までのRTD市場の推移

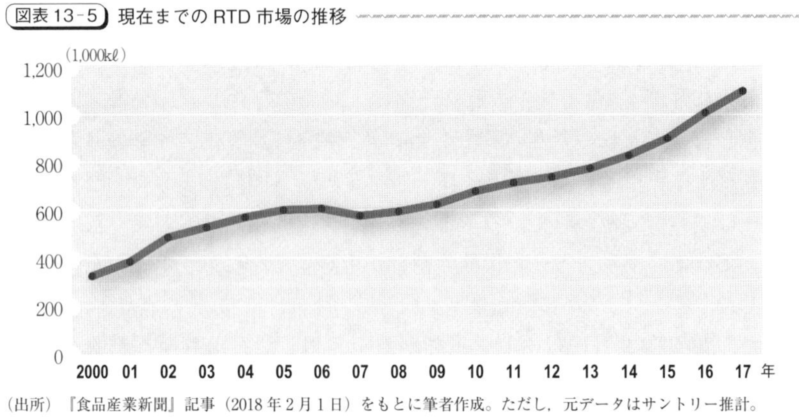


（出所）『食品産業新聞』記事（2018年2月1日）をもとに筆者作成。ただし，元データはサントリー推計。

## 2.2　ストロングゼロの導入（2009年）

RTD市場が成長していることは前項で述べました。そこではRTDを以下のように説明しました。「日本ではアルコール飲料，とくに酎ハイを代表とするような低アルコール飲料のことを指すのが一般的です」。しかしながら，この考え方に対して，一見矛盾するような製品が2009年に登場します。それがストロングと呼ばれるタイプのアルコール飲料です。ストロングタイプはアルコール度数が8％前後と，他の缶入りアルコール飲料が5％前後であるのに比べて高めに設定されています。もちろん，RTD市場における低アルコール飲料はアルコール度数10％未満とすることが一般的ですから，厳密に矛盾するわけではありません。しかし，アルコール度数5％前後が主流であったRTD市場において，このような相対的に高アルコール度数の商品が登場し，普及していったのはなぜなのでしょうか。本項ではサントリーの「－196℃ ストロングゼロ」に着目し，検討することにします。

前項ですでに紹介したRTD市場ですが，現在までの推移を確認すると，図表13-5からもわかるように，2007/2008年頃に踊り場に差し掛かるものの，その後，再び成長軌道に乗っていくことがわかります。

実はちょうどこの頃にはマクロ環境における大きな変化がありました。まずは経済上の変化です。2007年には米国で，住宅価格の低下に伴い不良債権化

図表13-6　世界のインフレ率

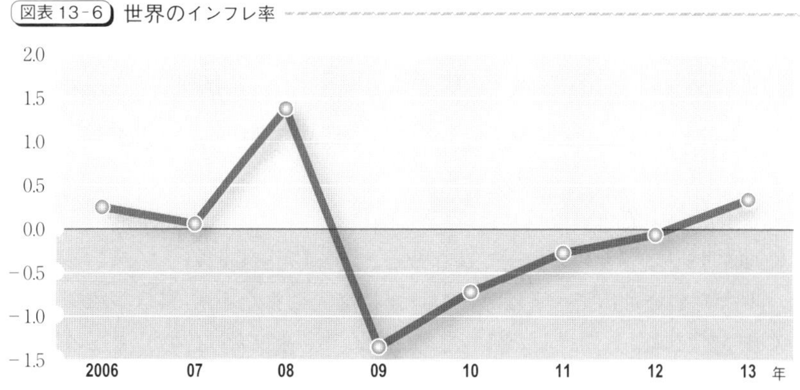


（出所）IMF, World Economic Outlook Databases をもとに筆者作成。

し始めたことにより，サブプライム住宅ローン危機が発生しました。これに影響を受ける形で，2008年9月15日にリーマン・ショックが起こります。アメリカの投資銀行であったリーマン・ブラザーズが経営破綻をしたことに端を発し，世界規模での金融危機が生じていたのです。結果として，世界的に経済状況が悪化することになります。そのため，2000年代半ば頃にようやく上向いたインフレ率が再び急激に低下してしまいます（図表13-6）。

加えて，制度上の変化が2つ生じていました。ひとつは2007年9月の道路交通法の改正により，飲酒運転が厳罰化されたのです。酒に酔って正常な運転ができなくなる状態での酒酔い運転は「3年以下の懲役または50万円以下の罰金」から「5年以下の懲役または100万円以下の罰金」に，呼気アルコール濃度0.25mg以上に適用される酒気帯び運転は「1年以下の懲役または30万円以下の罰金」から「3年以下の懲役または50万円以下の罰金」に量刑が重くなったのです。

もうひとつは2008年4月から始まった特定健康診査・特定保健指導です。「高齢者の医療の確保に関する法律」により，40～75歳未満の成人を対象に，メタボリックシンドローム（内臓脂肪型肥満）の早期発見を目的とした特定健康診査を行い，メタボリックシンドローム，あるいはその予備軍とされた人に対して特定保健指導を行うことが企業に義務づけられたのです。

これらの背景のもと，厳しい経済状況を受けて低価格であること，飲酒運転の厳罰化を受けて家で飲めること，メタボ予防を受けて糖類を気にしなくてよいこと，という3つの要求を満たせるような商品に潜在的ニーズがあったと言えます。

そのような中で2009年2月に「－196℃ ストロングゼロ」は発売されることになりました。サントリーではもともと「－196℃」というブランドでアルコール飲料を発売していました。2005年に発売された「－196℃」はごく低温の液体窒素で凍結・粉砕した果実を用いており，果肉だけでなく果皮のエキスも溶け込んだ「果実の丸ごと感」を前面に打ち出していた商品でした。ただし，「－196℃」は，市場において十分な成果をあげたとは言えませんでした。キリンから2001年に発売された缶チューハイである「氷結」が市場における人気を独占しており，一強とも言える状態を作り上げていたのです。

このような状況下で，サントリーは「－196℃」ブランドを用いたストロングタイプのアルコール飲料として「－196℃ ストロングゼロ」を発売します。ただし，ストロングタイプの商品はサントリーが市場の先駆者というわけではありませんでした。すでに2008年にはストロングタイプの商品が各社から発売されていたからです。アサヒビールでは2008年4月に「チューハイ ハイリキ9」を，キリンにおいても同年5月に「氷結ストロング」を市場に導入しています。

したがって，サントリーが投入する商品は競合企業の既存の商品に対して差別化される要素を持っていなければならなかったです。実は，商品名にゼロと入っていることからもわかる通り，「－196℃ ストロングゼロ」という商品には糖類ゼロという特徴が付加されていたのです。そのため，他社と同様に市場のニーズに合わせた形での飲み応えを提供する経済性と同時に，メタボ予防の機能性も備えていたこの商品は，健康にも気を使いたいがしっかりと酔いたい30～40代の男性に受け入れられるようになったのです。

しかしながら，サントリーはこれにとどまらず，さらに商品の改良を進めていきます。2010年頃には，徐々に女性の消費者が増え始めていました。しかし，ストロングゼロは柑橘系の味しかなく，男性向けの商品として捉えられていたという問題もありました。当時，アルコール度数が強いストロング系は男性がターゲットであって辛口志向が強いため，フレーバーは柑橘系がほとんどだったのです。しかし，女性もアルコール度数が高い缶チューハイを飲むという分析結果が出ていたため，2011年にはストロングゼロの完熟梅とブドウというフレーバーを発売したことで，女性層にもターゲットを広げることができたのです。これで女性へと幅を広げたわけですが，商品開発はさらに新しいターゲットを設定します。

それは食事中にビールを好んで飲む層です。このターゲット層では缶チューハイは甘く，食事に合わないという印象を持っていることがわかりました。ビールを好む人は缶チューハイに甘みがあると飲まなくなる傾向がありましたが，一方で甘味料を使わないと単なるアルコールの炭酸割になってしまいます。どのような味を出せばいいのか基準がない中で毎日のように試作を繰り返すことで，甘みと食事に合う切れ味のバランスを追求することになります。試作を繰り返した結果，ベースにライム浸漬酒を用い，7種類の原料酒を用いてうまみを追加したうえで，それは2013年4月には「−196℃ ストロングゼロ〈DRY〉」として発売されることになります。さまざまな原料酒を試行錯誤できたのも，サントリーという酒類会社の強みが活きたからだと言えるでしょう。

このような商品開発の努力を続けた結果，2018年には，キリンの「氷結」シリーズが2002年から16年連続で守ってきたブランド別首位を，サントリーの「−196℃ ストロングゼロ」シリーズが奪取するに至ったのです。

## 3　ケースを解く

全米マーケティング協会（AMA）の定義（2007年）によれば，「マーケティングとは，顧客，クライアント，パートナー，社会全体に対して，価値がある提供物を創造・伝達・配達・交換するための活動であり，一連の制度・過程を示す」とされています。より具体的にプロセスを考える場合には「R＋STP＋MM」という概念が用いられます。

R（reserch）では対象とする製品・サービスに関する自社の状態と環境を分析します。次に，STP（segmentation, targeting, positioning）ではビジネスを行う市場の分析を行って，当該市場のどこにターゲットを置き，どのように商品を位置づけるかを明らかにします。最後にMM（marketing mix）では顧客に向けて商品を届けるための諸活動を行っていきます。

サントリーのケースでは，ハイボールとストロングゼロという2つの事例を紹介しました。この2つの事例には異なる点があります。ハイボールはウィスキー市場を新たに活性化することに貢献したということです。言い換えれば，他に競合商品がない中での新商品ということになります。このように市場を再活性化させるような動きのことを脱成熟化と言います。一方でストロングゼロは，すでに競合ブランドがある中で差別化された商品を開発したというケースです。既存市場に対して小さいながらも新しい市場セグメントのことをニッチ市場と言います。このニッチ市場がさらに拡大して，既存の市場を席巻するような動きを見せることもありえるのです。

### *3.1*　PEST分析

企業が置かれた環境を分析するのに，よく使われる手法のひとつにPEST分析があります。環境の代表的な4つの要因の頭文字をとってPESTと呼ばれています。具体的には政治（politics），経済（economics），社会（society），技術（technology）になります。企業はこのような手法を用いて，マクロ環境を分析し，自らのマーケティング活動に役立てるのです。政治については法律・条例など行政による制度の変化を分析します。たとえば，規制緩和が行われれば，以前にない商品を市場に導入するきっかけになるでしょう。経済については，景気や為替，物価などの経済状況や業界における消費動向の変化などを分析します。たとえば，景気が悪くなれば消費者の財布の紐がかたくなり，低価格帯の商品が好まれるようになります。社会については，人口動態やライフスタイルの変化を分析します。たとえば，高齢化が進めば，介護や医療など老人向けのビジネスが活発化するでしょう。技術については，新技術が社会に与える影響を分析します。たとえば，近年ではビッグデータの取り扱いが企業でも注目されています。

サントリーのケースでは，PESTの中でとくに経済環境について考慮する必要がありました。日本全体の状況について考えてみると，2000年頃からデフレが進んでいる状況でした。2000年代半ば頃にはインフレ傾向が生じましたが，リーマン・ショックを境に再び経済状況は悪化し，デフレに陥ってしまいます。また，アルコール飲料業界に目を向けてみると，1990年代半ば頃をピークとして市場は成熟ないし衰退し，売上げが減少する傾向が見られました。さらにハイボールに関しては，ウィスキー販売の縮小傾向が存在しました。このように経済環境としてはあまりよいとは言えなかったと考えられます。したがって，既存のウィスキーとはまったく異なり，ウィスキーでありながら，ウィスキーではないような商品が求められていたと考えられます。一方で，ストロングゼロが位置づけられるRTD市場についてはちょうど踊り場にさしかかった時期であるとも言えますが，他社のヒット商品が発売され始めた時期とも重なり，新たな成長が始まった時期とも言えます。そのため競合他社に対して差別化された商品が求められていたと考えられます。

また，ストロングゼロに関しては，政治や社会環境も重要な要素となりました。政治についてはとくに道路交通法の改正が影響を与えていました。飲酒運転の厳罰化により，外でお酒が飲みにくくなる可能性がありました。また，特定健康診査・特定保健指導の導入より，メタボ予防をする必要がありましたし，さらに健康志向そのものが社会的な傾向として受け入れられるようになっていく時代でもあったと言えます。

### 3.2　STP分析

企業が活動すべき事業領域を決めた後に，市場で効率的に活動するために用いられるのがSTP分析になります。セグメンテーション（segmentation），ターゲティング（targeting），ポジショニング（positioning）の3段階から構成されています。セグメンテーションとは市場細分化のことで，市場を，企業がマーケティング活動を行った際に類似の反応が見られるグループに分けることを意味します。細分化された市場の一分野のことを市場セグメントと呼びます。セグメンテーションを行うための基準のことを細分化変数と言います。代表的な細分化変数は「地理的変数」「人口統計学的変数」「心理的変数」「行動的変数」になります。地理的変数には気候や都市の規模のような変数が用いられます。たとえば，都心であれば鉄道のようなインフラが整備されていますが，地方であれば十分に整備されていませんから自動車のような手段がより多く求められることになるでしょう。人口統計学的変数には年齢・性別・家族数のような変数が用いられます。たとえば，男性か女性かで求められるファッションがまったく異なることは容易に想像がつくでしょう。さらに所得や教育水準といった「社会的・経済的変数」に分けて考えることもあります。心理的変数にはライフスタイルや性格といった変数が用いられます。たとえば，アウトドア派であるかインドア派であるかといった変数はここに含まれます。行動的変数にはこれまでの使用経験の有無，購買のきっかけ，ロイヤルティの高さといった変数が用いられます。これまでに当該製品の使用経験がありロイヤルティが高い顧客とそうではない人とでは，企業が行うべきマーケティング施策は異なります。さらに製品・サービスそのものの属性もまた影響を与えるということもあるでしょう。

この点を踏まえて，サントリーのハイボールの例をSTP分析のフレームワークで見ていきましょう。市場調査を行った結果，ウィスキーは年齢や性別という人口統計学的変数によって規定されるセグメンテーションがあることがわかりました。とくに既存のウィスキーは中高年の男性というセグメンテーションに受け入れられていることがわかったのです。ストロングゼロの例においても，年齢や性別という変数に加えて，家で飲むのか外で飲むかという行動的変数もまた，アルコール飲料市場の中では重要な要素と言えるでしょう。

セグメンテーションを行い，市場セグメントを明らかにした後に行うのがターゲティングです。どの市場セグメントにマーケティング資源を投入すべきかを決定するのです。この際にもいくつかの手法が用いられます。そもそも市場を分割しない場合は「非差別化マーケティング」となります。次に1つのセグメントに絞り込む場合は「集中型マーケティング」になります。複数の市場セグメントを対象とする場合には「差別化マーケティング」になります。また市場セグメントをさらに細かく細分化して，顧客一人ひとりをターゲットとする場合には「ワンツーワンマーケティング」になります。近年，情報通信技術の発達により，ワンツーワンマーケティングへの着目が高まっていると言えるでしょう。

ターゲティングに関して，サントリーのハイボールの例から見ていきましょ

図表13-7　世界のビールのポジショニングマップ

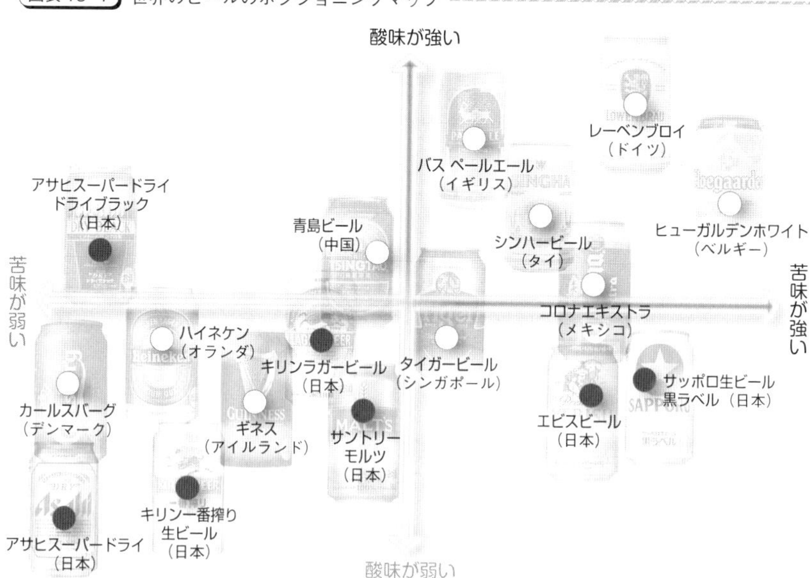


（出所）AISSY社作成。

う。ウィスキーが中高年の男性というセグメンテーションに位置づけられたのに対し，ハイボールは20～30代の若い世代をターゲットとすることにしました。それに対し，ストロングゼロは当初，男性をターゲットとすることにしました。その後，開発を進めるとともに女性，さらには家での食事中にビールを好む層へとターゲットを広げていくことになります。

最後に行うのがポジショニングです。競合する商品に対して，自社の商品がどのように位置づけられるかについて決定することになります。競合する商品の位置づけを決定するに当たってよく用いられるのがポジショニングマップです。ポジショニングマップでは商品を特徴づける2つの軸を決定し，その軸に沿って，競合他社の商品をマップ上に位置づけていきます。これを行うことで，セグメントのどこに自社の商品が位置づけられる余地があるのかについて明らかになるのです。図表13-7では，ビールのポジショニングマップの事例を紹介しています。

ポジショニングについてもサントリーのケースを考えてみましょう。まずはハイボールについてです。ウィスキーを若者向けにアレンジする形で，ハイボールという飲み方が提案されました。すなわち，中高年の男性向けに位置づけられているウィスキーに対して，若者に飲みやすいアルコール飲料としてハイボールを位置づけることにしたのです。また，ストロングゼロではすでにある市場セグメントにおいて，健康的であるという位置づけを行いました。このことにより，他社ブランドの商品に対して差別化された位置づけを行うことが可能になったのです。とくに健康的であるというポジショニングは，後に女性や食事中ビールを飲む層への浸透を図りやすいという副次的効果を生んだと考えられます。

## *4*　考えてみよう・調べてみよう

(1)　図表 13-8 では，ビール，発泡酒，リキュールの販売量の推移を示しています。この図を見てみると，1990 年代半ば頃から一貫してビールが減少する中で，発泡酒の売上げが伸び始めています。ところが，2000 年代初頭に売上げのピークを迎えた発泡酒もその後売上げが徐々に減少していきます。一方で，それに代わるかのようにリキュールの売上げが上昇していきます。一体このような変化はなぜ起こったのでしょうか，調べてみましょう。そのうえで，これらのお酒の今後の将来性について検討してみましょう。

(2)　現在の飲料の業界内位置づけを考えてみましょう。

今回のケースではアルコール飲料を扱いました。アルコール飲料と一言で言ってもさまざまなジャンルの飲料が存在します。さらに，飲料という分野においては，アルコール飲料は数多くある飲料のうちのひとつのジャンルにすぎません。そこで，ここではスーパーやコンビニエンス・ストアにおける飲料に対象を広げて考えてみましょう。まずはお茶，水，ソフトドリンクといったようにさまざまな飲料のジャンルのうち，ひとつを設定してみましょう。次にそのジャンルにおいて飲料業界の有名なブランドをいくつか調べて，ポジショニングマップを作成し，それぞれの商品を位置

図表13-8　ビール，発泡酒，リキュールの販売数量の推移

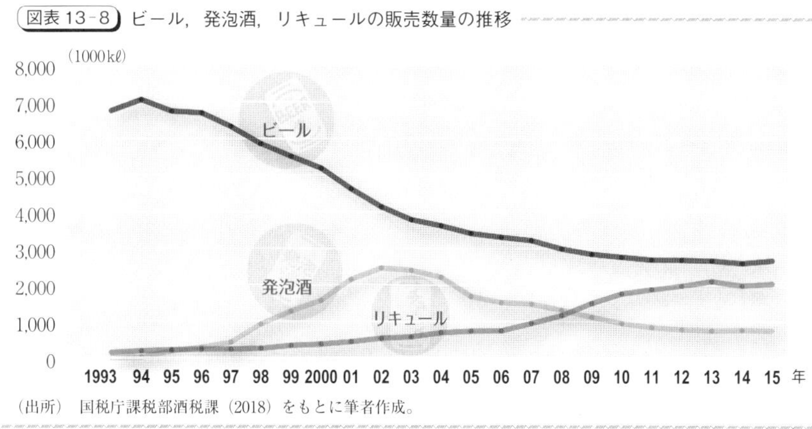


（出所）国税庁課税部酒税課（2018）をもとに筆者作成。

づけてみることにしましょう。ポジショニングマップを作成する際には，整理の軸（通常2つ）を設定することが重要ですので，その点，主観でもかまいませんので軸を2つあげるとよいでしょう。

(3)　脱成熟化かニッチ市場の創出か，について考えてみましょう。

前述した通り，サントリーのハイボールとストロングゼロとでは，既存の市場との関係性における意味合いが異なります。ハイボールはウィスキー市場の再活性化（脱成熟化）に貢献し，ストロングゼロは，競合ブランドがあるなかで新たなニッチ市場の創出に貢献したと言うことができます。そこで，世界にさまざまある市場の中で多くの新商品が発売されるような市場を探してみましょう。次に，当該市場における新商品をあげてみましょう。ある程度の数の新商品が調べられたら，その商品が市場を活性化させるような商品なのかニッチ市場に位置づけられるものなのかを整理してみましょう。前者と後者は，世の中で発売される頻度には差があるのでしょうか。もし，差があるとすればそれはなぜなのでしょうか。検討してみましょう。

## 5　読んでみよう

阿部誠（2017）『大学 4 年間のマーケティングが 10 時間でざっと学べる』KADOKAWA。

　◈マーケティングに関する基礎が非常に簡潔にまとめられています。

小川孔輔（2009）『マーケティング入門』日本経済新聞出版社。

　◈マーケティングを基本から詳細に知るのに適しています。

古川一郎・守口剛・阿部誠（2011）『マーケティング・サイエンス入門：市場対応の科学的マネジメント（新版）』有斐閣。

　◈市場分析の際のさまざまな手法を学ぶことができます。

# 環境変化期のマーケティング活動

## 良品計画における危機と克服

キーワード
マーケティング・ミックス（4P）
製品（product） 価格（price）
流通（place）
販売促進（promotion）

### 1 この章のねらい

企業にとって，顧客のニーズを把握し，それに沿った製品を企画し，価格，流通，販売促進（プロモーション）を行って，顧客に普及していくマーケティング活動は非常に重要です。しかし，多くの企業が同様の行動をとることが可能ななかでは，どのように実行するかに関する方法の中身の質が問われます。いかに迅速にいかに適切にそれを実行するかを考えなければなりません。さらにある時点で適切であったマーケティング活動が環境の変化によって不整合を起こしてしまうこともありえます。その際には企業はマーケティング活動を修正していくことを迫られます。

良品計画は，2000 年頃に環境の変化に十分に対応できずに危機に陥りました。しかしながら，過去のマーケティング活動を修正し，環境に適合させていくことで，2000 年後半には再び大きな成長を遂げていくことになります。この章では，良品計画の変革に関してマーケティング活動の側面から整理します。そのうえで，企業のマーケティング上の課題とその解決について考えることにしましょう。

## *2*　ケース：良品計画における危機と克服

良品計画は，西友のプライベート・ブランド（以下，PBと表記）であった無印良品としてスタートしました。PBは，メーカーではなく，流通業者が企画開発を担う製品のブランドのことです。メーカーが開発を担うナショナル・ブランドに比べて低価格であることが，消費者への重要な訴求要因になります。百貨店の大丸やスーパーのダイエーが1960年前後にPBの最初の製品を投入した後，70年代に生じた石油ショックを契機とした不況期に，消費者の購買力が低下する中で，さまざまなPBが登場しました。無印良品はこのような状況下で誕生したPBになります。当時，他のPBと同様に安い製品を提供するという観点から「わけあって安い」というコンセプトのもと，西友のPB開発が進められました。

1980年，無印良品として発売されたPB製品は家庭用品9品目，食品31品目でした。1981年には衣料品販売を開始し，83年には東京の青山に直営店1号店を出店します。1980年代後半になると海外生産調達（現地一貫生産）を開始したり，地球規模での素材開発を行ったりするなど，生産のグローバル化を進めます。また，1989年には株式会社良品計画を設立した後，90年代にはロンドン1号店を出店するなど，販売のグローバル化も進めていくことになります。1990年代後半以降は，東京証券取引所市場第二部上場（1998年），東京証券取引所第一部指定（2000年）を受けることになります。

**企業プロフィール**

**良品計画**（2019年2月期）

- **設　　立**　**1979年5月**（西友のPBとして製品を発売。1989年6月に良品計画として独立）
- **資 本 金**　**68億円**
- **事業分野**　**「無印良品」を中心とした専門店事業の運営・商品企画・開発・製造・卸および販売**
- **売 上 高**　**4097億円**（連結）
- **従業員数**　**1万9370人**（臨時従業員等1万233人を含む）
- **店舗数**　**975店舗**（国内計458店舗，海外517店舗）

しかし，このように順調に成長を続けてきたように見える良品計画ですが，2000年前に収益上の挫折を

図表 14-1　業績の推移

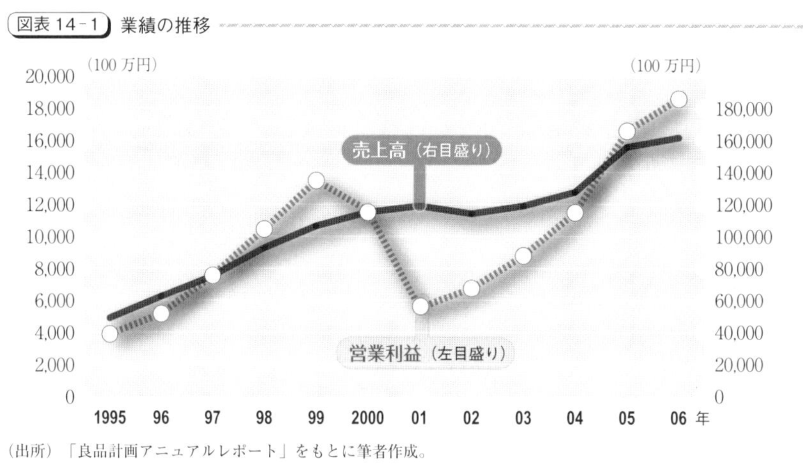


（出所）「良品計画アニュアルレポート」をもとに筆者作成。

経験します。図表 14-1 からも明らかな通り，1990 年代に順調に売上げや営業利益を拡大してきたものの，99 年に営業利益は，約 135 億円を達成した後，2000 年に約 116 億円，2001 年約 55 億円と急激に落ち込みます。しかしながら，その後，再び成長軌道に乗り，2006 年には営業利益約 186 億円に至ります。

2000 年前後の挫折と復活の中で，良品計画はどのような経営を行っていたのでしょうか。本章ではとくにマーケティングの観点から，良品計画の企業行動について分析していきます。

### *2.1*　製品の削減

良品計画では製品数を年々増加させています。1995 年に 3042 であった製品数が 99 年には 4232 にまで増加し，2000 年には 5326 品にまで増加しています。しかし，図表 14-1 に見られるように，1999 年に比べて 2000 年の売上げは増加しているのですが，営業利益は低下してしまっています。製品カテゴリー数を増加させることによってどのような問題が生じてきたのでしょうか。その課題を明らかにするために，さらに製品の中身について検討することにします。

良品計画は，大きく 3 つの製品カテゴリーを有しています。衣類・雑貨，生活雑貨，食品です。1999 年に営業利益の最高益を達成した時期と 2000 年以降

図表 14-2　カテゴリー別製品数

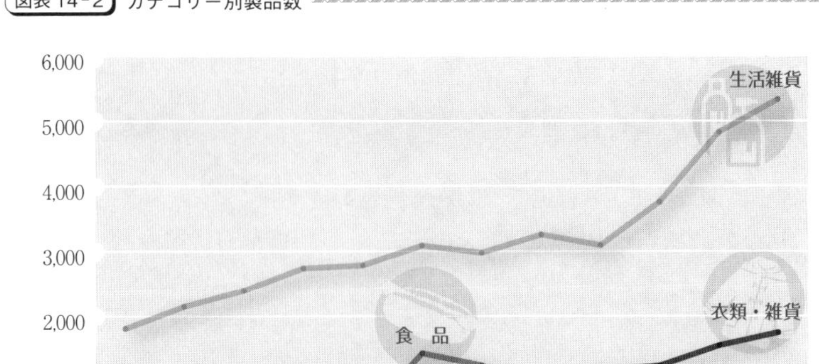


（出所）　良品計画ホームページをもとに筆者作成。

では何が異なるのでしょうか。製品カテゴリー別の製品数を確認してみましょう。図表 14-2 を見てみると，1999 年から 2000 年にかけて食品カテゴリーの製品数が増加する（455 品→1431 品）と同時に，衣類・雑貨の製品数が減少している（992 品→809 品）ことがわかります。したがって，カテゴリー別の製品数からは食品の増加と衣類・雑貨の減少という 2 つの問題点が明らかになったことになります。そこで，まず，食品の製品数の増加という問題から検討してみましょう。

2000 年前後の数値から言えることは，食品の製品数が多すぎたということです。2000 年には食品の中でも調味加工分野が大きく売上げに貢献したとされており，2001 年にはペットボトル飲料を中心に新規投入製品が売上げに寄与しています。したがって，このような分野の製品が新規開発されたことがわかります。しかし，2002 年には調味加工分野では，コア製品群の再開発やインスタント食品の見直しがされており，調味加工分野における製品の開発路線が失敗の原因となり，その後，食品分野における戦略の誤算を修正したのではないかということが推察されます。前述した通り，2000 年には 1431 品あった食品の製品数は，2002 年には 800 品ほどに調整され，その後製品数を数年間

図表 14-3　売上げに占めるカテゴリー別割合（2000 年）

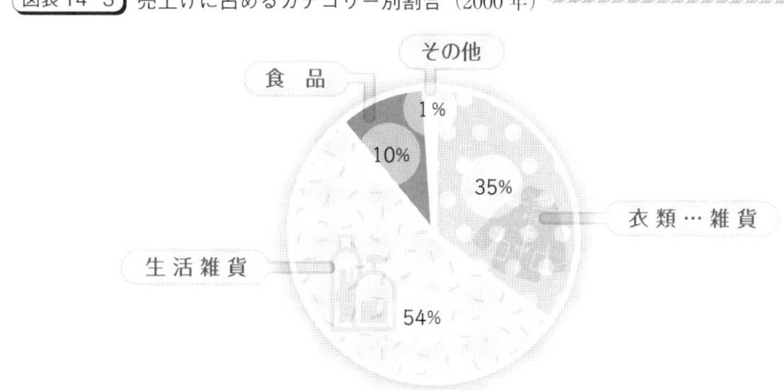


（出所）「良品計画アニュアルレポート 2001」をもとに筆者作成。

維持するものの，徐々に減少し 17 年に 500 品を切るに至ります。

ただし，食品分野における問題が良品計画の 2000 年の挫折の主要因と考えるのは早計です。なぜならば，食品カテゴリーの良品計画の中での売上げシェアは決して高いものではないからです。図表 14-3 で示した通り，食品カテゴリーの売上げに占める割合は 10% にすぎません。

このように，直接的な売上げを見る場合には，食品カテゴリーの与える影響は決して大きくないと言えるでしょう。一方で，もうひとつ考えなければならない視点があります。ブランドイメージです。無印良品ではブランドのコントロールに関して，各分野の第一人者をアドバイザリーボードに迎えて，新規に開発された製品をすべてチェックしていました。それが形骸化したことにより，無印良品というブランドに対して適切な製品であるかについて十分な検討がなされていなかった可能性があります。ブランドイメージはすべてのカテゴリーの製品の売上げに影響を与えますから，この点で食品カテゴリーにおける製品構成の失敗はブランドイメージの悪化を通して，間接的に良品計画の収益を悪化させた可能性があります。

次に，衣類・雑貨における製品数の減少という課題について検討してみましょう。1999 年から 2000 年にかけて製品数が減少したという結果だけを見てみると，衣類・雑貨における製品数減少が収益悪化の原因のようにも見えます。

しかしながら，実は問題はもっと以前から生じていたようです。良品計画では2001年上半期の衣類の売上げの25％をその1年前に企画した衣料品を処分するための2～3割の値引販売が占めていた状態でした。つまり，製品が売れないために新しい製品を導入することができず，製品の鮮度が薄れることでさらに製品が売れなくなるという悪循環に陥ってしまっていたのです。したがって，衣類・雑貨における製品数の減少が収益悪化の原因になったのではなく，衣類・雑貨分野における収益悪化（売上げの減少）に伴い，製品数を減少させざるをえない状態に陥っていたということです。なぜ，このような状態に陥ってしまったのでしょうか。

これは，そもそも無印良品がターゲットとしてきた顧客層と製品との乖離が生じてきたことに起因します。無印良品ではそれまで，1970年代前半に生まれた世代である団塊ジュニアを顧客ターゲットとして，ビジネスを行ってきました。しかし，団塊ジュニアが成長し，ライフスタイルが変化していくことに合わせて製品数を拡大したことが，死に筋製品の増加につながってしまったのです。

このような問題が生じたことに対し，良品計画では大規模な在庫処理を行います。2001年には当期純利益が1300万円（前年は約57億円）に落ち込みますが，在庫を処理するための安売りとそれに伴う悪循環から脱却し，さらに30～40歳のファミリー層向けの衣料品，とくにニットウェアやカットソーといったベーシックな定番衣料を新しく開発していくという方針を実行していくことになるのです。さらにこの開発に当たって2002年6月に著名なデザイナーの山本耀司が率いるアパレルメーカー，ヨウジヤマモトと業務提携を行い，衣料品のデザインなどの企画を委託するようになりました。結果として，2002年以降，衣類・雑貨は収益ベースで成長軌道に乗ることになります。

これまで，製品数という観点から衣類・雑貨，食品カテゴリーの製品戦略について検討してきました。最後に，売上高で一番大きなシェアを占める生活雑貨について見てみましょう。衣類・雑貨と異なり，生活雑貨は成長軌道に戻るのが遅れたものの，2004年の終わり頃には成長路線に乗るようになります。

その際，生活雑貨の製品開発力を支えたのは世界を視野に入れた製品を発掘する力です。たとえば，当時，OL層に売れ筋となったテーブルクロスはリト

図表14-4　インフレ率の推移

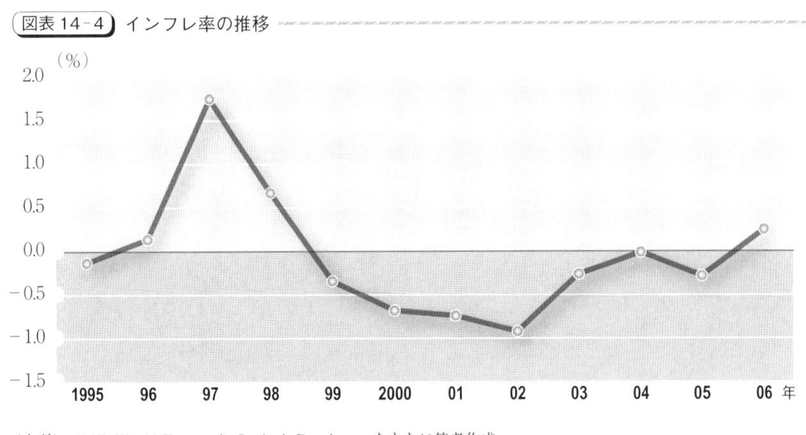


（出所）IMF, World Economic Outlook Databases をもとに筆者作成。

アニア製でした。無印良品では，2000年までは，製品開発を基本的に社内のスタッフのみで行ってきましたが，それぞれの製品分野で外部のプロフェッショナルの力を借りるという方向性に路線変更を行うことにしました。自社のデザイナーが欧州各地をまわり，日本ではまだ知られていない素材や日常性にこだわった製品を集め，セレクト製品として販売することにしたのです。前述したように，団塊ジュニアにターゲットを絞って固定化された考え方に陥っていた組織からは新しい製品は生まれないと考えたのです。当時の社長であった松井忠三は良品計画という企業組織に，「無印はこれでいいんだ」といった驕り・慢心や，急速に進む大企業病を感じとっていたのです。その後，生活雑貨の売上げが伸び悩むと，2004年8月には生活雑貨の製品開発強化を目的として組織改革を実行し，製品本部の下にある生活雑貨部の製品開発部門を分野ごとに分け，担当グループを置くことで，売れ筋製品開発強化を行ったのです。

### 2.2　低価格路線からの脱却

日本では2000年に入る前あたりからデフレの進行が顕著になっていました。図表14-4からも明らかな通り，1999年からインフレ率はマイナスとなり，その傾向は2005年に至るまで続きます。このような状況で，低価格路線の戦略をとる企業が成功を収めます。たとえば，マクドナルドは2000年にハンバーガーを平日にそれまでの半額である65円で販売し，他の企業の追随を許さないコストリーダーシップ戦略を実現します（第4章参照）。また，衣類・雑貨分野の競合他社にあたるユニクロは1990年代後半から製造小売り（SPA）への転換を図り，98年には低価格で高品質な「フリース」を市場に導入し，大ヒットさせました。ユニクロが用いるようになったSPAとは，Specialty store retailer of Private label Apparelの頭文字を組み合わせた造語で，製造から小売りまでを一貫して行うアパレルの組織形態です。ユニクロでは製品開発を自ら行いながら，製造まで管理することで高品質ながら低価格な製品を市場に導入することに成功したのです。

このように消費者が低価格な製品を欲するようにマーケットが変化したことに対し，良品計画は十分に対応することができませんでした。もちろん，低価格競争下で何もしなかったわけではありません。仕入単価を抑えるために生産調達先の集約化を行ったうえで期中で製品単価を引き下げて販売していたのですが，SPAを導入したユニクロなど競合他社の影響は大きく，衣類における原価率は2000年に前期比2.1%も上昇してしまったのです。連結売上高原価率が前期57.5%から58.2%と0.7%の上昇にとどまったのと比べると，衣類における他社の価格への影響がより大きいことがわかります。

良品計画ではこの課題に対応するために低価格路線からの脱却を図ります。前項で記載したように，衣料のデザインをヨウジヤマモトに業務委託するなどした結果，デザイン性の高い衣料品を投入し，高価格路線に転換したのです。この高価格路線は衣料品に限ったことではなく，家具においても行われ，高価格製品の売上げが伸びたのです。客単価で見ても，2003年度上半期には既存店ベースで客数が4.9%減ったものの，客単価は7.4%の上昇を見せているのです。また，高価格路線にもかかわらず，当初価格で販売した比率を示す建値消化率が大幅に高まっており，利益率も改善していきます。この路線はその後も継続され，良品計画の方向性に影響を与える外部のデザイナーで構成されるアドバイザリーボードのメンバーである深澤直人も「（価格競争になりやすい家電であっても）価格競争に陥るなら，（無印良品が）手掛ける意味はない」と述べています。

もちろん，高価格を実現する一方で，原価低減のための施策も同時に行っていきます。たとえば，2001年から2002年にかけて自動発注システムを活用して，発注業務の効率化を行っています。また，2006年5月にはMGS（ムジ・グローバル・ソーシング）社を設立します。この会社はシンガポールにあって，情報収集・製品開発力の強化とともに，調達原価引下げを目的としています。

このように良品計画では，デフレ環境下における低価格競争から高価格路線に舵をきることで，再成長につなげていったのです。

### *2.3*　出店計画の再考

2000年は，流通という観点からは大きな節目に当たる年でした。なぜならば，大規模小売店舗法が6月に廃止されたからです。大規模小売店舗法とは正式には「大規模小売店舗における小売業の事業活動の調整に関する法律」と言い，1974年に施行されました。この法律は，中小小売業の事業活動の機会を適切に確保することを目的としています。つまり，スーパーマーケットなどの大規模店の進出を難しくすることで，中小小売業を保護することが目的であったと言えるのです。この法律によって，大規模店舗の出店には長い時間がかかるようになります。その後，何度かの改正を経て，日本国内からの要望だけでなく，1990年代以降の日米構造協議の中で，米国からも大規模店舗出店に関する規制緩和を要求され，同法は2000年に廃止に至るのです。

結果として，大手小売業者はこれを機会に出店をすることが可能になりました。この廃止を見据えて，良品計画もこの年に大規模な出店ラッシュを行います。2000年には計45店舗を出店し，とくに本法律の廃止後の9月～11月に28店舗の出店を行っています。2001年の売り場面積は前年比で40%も増加しています。このようなマクロ環境の変化に強引に対応しようとした結果の出店は必ずしも，良品計画の戦略方針と組織に合致したものではなかったと考えられます。

良品計画では，出店計画に当たって，厳密な基準を設けていました。しかし，多くを出店しなければならないという状況で，その運用が曖昧になってしまい，新しく出店した店舗の中には売上げや利益の実績が予算と大きく乖離してしまうところも出てしまいました。たとえば，2000年10月に開店した本厚木店は，売り場面積が4000平方メートルを超える大型店舗でしたが，この店舗は大きく2つの意味で問題がありました。1つめの問題は，自社店舗と競合を起こしてしまっていたことです。この店舗は，東京都町田市や神奈川県相模原市の自社店舗と商圏が重なってしまっていました。競合するということは，互いに売上げを奪い合うことにつながってしまいます。その結果として，2000年は直営既存店の売上高が前期比で9.0%減少したと考えられます。なぜならば，この売上高の減少は，顧客が買った製品の平均価格である客単価はほぼ横ばいであったにもかかわらず，客数が8.2%減少したことによってもたらされたからです。

2つめの問題は，製品開発の方針と出店地域の適合性がよくなかったことです。本厚木店は小田急線本厚木駅前に立地しています。小田急線沿線は学生の利用客が多く，客単価が低くなる傾向があります。そのため，良品計画が対象としていた団塊ジュニアに対しても，また新しく対象としたファミリー層向けにも適合性が低くなってしまっていたのです。結果として本厚木店は2002年度に閉店することになります。

このように，大規模小売店舗法廃止というマクロ環境の変化を機会としては捉えられたものの，その実行に当たって十分に考慮がなされていなかったために，良品計画の流通戦略は十分な成果を上げることができなかったのです。

そのため，良品計画では中期的な経営戦略として，1000平方メートルクラスの店舗をひとつの柱として，スクラップ・アンド・ビルドによってマーケットに適正なサイズの店舗を配置することを決定します。2001年には国内にて11店舗を新設した一方で10店舗の閉鎖を実施，2002年も6店舗を新設する一方で15店舗の閉鎖を実施しています。その後，2003年には空白・余力地域への出店を優先し，成功率の高い出店を推進するという中期的な戦略を設定し，2004年には24店舗を新設する一方で5店舗を閉鎖するという形で，再成長への転換を図っていきます。

### *2. 4*　販売方法のマニュアル化

小売業において売り場づくりというのは非常に大切です。顧客は店に来て，売り場を見ながら，何を買うか決めるからです。しかしながら，無印良品の店

**コラム　ブランド**

ブランドとは，自ブランドと他ブランドを区別するために与えられる名前やマークなどことを指します。名前やマークだけでなく，キャラクターやジングルといったさまざまな記号がブランドの要素として位置づけられています。ブランドには，自ブランドの品質を保証する保証機能と，自ブランドを識別するという識別機能が存在しています。さらに，顧客にとって自ブランドのイメージを想起させてくれるという想起機能があります。

企業はすぐれたブランドを構築することによって，顧客が当該ジャンルの製品を購買する際に他ブランドに比べて自ブランドを選んでくれるだけでなく，ある程度の価格をプラスしたとしても選んでくれるという価格プレミアムを生じさせてくれることになります。さらに，1回の購買にとどまらず，長期にわたって自ブランドを選択し続けてくれるというロイヤルティもまた生み出してくれます。

良品計画はブランドマネジメントに成功している企業のひとつであり，日本において価値の高いブランドとして認知されています。たとえば，ブランディング会社インターブランドジャパンによるグローバルブランド価値評価ランキングでは，2019年版において，良品計画のブランド“MUJI”は20位に位置づけられています。

では店づくりが十分にできていませんでした。正確に言うと，店長がそれぞれ作り上げていたため，店ごとに売り場にばらつきがあったのです。そのため，店長が変わるごとに店の雰囲気が変わってしまったり，いい店長のお店はよくても，十分なスキルがない店長がいるお店ではよい売り場が作れなかったりといった問題が生じてしまっていたのです。

このような状況への反省から，業績の悪化に伴って不採算店の縮小や海外事業のリストラといったドラスティックな改革を行うと同時に，標準的な店を作り上げるためのマニュアルづくりが行われました。それが無印良品の店舗で使われるようになるMUJIGRAMというマニュアルです。このマニュアルでは，製品開発，売り場のディスプレイ，接客まですべての仕事のノウハウが記載されていました。これは，顧客がどの店舗に行っても，同じようなサービスを受けられることを目指しているからです。スタッフの身だしなみや掃除の仕方といった細かいところは個人の判断で行ってしまいがちですが，その点にまで言及し，日々改善点を見つけマニュアルを更新していくことで，仕事の進め方がより洗練されていくのです。

もちろん，日々の仕事に限らず，店の雰囲気に大きな影響を与えるようなこともマニュアル化されています。たとえば，店頭のディスプレイなどもマニュアル化されています。マネキンのコーディネートは感性が問われるような仕事に思われますが，MUJIGRAMでは以下の2点にまとめられています。1つは，「シルエットを△形か▽形にすること」であり，もう1つは「使う服の色は3色以内」にすることです。

このような活動の結果として，2002年をピークに顧客のクレームは減っていきます。2003年には1万を超えていたクレーム件数が2005年には2000件を切るまでに減少したのです。このことは単に顧客の不満が減っていくというだけではなく，無印良品というブランドイメージを上げるというよい結果もまたもたらすことになるのです。

## 3　ケースを解く

前章でも紹介した通り，マーケティングのプロセスを考える際には「R＋STP＋MM」という概念が用いられます。Rでは対象とする製品・サービスに関する自社の状態と環境を分析します。次に，STPではビジネスを行う市場の分析を行って，当該市場のどこにターゲットを置き，どのように製品を位置づけるかを明らかにします。最後に，MMでは顧客に向けて製品を届けるための諸活動を行っていきます。前章のサントリーのケースでは，市場分析を中心に取り上げました。本章の良品計画のケースではMMについて中心的に取り上げることにします。とくにマーケティング・ミックスと言われる手法に関しては近年新しい考え方も出てきていますが，本章では最も基本と考えられる「4P」に絞って紹介することにします。

### 3.1　マーケティング・ミックス

企業がターゲット顧客に働きかけるためのマーケティング手段を総称してマーケティング・ミックスと言います。一般的にマーケティング手段の要素は4つあり，そのアルファベットの頭文字から4Pと呼ばれています。具体的には製品（product），価格（price），流通（place），販売促進（promotion）になります。個々の要素について考えると同時に，目的に合わせて要素間での一貫性が必要になります。以下では各マーケティング手段の要素に関して説明していきます。

### *3.2*　製品（product）

製品について考えるべき要素は2つになります。考慮すべき要素の1つめは，個々の製品をいかに企画・開発するかということです。その際に製品が顧客にもたらす便益について考えなければなりません。ただし，顧客が求める便益に直接的に応える本質的サービスに加えて，付加的な要素も考慮する必要があります。本質的サービスとはその製品に対して，顧客が満足を感じる本質的な価値になります。たとえば，自転車であれば移動手段を提供することが本質的価値と言えるかもしれません。次に付加的要素は製品のブランドやおまけ，アフターサービスなど本体に付随するサービスになります。たとえば，アイドルのCDを購入したときについてくる握手券などもこれに当たるかもしれません（CDと握手券のどちらが本質的サービスかは議論があるかもしれませんが）。

考慮すべき要素の2つめは，プロダクト・ミックス（複数製品の組合せ）です。企業は複数の製品を市場に導入しています。どのようなカテゴリーを増やすかもしくは減らすべきか（ラインの広がり），それともひとつのカテゴリー内のアイテムを増やすか減らすか（ラインの奥行き）に関する判断が必要になります。企業が持つ製品ライナップの組立てのことを「アソートメント」と言います。

本章で題材とした良品計画ではどのようになっていたでしょうか。まず，製品の開発という観点から，良品計画では，とくに生活雑貨に関する開発を改めることになりました。自社内でのみで行ってきた開発を，各分野におけるプロフェッショナルの力を借りたり，海外の製品を積極的に導入したりするという方向性に切り替えたからです。次に，プロダクト・ミックスという観点から，良品計画では食品の製品数が適切ではなかったという判断を行っています。すなわち，製品数を多くしたものの，消費者からの評価を十分に得ることはできなかったということです。そのため，食品カテゴリーの製品数を減少させるという判断をすることにしたのです。

### 3.3 価格（price）

製品を顧客に購買してもらうには適切な価格を設定する必要があります。価格を決定するためには大きく2つの要素を考慮する必要があります。まず1つには，当該製品が顧客にもたらす便益の推定にとどまらず，その製品のコスト，競合製品の価格，顧客の予算などを考えなければなりません。たとえば，当該製品が顧客に対して高い価値をもたらしていると言っても競合製品の価格がおさえられていれば，高い価格をつければいいというわけではなくなってしまいます。また，顧客への浸透を優先するために製品のコストより低い価格を戦略的に設定するということも考えられます。

もう1つは，状況に応じて，どれくらい割引きするのか，支払方法やローンの条件なども設定する必要があるということです。たとえば，もともとの価格は維持しながらもクーポンやキャッシュバックを用いることで実質的な販売価格を低下させるということも考えられます。また，高額な製品であればローンで購入する顧客が増えますから，その際どのような形であれば顧客にとって受け入れやすいかを考えなければなりません。

良品計画では，マクロ環境や他社の動きを踏まえて製品を低価格に設定し直しますが，オペレーションなどの問題もあり，あまりうまくいきませんでした。そこで，低価格路線からの脱却を図り，製品の高品質化も行いながら高価格路線に転換したのです。

### 3.4 流通（place）

製品そのものが企画され，価格が決められたとしても，生産された製品が顧客の元に届くまでの経路をどう設計するかという流通のマネジメントが必要になります。流通に関しては大きく2つの要素を考慮する必要があります。1つめは，最終的な製品の出口をどのように設定するかということです。すなわち，どのような店を選ぶかということです。百貨店，スーパー，コンビニエンス・ストアとさまざまな店の種類がありますし，直営店という形で直接販売するという形もありえます。近年ではインターネットを通じた販売も一般的になりました。それらをふまえて，自社の製品と適合的な店を選ぶ必要があります。たとえば，アパレルの有名ブランドの製品がコンビニエンス・ストアで販売されていたら，皆さんはどう感じるでしょうか。ブランドのイメージが悪くなるのではないでしょうか。店舗が顧客に対して与えるイメージの特徴を考慮したうえで最終販売の形を考えなければなりません。

2つめは，販売に至るまでの流通の経路です。メーカーが直接販売するのか，それとも小売業者を用いるのか，さらには卸売り業者を通じてより幅広い店に製品が届くようにするのかという判断が必要になります。このような流通政策のうち，中間の流通業者を特定して比較的狭い範囲の小売店に製品を販売してもらう政策のことを「閉鎖型チャネル政策」と言い，中間の流通業者を特定せず，幅広く製品を販売してもらう政策のことを「開放型チャネル政策」と言います。前述したアパレルの有名ブランドの製品は，直営店で直接販売するといった形で閉鎖型チャネル政策を採用する傾向があります。一方で，現在，家電製品では開放型チャネル政策をとることが多くなっています。日本の家電メーカーでは当初系列化という形で閉鎖型チャネル政策をとっていましたが，時代を経るに従い，徐々に家電量販店に販売を委託するという開放型チャネル政策に移行してきました。

良品計画は西友の PB を出自としていますので，まずは西友という店を販売店として扱っていたということになります。西友は卸売りを行いながらも直営店の運営も行っていますので，その点では幅広い流通経路を選んでいるということになるでしょう。ただし，大規模小売店舗法の廃止に伴う大規模な直営店の出店は必ずしも適切な販売チャネル政策とはならず，十分な収益を上げることはできませんでした。そこで良品計画では，適正なサイズと出店計画を練り直して再成長への転換を図っていくのです。

### *3.5*　販売促進（promotion）

製品はただ，顧客までに届く流れを整えたからといってよく売れるわけではありません。顧客に対して当該製品が購買する価値があるということを認識してもらう必要があります。その際に重要なのが販売促進（プロモーション）になります。製品をプロモーションする際には大きく 4 つの手段が考えられます。広告活動，広報活動，人的販売，（狭義の）販売促進になります。広告活動は，多くの人々を対象に自社製品の情報を伝える活動になります。具体的にはテレビ，ラジオ，新聞，雑誌といったマスメディアや屋外広告・インターネットなどがこれに当てはまります。広報活動は，お金を使わないでテレビや新聞，雑誌といった媒体に自社の記事や製品を紹介してもらうことです。報道関係者向けのイベントなどもこれに当てはまります。人的販売は，営業担当者や販売担当者が顧客と直接話をすることで自製品の情報を伝える活動になります。とくに B to B ビジネスにてよく使われているほか，アパレルショップなどでは皆さんも店員さんに話しかけられたことがあるのではないでしょうか。最後に（狭義の）販売促進は，これまでの3つの活動に属さないその他の活動が含まれます。試供品の提供，各種イベントなどに加えて，陳列方法の工夫などがこれに当たります。

良品計画は，（狭義の）販売促進として，売り場づくりに着目します。店長によって能力に差があったり，方向性にばらつきがあったりする中で，良品計画では標準的な店を作り上げるためのマニュアルを作成しました。その結果として，顧客のクレーム件数が減少するなどの明確な効果を上げるようになったのです。

## 4　考えてみよう・調べてみよう

(1)　本章の良品計画の事例についてあらためて整理してみましょう。第一に，良品計画の事例をもとに，2000年前後に危機に陥ったとき，どのような環境変化が起こっていたのかを整理してみましょう。第二に，環境が変化したことによって，良品計画のマーケティング手段である製品，価格，流通，販売促進の要素がどのような問題を抱えるようになったのかを明らかにしましょう。第三に，その際に良品計画で行われた個々の手段に関する修正についてまとめてみましょう。

(2)　前問で検討した修正された個々の手段について，一貫性があるかどうかについて検討してみましょう。一貫性とは，個々の手段同士で目的に対して整合性があるということです。たとえば，富裕層相手にビジネスをするときに，百貨店で製品を販売しながら，どちらかといえば若者向けにリーチしやすいインターネットで広告を出すというのは一貫性がないということになります。この点を含めて，良品計画のマーケティング・ミックスについて考えてみましょう。

(3)　2000年前後の危機を脱した後，良品計画がどのような成長を遂げてきたかを有価証券報告書などから調べてみましょう。売上げや営業利益など基本的な指標に加えて，事業に関してどのような変化があったかについて確認してみるとよいでしょう。そのうえで，マーケティングにおいて，2000年前後と比べて新しく行われた施策があれば，それをまとめて整理してみましょう。新しく行われたマーケティング施策があれば，それがなぜ行われるようになったのかを，環境の変化という観点から検討してみましょう。逆に変化がないマーケティング施策に関しては，環境にどのような変化があれば変更しなければならなくなるかについて考えてみましょう。

(4)　どの企業であってもマーケティング・ミックスについて考慮する必要があります。あなたが知っている業界をひとつ取り上げたうえで，各社のマーケティング・ミックスについて検討してみましょう。その際には，各企業が当該業界においてどのようなポジションにあるかを考慮してみましょう。業界におけるトップ企業なのかそれともトップに挑むチャレンジャー企業なのか，あるいはニッチ市場で活動するニッチ企業なのか，企業の特性によってマーケティング・ミックスは変わるかもしれません。マーケティング手段すべての要素を検討せずとも，ひとつの要素を取り上げて比較検討してみることでも何かわかるかもしれません。たとえば，テレビCMなどを調べてみるのもよいでしょう。

## *5*　読んでみよう

沼上幹（2008）『わかりやすいマーケティング戦略（新版）』有斐閣。

◈企業の視点からマーケティング戦略を学ぶことができます。

フィリップ・コトラー，ケビン・レーン・ケラー著，恩蔵直人監修・月谷真紀訳（2014）『コトラー＆ケラーのマーケティング・マネジメント（第12版）』丸善出版。

◈海外の大学でも教科書として用いられており，基本から詳細まで学びたい人向けです。

石井淳蔵・栗木契・嶋口充輝・余田拓郎（2013）『ゼミナール　マーケティング入門（第２版）』日本経済新聞社。

◈マーケティングの基本に加えて，企業行動の視点からの記載が充実しています。

第 Ⅳ 部

# 企業の社会性

この部で扱われるケース

JR 西日本

アスヘノキボウ

第15章

# ビジネスの倫理

## JR 西日本の新幹線台車亀裂トラブル

キーワード
企業倫理　企業の社会的責任（CSR）
リスク・マネジメント
行動倫理学　実存主義

### *1*　この章のねらい

2000 年から相次いだ，食品会社による集団食中毒事件や産地表示偽装，自動車メーカーによるクレーム・リコール情報隠しなど，いわゆる企業不祥事は大企業に対する人々の信頼性を大きく揺るがし，企業倫理をあらためて問うきっかけとなりました。今日，市民の生活に大きな影響を与えるようになった企業は，市場のプレーヤーである以前に応分の社会的な責任を果たすべき存在と見なされ，法令を遵守し，消費者の安全への配慮など一定の規範に従った行動が求められています。しかし現実には，市場競争が厳しくなるにつれて，自社の利益確保と存続のために，企業が不安全な行動を許容し，社会の規範から逸脱するということも少なからず起こっています。

本章では，JR 西日本の新幹線台車亀裂トラブルをケースとして取り上げ，同社の対応が遅れた事由，および台車メーカーの品質管理上の課題を，規範倫理学や行動倫理学のアプローチをもとに考えます。まず事業者に求められる消費者の安全確保上の責任枠組みを考察し，ついで組織の逸脱を防止するメカニズムを探ります。

## 2　ケース：JR 西日本の新幹線台車亀裂トラブル

### 2. 1.　JR 西日本の沿革

西日本旅客鉄道株式会社（以下，JR 西日本と表記）は 1987 年，当時の日本国有鉄道（国鉄）から鉄道事業および船舶事業を引き継ぎ設立された会社です。北陸・近畿・中国地方を中心に鉄道路線網を持ち，在来線のほか山陽新幹線，北陸新幹線（上越妙高－金沢間）の運行も行っています。主要株主には銀行，信託銀行，保険会社など金融機関が名を連ねています。

### 2. 2　新幹線台車亀裂トラブルの背景

2017 年 12 月 11 日，博多駅を出発した東海道・山陽新幹線「のぞみ 34 号」は，走行中に異常音や異臭などの不具合を生じさせつつ，JR 西日本管内の新大阪駅まで運行され，JR 東海に引き継がれた後，名古屋駅で台車からの油漏れが見つかり運転を中止しました（写真 15-1）。調査の結果，13 号車の台車に亀裂が生じていたことが判明しました。亀裂の長さは 14 cm にも達し，あと 3 cm で台車枠が破断し，車軸が飛び出して脱線転覆する可能性もあったというきわめて深刻なものでした（図表 15-1）。国土交通省・運輸安全委員会は重大な事故につながるおそれがあったとして，新幹線では初めて重大インシデントに認定しました。

このトラブルでは 2 つのポイントが注目されました。1 つめは，なぜ台車枠に亀裂が発生したのか，そして 2 つめは，比較的早期に JR 西日本の乗務員らが異常の兆候に気づきながらなぜ運転を続けたのか，ということです。そこには現場への過信や心理的バイアスが幾重にも関連していました（以下のケース記述は，主として大坂（2018）に依拠しています）。

**企業プロフィール**

西日本旅客鉄道株式会社（2018 年 3 月期）

- 創　　立　1987 年 4 月
- 資 本 金　1000 億円
- 事業分野　運輸業，流通業，不動産業，その他
- 売 上 高　9762 億円（単体）
- 営業利益　1443 億円
- 従業員数　2 万 8383 人（単体）
- 子会社数　153 社

写真 15-1　台車に亀裂が見つかった「のぞみ 34 号」(JR 名古屋駅)

共同通信イメージズ　提供

図表 15-1　台車枠亀裂の発生状況

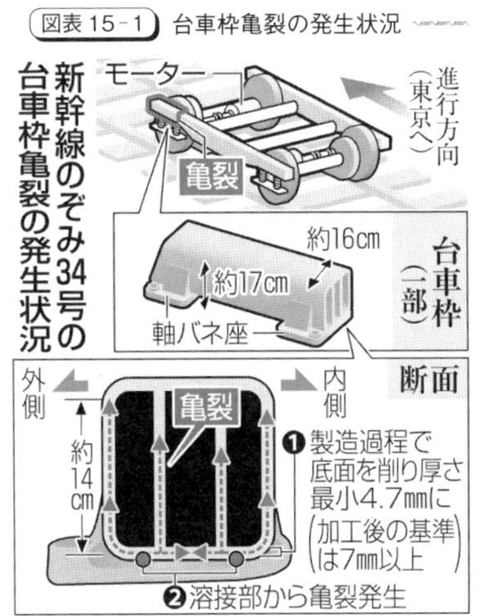


（出所）共同通信イメージズ。

## 2.3　川崎重工業の製造ミス

問題の車両を製造したのは川崎重工業株式会社（以下，川崎重工と表記）でした。2007 年 2 月，新幹線 N700 系の製造が同社兵庫工場で進められていました。量産化がスタートしたばかりで慣れない作業を余儀なくされた製造現場で，台車枠の溶接に当たっていた 20 歳の作業員はある工程上の課題に直面していました。新幹線車両の製造に際しては，メーカーは JR の設計図面通りにつくる必要がありますが，細かい製造方法はメーカーに一任されていました。

今回問題を引き起こしたのは，台車枠の底面と「軸バネ座」と呼ばれる別の部品とを溶接する工程でした。作業員の目の前にあった外注品の台車枠は，厚さ 8 mm のコの字型の鋼板を 2 つ組み合わせたものでした。しかし，外注先の製造方法の問題で鋼板の折り曲げの精度が甘く，底面に歪みが生じていました。これでは軸バネ座をすき間なくぴったりと接合し取りつけることができません。すき間があるとガタつきが生じてしまいます。

このガタつきを抑えるために，作業員は台車枠製造の責任を担う班長に相談します。ベテランの 30 代の班長は，彼に「平らになるまで削れ」と指示しました。

台車枠は車両走行上，きわめて重要な部材です。それを削ることは本来あってはならない作業で，工場管理部門が発行する作業指導票でも削ってはいけないと定められていました。一方で，溶接部分の周辺の母材については 0.5 mm までなら削ってもよいと，社内の溶接作業基準で認められていました。班長は，以前こうした方法で先代の 700 系の台車を作った経験もあり，この基準を拡大解釈して部下の作業員に底面を削るよう指示しました。

「まさか 0.5 mm を超えて削ることはないだろう」と班長は思っていたと言います。しかし，部下は社内基準に精通しておらず，最大で 3.3 mm も削ってしまいます。さらに仕上がりを班長が確認しなかったため，基準超えの事実は見過ごされてしまいました。JR 西日本の仕様では台車枠の厚さは 7 mm 以上であることが求められていました。しかし，底面については最も薄い部分が 4.7 mm しかなく，強度不足は明らかでした。

さらにこうした削り込みの補正と寸法調整のためなのか，亀裂が発生した近傍の軸バネ座の全面にわたり「肉盛溶接」をした形跡が見つかりました。この作業自体は珍しいものではありませんでしたが，しかるべき事後の熱処理を施していなかったため，内部のひっぱり応力が除去されず，亀裂を拡大させた可能性があると後に指摘されました。

ぴたりと溶接できた台車枠と軸バネ座を前にして，現場は設計変更など他部門の手を煩わせなくてすんだと，誇らしい気持ちであったかもしれません。しかし作業基準からの逸脱が放置され，知らず知らずのうちにリスクは蓄積されていきました。

亀裂のあった台車を超音波で調べた結果，台車枠底面と軸バネ座の溶接部分に長さ 4〜5 mm の微細な傷が生じていることがわかりました。おそらく溶接の工程でできた傷と推定されました。しかしそれ自体は必ずしも致命的ではなく，「品質管理をしっかりしてほしいというレベルの問題」（JR 西日本の平野賀久副社長，当時）でした。この程度なら台車枠の底面に十分な厚さがあれば傷

写真 15-2　川崎重工業による謝罪

山陽新幹線のぞみの台車に亀裂が見つかった問題で，記者会見終了前にあらためて謝罪の言葉を述べる川崎重工業の金花社長（当時，中央）ら（2018 年 2 月 28 日）

共同通信イメージズ　提供

の進行は防げるので，運転に支障はありませんでした。

しかし，台車枠の底面が基準より薄かったことが事態を悪化させました。わずか 4～5 mm の傷は 10 年かけて，JR 西日本が定期的に実施している検査をすり抜け 2～3 cm にまで広がりました。トラブルが起きた当日の朝の検査でも見逃されたことを考えると，その日の運行開始後に亀裂が一気に拡大した可能性もありました。

JR 西日本は 2007 年から 10 年にかけての 4 年間に川崎重工から N700 系を購入していました。この間，やってはいけない削り込みの作業が続けられていました。JR 西日本が保有している川崎重工製の台車をすべて検査したところ，底面の厚さが基準に満たない台車は 303 台中 101 台に達していました。川崎重工は金花芳則社長（当時）らが記者会見を開いて謝罪するとともに（写真 15-2），不備のあった台車を交換するための製造費用を全額負担することになりました。安全性への信頼を損なったことで営業面での影響も計り知れないものとなりました。現場への過信が招いた判断ミスはあまりに高くついたのです。

### 2.4　JR 西日本の判断ミス

もうひとつのポイントは，異常の兆候を早期に把握しながら，なぜ JR 西日本は本件列車の運転を続けたのかということです。その点について，同社が行った聞き取り調査や運輸安全委員会報告書の内容をたどってみましょう（図表

15-2)。のぞみ 34 号の博多駅出発直後から，車掌やパーサー（車内販売やアテンド業務を行う乗務員）たちは「甲高い」異常音（13 号車）や「鉄が焦げたような」異臭（後方の 7，8 号車）を感じ，車掌長に報告していました。小倉駅を過ぎたあたりで，車掌長は指令員に異臭が確認されることを伝えます。指令員は車両保守担当者 3 人を岡山駅から乗車させて，確認作業に当たらせることにしました。後に台車に亀裂が見つかる 13 号車では，複数の乗客からも，においやモヤがあるとの申告が乗務員に寄せられるようになりました。

図表 15-2　トラブルが起きた新幹線の運行状況

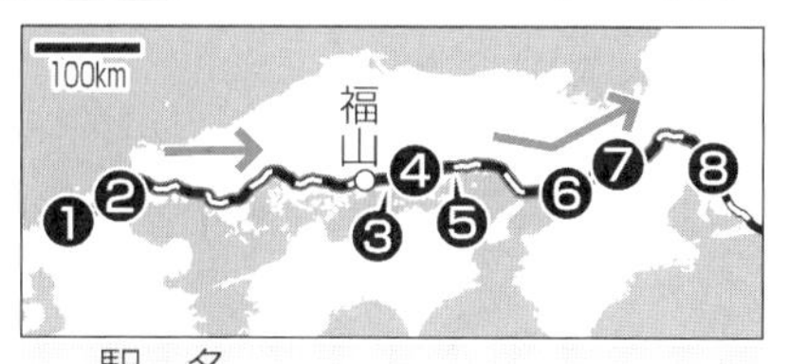


| 駅名 | |
|---|---|
| ❶博多 | 11日午後１時33分発 |
| ❷小倉 | 発車後焦げたようなにおい |
| ❸ | 車内でもや確認 |
| ❹岡山 | ＪＲ西日本の保守担当社員3人が乗り込む。「停車して点検すべきだ」との意見も出たが、東京指令所は運転に支障はないと判断 |
| ❺ | モーターがうなるような音 |
| ❻新大阪 | ＪＲ西日本の乗務員がＪＲ東海の乗務員に「異常はない」と引き継ぎ |
| ❼京都 | 発車後再び異臭 |
| ❽名古屋 | 午後５時ごろ車両を点検。運休に |

（出所）共同通信イメージズ。

岡山駅出発後，パーサーの一人は 13 号車の客室内にモヤがうっすらとかかっていると感じ，床下からも「うるさく感じるほど大きい」音が聞こえるようになったと語っています。同駅から乗り込んだ保守担当者は，音とともに「床下からビリビリ伝わる振動」が気になりました。同社の乗務員マニュアル（作業標準）では，異常音等を感知した際は，車掌が「危険と認めた」場合は緊急ブレーキスイッチを引くことなどを定めていましたが，今回のケースでは乗務員らは危険な状況と認識していなかったため，こうした作業フローの対象外となってしまったのでした。

その後の岡山ー新神戸間においては保守担当者と指令員の間で以下のようなやりとりがなされました。

保守担当者　　「においはあまりしない」「音が激しい」「床下を点検したいんだけど」

指令員　「走行に支障があるのか」
保守担当者　「そこまではいかないと思う。見ていないので現象がわからない」
別の保守担当者　「モーターが少し大きい音を出している可能性がある」
指令員　「ちょっと待ってください」（受話器から耳を離す）
保守担当者　「安全をとって新大阪で床下（点検）をやろうか」
指令員　「……」

上記のやりとりの中で，指令員が「ちょっと待ってください」と受話器から耳を離したのは，指令員の上役に当たる指令長が，指令員に対して現状の報告を求めたためでした。つまり，指令員は保守担当者の「床下を確認したい」という重要な発言を聞き漏らしてしまったのです。逆に指令員の「ちょっと待ってください」という発言を，別の保守担当者は，新大阪駅で床下点検の準備をするため待ってほしいという意味だと解釈しました。指令員から床下点検の返答がなかったことから，保守担当者は「車両のモーター開放（モーター等の主回路を切り，異常の拡大を防ぐこと）の処置がいいと思う」と指令員に伝えます。指令長の判断により，運転士に対し 13 号車のモーター開放が指示されます。

指令長は運転に支障があれば駅間でも停車させようと考えていましたが，指令員から「においはない」「床下から音はしているものの運転には支障がない」との報告を受け，停車の必要はないものと判断し，運転が続行されました。

こうしてのぞみ 34 号は新神戸駅に到着します。保守担当者たちは車外で 13 号車の車体とホームの間を懐中電灯で照らして目視で確認しましたが，異常は感じとれませんでした。一方，モーター開放によっても異常音はおさまらなかったことから，保守担当者は「（原因は）台車まわりではないか」と指令員に伝え，13 号車の回路は元に戻されることになりました。それに続く，新神戸―新大阪間での指令員と保守担当者のやりとりは以下の通りでした。

指令員　「走行に支障がある感じではないか」
保守担当者　「判断できかねるので，走行に異常がないとは言い切れないかな」「音が変わらず通常とは違う状態であることは間違いないと思います」
指令員　「台車関係かどうかというのは疑わしいけれど，わからないということですよね」

保守担当者　「そうですね。はい」

指令員は，車両の専門技術者である保守担当者は本当に危険があれば「危険だ」と伝えてくる，点検する必要があるならば明確にそのことを伝えてくるはずと思っていたと言います。

結局，指令員は走行に支障がないという判断を変えないまま，のぞみ 34 号は新大阪駅に到着します。保守担当者は床下点検の要請は指令に伝わり調整してもらっていると思いつつも，JR 東海への業務引き継ぎのため同駅で下車することに気がとられてしまいます。車掌や指令員は引き継ぎの際，異常音や異臭がしたが運行に支障がないことを伝えました。

新大阪駅で業務を引き継いだ JR 東海でしたが，同社の指令員は車掌に異常を確認させるとともに，車内で異常音があったとのことから，業務ルーティンとして名古屋車両所に対して保守担当社員の手配を依頼しました。名古屋駅から乗車した保守担当社員は，ホーム上で待機している際に本件車両から「カラカラ」といった異常音があり，またデッキに入った際にかすかであるが焦げたような異臭を感じたと言います。

そこで保守担当社員は車両所内勤の技術担当社員に報告することにしました。同技術担当社員は床下点検をしたいと主張し，指令員に名古屋の出発を取りやめるよう要請しました。列車は出発時刻となりドアがすでに閉まっていましたが，指令員はただちに運転士に出発禁止を指示しました。

保守担当社員がすぐさま列車の床下に移動し，台車を点検したところ油漏れが認められました。異常を察知した保守担当社員は，指令員からの運転継続の可否の問い合わせに対し，「運転を打ち切るべきだ」と直言しました。こうして本件列車は名古屋で運行が取りやめとなりました。同車の乗客約 1000 人は後続の新幹線に乗り換えるなどしました。

のぞみ 34 号は名古屋車両所への移動が予定されていましたが，台車の軸箱が傾いているなどで，危険と判断され作業はいったん中断されます。その夜，撤去作業が進められている現場にて JR 東海社員が台車枠の亀裂を発見したのでした。

同月 27 日に記者会見した JR 西日本の来島達夫社長（当時）は，台車に亀裂

写真 15-3　JR 西日本による謝罪

新幹線のぞみの台車に亀裂が見つかった問題をめぐり，記者会見の冒頭で謝罪する JR 西日本の来島社長（当時，左から 2 人目）ら（2017 年 12 月 27 日）

共同通信イメージズ　提供

が入ったまま約 3 時間運転を続けたことについて「新幹線運行のシステム全体に問題があった」と謝罪しました（写真 15-3）。

### 2.5　再発防止に向けた取り組み

本件トラブル発生前の 2017 年 4 月から 12 月にかけて，JR 西日本の山陽新幹線区間では乗客や乗務員から計 101 件の異常音の申告がありました。このうち，保守担当が運行途中に乗車点検をしたのは 4 件（4%）だけでした。一方，JR 東海は同じ期間の異常音申告 156 件に対し，127 件（81%）で乗車点検を実施しました。状況が各社で異なっていることを考えると安易な比較はできませんが，安全運行に対する両社の取り組み意識の違いが指摘されます。また JR 西日本は終着駅まで走行してから点検を行うことが恒常化しており，運行途中での取りやめを決断しにくい雰囲気があったと考えられています。運輸安全委員会は「安全最優先の意識に基づく行動の，いっそうの定着を進めることが重要」と示唆しました。

今回のトラブル以降，JR 西日本は一連の再発防止に取り組んでいきました。ハード面では 2017 年 12 月から，台車に超音波を当て反応を調べることで，鋼材内部の微細な傷の有無を確認できる「超音波探傷検査」を導入しました（写真 15-4）。従来の目視による検査よりも精度の向上が期待できました。2018 年

写真15-4　JR西日本が公開した新幹線の台車の傷を調べる検査

モニターに映る波形の大きさで傷の有無や形状を判別する（福岡県那珂川町の博多総合車両所）

共同通信イメージズ　提供

12月には，15年以上前に業務整理の一環で廃止した山陽新幹線の検査専門部署も復活させました。また異常音や異臭などを理由に山陽新幹線を積極的に止めるケースも増えていきました。同社によると，異常音や異臭などを理由に山陽新幹線を止めて点検し，10分以上遅れた件数（人身事故を除く）は，2016年度は2件でしたが，問題発覚の17年12月からの1年間で45件に急増しました。

平野賀久副社長（当時）は記者会見で安全性向上の取り組みを紹介し，「問題発生以降，現場で気づいたら報告をあげるよう働きかけてきた。それが件数の変化に表れてきたと思う」と述べました。

## 3　ケースを解く

### 3.1　サービス，製造上の注意義務とCSR

企業は市場ゲームの参加者である以上，そのルールに従った公正な方法でしか利益を得ることができません。企業と消費者という関係を考慮した場合，消費者の安全を阻害するような行為で製品・サービスを提供することは認められません。サービス事業者であるJR西日本の場合，旅客運送契約上，乗客を安全に目的地まで輸送する注意義務（due care）を負っていると言えます。

また，そうした契約上の責任のみならず，現代社会において技術的に高度な製品の製造を行っているメーカーはエンドユーザーに対し，製造物に欠陥がないように最大限の配慮を行う注意義務を有していると見なすことができます。製造物責任（PL：product liability）の概念も，この製造者の注意義務から派生しています。本件では川崎重工がJR西日本との関係を介して，直接の契約関係にはない乗客に対して安全な車両を提供するという義務を負っています。メーカーは予見可能な設計上・製造上の欠陥に対してはこれを取り除き，また使用に伴う危険性については十分な告知を行わなければならないといった責任を課せられているのです。

消費者に対しこうした最低限の法的義務を尽くすことは，企業の社会的責任（CSR：Corporate Social Responsibility）遂行の基本前提となります。CSRには，たとえば，障害のある乗客のために駅舎や車両におけるバリアフリー化を積極的に行ったり，地球環境への配慮から省エネ仕様に切り替えたり，あるいは沿線地域の活性化に取り組んだりといった，より広い社会的期待に応える活動も含まれます。社会的課題の解決に資するCSRは企業のブランド価値向上のための戦略として用いられることもあります。もっとも，消費者にいかに安全で安心な製品・サービスを届けるかがCSRの根本に据えられていなくてはなりません。企業が法令を順守しリスク・マネジメントなどに取り組むのは「守りのCSR」として地味な評価を受けがちですが，それらの取り組みは企業の永続的な活動の礎になると言うべきでしょう。

### 3.2　逸脱の常態化

しかし理念通りに企業が振る舞えるとは限りません。近年の行動倫理学の知見を踏まえるなら，組織目標の達成に強く動機づけられると，企業やその管理者はしばしば規範から逸脱した行動をとってしまいます。中西（2007）は「不測の事態の予防においては，正直さ，慎重さ，鋭敏さが求められるが，自己過信や慢心に陥ると，安全を脅かす行為や逸脱する行為が含まれてくる。結果として逸脱行為が通常のこととして行われるようになる（逸脱の常軌化）」と述べています。また柴田（2008）は「組織目標を達成するため，規範からの逸脱行為が発生し，結果として目標に対する成果が得られることから，組織内で逸脱行為が肯定的評価を得ることになってしまい，『逸脱の常態化』が成立する」

### コラム　高信頼性組織

リスク・マネジメントの分野で近年注目される概念として高信頼性組織（High Reliability Organization：以下，HROと表記）があります。HROとは，失敗が許されないという過酷な条件下で常に活動しながらも，事故発生件数を抑制して，高い成果をあげている組織のことを言います（中西，2007）。HROの具体例としては，航空管制システム，原子力発電所，送電所，石油化学プラント，救急医療センターなどがあげられます。こうしたHROに見られる特徴として，米国ミシガン大学教授のカール・E.ワイクらによれば，①失敗に注目する，②解釈の単純化を嫌がる，③オペレーションに敏感になる，④回復に全力を注ぐ，⑤専門知識を尊重する，の5つがあるとされています。

また，組織が「マインドフル」な状態に維持されていることが重要であるとされています。「マインドフル」とは，「わずかな兆しにもよく気がつき，危機につながりそうな失敗を発見し修正する高い能力を持つ状態のこと」を意味します。この反対は「マインドレス」ですが，これは「状況の変化に気づかない，問題を突き止めるのが遅い，マニュアル通りにしかオペレーションを進められないなどの傾向」を意味します。つまり簡単に言えば，組織の中での「気配り・目配り・心配り」ができているかどうかがポイントとなります。そうしたマインドフルな組織文化を共有する組織こそが高い信頼性を維持することができると言えます。

わずかな危険を知らせるシグナルにどこまで敏感になれるか，今回のJR西日本の亀裂トラブルでは，大いなる反省点となったはずです。同社は問題を受け，異常音をはじめとした「小さな異常」を察知するための訓練を導入したほか，異常を検知する地上センサーの整備計画などを進めました。ソフト面では，全乗務員に車両に使用している油脂類が焦げたにおいや車両の異常音を体感する訓練のほか，安全確認ができない場合を想定し，列車を停止させる手順を確認する訓練も行うようになりました。ハード面では，車体の異常を見つける車上装置や地上から台車の温度を赤外線で監視して異常を検知するセンサーを順次設置，列車の走行音を地上で収録し，正常な音とそうでない音を人工知能（AI）技術で判別する仕組みの開発も進めるとしています。

同社は「社員一人一人の安全に対する感度のレベルアップに加え，機械が判断できる部分は機械にまかせて，新幹線を止めるべきかどうか判断に迷うような領域を狭めていきたい」としています。マインドフルな状態をいかに生み出し，維持していくか，物心両面にわたる絶えざる挑戦が必要と言えるでしょう。

と述べています。

通常，組織で設定される目的達成に対して課題が発生した場合，何らかの手段により課題解決を図ることになります。一方，設定された期限までに課題解決が困難であると認識する組織は，設定された課題に対し，安全に関するルールや課題そのものを再解釈することにより，定められたルールを逸脱することで課題解決を回避し，目的を達成することが考えられます。

今回，川崎重工における台車枠の歪み問題に対して，設計変更などの手間を省き，台車枠を薄く削ることを部下に命じた班長は，かつて先代の台車枠製造での成功体験があったために，安全ルールそのものを拡大解釈し，指示したと言えます。部下はその期待に応えるべく，接合をうまく行う目的で逸脱を加速させていったと言えます。また班長にとっては自ら新しいルールのもと行動するのではなく間接的に部下に指示する立場にあったことから，こうした逸脱の見逃しが生じていたとも言えます。

### *3.3*　責任回避と悪しき信念

こうした見逃しの背景には，自社の技術への過信や，責任を認めることへの躊躇，さらに構造的な責任の分散化といった要因も指摘されます。20世紀のフランスの実存主義者であるJ.- P.サルトルは，現代人に見られる責任回避の傾向を「悪しき信念」（bad faith）と呼んでいます。サルトルの言う悪しき信念とは，個人の選択的自由とともに課された責任の重荷から逃れるため，他者に責任を転嫁したり，外から与えられた役割を演じることに没頭したりする自己欺瞞的な態度を指します。

JR西日本のケースでも指令員と保守担当者との間で，ともに相手に依存し，主体的に責任をとろうとする態度が見られませんでした。保守担当者の「床下を確認したい」という言葉を指令員が聞きもらしたとされていますが，指令員は心理的に，運行停止を伴うそうした対応を走行に支障がない限り必要ないと排除していた可能性があります。危険な場合は緊急ブレーキなどの処置を行う乗務員マニュアルもありましたが，運行の滞りはなるべくなら避けたいという心理が働き，危険兆候のネガティブな情報を遠ざけてしまったことも否めません。

運輸安全委員会の調査報告書やJR西日本の有識者会議報告書においても，正常性バイアス（異常事態に直面しても正常の範囲内と判断しがちな傾向）や，確証バイアス（自分の願望や信念を裏づける情報の方を重視，選択するという傾向）がうかがえることが指摘されています。「列車の走行には支障がない」「支障がない方が運行停止にならず有り難い」といった自己に都合よい心理が働き，関係者としても積極的に床下点検を言い出せない雰囲気があったと考えられます。

さらに，サルトルと同時代の哲学者 E. レヴィナスは「他者」の概念に注目し，それまでの実存哲学では十分に取り上げてこられなかった他者の問題に言及しています。レヴィナスは，M. ハイデガーの哲学を批判的に継承しつつ，独自の実存的思索を行ったユダヤ系フランス人の哲学者です。自らナチスに迫害された経験をもとに，人間のもつ根源的なエゴイズムを超越するための哲学的方法を考察し，他者との倫理的な関係のあり方を探求した哲学者として知られています。

つまるところ，レヴィナスにおいて倫理とは，現存在としての自己が，到来する他者性に開かれていること，また他者の無垢なる「顔」を前にして応答を余儀なくされることにあります。ここで言う「顔」とは，単に，見る－見られるという知覚レベルの関係ではなく，「汝，殺すなかれ」という，呼びかけ―応答というコミュニケーションの本源的な関係の開始を意味しています。

今回の台車亀裂トラブルのケースでは，生産の効率化，サービスの継続維持が期待される流れの中で，問題の可視化が遅れ，乗客被害の可能性がまったく無視され，その存在が放置されるという構造が存在していました。そこにおいて，かつて不幸な鉄道事故に遭遇した被害者やその遺族の「顔」は，まさに他者としての存在性をもって立ち現れてくるものであり，「汝，殺すなかれ」という抵抗の言葉をもって迫ってくるものです。眼前に登場する彼／彼女らの顔，そして無言の呼びかけに，企業の管理者は対峙せざるをえません。こうした具体的な存在を前にすることで，ビジネスの持つ根源的なエゴイズムが内省的に理解されるのです。

ともすれば企業の現場で持てはやされる戦略的思考は，他者を集合物として取り扱い，利害考慮の対象に貶（おとし）める可能性があります。しかし，他者を自己利益の追求のための道具としてのみ扱うことは倫理的に許されるべきではないでしょう。18世紀の近代ドイツを代表する哲学者の I. カントも「人格に存するところの人間性を常に目的として扱い，決して単なる手段としてのみ扱ってはならない」という人間性の原則を示しています。

### 3.4　マネジメントにおける人間性の回復に向けて

もっとも，レヴィナスが示唆するような「他者」との無限定の責任関係が，現代の資本主義体制において存立可能であるのかという問題は残されるでしょう。一部のビジネス倫理の研究者は，企業における責任を分散させる官僚制，人的関係を物象化するマーケット至上主義といった諸要素が，レヴィナスの「他者」志向の倫理の実現に大幅な制約を課していると批判的に捉えています。実存主義者 G. マルセルも，「官僚制度は悪である。その本質からして形而上的な悪である」として，官僚制組織における非人格化の傾向を非難しています。

官僚制化されたマネジメントの過程において「他者」不在の論理が機能してしまうことのないよう，組織のすべてのメンバーが絶えず自省を行い，社会的絆やコミットメントの意識を高める組織文化・風土づくり，業務規範の再構築を行っていく必要があります。

たとえば，100 人以上の死者を出した福知山線脱線事故では，JR 西日本の中に社員研修施設「鉄道安全考動館」（大阪府吹田市）が立てられました。今回のトラブルをきっかけに，館内にある過去に起きた重大な鉄道事故の原因などを学ぶ学習スペースに，台車亀裂問題の記述が追加されました。新たに「異常がないことを確認できない場合は，躊躇なく列車を止める」という教訓が付されました。先の脱線事故で長女を失ったある 70 代の男性は「安全最優先とわかっていても，責任が伴う判断はできない。他人任せの連絡係のような社員が増えているのだろう。人命を運んでいるという当たり前の意識を，もう一度刻み込んでほしい」と訴えています。日々の業務処理に埋没した組織は，しばしば他者存在の重みや根源性を忘却しがちです。いかにして組織のうちに人間性を取り戻す選択を行うべきか，サルトルやレヴィナス，マルセルたちの実存的思想に立ち返ることでその手がかりを得ることができるのではないでしょうか。

## 4　考えてみよう・調べてみよう

(1)　組織において生じる「正常性のバイアス」や「確証バイアス」はどのように防ぐことができるか，トラブル後のJR西日本の安全対策を検証した下記資料を参考に考えてみましょう。

新幹線重大インシデントに係る有識者会議（西日本旅客鉄道株式会社）社外委員評価書「JR西日本の新幹線の安全対策に関する外部評価」2019年3月21日。

（https://www.westjr.co.jp/press/article/items/190321_02_saisyuu.pdf）

(2)　各新聞社の特集サイトなどを参考にして，身近に起こった最近の企業不祥事のケースを調べ，時系列的に記事を追いながら，企業がどのように意思決定し行動したかを分析してみましょう。また可能ならば近くの裁判所に出かけ，企業不祥事に関係する民事・刑事裁判を傍聴する機会を作りましょう。

(3)　今日，多くの企業が顧客の安心・安全への期待に応える活動を行っています。関心のある企業1社を取り上げ，CSR（企業の社会的責任）報告書などをもとに，どのような取り組みを行っているかを調べてみましょう。

## 5　読んでみよう

稲葉陽二（2017）『企業不祥事はなぜ起きるのか：ソーシャル・キャピタルから読み解く組織風土』中公新書。

◈西武鉄道の株式虚偽記載，オリンパスの粉飾決算，東芝の不正会計などのケース・スタディや東証一部上場企業などの不祥事約140事例の定量的分析をもとに，ソーシャル・キャピタル（本書では，社内外のネットワークの閉鎖性）が強ければ強いほど，不祥事の発生頻度が高くなる傾向にあることを指摘しています。

遠田雄志（2005）『組織を変える〈常識〉：適応モデルで診断する』中公新書。

◈組織が環境に適応しようとしながら失敗する理由を，組織が持つ「常識」の堅牢さと一貫性に求め，その変化の必要性を論じています。本章コラムで取り上げたワイクの組織認識論のやさしい入門書ともなっています。

小山嚴也（2011）『CSR のマネジメント：イシューマイオピアに陥る企業』白桃書房。

➩雪印乳業グループの食中毒，産地偽装事件のケースを組織認識論の観点から分析し，イシュー・マイオピア（課題認識における視野狭窄）の概念をもとに，ソーシャルイシュー・マネジメント（社会的課題事項管理）論の独自的展開を図っています。

沼上幹（2003）『組織戦略の考え方：企業経営の健全性のために』ちくま新書。

➩マーチ＝サイモンの組織構造論をベースに，ルールの複雑怪奇化やいびつな権力闘争によって組織が腐敗するメカニズムを思考的に分析し，実務家向けに具体的な組織デザインの処方箋を示そうとします。批判的思考力を鍛えるうえでも役に立つ良書です。

M. H. ベイザーマン，A. E. テンブランセル著，池村千秋訳（2013）『倫理の死角：なぜ人と企業は判断を誤るのか』NTT 出版。

➩ハーバード・ビジネススクール教授らによる行動倫理学のハンディな解説書です。個人や組織の倫理的意思決定プロセスについて実証的に分析し，なぜ意思と行動のギャップが生じるか，規範からの逸脱が起こるのかを，限定された倫理性（bounded ethicality）などの概念をもとに探求しています。

間嶋崇（2007）『組織不祥事：組織文化論による分析』文眞堂。

➩JCO 東海村臨界事故，三菱自動車リコール隠し事件，大学病院での医療事故などいくつかの組織不祥事を取り上げ，組織文化論や A. ギデンズの構造化理論をベースに精緻なケース・スタディを展開しています。

# 第16章

# ソーシャル・ビジネス

## アスヘノキボウの協働まちづくり

キーワード
ソーシャル・ビジネス　NPO
ミッション　協働
ソーシャル・キャピタル

## *1*　この章のねらい

近年，社会的価値と経済的価値の両方を追求するソーシャル・ビジネスが増加してきました。ソーシャル・ビジネスの形態は，株式会社の場合もあれば，営利の追求ではなく社会的課題の解決や新たな価値創造をミッション（組織が掲げる社会的目的・使命）とするNPOの形態をとることもあります。米国大学生の就職先人気ランキングでは，人文科学系学生の就職先として，ティーチ・フォー・アメリカというNPOが，グーグルやアマゾン，ウォルト・ディズニーなどを抜き，2010年に1位となりました（18年は13位）。自然科学系学生の就職先でも，国境なき医師団（3位）や全米がん協会（7位）（Universum ホームページ，2018）などのNPOが高い人気があり，学生の間で，社会的価値の創出に関わりたいという意欲が高まってきています。米国ハーバード大学ビジネススクールでも，以前は多くの卒業生が大手企業に就職していましたが，現在は，75% の卒業生が「小さなスタートアップ企業やNPOに就職するか，自分で起業して」います（竹内・山崎，2016）。日本でもこうしたトレンドが出てきており，多様な組織が，事業目的と社会的課題を解決する目的を両立させるようになってきました。

この章では，東日本大震災後に，多様な組織と連携して，地域に活動人口や社会起業家を増やしてまちづくりを進めてきた，特定非営利活動法人（NPO法人）アスヘノキボウのケースを紹介します。どのようにしてソーシャル・ビジネス（NPO）が立ち上がったのか，信頼やネットワークなどのつながり（ソーシャル・キャピタル）を基盤にして，セクターを超えた協働（クロス・セクター・パートナーシップ）が生まれたかの背景を追い，ミッションや共通価値を定め，復興のまちづくりを推進してきた経緯や成果について考えてみましょう。

## 2　ケース：アスヘノキボウの協働まちづくり

### 2.1　コミュニティの特徴：女川町について

アスヘノキボウの設立や経営理念，事業内容について知るためには，まず，その所在地である女川町（おながわちょう）というコミュニティの特徴について理解することが重要です。女川町は，宮城県東部沿岸部に位置します（図表 16-1）。世界三大漁場の近くにあり，水産業が盛んでした。原子力発電所も立地し，スポーツの競技場も多く合宿などにも利用されていました。しかし，2011 年 3 月 11 日の東日本大震災により，町の約 70% が被災流出しました。人口の約 10% に当たる 827 人が死亡・行方不明となり，人口は震災前の約 1 万人から 6300 人へと 3 割以上も減少しました。女川町ではもともと過疎化が進んでおり，将来の深刻化する人口減少予測統計が 2010 年に出され，危機感を抱き始めていました。そのため，震災の影響による急激な人口減少は，時計の針が 15〜20 年進んだイメージとな

**企業プロフィール**

**特定非営利活動法人アスヘノキボウ**

（2019 年 3 月期）

- **設　　立**　2013 年
- **事業分野**　**経営支援**（再建，起業，再建や起業後の支援。被災事業者の事業再建や新規事業立ち上げの支援およびその後の経営支援，経営に悩む事業者の経営支援）
  **活動人口創出促進**（お試し移住，創業本気，女川／地方に関わるきっかけ事業）
  **フューチャーセンター**（町内外の人たちが町の未来を議論する場と機会を創出）
  **データ**（データでまちの現状を把握し地域課題を抽出するデータブックを作成）
  **健康促進**（予防医療の観点から，製薬会社や行政と連携した健康促進事業）
- **経常収益**　4500 万円
- **従業員数**　5 人

り，その危機感の共有が広がりました。

図表16-1　女川町の位置

震災発生から10日後には，水産加工業社の社長（当時）が旗振り役となり，民間事業者・産業団体・市民団体を中心とした女川町復興連絡協議会（FRK）を設立しました。行政も被災して目の前の復旧作業に追われているときに，ほぼゼロの状態になった女川町の未来に向けて，「女川のまちは自分たちが守る」との声が民間事業者らからあがったのです。このとき，100年先の子どもたちのためのまちづくりを行うために，「還暦以上の人は口を出すな」との画期的な方針を打ち出しました。インフラや建物の再建といったハード面の復興には10年，復興が正しかったのかが問われる（自治体の経済状態や教育・福祉等の状況や町の事業者の経営が良い方向に進んでいるかどうか）には，復興後10年，合計20年近くかかるので，次世代を担う30～40代の若手が中心となってリーダーシップを発揮し，還暦以上は後方支援に回る，という方針を徹底させたのです。これが当時39歳という若い町長の誕生にもつながりました。未曾有の危機に直面した民間のリーダーたちの強い決意と即断即決が，女川町における行政と民間の2つの復興計画につながりました。「インフラ・防災」に関する行政の復興計画と，FRKが中心となって震災の1カ月後には復興の基本構想を練った「暮らし・経済」に関する民間の復興計画の2つです。

町としては，ハード面で，防潮堤を建造する代わりに土地自体を嵩（かさ）上げすることを決定し，グラウンドレベルの公園・商業・居住エリアによる賑わいの集中を目指しました。震災前は年間70万人訪れていた観光客が，震災後には29万人（2013年度）にまで減少しました（17年度末に41万人まで回復）。そこで，ソフト面では，駅を中心とし，海側に観光拠点を設け，反対の山側には女川温泉が立地するという形で，まちをうまく周遊できるようなまちづくりを進めることにしました。震災直後から，復興を担う「若手経営者たちは，外部から人を呼ばなければ，町が衰退するとの危機感を早くから共有」していました

写真 16-1 震災から 8 年後の様子（2019 年 3 月末）

再建された女川駅舎前

女川駅前れんがみち商店街「シーパルピア女川」・「START！ ONAGAWA」フラッグ

筆者撮影

（『日本経済新聞』2015 年 3 月 9 日）。

女川町は，2015 年のまちびらきの際に，地域内外の人たちとの対話を通して，「あたらしいスタートが世界一生まれる町へ。START！ ONAGAWA」をスローガンに掲げました。女川では，女川の住民だけではなく，女川に関わるすべての人を「女川人」と呼び，女川の「活動人口」と位置づけて，その増加を目指してきました。行政・民間・NPO といった異なるセクターの組織が垣根を越えて連携協働し，起業支援や人材育成など，活動人口の増加に向けて，多様なプログラムを開発し，積極的に取り組んできました。その結果，女川には面白い人が集まっているから，自分も夢に向かって女川で起業したい，新事業に挑戦したい，女川では新しいこともよそ者もオープンに受け入れる，セクターの壁を越えて応援する，さらにファンが増えていく，というポジティブな好循環が広がってきています。

このように，セクターを超えて多様な組織が連携協働し，スピーディに復興のまちづくりを進めてきた女川町は，復興のフロントランナーとも言われています。2018 年には，女川町駅前れんがみち周辺地区が，都市景観大賞・都市空間部門で受賞するなど，全国的にも注目されています。女川町が定めた復興計画・復興期間は 2018 年度で終了し，19 年度には「みんなが紡ぐまち」をビジョンとした女川町総合計画を掲げました。2012 年から若手を中心とした実行委員会で毎年開催してきた女川町復幸祭も，19 年 3 月に「復興の向こう側へ」をテーマに最後の開催となりました。今，女川の町と組織と人々は，未来のまちづくりに向けて，復興の次の新たなステージに進もうとしています。

### 2.2　アスヘノキボウの設立と歩み，リーダーの志

NPO法人アスヘノキボウを設立したのは，6年半務めた株式会社リクルートを震災を機に退職した，仙台市出身の小松洋介です（図表16-2）。リクルートの新人時代，小松は宮城県沿岸部を担当しており，女川町を訪れたことがありました。震災直後から多くの被災現場でボランティア活動を行い，2011年9月に会社を辞め，ボランティアや作業員など復興に携わる人向けに，トレーラーハウス型宿泊施設の整備を被災各地に提案しました。その中で「よそ者」である小松の提案をオープンに受け入れたのが女川町でした。こうして小松は女川町を拠点に，被災地に向き合い地域のために活動する決意を固めました。小松は2012年1月，震災直後に設立された民間の任意団体，女川町復興連絡協議会（FRK）戦略室に入室しました。FRKでは，自らが企画提案した，移動しやすいトレーラーホテル（現，ホテル・エルファロ）の設立支援に関わりました。また，民間による復興提言書の作成支援，創業支援，事業再建支援にも携わりました。

こうした中，2013年4月に，小松はNPO法人アスヘノキボウを設立しました。これは，任意団体であるFRK戦略室の事業拡大に伴い，仲間となるメンバーの必要性を感じ，行政や企業などと連携もしやすいと判断し，FRK戦略室の機能をNPO法人化したのです。小松は「人，モノ，カネが循環するしくみをつくりたい」と，これまでの企業時代のネットワークも活かして，女川のPRに取り組んできました（『日本経済新聞』2016年3月7日）。現在，アスヘノキボウは，多様な組織と連携しながら，国内外と女川をつなぐハブ役として，経営・創業支援や人材育成，活動人口創出などに取り組んでいます。小松は，定住や移住に限らず，何らかの形で女川町と関りをもつ「活動人口」を増やしたいという女川町長や女川町のまちづくりに関わる人たちと同様の志を持ち，その考えを女川の企業経営者や起業家にも浸透させました。現在の女川では，「活動人口の増加が目標だ」という共通価値が，セクターを超えて浸透しています。

### 2.3 アスヘノキボウの役割，ステップアップ型の事業展開

では，アスヘノキボウは，何を目指し，どのような事業を展開し，どのような役割を果たしてきたのでしょうか。

設立当初に定款に記載されたアスヘノキボウの目的は，以下の通りです。

「地域の活性・発展・変革を望む日本中の地域の方々に対して，地域活性・発展・変革を実現する為の『まちづくり計画』や町の活性に欠かせない『新規事業の立ち上げ計画』，『既存事業の再建計画』の作成を行い，実行し，実現させることで日本中の地域活性・発展・変革に寄与すること。」

この定款の目的には，女川という文字はなく，対象は日本中の地域と，幅広く捉えていました。アスヘノキボウは，当初から明確なミッションやビジネスモデルがあったわけではありません。女川の震興過程においてその都度必要なニーズに対応していく中で，徐々に進むべき方向性が見えてきました。設立当初は，地域のハブとして，地域のリソースをうまく活かして配分し，行政と民間，町外との連携を誘導するまちづくりを目指していました。そして，設立から数年が経った現在のミッションは，女川町の社会的課題解決を通じて，日本や世界の社会的課題を解決し社会をよりよくすることです。女川が課題解決先進地域としてモデルになることを目指しており，次の段階に進んでいると言えます。このようなミッションを果たすべく，まちの経営企画・事業開発・人事部，という3つの役割を（図表16-2），多様な組織と連携しながら果たしてきました（図表16-3）。

図表16-2　アスヘノキボウの役割（2019年3月末）

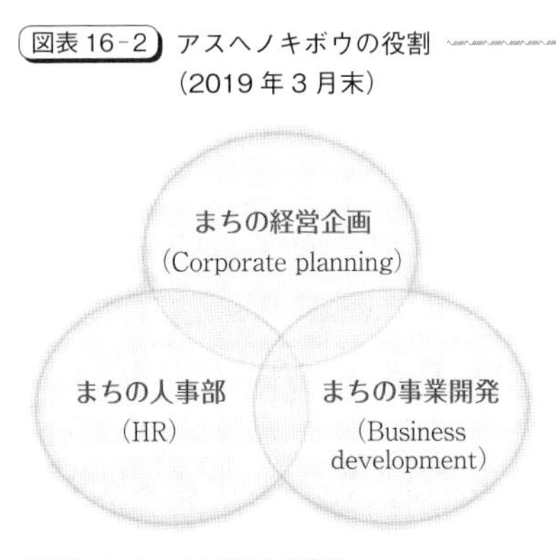


（出所）　アスヘノキボウ提供資料。

自らが掲げたミッションを達成するために，アスヘノキボウは，以下のような事業を展開してきました。本項では，その主な事業を紹介します。

1　女川フューチャーセンターCAMASS（カマス）の設立・運営

2011年の津波で流された女川駅舎が，2015年3月に新しく再建さ

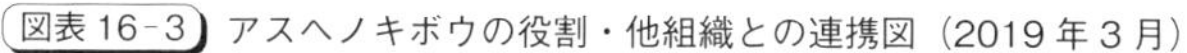
図表16-3　アスヘノキボウの役割・他組織との連携図（2019年3月）

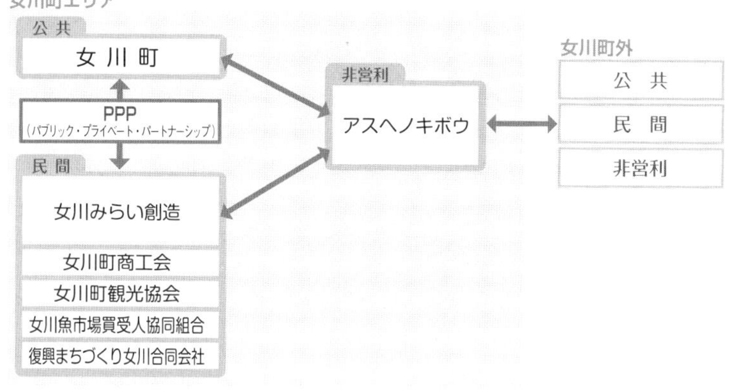


（出所）アスヘノキボウ提供資料より作成。

れました。その翌週，アスヘノキボウは，活動人口創出や新事業機会の創出を目指して，駅のすぐ隣の一等地に，コワーキングスペースや会議室，休憩所などを有するフューチャーセンターCAMASSを開設しました。土地と施設用のトレーラーハウス3台は，女川町が無償提供しました。運営にあたって日本財団NewDay基金よりスタートアップの運営支援として，5640万円の助成も受けています。この施設は，震災後に仮設プレハブに集まった人たちが女川の未来を語り合った経験から，女川町内外の人が新たに出会い交流する仕組みをつくる場として誕生しました。CAMASSという言葉は，女川弁で「かます＝かき混ぜる」と，英語の「Mass＝大勢の」という意味を掛け合わせたものです。この施設では，フューチャーセッション（女川の課題解決や未来に向けて自分たちができることを議論）やイベントが開催されたり，企業研修などを受け入れたりしてきました。ここでの学生や女性をはじめ，町内外の多様な人や組織の出会いから，新企画や新事業が生まれてきました。

2　データ事業

小松は，2014年に訪問したハリケーン・カトリーナで被災したニューオーリンズの事例を参考に，市民にとっても理解しやすいまちの現状や課題に関するデータブックを作成し，女川が実際に直面している地域課題を抽出・整理するためにデータ事業を実施しました。これによって市民の課題意識や危機感を醸成し，必要性の根拠となるデータを事業計画へ盛り込み，起業につながるようにしました。

③　活動人口創出事業

アスヘノキボウは，データ事業も踏まえて女川町とも連携しながら，とくに活動人口創出事業に積極的に力を入れてきました。これには，町民に限らず女川町を何らかの形で活用する「女川人」「活動人口」をもっと増やしていきたいという思いがありました。女川では人口減少が深刻化していますが，これは女川だけではなく日本全体にも当てはまる傾向です。そのため，異なる地域が移住や定住のパイを取り合うのではなく，人口が減少しても地域が立ちいく体制をつくりました。そのためのしかけとして，次のような事業を立ち上げました。

(1)　お試し移住プログラム

アスヘノキボウは，2015 年より，女川町と連携し，移住促進事業を開始しました。5〜30 日間，宿泊費無料（オリエンテーション費は徴収）でシェアハウスに滞在しながら女川の暮らしを体感する，随時参加可能なプログラムです。お試し移住は随時募集しているので，柔軟性をもって気軽に主体的に参加できるようにしました。

まずは，2014 年夏に，47 万人が登録している，大手クラウドソーシング会社のランサーズに連携の提案を持ちかけました。仕事場を誘致し，新産業の定着を目指す取り組みを開始したのです（『日刊工業新聞』2015 年 3 月 9 日）。小松は，「会社に縛られない働き方を選択した彼らが快適に働ける場をフューチャーセンターに設ければ，ネット上で働く新住民を女川に呼び込める」と考えたのです。そこで，当初は，若いウェブ技術者ら，テレワークが可能な，ネット関連の従事者 50 人に的を絞り，「お試し移住」の機会を提供することで，格安なシェアハウスを用意して本格的な定住につなげる計画でした。ランサーズ登録者に移住ニーズ調査を行った結果，意外に多くの人が「豊かな自然や自由な暮らし」に向けて，移住を前向きに考えており，「フリーの働き方を支援し，実践する場として」女川を捉える可能性も明らかになりました（『日本経済新聞』2015 年 3 月 9 日）。

図表 16-4　女川／地方に関わるきっかけプログラムの連携図（2019年3月末）

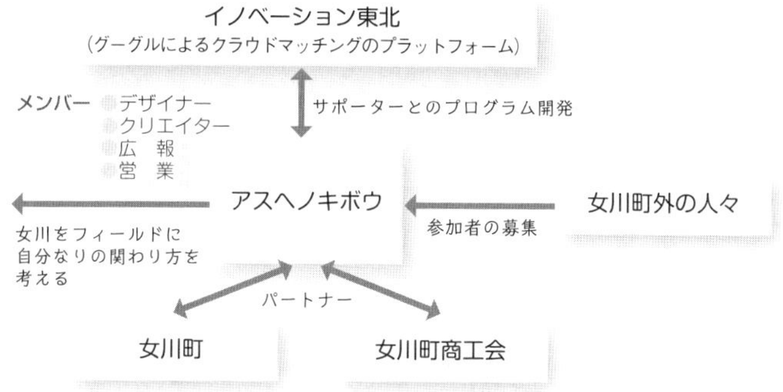


（出所）アスヘノキボウ提供資料より筆者一部加筆作成。

現在のプログラム参加者は，全国から集った学生などの若者が8割を占めています。お試し移住の参加者には，オリエンテーションを実施し，アルバイトやインターン先などを紹介しています。これまでの3年半で約200人が参加し，2019年春も，学生などの若者を中心に35人が女川での暮らしや仕事を体験しました。参加者は，女川での暮らしについて「お試し移住者リレーブログ」というブログを執筆し，女川の魅力を全国に伝え，移住検討者の参考にしてもらっています。

### (2)　女川／地方に関わるきっかけプログラム

きっかけプログラムは，女川町外の人向けに，女川をはじめとした地域にどう関わるかを一緒に考え実行する年に4回開催する2泊3日のプログラムです。女川町や女川町商工会と，グーグルのプラットフォームであるイノベーション東北に集まっているサポーター（デザイナーや広報など）とが一緒にプログラム開発しました（図表16-4）。参加者が女川のまちづくりのプロセスや成果と課題などを理解し，自身が地域にどのように関わるかを考えるきっかけをつくっています。これには，早朝の街中や漁港・林道の散策や，IUターンを含めた町内外の起業家や商工会，まちづくり会社による講話，水産業体験など，約20のメニューが盛り込まれています。このプログラムに参加すると，女川のファンになってまた次も訪れたい，自分自身はどのように女川や地域に関わっていこうかと楽しみながら自分事として考え，次のアクションプランを考え実行できるようなしかけとなっています。このプログラムの関係者は（図表16-4），自分たちの力でまちをよくしていきたいとの志を持ち，多くの人に女川に触れてもらい女川と関わる「女川人」になってほしいと考えています。彼らは，未来に向かってポジティブに前に進み，多様な人をオープンに受け入れて，面白い女川を一緒につくっていきたいという熱意に溢れています。

(3)　地方での起業を支援するために：創業本気プログラム

この事業は，「最高の学びを地方で創業を志すすべての人に届けたい」という思いで，2015年に立ち上げた，地方で本気で起業を考えている人向けに特化した，2日間×3〜4回，参加定員6人という少人数の起業支援プログラムです。地元の経営者や行政，商工会にとどまらず，国内外での起業経験者や海外MBA取得者などが講師を務めています。女川町，女川町商工会，株式会社日本政策金融公庫，一般社団法人IMPACT Foundation JAPAN，デロイト・トーマツなどが協力団体となり，プログラム開発やプログラム協力などを行っています。2014年に開始したこのプログラムは，これまでに卒業生23人のうち9人が起業し（うち5件は女川で起業），9人が起業の準備中です。なお，参加対象者は女川居住者以外にも開かれており，女川以外の地方で起業してもよい，というオープンな受入態勢をとっていることも，このプログラムの特徴です。

ここで，アスヘノキボウとのつながりやプログラム参加などを契機に，起業・第二創業した事例をいくつか見てみましょう（写真16-2）。

「NPO法人みなとまちセラミカ工房」は，小松の紹介で，内閣府の創業支援金について知った女川出身の阿部鳴美が，2012年夏にその支援金を元手に設立したNPO法人です，13年から本格的な活動を開始しました。震災前に趣味で行っていた陶芸サークルの仲間たちと一緒に，好きなことで稼いで地域の役に立ちたい，地域に還元したい，という思いを形にしたのです。「色を失った街に彩りを！」をミッションに，女川のまちをスペインタイルで彩る事業を行っています。そのうち，来訪者が気軽に参加できるスペインタイルのメモリアル体験では，2枚のタイルの絵付けをし，うち1枚を女川のまちに寄贈・展示しています。今やホテル・エルファロのルームプレートや，女川町内のホテル

写真16-2　アスヘノキボウが促進したソーシャル・ビジネスの例（2019年3月末）

みなとまちセラミカ工房

ガル屋 beer

三陸石鹸工房 KURIYA

OCHACCO

筆者撮影

のルームプレートや表札，商店街の看板等が，カラフルなタイルで彩られています。女川出身の工房スタッフ10人を雇用し，年に1万2千枚のタイルを製作しています。事業で困った際には，アスヘノキボウに相談し，人や企業などとのつながりを広げてきました。

クラフトビールの「ガル屋 Beer」を開業した木村優佑は，震災時には東京で働いていましたが，2013年に，故郷の女川町に戻ってきました。生まれ故郷で人の集まる場，楽しむ場をつくりたいという志を抱きながら，復幸まちづくり女川合同会社に転職しました。「ビール好きな人は，飲むために遠方にもやってくる」という思いで，好きなビールを活かした場をつくりたい，と言い続けていました。こうした中，小松が，助成金もあるので起業しないか，と声をかけました。当時木村が勤務していた復幸まちづくり合同会社も後押しをして2014年にガル屋Beerを立ち上げ，15年に木村は独立しました。今では「大事なことはガル屋で決まる」と言われるように，ガル屋Beerには，常に町内外の多様な人が集い，気軽に交流し，偶然の出会いや新旧のつながりから，いくつもの新しいアイデアや面白い企画・事業が生まれてきました。

「三陸石鹼工房KURIYA」は，九州出身の厨(くりや)勝義が，震災ボランティアをきっかけに宮城県に移住し，東北大学で地域イノベーションプロデューサー塾を受講した後，女川町の隣の南三陸町で起業しました。その後，女川に新しい商店街が整備されテナントを募集していることをガル屋で飲んでいたときに商工会の人から聞き，即断即決で2015年に女川町に移転しました。女川町で開業するに当たり，厨は創業本気プログラムを受講し，店舗の内装など，女川町からの支援も受けました。現在は三陸わかめなど東北の自然素材を使った石鹼の販売や体験ワークショップを行っています。女性が憧れる仕事や女性が活躍する場づくりも目指しています。

日本茶フレーバーティ専門店「OCHACCO」は，気仙沼市出身で，創業本気プログラムを受講した姉の内海裕里江と，その話を聞いて，お試し移住プログラムに参加した弟の内海康生の姉弟が，女川のまちと人を気に入り，2017年に創業しました。女川産イチジクをブレンドしたほうじ茶や，石巻産桃生茶(ものうちゃ)をブレンドした果実の色が鮮やかなお茶，桜の香りがするお茶など，日本茶の新しい飲み方を提案しています。新たなお茶文化を通して人と人をつなぐことで，笑顔に溢れる「しあわせなとき」をつくることを目指しています。

④　Venture for Japan

近年，被災地での地域づくりや中小企業でインターンや起業を希望する学生が増加してきました。しかし，卒業後の進路としては，地方の中小企業へ就職するより，都市部の大企業を選択する傾向があります。そのため，地方の中小企業の人材不足，とくに社長を支える右腕人材の不足は深刻です。そこで，アスヘノキボウは起業家等になることを目指している優秀な新卒学生を，地方の中小企業やスタートアップに2年間，経営幹部・社長の右腕として派遣するプログラムを2018年に新たに開始しました。「事業承継の候補者や若者人材を地方企業につないで成長を後押しする」ことを目指しています。

「都市でも地方でも自分らしいキャリアを築ける社会を実現」することを目

図表16-5　ステップアップ型のプログラム・メニュー

| ステップ1 | ステップ2 | ステップ3 | ステップ4 |
|---|---|---|---|
| ■ 地方への興味関心がある | ■ 関わるきっかけがあり自分なりの関わり方を検討する<br>■ 女川／地方に関わるきっかけプログラム<br>■ お試し移住プログラム | ■ 起業を本格的に検討する<br>■ 起業準備をする<br>■ 創業本気プログラム<br>■ Venture for Japan | ■ 起業に向けて動き出す<br>■ 起業する<br>■ 創業支援ネットワーク<br>■ Venture for Japan |

（出所）　イノベーション東北サポーター編（2017）に筆者一部加筆し作成。

的としたこの新事業の立ち上げには，日本最大のクラウドファンディング・サイト，Ready forのサービスを活用しました。目標額100万円を掲げたところ，90人以上の賛同者から130万円の寄付が集まり，この資金を活用して事業を実施することになりました。アスヘノキボウは，今後，この事業を伸ばしていきたいとの展望を持っています。

以上のように，アスヘノキボウでは，多様な人が女川に「住み残る」「住み戻る」「住み来たる」ことができるような段階的な複数のプログラム・メニューを，多様な組織と協働しながら開発・提供してきました。いきなり移住や起業を促進するというよりも，一歩ずつステップをふんで次の段階に進める多様な選択肢を提供することで，地域との関わり方，働き方や生き方の模索や新たな挑戦につなげるようにしています（図表16-5）。また，女川町で起業する人だけではなく，門戸や枠を広げつつ，全国各地の地方での起業も促進しています。

## 3　ケースを解く

### 3.1　ソーシャル・ビジネスの意義と組織形態

最近，就職した企業を辞めて，ソーシャル・ビジネスを立ち上げたり関わったりする人が増えています。東日本大震災により，ソーシャル・ビジネスの存在価値も高まるようになったとも言われています。

ソーシャル・ビジネス（social business）とは，地域活性化や雇用創出，介護

## コラム　震災と CSV，SDGs

東日本大震災以降，一般企業の社会貢献活動においても非営利セクターへの支援や NPO との協働が重要な位置を占めるようになりました。被災地の復旧・復興に当たって，企業が本業で培った知識資源や保有する人的資源を長期間にわたり投入し NPO と連携しながら知恵を絞り，解決策を提言・実行していくという役割が企業に求められています。1970 年代，いち早く社会的責任マネジメントの必要性を指摘したピーター・F. ドラッカーは「社会の課題解決を事業機会につなげる」ことを提唱しています（Drucker, 1973）。企業はその経営環境に積極的に働きかけることで，事業機会の創出と同時に，社会の価値向上を図ることができると言えます。近年の経営戦略論においても，社会インフラの整備やサプライチェーンの構築支援，社会的ビジネスの創出など経済的価値と社会的価値の両立を目指す企業活動が注目されるようになってきました。戦略論で有名なマイケル・ポーターらはこれを CSV（Creating Shared Values：共通価値の創造）と呼び，戦略的な CSR（企業の社会的責任）の先にあるものとして定義しています（Porter and Kramer, 2011）。名和（2015）も「企業は，抜本的な社会的課題を解決することで，経済価値を同時に増大できる」，CSV を「本業としての経営戦略に組み込むことで初めて実現できる」と指摘しています。企業はコミュニティの課題に精通した NPO などをパートナーとして，地域社会と共通価値の創造に踏み出すことが期待されているのです。

なお，共通価値の創造に当たっては，国際連合が 2015 年に掲げた，貧困解消や

SDGs（持続可能な開発目標）の 17 の目標

1. 貧困をなくそう
2. 飢餓をゼロに
3. すべての人に健康と福祉を
4. 質の高い教育をみんなに
5. ジェンダー平等を実現しよう
6. 安全な水とトイレを世界中に
7. エネルギーをみんなにそしてクリーンに
8. 働きがいも経済成長も
9. 産業と技術革新の基盤をつくろう
10. 人や国の不平等をなくそう
11. 住み続けられるまちづくりを
12. つくる責任つかう責任
13. 気候変動に具体的な対策を
14. 海の豊かさを守ろう
15. 陸の豊かさも守ろう
16. 平和と公正をすべての人に
17. パートナーシップで目標を達成しよう

（出所）国際連合広報センター，ホームページより作成。

環境保護などの世界的な社会的課題に対する指針，SDGs（Sustainable Development Goals：持続可能な開発目標）が参考になるでしょう。17 の目標から成る SDGs への取り組みは，全国の企業のみならず自治体にも広がってきています（前表）。11 番目の目標「住み続けられるまちづくり」には，大震災の教訓をもとに 2015 年に策定された仙台防災枠組みの考え方も取り入れられています。震災からの復旧・復興の取り組みは，災害時の健康・福祉の維持，女性に配慮した避難所運営（ジェンダー平等），産業・インフラの整備といった面で，他の SDGs の目標とも大いに関わりを持つテーマであることがわかります。「誰一人として取り残さない」という SDGs の理念は，まさに震災の被災者に対する企業や私たちの社会のありようとも合致するのです。

や子育て，貧困などの社会的課題の解決に向けて，ビジネスの発想や手法を用いながら取り組む事業のことで，新産業や雇用の創出，地域活性化などにつながると期待されています。社会性と事業性を組み合わせたもので，NPO 法人や一般社団法人，株式会社など多様な形態の組織が関わっています。

では，小松が組織を立ち上げる際に，株式会社などの営利企業ではなく，NPO 法人の形態を選択したのはなぜでしょうか。小松は，「社会変革を大目的に置いたとき，NPO 法人の方が組みやすい，大きな動きをつくりやすい」と考えています。通常，競合している企業同士が連携することは難しいのですが，営利を目的としていない NPO の場合は，その組織が掲げるミッションに共感しているから，ということで，利害関係を超えてさまざまな組織が組みやすいのです。アスヘノキボウは，「それぞれの組織が，自らの組織の壁を越えて，お互いの強みを出し合い，社会的なコレクティブ・インパクトを出すこと」を目指しています（女川／地方きっかけプログラム，2019 年 2 月，小松講話。コレクティブ・インパクトについては，*3.3* 参照）。

### *3.2*　NPO のミッションと役割

NPO とは，non-profit organization の頭文字をとったもので，民間非営利組織を指します。自らが掲げた社会的ミッションの実現を目的として，自発的に組織化された民間の組織です。L. E. サラモンらによる国際的な NPO の共通定義は，①公式組織，②民間組織，③利益非分配，④自己統治，⑤自発性，の 5

つです（Salamon et al., 2004）。日本では，法人格を持たない任意団体や，1998年に制定された特定非営利活動法人法に基づく特定非営利活動法人（NPO法人），非営利型の一般社団法人・一般財団法人など，多様な組織形態があります。非営利とは，儲けてはいけないということではなく，儲けたら，その分を株主などの利害関係者に分配するのではなく，ミッションの達成のために再投資するという意味です。

ドラッカーは，NPOとは「一人ひとりの人と社会を変える存在」だと位置づけています（Drucker, 1990）。また，NPOにとってミッションが何よりも重要であることや，ミッションを根本にし，繰り返しミッションを見直していく必要性を述べています。アスヘノキボウも，設立時に設定したミッション・定款の目的をそのまま堅持するのではなく，フェーズの変化とともに，ミッションを見直し再設定してきました。また，ドラッカーは，NPOを，「人を変えるチェンジ・エージェント」と捉えると同時に，「市民性を創造」すること，すなわち，NPOを通して皆がリーダーとなり，明日の市民社会をつくりあげることも提唱しています（Drucker, 1990）。アスヘノキボウは，女川に集まり関わる人を女川人・活動人口と呼び，彼らの意識や価値観，行動を変える「チェンジ・エージェント」の役割を担っています。彼らが，地域貢献を行い，よりよい社会をつくっていくという意識を持った市民社会のリーダーになること，アスヘノキボウは，こうしたリーダーの育成やその支援を通じ，市民性を創造し，女川というまちを，新しいことや面白いことに溢れた，人を惹きつける魅力のある地域社会へと変革してきたと言えます。

震災前は，伝統的な港町であった女川町ですが，震災後に女川の人の気質が変わったと感じている人もいます。女川では震災によりほぼ何もかもなくなったが，新たな雇用を生み出し，外からも人を呼び込んだ結果，「今，女川町の至る所にコミカルなポスターが張られている。スペイン風の明るいタイルによる装飾もされている。伝統的な日本の港町だったかつての女川にはなかった光景だ」と語られています（『日本経済新聞』2015年3月9日）。これはまさに，ドラッカーの言う，人を変える役割，社会を変える役割を，NPOが果たしていることを示しているとも言えます。また，人の気持ちや価値観が変化し，人の変化がまちの変化につながり，それが新しい人たちの呼び込みにもつながりました。町外の経営者も，こうしたまちの変化に可能性を感じ始めました。楽器販売業，セッショナブル（仙台市）の社長は，駅近くにギター工場を進出する計画を立てました。女川を選んだ理由は，「新しい産業を作ろうとするスピードが速い」ことと「町の人の包容力」だと言います（『日本経済新聞』2015 年 3 月 9 日）。

NPO の役割を，手段と表現，需要と供給の視点から 4 つに分類したのが P. フラムキン（Frumkin, 2002）です（図表 16-6）。

①必要とされるサービスの提供：NPO には，行政や企業の補完的なサービスを提供する役割があります。たとえば，政府や行政だけでは手が届きにくい，細やかで先駆的な，またマイノリティが抱えているような課題解決に取り組んでいます。また，企業は営利を目的として事業を行いますが，NPO は企業が参入しにくく，収益をあげにくいが，社会にとって重要な公共財・公共サービスを提供しています。

②社会的起業家精神の供給：NPO は，社会的起業家精神の原動力を提供し，事業目的と社会的目的の両方を追求するソーシャル・ビジネスを生み出すツールとも捉えられます。

③必要とされる市民的・政治的積極的関与：NPO には，マイノリティの権利擁護や代弁，政策を提言するなど，社会を変革する仕組みづくりに関わる役割（アドボカシー）や，地域における多様なつながり（ソーシャル・キャピタル）をつくっていく役割があります（ソーシャル・キャピタルについては，3.4 で詳述）。

④価値と信念の表現・提供：NPO には，自らのミッションや価値観をふまえて，ボランティアやスタッフや寄付者がその NPO に関わることで，自らの価値観や信念を表現する機会や場を提供する役割があります。

NPO だからといって，この 4 つの役割をすべて果たしているとは限りません。それぞれの NPO のミッション，それに基づく事業展開の戦略やアプローチによっても，どの役割を重視しているかが異なります。ではアスヘノキボウは，この 4 つの役割のうち，どの役割を果たしてきたのでしょうか。①については公民連携・行政委託事業（政府の失敗への対応），健康推進事業（企業の失敗への対応），②は創業本気プログラム・Venture for Japan（社会的起業家精神の原動力），③は復興計画参画・多様なつながり形成，④は「活動人口」の共通価

図表 16-6　NPO の 4 つの機能

| | 需要サイド志向 | 供給サイド志向 |
|---|---|---|
| 手段としての存在理由 | サービスの提供<br>必要とされるサービスの提供および政府の失敗，市場の失敗への対応 | 社会的起業家精神<br>社会的起業家精神の原動力の提供および商業的・慈善的目的を組み合わせた社会的企業の創造 |
| 表現としての存在理由 | 市民的・政治的積極的関与<br>政治参画，アドボカシー，地域におけるソーシャル・キャピタルの創出 | 価値と信念<br>ボランティア，スタッフ，寄付者による，仕事を通じた価値観，コミットメントと信念の表現 |

（出所） Frumkin（2002）；澤村ほか（2017），50 ページ，所収。

値，新しいことに面白がって挑戦する価値観など，アスヘノキボウは，基本的には 4 つの役割すべてを果たしてきたと言えます。しかし，その優先順位は，環境やニーズの変化・ミッションの見直し，組織のライフサイクルや資源など，さまざまな要因で変化してきており，今後も変化していくと考えられます。

### 3.3　社会的インパクトとコレクティブ・インパクト

震災後の女川では，アスヘノキボウがハブ役として，多様な組織や人を結びつけ，チーム女川として一丸となり，スピーディに新たなまちづくりを進めてきました。行政，企業，NPO といった，セクターの違いや壁を越えたセクター間協働のことを，クロス・セクター・パートナーシップと言います。クロス・セクター・パートナーシップの目的は，セクターの異なる組織が，共通の目標を掲げ，ひとつの組織だけでは実現できないため，特定の社会的課題に，それぞれの強みや資源を出し合って取り組むことで，社会的インパクトや集合的な影響力（コレクティブ・インパクト）を創出し増大させることです。このような取り組みが，今，世界各地で広がってきています。

NPO 法人であるアスヘノキボウは，女川町をはじめ，女川町商工会，女川復幸まちづくり合同会社，女川みらい創造株式会社など，町内の多様な組織が積極的かつ活発に連携協働してきました。さらに，町外や県外，海外の組織や起業経験者・経営者とも連携を構築し協力関係を広げていきました。たとえば，

図表 16-7　NPO が社会的インパクトを出すための原則とアスヘノキボウの実践例

| NPO が社会的インパクトを出すための原則 | アスヘノキボウの実践例 |
|---|---|
| 政策アドボカシーとサービスを提供する | 女川町や国への政策提言・参画・公民連携<br>経営支援，活動人口創出事業 |
| 市場の力を利用する | 女川町商工会，ロート製薬，デロイト・トーマツ，イノベーション東北などとの連携・プログラム共同開発・企業研修受入れ，日本財団 NewDay 基金，メディア掲載 |
| 熱烈な支持者（Evangelist：伝道師）を育てる | 活動人口創出事業による，女川に関わる「女川人」増加の取り組み→自らが女川の「伝道師」として魅力を伝える<br>お試し移住などのプログラム参加者，メンター，サポーター，インターン，ボランティア，創業者 |
| NPO のネットワークを育てる | NPO 法人 ETIC.，一般社団法人 IMPACT Foundation，NPO 法人女川ネイチャーガイド協会，創業支援ネットワークなど，同様の志を持った NPO との連携 |
| 環境に適応する技術を身につける | 速いスピードで変化する環境に適応・対応するとともに，環境を変革。よそ者にオープンで寛容な受容力。ポジティブな未来志向。挑戦する人を応援。新しいことを面白がる雰囲気 |
| 権限を分担する | 小松のリーダーシップ，スタッフへの権限移譲・主体性尊重<br>よそ者・若者のリーダーシップと年配者の後方支援 |

（出所）Crutchfield and Grant（2007）をもとに筆者作成。

創業本気プログラムや Venture for Japan は，海外の組織や起業経験者とも協働し，専門知識や経験・資金・ネットワークなど，互いの強みや資源を持ち寄っています。こうした協働により，アスヘノキボウは多様な組織を結びつけ，各プログラムのコレクティブ・インパクトを高め，プログラムの成果をより多くの人や地域に還元してきました。

レスリー・R. クラッチフィールドとヘザー・M. グラントは，全米で最も影響力を与えてきた 12 の NPO への影響についての調査結果を踏まえて，NPO が大きな社会的インパクトを持つための原則を 6 つあげました。①政策アドボカシーとサービスを提供する，②市場の力を利用する，③熱烈な支持者を育てる，④NPO のネットワークを育てる，⑤環境に適応する技術を身につける，⑥権限を分担する，という原則です（Crutchfield and Grant, 2007）。アスヘノキボウは，これら 6 つの原則をいずれも実践してきたと言えます（図表 16-7）。

### 3.4　ソーシャル・キャピタル

前項であげた協働は，多様なつながりの関係性が基軸となっています。すなわち，信頼やネットワークなどのつながりを指す，ソーシャル・キャピタル（social capital：以下，SCと表記）です。SCは，社会関係資本とも言われ，信頼，規範，ネットワークなどの協力関係を促進するつながりです（Putnam, 2000）。SCは主に結束型（bonding）と橋渡し型（bridging）に分類されます。同質的な結束型を土台に，多様な異質のものがゆるやかに連携する橋渡し型SCの創出・蓄積・循環があると，専門知識やイノベーション，多様性などの成果が生まれやすくなります。

では，こうしたSCは，どのようにして創出され広がっていくのでしょうか。アスヘノキボウでは，小松が企業勤務で培ってきたネットワークや専門能力や経験を活かし，「女川のために」「女川から日本，世界へ」「0からのまちづくり，新しいものをつくる」という志や価値観をもとに，多様な人や組織を戦略的に結びつけ，計画的偶発性の出会いや事業立ち上げ・支援，女川町のPR，活動人口の増加につなげていきました。では，結束型SC，橋渡し型SCの視点から，アスヘノキボウがどのようなつながりをどのように形成したり活用したりしてきたか見てみましょう。

⑴　結束型SC：同質性，アイデンティティ，地域への愛着

女川町が，町の発展計画に中学生の意見を取り入れるために，町内全中学生を対象に行ったアンケート調査によると，将来町内に住みたいと考えている生徒が9割に上りました（$N$=123）。「ずっと住みたい」「就職のときには戻りたい」「いったん離れてもいつかは戻りたい」など，まちに愛着を感じている生徒は75％に達しました。故郷への貢献意欲や深い人間関係があり，住みやすいとの評価も高く，女川の将来像への強い関心が寄せられていました（『河北新報』2018年8月17日）。ただし，絆や伝統などを踏まえた同質的なつながりである結束型SCが強い場合，異質な者を排除してしまう可能性があるという，負の側面もあるので注意も必要です。

⑵　橋渡し型SC：異質性，オープン，多様性の受容，イノベーション

異質な者同士がつながる橋渡し型SCが活発であれば，その組み合わせで，新しいアイデアやイノベーションが生まれやすくなります。たとえば，小松の

ように，外部から来た異質な者が，町内外の志を持ち，何か始めたい，自分も貢献したいと思っている人たちを刺激し，本章 *2.3* ③で紹介した創業者等，新たな起業を促進しました。

起業支援を行っている地域は，女川以外にも数多くありますが，ほとんどは，その地域で起業することを支援の条件としています。しかし，アスヘノキボウは，異なるアプローチをとりました。女川で起業希望者を起業支援プログラムで受け入れて支援しますが，彼らは，女川に限らず，他の地域で起業してもよい，とオープンで包容力のある仕組みにしています。女川で起業しなくても，また女川を訪問したり，他の人に紹介したり，事業として関わったりという多様なつながりを大切にしているのです。

女川の民間と行政がともに思い描いてきたのは，人々が「住み残る，住み戻る，住み来たる」まちの姿です。須田町長は，「これからの街は，いい意味で当たり前じゃない，とがった町であることが求められていくだろう。『起業誘致』などを進め，アイデアの多様な組み合わせが生まれる環境をつくっていきたい」（『河北新報』2018年2月25日）という，橋渡し型SCを重視する考えを持っています。

### *3.5* 今後の展望

本章では，ソーシャル・ビジネスの事例として，NPO法人アスヘノキボウが，ソーシャル・キャピタルを基盤に，多様なクロス・セクター・パートナーシップを通して，女川町において復興のまちづくりに取り組んできた背景，プロセスや成果とその要因について学びました。最後に，アスヘノキボウや女川町の現状から今後の展望について考えてみましょう。

女川では，復旧・復興よりも，「これからどうするか」という話題が，早くから多く聞かれてきました。こうした前向きで未来志向型のポジティブな考え方が若い人を集めつつあります。実際の地域のリーダーは，最初は当時30代，現在40代の人が中心となっています。その周りにさらに若者（多くがよそ者）が集まっています。こうしたよそ者・若者による信頼のリーダーシップと，年配者による後方支援のフォロワーシップの組み合わせが，アスヘノキボウがハブ役として取り組んできたチーム女川のスピーディで着実な復興まちづくりの進展の原動力と言えるでしょう。

アスヘノキボウは，設立者の小松をはじめ，現在のスタッフ５人全員が女川町外からやってきた，「住み来たる」外部の人です。今や小松は，須田町長から「小松が言えば，計画の提案が通る」と言われ，町役場や商工会等「女川復興に携わる人達が町経済の立て直しのキーマンとして」小松の名前をあげるなど（『日本経済新聞』2015 年 3 月 11 日），行政・民間のリーダーやキーマンから厚い信頼を得ています。また，リーダーとしての小松に対する信頼が，アスヘノキボウへの信頼にもつながり，海外を含む多様な地域の行政や企業，大学，メディアなど，世間からの信頼も構築してきました。

住み来たるスタッフの一人，後藤大輝も，小松に続くアスヘノキボウのリーダーとして台頭してきました。後藤は，学生時代に，お試し移住や創業本気プログラムに参加，アスヘノキボウでのアルバイトを経て，アスヘノキボウに新卒就職しました。「女川という小さい町から日本や世界に発信する方が面白いと感じ，地方で働くことを選びました。地方から持続可能な社会のあり方を創ることができれば，日本全体が直面する課題の処方箋になると思ったのです。」（『女川きっかけ BOOK』）。アスヘノキボウは，小松や後藤のように，地方から社会的課題の解決に取り組む意欲のある人材をこれからも育て続け，次世代のまちづくりや産業を担う中核的リーダーを輩出していくことでしょう。

協働やソーシャル・キャピタルを基盤に，活動人口や新しいことに挑戦する者をオープンに受け入れて応援するという共通価値やコレクティブ・インパクトを追求するアスヘノキボウが果たす役割や戦略はどのように変化・発展していくのでしょうか。また，アスヘノキボウの取り組みモデルは，他の地域にどのような影響を与えていくのでしょうか。今後のさらなる発展が期待されます。

## *4*　考えてみよう・調べてみよう

(1)　アスヘノキボウは，多様な組織と協働で復興のまちづくりを進めてきました。その成功要因は何だと考えられますか。また，アスヘノキボウにとっての成果や，現在直面している課題は何でしょうか。本章のケースを読み直すとともに，参考文献やウェブサイトを調べて考えてみましょう。

図表16-8　震災後に女川で創業した組織例

| | |
|---|---|
| 本ケース紹介・掲載組織 | NPO法人みなとまちセラミカ工房，ガル屋Beer，OCHACCO<br>三陸石鹸工房KURIYA（株式会社アイローカル）<br>NPO法人女川ネイチャーガイド協会<br>復幸まちづくり女川合同会社，女川みらい創造株式会社 |
| 上記以外の組織 | Onagawa factory，Bar Sugar Shack，GUITAR LIFE DESIGN<br>GLIDE，鮮冷，Konpo's Factory，Yume Wo Katare Onagawa，<br>犬専門木工房 Woodwork Studio Noah |

（出所）『女川 復幸の教科書』編集委員会編（2019）などをもとに筆者作成。

(2)　震災後8年間で女川において立ち上がったソーシャル・ビジネスには，この章で紹介した事例をはじめ，以下の組織もあります（図表16-8）。これらの中で，関心を持った組織を取り上げて，その組織のウェブサイトや関連情報から，次のことを調べてみましょう。創業者は，どのような思いで，何を目指して，これらの組織を立ち上げたのでしょうか。これらの組織が目指しているミッションは，どのようなものでしょうか。また，社会性と事業性をどのように組み合わせてバランスをとっているでしょうか。

(3)　皆さんにとって身近なソーシャル・ビジネス（企業やNPO）を2つ，3つ取り上げて，その組織のウェブサイトから，社会的価値と経済的価値を表現している内容を書き出してみましょう。また，(1)で調べた組織との共通点や相違点について比較分析してみましょう。

(4)　ソーシャル・ビジネスとして起業をする場合，株式会社，NPO法人，一般社団法人などの組織（法人）形態を選択できます。それぞれの組織形態のメリットとディメリットを，組織経営の観点から考えてみましょう。また，自分自身がソーシャル・ビジネスを起業する場合に選択したい組織形態とその理由を考えてみましょう。

(5)　身近な企業やNPOを取り上げ，どのような組織やセクター（行政・企業・NPOなど）と協働しているか，調べてみましょう。また，それぞれのつながりが，結束型，橋渡し型ソーシャル・キャピタルのいずれに該当するか，分類してみましょう。さらに，これらの取り組みは，どのような社会的インパクトをもたらしているかを調べて，クラッチフィールドとグラントの６原則の視点から分析してみましょう。

## *5* 読んでみよう

稲葉陽二（2011）『ソーシャル・キャピタル入門：孤立から絆へ』中公新書。

➾ソーシャル・キャピタルについて，定義から有用性，測定方法，負の側面，どう維持発展させるかに至るまで，幅広いテーマをわかりやすく解説しています。

澤村明・田中敬文・黒田かをり・西出優子（2017）『はじめての NPO 論』有斐閣。

➾多くの事例を交えながら，NPO の存在意義，法・制度，行政や企業との関係・協働，ソーシャル・キャピタル，CSR・社会的企業，経営管理，NPO で働くことなどを具体的に解説しています。

竹内弘高監修・山崎繭加著（2016）『ハーバードはなぜ日本の東北で学ぶのか：世界トップのビジネススクールが伝えたいビジネスの本質』ダイヤモンド社。

➾東日本大震災後にハーバード・ビジネススクールが正規の授業として連続で訪問した東北被災地でのケース作成とボランティア活動の背景や目的・成果，さらに東北の事例を通して地域変革におけるリーダーシップのあり方を探るなど，ビジネスの本質を詳細に紹介しています。

谷本寛治編（2015）『ソーシャル・ビジネス・ケース：少子高齢化時代のソーシャル・イノベーション』中央経済社。

➾子育て支援，女性・母親支援，介護・高齢者支援，中山間地域支援など，社会的課題を解決するために，イノベーティブなビジネスモデルで事業展開している株式会社や NPO 法人のケースを詳細に紹介しています。

第 V 部

# 学びのステップ

この部で扱われるケース

T 教授のオフィスアワー日誌

# 第17章 キーワードの理解からレポート作成・発表まで

## T教授のオフィスアワー日誌

キーワード

キーワード　段落（パラグラフ）
要約　文の構造　書評
情報の収集　レポート　引用　注
プレゼンテーション　レジュメ

## 1　この章のねらい

経営学を学ぶ目的のひとつに，この本の「考えてみよう・調べてみよう」で与えられているような課題に対して，優れたレポートを書くことができるようになることがあると思います。しかし，それは簡単なことではありません。この章では，そのための方法を，ステップを踏んで解説してみたいと思います。それはまだ与えられたテーマに答えるというレベルのものですが，自分でテーマを見つけることができれば，卒業論文の作成へと進むことができるでしょう。

前半部分では，キーワードの理解から始めて，文章の構造を把握するところまで進みます。後半部分では，実際にレポートを作成・発表する仕方について説明します。

## 2　ケース：T教授のオフィスアワー日誌

### 2.1　4月18日（水）：キーワードの理解

**A　子**　　先生，先週のキーワードの小テストのことで質問があるんですが，入ってもいいですか。

**T教授**　　どうぞ。どうしたの？

**A　子**　　このキーワードの説明の評価ですけど，どうしてこんなに点数が低いんですか？　経済学辞典に書いてあるとおりに書いたのに。

**T教授**　やっぱりね。あまり上手く書けているのでちょっと辞典を見てみたらそのとおりだったので，A をあげるわけにはいかないでしょう。パラフレーズしてもらわないと。

**A　子**　パラフレーズって何ですか？

**T教授**　他人の言葉を意味を変えずに言い換えることだよ。つまり，自分の言葉で表現するということ。

**A　子**　エー！　そんなことできるわけないじゃないですか，こんな短い文章を。

**T教授**　そう，とても難しいけど，それができると，その語句を完全に自分のものにしたってことになるわけ。そうなれば，A がもらえるの。

**A　子**　エー……！

### *2.2*　5 月 9 日（水）：段落（パラグラフ）の構造

**B　男**　先生，段落の構造について教わりましたが，ちょっと質問があります。

**T教授**　どういうこと？

**B　男**　先生は，段落にはその段落のポイントとなる文，つまりトピック・センテンスがあって，普通は段落の先頭にくるっておっしゃいましたよね。そして，次にトピック・センテンスを説明する文章が続いて，最後にまとめがくるって。

**T教授**　うん，そう言ったよ。

**B　男**　でも，先生が書かれた第 5 章の *3.1* の文章で，第 2 段落のトピック・センテンスってどれですか。まとめはないように見えますし。

**T教授**　ハハハ，これはあまりいい文章じゃないね。えーと，この段落のトピック・センテンスはちょっと長いですが，「PPM はそれぞれの事業をこの 2 つの次元で評価し，それぞれの事業の戦略的目標を明確にし，資源配分を有効に行うための手法として開発されたものです」ということになりますか。この文章ではトピック・センテンスが最後にきているので，まとめは省略されていると考えられるね。最初の 2 文が説明部分ということになりますか。

**B　男**　けっこうややこしいというか，難しいんですね。

**T教授**　まとめは必要に応じて置かれると考えたほうがいいかもね。順序にも書き手の個性が出るし，あえて順序を入れ替えるということもあるんだよね。でも，1つの段落でメッセージを正確に伝える場合は，やっぱり，トピック・センテンス＋説明文，そして必要なら，まとめ，という基本構造を守った方がいいんじゃないかな。

**B　男**　何事にも例外があるということですか。

**T教授**　……。

### 2.3　5月30日（水）：要約

**C　子**　先生，このまえ提出した新聞の社説の要約ですけど，「もう少し構造化して」というコメントがあるのですが，どういうことですか？

**T教授**　授業で，論説とかエッセイのような自分の考えを伝える文章は，大まかにいって3つの部分からなるって言ったよね。何だっけ，覚えているかな？

**C　子**　えーと，「はじめに」とか序論とかイントロダクションというところと，本論とかボディとかいう部分と，結論だったと思います。

**T教授**　そうだよね。この社説もそういう構造をとっていると思うんだ。その構造を理解したうえで，要約してほしいんだよね。ふつう，「はじめに」に当たる部分にはどういうことが書かれているの？

**C　子**　その文章のテーマです。それと，なぜそのテーマを問題にするのかという，背景みたいなもの。

**T教授**　そうだよね。もっと強い，主張みたいなものが述べられている場合もあるよね。まずそれをつかむこと。次に本論には何が書かれているのかな？

**C　子**　テーマや主張をもっと詳しく述べてます。

**T教授**　そうだよね。テーマや主張の性格によってやり方は違ってくるけれども，それを読者に理解してもらうために，問題を詳しく述べてみたり，いろいろな例や数字を出してみたり，原因を探ってみたり，比較をしてみたり，問題解決の方法を探ったりするわけだよね。そして，そのあとに結論がくるわけ。この構造をしっかりつかんで要約してほしいわけ。

C　子　　何となくわかりました。

T 教授　　ついでに言っとくと，このそれぞれの部分に対して，そういうテーマの立て方はおかしいとか，本論の展開の仕方が論理的でないとか，その数字からはそうは言えないとか，結論が説得的でないとかいうことを付け加えると，それは批評ということになる。そのうちやってもらうけれど，本を読んで書評を書くということは，この批評を本全体に対してするということになるわけ。本は長くて複雑な構造をしているけど，基本的には同じことで，書評は，本の構造を把握する要約部分と評価の部分からなっているんだよね。

C　子　　ヒェー，書評もやらされるんですか。

### *2.4*　6 月 13 日（水）：情報の収集

D　子　　先生，バブル崩壊後の東芝のリストラクチャリングについて調べろってことですが，図書館に行って蔵書目録を検索したんですけど，あまり役に立ちそうもないんです。

T 教授　　どうやって検索したの？

D　子　　すべての項目のどれかに「東芝」が含まれる書籍を検索したら，全部で 55 件も出てきたので，エー，こんなにあるのと思ったんです。でも，よくみると出版の年が古かったり，リストラクチャリングとは関係なさそうな本ばかりなんです。

T 教授　　そうかもしれないね。この大学には新しい本があまり入っていないかも。なにせ予算が削られているから。手は 2 つあるかな。まず，他大学の図書館の蔵書を検索してみること。これは，図書館の端末から簡単にできると思うよ。次に，書籍の取次会社や大手書店のデータベースで検索してみること，とくに新しい本の情報はこちらの方がよいかも。

D　子　　それから雑誌の記事なんですけど，「CiNii Articles」というデータベースで検索してみたんですけど，東芝で検索すると 4 万 8887 件もあってどうしようもないんです。

T 教授　　ちょっとここでやってみようか。まず図書館のホームページにアクセスして，データベースというところをクリックすると，うんあった，Ci-

図表 17-1 (1)　国立情報学研究所の CiNii Articles 検索画面

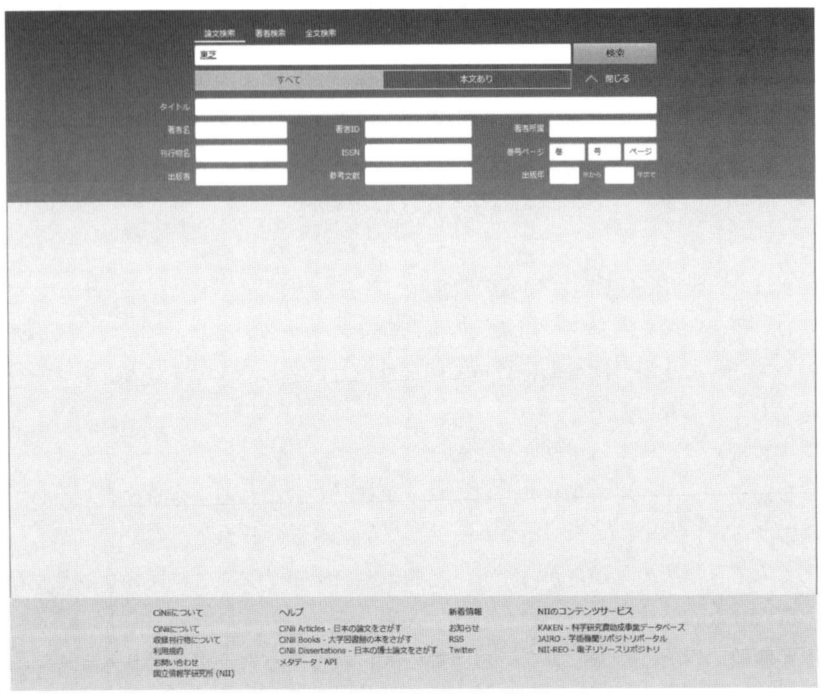


（出所） https://ci.nii.ac.jp/

Nii Articles。これをクリックして，フリーワードに東芝と入れると（図表 17-1 (1)），うん確かに 4 万 8887 件か。出版年を 2000 年からにして絞ってみようか。うわ，それでも 2 万 1567 件か。フリーワードに経営という言葉を追加してみると，オ！　372 件，だいぶ絞られたね。一覧にして出してみると，……うーん，けっこうおもしろそうな記事があるじゃない（図表 17-1 (2)）。こんなふう

図表 17－1(2)　国立情報学研究所の CiNii Articles 検索結果画面

にしてもう少し調べてみてくれる。それから東芝のホームページにもアクセスしてみてね。

**D　子**　　はーい，わかりました。

### 2.5　6月27日（水）：レポートの作成

**E　男**　　先生，東芝についていろいろ調べたんですが，いざレポートにしようと思うとなかなか難しいっす。なんか，いっぱいあって，どうまとめていいのかわからないっす。

**T教授**　　テーマはすでに与えられてるわけだから，そのテーマに合うように，集めた材料をどう料理するかだよね。まず簡単な文を書いてみることを勧めるよ。たとえば，今まで調べて得た印象から「東芝はバブル崩壊後リストラクチャリングを迫られたが，その方向はGEとは大きく異なるものとなった」という文が書けたとしよう。以前に勉強した文章の構造を覚えているかな？

**E　男**　　序論と本論と結論の３つの部分から成り立っているということでした。

**T教授**　　この一文は全体の結論を端的に表現していると思うけど，それは何かな？

**E　男**　　「方向はGEとは大きく異なる」ということっすか。

**T教授**　　そうだよね。その結論に向かってレポートを構成することになる。テーマは何だっけ？

**E　男**　　バブル崩壊後の東芝のリストラクチャリングです。

**T教授**　　そう。序論ではこのテーマを提起することになるわけ。なぜ東芝はバブル崩壊後にリストラクチャリングを迫られることになったのか，その背景を説明して，読者にテーマの意味を示してあげることが大切だよね。本論はどうなるのかな？

**E　男**　　結論を導き出すための材料を提出することっすか。

**T教授**　　そうだよね。東芝のリストラクチャリングの内容を説明して，その中で，GEのリストラクチャリングとは異なる点を強調する必要があるよね。

**E　男**　　意外と単純っすね。

**T教授**　　そう，あまり複雑に考えない方がいいんだよね。単純な筋とかストーリーを作って，それに従って調べたこと，材料を料理してあげる，てなことかな。

### *2.6*　7月4日（水）：注について

**F　男**　　先生，このまえ引用についてしつっこく言ってたじゃないですか，正確な注を付けろって。でも面倒なんですよね，そもそもどっから取ってきたかなんて忘れてしまいましたよ。最初から言ってくんないと。

**T教授**　　ハハハ，すまんすまん。資料をどこから取ってきたか，メモぐらいは取っておくだろうと思ったものだから。

**F　男**　　そもそも何でこんな面倒くさいことをしなきゃいけないんですか？

**T教授**　　たしかに面倒くさいよね。われわれみたいなそれで飯を食っている人間でさえ，時々うんざりすることがあるんだよね。でも，それをさぼると，この世界にはいられないことになる。つまり自分以外の人が行った仕事について，そのことを明記しないで自分の仕事に使うと，それは剽窃ということになるんです。いわゆるパクリだよね。音楽なんかでもあるでしょ。もちろん，人間の仕事の大半は他人の仕事に依存してしかできないんだけど，だからこそ，自分が依存した他人には敬意を払わなければならないわけ。

**F　男**　インターネットを利用すると，レポートとかも，パクリだけで何とかなっちゃいますよね。

**T 教授**　そうなんだよね。だからなおさら，書き手のモラルが問われるわけ。それからもうひとつ大切なことは，引用注は学問の世界に張られたリンクなんだよね。ネット上に張られたリンクは便利でしょう。そこをクリックすると関連する情報に簡単に飛ぶことができる。引用注もそれを手がかりに関連する情報にアクセスすることができるわけ。ネットと違って瞬時というわけにはいかないけど，図書館などを利用することによって必ずたどり着くことができる。そうすると，そこの注からまた別の情報へ飛ぶことができる。こうして，アカデミズムの世界は知の一大ネットワークを構築しているわけ。人類の知が引用注によってすべてリンクしている世界だよ。

**F　男**　先生，えらく熱くなってきましたね。

**T 教授**　え⁉　ウン。

### *2. 7*　7 月 13 日（金）：プレゼンテーション

**G　子**　先生，相談があるんですけど。

**T 教授**　今はオフィスアワーの時間じゃないよ。水曜日の 12 時からだよ。

**G　子**　ええ，わかっているんですけど，月曜日のプレゼンのことでどうしても相談したくて。

**T 教授**　しょうがないなあ，どういうこと。

**G　子**　来週レポートのプレゼンが当たっているんですけど，レポートの目次みたいなものを配って，内容を紹介すればいいんですか。

**T 教授**　基本的にはそれでいいんだけど，レポートとプレゼンテーションとは少し違うよね。

**G　子**　レポートは序論と本論と結論で構成されると教わりましたけど，

プレゼンの場合は違うのですか。

**T教授**　オ，よく覚えているね，そう，それが基本だよ。

**G　子**　じゃあ，どこが違うんですか。

**T教授**　レポートは書き言葉で報告するわけだけど，プレゼンテーションは話し言葉でするわけだよね。レポートの場合は書き手と読み手は直接相対するわけじゃないけど，プレゼンの場合は面と向かってやるわけだよね。そこにおのずと違いが生ずる。

**G　子**　よくわからないけど，プレゼンは皆の前での一発勝負ですよね。だから緊張する。

**T教授**　そう，そこなんだよね。レポートの場合，読者は繰り返し読むことによって理解を深めることができる。プレゼンは時間内に理解してもらわなければならない。そのためのテクニックが必要になってくるというわけ。

**G　子**　レジュメを作ったり，パワーポイントを使ったりするってことですか。

**T教授**　Good！　でも，何よりも話を簡潔でわかりやすく練り上げておくことが必要だね。レジュメやパワーポイントはあくまで話を理解してもらうための道具なんだよ。

**G　子**　OK！

## *3*　ケースを解く

### *3.1*　キーワードの理解

経営学に限らずどのような学問でも，そこで使われる言葉（専門用語とかテクニカルタームと呼ばれています）の意味を正確に知り，それを使いこなせるようになることが，その分野の学習を深め，また研究を進展させるための基本的な条件となります。

たとえば有斐閣の『経済辞典』で「持株会社」という言葉を引いてみると，「事業活動を営むことを目的とするのではなく，他の複数の会社の株式を所有することによって，それらを支配することを目的とする会社」と定義されています。ケースのＡ子さんのようにこれをそのまま丸写しして提出されると，教師としてはOKというわけにはいかないのです。自分の言葉で書き換えてもらわないと困ります。たとえば,「複数の会社の支配を目的としてそれらの会社の株式を所有するが，自らは事業活動を行わない会社」といったふうに書き換えます。このような書換えのことを英語ではパラフレーズ（paraphrase）と言います。このように自分の言葉で専門用語について説明できるようになれば,その用語を自分のものにしたということになります。その用語を自在に使って自分の意見を述べたり書いたりすることができるのです。

ところで，A子さんが帰ってからT教授は後悔にさいなまれることになります。このパラフレーズされた言葉の定義でAをあげると言ってしまったのですが，それだけではやや物足りないのです。せっかく持株会社のことについて勉強したのですから,「株式の所有だけを目的とする会社を純粋持株会社,自らも事業を行っている会社を事業持株会社と言う場合もある」とか「アメリカにおいては1889年にニュージャージー州で合法とされ，以後，独占のための手段として利用されることになった」とか「第二次大戦後，日本においては独占禁止法によって禁止されたが，1997年に解禁された」とかいう文章を補足説明として付け加えてくれると間違いなくAということになるのでした。たとえば，次の例のようにです。

**キーワードの説明の例**

● 持株会社

持株会社とは，複数の会社の支配を目的としてそれらの会社の株式を所有するが，自らは事業活動を行わない会社のことである。株式の所有だけを目的とする会社を純粋持株会社，自らも事業を行っている会社を事業持株会社と言う場合もある。アメリカにおいては1889年にニュージャージー州で合法とされ，以後，独占のための手段として利用されることになった。第二次大戦後，日本においては独占禁止法によって禁止されたが，1997年に解禁された。

### 3.2　段落（パラグラフ）

文章はいくつかの段落から構成されています。英語ではこれをパラグラフ（paragraph）と呼んでいます。しかし，日本語の段落と英語のパラグラフとではその意味するところが大きく違うようです。段落は文章を読みやすく区切るという意味合いが強いようですが，パラグラフは，文章を構成するコンポーネント（部品）という意味合いが強く，個々の部品をしっかり作ってそれをつなげていくことによって論理的な文章に仕上げるというのが，欧米の文章作法の基本となっています。経営学に関わる文章をこのような仕方で作ってみると，比較的容易に論理的な文章が作られると思います。試してみましょう。

木下是雄によれば，パラグラフは「文章の一区切りで，内容的に連結されたいくつかの文から成り，全体として，ある一つの話題についてある一つのこと（考え）を言う（記述する，主張する）もの」と定義されます。このように定義されるパラグラフは，トピック・センテンスと説明文，そして場合によってはまとめによって構成されます。トピック・センテンスは中心文とも言えるもので，そのパラグラフの話題（トピック）について一文で述べたものです。先ほどの持株会社の説明を例にとると，「持株会社とは，複数の会社の支配を目的としてそれらの会社の株式を所有するが，自らは事業活動を行わない会社のことである」というのがそれに当たります。そして，以下に続く文章はトピック・センテンスを補足説明している説明文ということになります。このパラグラフは簡潔にまとめられているので，あらためてまとめを置く必要はないのです。

### *3.3*　要約（文章の構造）

経営に関する記事や論文さらに著作を他人に紹介したり，自分が理解しているかどうかを確かめたりするために，それらを要約してみるということはよくあることです。また自分のレポートを要約してみますと，レポートがうまく書けているのかどうかを検証できますし，手短かにレポートの内容を紹介しなければならない場合などにも役に立ちます。

要約を行う場合には，その文章の構造を把握することが大切です。一般に経営学あるいは社会科学に関わる文章は，序論（序文，イントロダクション）に当たる部分と，本論（本文，ボディ）と呼びうる部分と，結論部分の3つの部分からなっていると考えてよいでしょう（図表17-2）。

序論に当たる部分では，その文章の話題，テーマが述べられているはずです。これが述べられていない文章はありえません。まずそれをつかむことが第一で

図表17-2　文章の構造

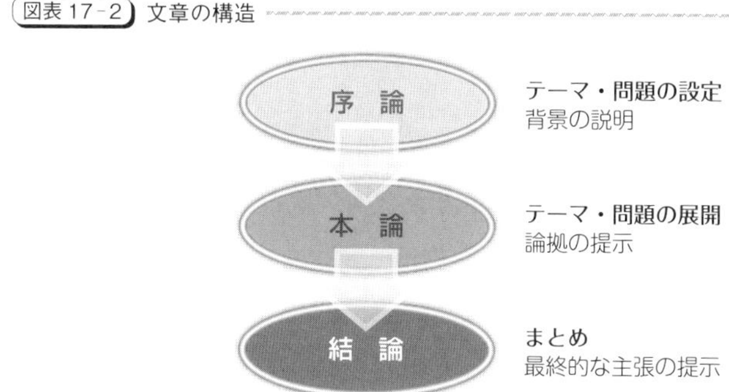


す。さらに，序論ではそのテーマを選んだ動機やテーマの背景などが述べられているはずです。場合によっては，結論や主張があらかじめ提示されていることもあります。たとえば，この本の各章のはじめの部分「この章のねらい」はそれぞれの章の序論に当たります。経営学の重要なテーマが，それが問題になってくる背景とともに提示され，この章で何を学ぶのかが明確に示されることになっています。

本論は序論で設定したテーマを展開していくことになります。そのやり方は，T教授も説明していたように，テーマについてより詳しく述べたり，例や数字を出すことによって主張をより説得的にしてみたり，他と比較して特徴を際だたせたり，問題の解決の方法を探ったりと，文章の性格によってさまざまでしょうが，結論に導く基本的な道筋がどのようなものなのかをしっかりとつかむ必要があります。

最後に，結論は何か，これをはっきりさせましょう。結論部分では筆者の最終的な主張が提示されているはずです。全体のまとめが述べられている場合もあるでしょう。

以上の3つの部分を簡潔にまとめたものが要約ということになります。

### 3.4　調べる

ケースからもわかるように，ひとつのテーマについて調査するのは思いのほか手間がかかります。でも，調査なしにレポートを書いたり報告したりするこ

図表 17-3(1)　大学附属図書館オンライン目録（東北大学）の検索画面(1)

（出所） http://www.library.tohoku.ac.jp/

とはできないのです。調査とはレポートを書いたり報告をするために必要な情報を集めることです。ここでは，本や雑誌を通じて情報を集めるやり方（文献調査）と，インターネットを利用して情報を収集するやり方について説明してみます。

### (1)　必要な本を探す

T 教授が学生の頃は，必要な本の検索は図書館のカードを使ってやったものです。つまり 1 冊の本の著者，書名，発行年，出版社，分類番号などの情報（これらを書誌情報と言います）が 1 枚のカードに記載されたものを検索して目指す本にたどり着いたわけです。しかし現在はこれらの書誌情報は電子化され，

図表 17-3(2)　大学附属図書館オンライン目録（東北大学）の検索画面(2)

インターネットを通じて簡単に検索できるようになっているのが普通です。図表 17-3(1)は東北大学の図書館の検索画面です。とてもシンプルな作りになっています。詳細検索を利用すれば細かく条件を設定できます。とりあえず「東芝」と入力して検索ボタンを押すと図表 17-3(2)のような結果が出てきます。たしかにＤ子さんが言うように件数は多いのですが，最近の本はあまり出てきていませんし，リストラクチャリングにも関係なさそうです。多くの図書館

ではその図書館の蔵書だけでなく全国の図書館の蔵書も検索できるようになっていますが，それを試してみるのもよいでしょう。国立情報学研究所の「Webcat Puls」はどこからでもアクセスできるので便利です。「連想検索」によって図書の目次や帯などの情報からも調べることができるようになっています。もし必要な書籍が見つかれば，自分の大学の図書館を通じて借り出すことが可能な場合もよくあります。また，新しい本を探すには，書籍取次会社や書店の書籍検索のデータベースにアクセスしてみるのも有効です。

**(2)　雑誌の記事・論文を探す**

雑誌の記事や論文も以前は「雑誌記事索引」や「経済学文献季報」などの冊子体の文献情報を利用して検索していましたが，最近はこれらも電子情報に置き換えられ，インターネットからアクセスできるようになっています。D子さんが利用した国立情報学研究所の「CiNii Articles」もそのひとつです。これは無料で，どこからでもアクセスできます。magazineplusというものもありますが，これは有料です。

**(3)　新聞記事を探す**

過去に遡っての新聞記事を検索するには，現在のところ，それぞれの新聞社と個別に有料の契約を結ぶしかないようです。そのうち「日経テレコン21」は日本経済新聞社発行以外の一般紙，専門紙さらに雑誌記事までカバーしており便利ではあります。導入している図書館も多いので問い合わせてみてください。

以上のような文献調査をする場合，図書館のレファレンス・サービスを利用することを勧めます。ここでは文献調査に関するあらゆる相談に乗ってくれるはずです。

**(4)　インターネットを利用する**

ここではインターネットを使って文献情報以外の情報を収集する方法を紹介します。まずGoogle（グーグル）やYAHOO！ JAPANなどの検索エンジンを使って直接テーマに関する語句で検索してみましょう。

たとえばバブル崩壊後の東芝のリストラクチャリングについて調べる場合は，まず「東芝」と入力して検索してみましょう。Googleの場合，図表17-4(1)のように全部で約10億5000万件がヒットしました。その先頭には東芝のホーム

図表 17-4(1)　インターネット（Google）の検索エンジンの利用(1)

（出所）　http://www.google.co.jp/

ページが表示されていますのでまずそこにアクセスして，東芝の概要をつかみましょう。ふつう企業のホームページのトップページは顧客向けに作られていますので，企業に関する情報は別のページにあります。東芝の場合は企業情報と書かれているところをクリックすれば，そこに飛ぶことができます。その中から，会社概要を見てみましょう（図表 17-4(2)）。また，サイト内検索を使っ

図表17-4(2)　インターネット（Google）の検索エンジンの利用(2)

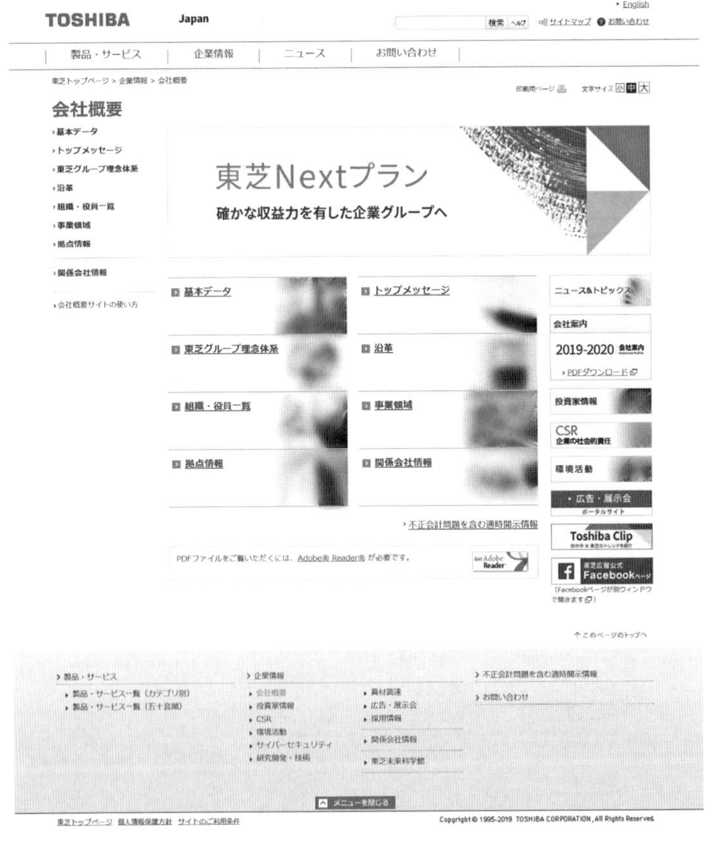


画像提供　株式会社東芝
（出所） http://www.toshiba.co.jp/

て「アニュアルレポート」と入力すると，東芝の投資家向けの年次報告書を手に入れることもできます。「リストラクチャリング」と入力してもあまりよい結果は得られないようです。そこで，最初に戻って，「東芝　リストラクチャリング」で検索してみましょう。15万件以上がヒットしました。先頭から興味のあるサイトをいくつか閲覧してみるのもよいでしょう。検索条件を増やして絞り込みをかけることも可能です。

図表 17-5　グーグルスカラ（Google Scholar）の索引画面

東芝　経営

約 194 件　(0.06 秒)

[PDF] 日本における**経営**倫理の過去・現在・未来: その制度的枠組みと, ECSR による三方よし**経営**を考える　[PDF] core.ac.uk
水尾順一 - 駿河台経済論集, 2018 - core.ac.uk
... 5月・この頃から四大証券・第一勧銀，１０月・松坂屋・三菱自動車，１１月・三菱 電機・**東芝**・日立製作所・三菱地所など総 会屋への利益供与事件が相次いで発覚 秋・ＧＲＩが設立 11 月・**経営**倫理実践研究センター設立 11 月・山一証券，飛ばしが発覚，自主廃業 11 月・**経営**倫理実践普及協議会 ...
関連記事　全 4 バージョン

[PDF] A Study on IPSASB, Consultation Paper (2017), Accounting for Revenue and Non-Exchange Expenses　[PDF] bunkyo.ac.jp
H Ishida - 公的部門における非交換収益および非交換費用の会計 ..., 2018 - bunkyo.ac.jp
... 報告 制度 の 導入 後 で あり、 かつ 監査 人 の 懲戒 処分 が あった の は、 オリンパス㈱、 RH インシグノ㈱、 デザイン エクス チェンジ㈱、 ㈱ **東芝**、 ㈱ メディビック グループ ... 1 四半期・第 2 四半期・第 3 四半期 の 四半期 報告 書 および 有価 証券 報告 書、 平成 23 年 3 月 期 第 1 **経営** 論集 ...
関連記事

[PDF] 連結**経営**基盤キャッシュ・マネジメント・システムの運用課題と対応に関する研究　[PDF] kyoto-u.ac.jp
福嶋幸太郎 - 2018 - repository.kulib.kyoto-u.ac.jp
... での承認，子会社**経営**管理等を担当する社内関係者への説明，CMS 運用マニュアル 28 1998 年 3 月の同プロジェクト・チームの予備調査によれば，この時点で CMS を 導入していた企業は，**東芝**・ブリヂストン・リコー・花王・三菱地所・三菱商事・丸 紅・HOYA・旭硝子・ビクター・富士電機 ...
関連記事

[PDF] マーケティング学から見た日本とフランスの**経営**者の倫理観の相違について　[PDF] hgu.jp
黒田重雄 - 2019 - hokuga.hgu.jp
... な企業統治を自ら築き上げ，その頂点に君臨 したといえます。 とはいえ，いくらワンマンだったとしても外部監査はありますし，普通はそこでチェック体制が働いていたはずです。それが働かなかったのかどうか。また，**東芝**などの不祥事 ... 64 — **経営**論集（北海学園大学）第 16 巻第 4 号 Page ...

[引用] Interview **東芝** 危機の元凶は**経営**者にあり 「やり切る体制」 づくりに注力 (特集 2019 総予測)--(産業)
車谷暢昭 - 週刊ダイヤモンド= Diamond weekly, 2019 - ci.nii.ac.jp
... Interview **東芝** 危機の元凶は**経営**者にあり 「やり切る体制」 づくりに注力 (特集 2019総予測) -- (産業). 車谷 暢昭; ...

編集長インタビュー 分社の願い, 危機で叶う **東芝**メモリ社長 成毛康雄氏
成毛康雄， 東昌樹 - 日経ビジネス, 2018 - ci.nii.ac.jp
... 抄録. 1年以上に及ぶ売却交渉・手続きの末、6月に日米韓連合傘下に入って再スタートを切った。**東芝**の**経営**危機による開発・投資の遅れはないと主張。技術で競合に追いつく考えだ。日本での生産にもこだわる。独立後初の単独インタビューに応じた。 収録刊行物. 日経ビジネス ...

[PDF] キヤノンによる**東芝**メディカルシステムズの買収　[PDF] nii.ac.jp
石川勝 - 現代**経営**経済研究, 2018 - togaku.repo.nii.ac.jp
キヤノンは近年の IT 技術の進化やオフィス環境の変化に伴い, 従来製品の売上が伸び悩み, この 10 年は企業成長も停滞している. その原因は 1970 年代以降, その事業構造が基本的に変化しておらず, 製品市場のほとんどは成熟化していることにあった. 一方, **東芝**は東日本大震災後の世界的 ...
全 2 バージョン

**東芝**解体をもたらした元凶 会社蝕む「バイセル取引」 架空利益計上の温床に
浜田康 - 日経ビジネス, 2018 - ci.nii.ac.jp
... 抄録. 不正会計問題の発覚から**経営**危機に陥った**東芝**。再建に向け、昨秋には米投資ファンドを中心とする「日米韓連合」に半導体子会社を売却することで合意、12月には第三者割当増資も完了した。これにより、2018年3月期に2期連続の債務超過となる事態を回 ... 収録刊行物. 日経ビジネス ...

プロジェクトの失敗による**経営**への悪影響を防ぐために: AI によるコミュニケーションのモニタリングの有効性　[PDF] kumamoto-u.ac.jp
渡部雅男 - 2018 - reposit.lib.kumamoto-u.ac.jp
... プロジェクト、特に大型プロジェクトの失敗は、企業**経営**に大きな悪影響を及ぼす。山田 [6] は、「**東芝**を債務超過に追い込んだのは、米国の子会社ウエスティングハウスが手掛ける原子力発電所の

「東芝」で検索したときの検索結果の上から 4，5 番目に，東芝－Wikipedia というサイトが表示されていると思います。Wikipedia（ウィキペディア）はネット上に構築されている百科事典で便利なものですが，誰もが書き込み可能な参加型の百科事典ですので不正確な記述が載っている場合もあり，利用には注意が必要です。

また，学術文献を幅広く検索できるサイトとして Google Scholar があります。

図表 17-6　レポート作成に便利なホームページ（サイト）

| |
|---|
| 書籍を探す<br>WebcatPlus：http://webcatplus.nii.ac.jp/ |
| 雑誌記事を探す<br>CiNii Articles：https://ci.nii.ac.jp/ |
| 百科事典<br>Wikipedia（ウィキペディア）：https://ja.wikipedia.org/ |
| 政府刊行物を探す<br>電子政府の総合窓口：https://www.e-gov.go.jp |
| 統計を調べる<br>統計データ・ポータルサイト（政府統計の総合窓口）：https://www.e-stat.go.jp/ |
| 企業に関する情報を得る<br>Yahoo！ファイナンス：https://finance.yahoo.co.jp/<br>EDINET（有価証券報告書の閲覧）：http://disclosur.edinet-fsa.go.jp/ |

図表 17-5 はこのサイトで「東芝　経営」と入力して検索した結果です。このような総合的なサイトから目指す情報を探し出すことも試してみましょう。インターネットは情報の無限の宝庫といっても過言ではありません。上手に使いこなしてください。

図表 17-6 にレポート作成に役立つホームページ（サイト）を載せておきました。利用してみてください。

### *3.5*　レポートの作成

大学の授業で書かなければならないレポートは，与えられたテーマについて自分の考えや思いを述べる単なる感想文とは違います。レポートはなによりも事実に基づいて書かれなければなりません。同時に与えられた課題に対して自分の意見・見解を述べる必要があります。そのためにまず事実の収集から始める必要があるのです。どうやって事実を収集するかについては本章 *3.4* で述べました。ここでは，第 5 章 108 ページの「4 考えてみよう・調べてみよう」(3) についてレポートする場合を考えてみましょう。

#### (1)　仮説を立てる

テーマに関連する資料を集めて読んでいくにつれて，次第にテーマに関する印象，感想，考えが浮かんできます。全体のイメージが姿を現しはじめるのです。とりあえずそれを簡単な文章にしてみましょう。

この章のケースの *2.5* に出てきたように，「東芝はバブル崩壊後リストラクチャリングを迫られたが，その方向はGEとは大きく異なるものとなった」という文章が書けたとします。このような文章は仮説と呼ばれています。まだ実証されてはいませんが，テーマに対する意見・見解を述べたものです。レポートを作成するということは，この仮説を事実に基づいて証明していく（実証していく）作業なのです。

もちろん，作業を進めていくうちに，最初に立てた仮説がうまく説明できないという事態に陥ることがあるでしょう。その場合には新たな事実を調査するか，仮説を修正するということになります。

**(2)　アウトラインを作る**

次にレポートの構成を決めていく必要があります。レポートの大きな構成が序論，本論，結論からなることは，要約について述べた本章の *3.3* からも理解できるでしょう。それぞれの部分の大まかな構成を含めたものをアウトラインと呼んでいます。たとえば，

**アウトラインの例**

・序論　バブル崩壊後の東芝のリストラクチャリング——概観<br>
　　　　その背景<br>
　　　　問　題<br>
・本論　バブル崩壊後の東芝のリストラクチャリングの展開<br>
　　　　　(a)　選択と集中<br>
　　　　　(b)　カンパニー制の導入<br>
　　　　　(c)　人事制度の改革<br>
　　　　GEにおけるリストラクチャリングの展開<br>
　　　　東芝とGEのリストラクチャリングの比較検討<br>
・結論

というようなものになります。

本論の(a)(b)(c)に何がくるかは，調査の結果や考え方によって違ってくるでしょうが，結論に結びついていくようなものでなければなりません。このアウ

トラインでは，序論で３項目，本論は東芝で３項目，GE については本書の第５章で学んでいるのでそれを要約するとして１項目，比較で１項目，結論が１項目，全部で９項目から構成されているということになります。

もちろんこのアウトラインも，作業を進めていく過程でたびたび変更を受けることになるでしょう。また，各項目をいくつかの細目に枝分かれさせて，より緻密なアウトラインを作成する場合もあるでしょう。

### (3) 執　筆

さて，仮説が確定しアウトラインも決まれば，いよいよ執筆ということになります。各項目（細目）の表題はそこで書くべきトピックを示しています。段落（パラグラフ）についての説明を思い出しましょう。まず明瞭なトピック・センテンスを書き，ついでそれを説明する説明文を，調査した事実を示しながら展開し，必要な場合にはまとめをして次の項目（細目）につなげる，ということになります。説明が長くなったり複雑になったりする場合には，段落を切ってパラグラフを分けることになりますが，その場合は，分けられたパラグラフの関係を示す文章が必要になる場合もあります。このようにパラグラフがアウトラインによって結びつけられることでレポートが作り上げられていくわけです。

### (4) 目次，注，参考文献一覧

本文を書き上げた後は仕上げにとりかかります。本文を読み直して，よりよいものにする努力をすることは言うまでもありません。この作業のことを推敲と言います。それ以外に，３つのことをする必要があるでしょう。１つは目次を作ることです。これによって読者はレポートのアウトラインをつかむことができます。

次に的確な注を付けましょう。注には２つの種類があります。説明注と引用注です。説明注は，本文の内容について補足的な説明をしておきたいときに付けます。引用注は，本文で利用した文献を正確に示すためのものです。文章をそのまま引用した場合だけでなく，内容を要約したり書き換えたりした場合も，きちんと出所を示す必要があります。ある事実を提示するときには，それが何に依拠しているかを示すことも大切です。また，本文に掲載した図表についても，それが何に基づいて作られたのかを示す必要があります。これはＴ教授も言っていたように，著者に対して敬意を払うということだけでなく，学問の世界を相互にリンクさせるという意味でも重要なのです。事実に基づいて意見を実証しようとするとき，その事実が何によって与えられているかを示すことはとくに大切です。本当にそのようなことが言えるかどうかを，もとの文献や資料に当たって確かめることを容易にしてくれるからです。

レポートでそこまで要求するのかと疑問を抱くかもしれませんが，レポートを読んだ人，たとえばゼミの後輩が関心を持ってちょっと調べてみようと思うことはあるのです。これがアカデミズムの世界の作法というものです。注の付け方の具体例は次ページのコラムを参考にしてください。

最後に，レポートを作成するのに利用したすべての文献と資料の一覧を参考文献として末尾に付加する必要があります。私たちがこの教科書を書く際に利用した文献の一覧が巻末に載っていますので，それを参考にしてください。

#### (5) レポートから論文へ

卒業論文のようなものになると，レポートよりも複雑な構成をとりますが，基本はレポートと同じです。序論・本論・結論という，すでにおなじみの構成です。しかし，それぞれの部分は複雑な構造を持つことになります。それぞれがいくつかのレポートによって構成されていると言ってよいかもしれません。レポートで述べるような単純な主張をいくつか組み合わせて大きな主張を展開することになるわけです。それがどのようになされるのかをここで述べる余裕はありませんが，イメージとして押さえておいてください。

ところで，レポートと論文の決定的な違いは，何だと思いますか。レポートは普通はテーマが与えられています。しかし，論文はテーマを自分で見つけなければなりません。経営学を学びながら，自分が研究すべき／したいテーマは何なのかをいつも考えておくことが大切です。

### 3.6 プレゼンテーション（発表）

ここではプレゼンテーションを狭くとらえて，口頭発表という意味で使います。レポートの作成とプレゼンテーションの準備の段取りは，基本的に同じだと考えてよいと思います。序論・本論・結論という構成に従ってどのようなアウトラインを作り，どのようにして自分の意見を事実に基づいて実証していく

## コラム　注の付け方・引用の仕方

### 1　説明注の付け方

本文に対して補足的な説明を加えたいとき，読者の注意を喚起したいとき，本文に加えると煩雑になるときなどに，説明注を付けます。注は本文の各ページの下部に書く脚注と，本文の末尾にまとめて記載する末尾注とがありますが，どちらかを選んでください。脚注の例を示しておきます。

……………………………………………………………………………………

機械が半自動機械から自動機械1) へ変化し，作業組織に流れ作業が導入された。

……………………………………（本文）……………………………………

……………………………………………………………………………………

---

1） ここで半自動機械とは人間による制御＝熟練が必要な機械のことであり，自動機械とはそれが不要となったものを指す。

### 2　引用注の付け方

他人の文章をそのまま引用する場合は，その文章を括弧で括って引用であることを明示して注を付します。

他人の文章を要約したり書き換えて利用したりする場合や事実の出所を示す場合には，その場所に注を付します。

……………………………………………………………………………………

チャンドラーは近代企業の定義を「多数の異なった事業単位から構成され，階層的に組織された俸給経営者によって管理されている1)」企業とし，………………

……………………………………（本文）……………………………………

……………………………………………………………………………………

---

1） Alfred D.Chandler, Jr., *The Visible Hand*, Cambridge, Mass.: Harvard University Press, 1977, p. 1（鳥羽欽一郎・小林袈裟治訳『経営者の時代（上）』東洋経済新報社，1979 年，5 ページ。）

……………………………………………………………………………………

人間能力開発センターの調査によると，日本における SBU 組織の導入は，1982 年においても改革完了，改革進行中あわせて 5.7% にすぎず，計画中を含めても 15.5% である1)。 ……………………………………………………

……………………………………（本文）……………………………………

1）人間能力開発センター『適応と創造のための組織』（調査レポート No. 14），1982年，61ページ。

か，ということが基本になります。レポートとの最大の違いは，プレゼンテーションは1回きりであり，時間内に聴衆に理解してもらわなければならないということです。そのために，レジュメを配布したり，パワーポイントのようなプレゼンテーション用のソフトを使用したりすることになります。

レジュメは，次ページの例に示したように，発表のアウトラインを記し，それに簡単な説明を加えたもので，聴衆に配布し，理解を容易にするために発表を聴きながら参照してもらうものです。図表などの資料を同時に配ることもあるでしょう。これは紙媒体ですので，発表者とレジュメとに交互に視線を移動させなければならないため，聴衆が発表者に集中できないという欠点があります。

この欠点を克服するために使われるようになったのがプロジェクターです。何枚かのスライドに書き込んだアウトラインや資料などをスクリーン（ディスプレー）に映し出すことによって，聴衆は，それを指し示しながら発表をする発表者から大きく視線を移動させることなく発表に集中できることになります。そして，パソコンの普及に伴って，プレゼンテーション用のソフトが開発され，スライドの作成からスクリーンへの投影までが容易に行えるようになってきたのです。

言うまでもなく，これらは発表を効果的にするための手段にすぎません。大切なことは，発表の内容を時間内にいかに簡潔・的確に説明できるかということです。レジュメやスライドにあまりたくさんの情報を盛り込むと消化不良に陥ることになります。序論部分であらかじめ結論を明示して，話の焦点をはっきりさせるといった方法が有効な場合もあります。

臆することなくプレゼンテーションに挑戦してみましょう。そのためにも十分な準備をしておくことが大切です。

**レジュメの例**

バブル崩壊後の東芝のリストラクチャリングの展開と特徴
――GE との比較を中心に――

2019 年 10 月 10 日
報告者：東北花子

序　論
(a) 東芝のリストラクチャリング――概観
(b) 背　景
バブル崩壊，情報革命，グローバリゼーション
(c) 問　題
東芝のリストラクチャリングはどのように進められたのか，その特徴を，アメリカにおいてドラスティックなリストラを行った GE との対比で明らかにする

1　リストラクチャリングの展開
(a) 選択と集中
(b) カンパニー制の導入
(c) 人事制度の改革

2　GE におけるリストラクチャリングの展開と特徴
製造からサービスへ，組織改革，人事・教育制度の改革

3　東芝と GE のリストラクチャリングの比較検討
事業構造，組織，人事

結　論
東芝においては GE のような製造からサービスへといった事業構造の大きな変革はなされず，製造業における競争優位を確保する努力が続けられ，その過程で，デジタルメディア，電子デバイス，社会インフラの 3 部門への集中と，組織のスリム化，人事の改革が進められた。

## *4*　読んでみよう

学習技術研究会（2019）『知へのステップ：大学生からのスタディ・スキルズ（第 5 版）』くろしお出版。

◈ノートのとり方からプレゼンテーションのやり方まで，大学生が必要と

する学びのためのさまざまなスキルを簡潔に説明しています。

木下是雄（1994）『レポートの組み立て方』ちくま学芸文庫。

◈レポートを書くための基本が解説されている好著です。

戸田山和久（2012）『新版　論文の教室：レポートから卒論まで』（NHKブックス）日本放送出版協会。

◈論文の書き方をたくさんの実例を示しながらわかりやすく解説しています。

小笠原喜康（2003）『インターネット完全活用編：大学生のためのレポート・論文術』講談社現代新書。

◈インターネットの時代に対応したレポート・論文の書き方を丁寧に解説しています。

大串夏身（2004）『文科系学生の情報術』青弓社。

◈文科系学生のための情報収集の手引きで，手元にあれば便利です。

# 参考文献（執筆に当たり参考にした主要な著作）

## 第Ⅰ部　企業とは何か

### 第1章　企業の誕生

一般社団法人ベンチャーエンタープライズセンター（2017）『ベンチャー白書 2017』一般社団法人ベンチャーエンタープライズセンター。

奥平和行（2018）『メルカリ：希代のスタートアップ，野心と焦りと挑戦の5年間』日経BP社。

新藤晴臣（2015）『アントレプレナー戦略論：事業コンセプトの創造と展開』中央経済社。

法政大学地域研究センター（2013）『法政大学地域研究センター主催　国際セミナーハイテクベンチャーの起業家 Vol. 7　WEB ビジネスの最前線　シリコンバレー東京間を結ぶ起業家活動（講演録）』法政大学地域研究センター。

本庄裕司（2010）『アントレプレナーシップの経済学』同友館。

山田幸三・江島由裕編著（2017）『1からのアントレプレナーシップ』碩学社（発売・中央経済社）。

Bygrave, W. D. and A. Zacharakis (2008) *Entrepreneurship*, John Wiley & Sons.（高橋徳行・田代泰久・鈴木正明訳『アントレプレナーシップ』日経 BP 社，2009 年。）

Criscuolo, C., P. N. Gal and C. Menon (2014) *The Dynamics of Employment Growth: New Evidence from 18 Countries,* CEP Discussion Papers (CEPDP1274), Centre for Economic Performance, London School of Economics and Political Science, London, UK. (http://eprints.lse.ac.uk/60286/)

Shane, S. A. (2003) *A General Theory of Entrepreneurship: The Individual-Opportunity Nexus*, Edward Elgar Publishing.

Timmons, J. (1999) *New Venture Creation: Entrepreneurship for the 21st Century*, Irwin/McGraw-Hill.

〈記事・インターネット資料〉

総務省『平成 29 年通信利用動向調査報告書（世帯編）』。
(http://www.soumu.go.jp/johotsusintokei/statistics/pdf/HR201700_001.pdf)

中小企業庁（2017）『2017 年度版中小企業白書』中小企業庁。
(https://www.chusho.meti.go.jp/pamflet/hakusyo/H29/PDF/chusho/00Hakusyo_zentai.pdf)

日経ビジネス，経営教室「反骨のリーダー」2018 年 8 月 30 日。
(https://business.nikkei.com/atcl/interview/16/082400028/082400003/?P=2)

日経ビジネス Raise，オープン編集会議，2018 年 9 月 28 日。
(https://business.nikkei.com/atcl/report/16/070600229/092700018/)

メルカリ社発表資料。
(https://about.mercari.com/press/news/article/20180702_mercarinumbers/)

### 第2章　会社とは誰のものか

石井ゼミ・ブランド研究グループ編（2003）「Brand remodeling：再び輝き始めたブランド」神戸大学大学院 MBA プログラム・ワーキングペーパー。

井原久光（2000）『テキスト経営学：基礎から最新の理論まで（増補版）』ミネルヴァ書房。

清澤達夫（2004）「カゴメ(A)」『聖学院大学論叢』第 17 巻第 1 号，103-113 ページ。

小松章（2006）『企業形態論（第 3 版）』新世社。

塩次喜代明・高橋伸夫・小林敏男（1999）『経営管理』有斐閣。

西澤昭夫（1998）「企業形態を変える　［コラム］資本主義の発展と企業形態の変化」東北大学経営学グループ編『ケースに学ぶ経営学（新版）』有斐閣，第 2 章。

三戸浩・池内秀己・勝部伸夫（2006）『企業論（新版補訂版）』有斐閣。

村田和彦（2006）『企業支配の経営学』中央経済社。

Barle, A. A., Jr. and G. C. Means (1932) *The Modern Corporation and Private Property*, Macmillan.（北島忠男訳『近代株式会社と私有財産』分雅堂銀行研究社，1958 年。）

Beauchamp, T. L. and Bowie, N. E. eds. (1997) *Ethical Theory and Business,* 5th ed., Prentice-Hall.（加藤尚武監訳『企業倫理学 1：倫理的原理と企業の社会的責任』晃洋書房，2005 年。）

Scott, J. (1997) *Corporate Business and Copitalist Classes*, Oxford University Press.

〈記事・インターネット資料〉

愛知エースネット「蟹江一太郎：トマトケチャップにかけた人生（愛知の郷土史，偉人，祭り・伝統産業）」(1998 年閲覧)。

他に，『日本経済新聞』『日経金融新聞』『日経産業新聞』『日経ビジネス』『週刊東洋経済』『読売新聞』『朝日新聞』『月刊監査役』『あいち産業情報』『Works』『ビジネスイノベーター』『Angel Café』『経営資料室』『ICT の mikata』『NIKKEI STYLE』『The Finance』『MONEY PLUS』『日本大百科全書（ニッポニカ）』の関連記事を参照。

＊　東北大学・高浦研究室ホームページに詳細リスト掲載。
(http://www2.econ.tohoku.ac.jp/~takaura/yuhikaku2019.html)

## 第Ⅱ部　企業のストラテジー

### 第3章　環境・戦略・組織

小澤勝之（1986）『デュポン経営史』日本評論社。

塩見治人（1978）『現代大量生産体制論：その成立史的研究』森山書店。

塩見治人・溝田誠吾・谷口明丈・宮崎信二（1986）『アメリカ・ビッグビジネス成立史：産業的フロンティアの消滅と寡占体制』東洋経済新報社。

Chandler, A. D., Jr. (1962) *Strategy and Structure: Chapters in the History of the Industrial Enterprise*, The MIT Press.（有賀裕子訳『組織は戦略に従う』ダイヤモンド社，2004 年。）

Chandler, A. D., Jr. (1964) *Giant Enterprise: Ford, General Motors, and the Automobile Industry*, Harcourt, Brace & World.（内田忠夫・風間禎三郎訳『競争の戦略：GM とフォード　栄光への足跡』ダイヤモンド社，1970 年。）

Kuhn, A. J. (1986) *GM Passes Ford, 1918-1938: Designing the General Mortors Perfor-*

*mance-Control System*, Pennsylvania State University Press.
Sloan, A. P., Jr. (1963) *My Years With General Motors*, Anchor Books.（田中融二・狩野貞子・石川博友訳『GM とともに』ダイヤモンド社，1967 年。）

## 第 4 章　競争戦略の基本型

上田隆穂編（2003）『ケースで学ぶ価格戦略・入門』有斐閣。
小川孔輔（2015）『マクドナルド 失敗の本質：賞味期限切れのビジネスモデル』東洋経済新報社。
木下繁喜（2011）『モスバーガーを創った男の物語：羅針盤の針は夢に向け』東海新報社。
櫻田厚（2014）『いい仕事をしたいなら，家族を巻き込みなさい！』中経出版。
原田泳幸（2013）『成功を決める「順序」の経営』日経 BP 社。
藤田田（1996）『勝てば官軍：成功の法則』ベストセラーズ。
米倉誠一郎・笠崎州雄（2004）「ビジネスケース フレッシュネスバーガー：成熟市場における後発企業の参入戦略」『一橋ビジネスレビュー』第 51 巻第 4 号，東洋経済新報社，120-133 ページ。
Kim, C. and R. Mauborgne (2015) *Blue Ocean Strategy, Expanded Edition: How to Create Uncontested Market Space and Make the Competition Irrelevant*, Harvard Business Review Press.（入山章栄監訳・有賀裕子訳『新版　ブルー・オーシャン戦略：競争のない世界を創造する』ダイヤモンド社，2015 年。）
Kroc, R. and R. Anderson (1977) *Grinding It Out: The Making of McDonalds*, Contemporary Books.（野崎稚恵訳『成功はゴミ箱の中に：レイ・クロック自伝』プレジデント社，2007 年。）
Poter, M. (1980) *Competitive Strategy: Techniques for Analysing Industries and Competitor*, Free Press.（土岐坤・中辻萬治・服部照夫訳『新訂 競争の戦略』ダイヤモンド社，1995 年。）
『モスのひみつ』(MOS BOOK) エスプレ，2009 年。
「第 44 回　日本の飲食業調査」『日経 MJ』2018 年 5 月 23 日。
「日本マクドナルド　半額で儲ける驚異のカラクリ」『日経ビジネス』2001 年 7 月 2 日号。
「脱カリスマ，総仕上げへ」『日経ビジネス』2006 年 5 月 8 日号。
〈記事・インターネット資料〉
「店舗内に“住み込む”ほどのマックバカ」『東洋経済 ONLINE』2013 年 8 月 8 日。
(https://toyokeizai.net/articles/print/17159)
日本マクドナルドホームページ
(http://www.mcdonalds.co.jp/)
モスバーガーホームページ
(https://www.mos.jp/)
フレッシュネスバーガーホームページ
(https://www.freshnessburger.co.jp/)
シェイクシャックホームページ
(http://www.shakeshack.jp/)

## 第5章 事業のリストラクチャリングと組織改革

大前研一編著（1979）『マッキンゼー 現代の経営戦略』プレジデント社。

坂本和一（1997）『GE の組織革新：21 世紀型組織への挑戦（新版）』法律文化社。

GE コーポレート・エグゼクティブ・オフィス（2001）『GE とともに：ウェルチ経営の 21 年』ダイヤモンド社。

谷口明丈・長谷川信（2008）「『選択と集中』による異質化の進行　電気機械産業：GE と東芝」塩見治人・橘川武郎編『日米企業のグローバル競争戦略』名古屋大学出版会，所収。

Aguilar, F. J., R. Hamermesh and C. Brainard（1985）“General Electric, 1984,” *Harvard Business School Case, 9-385-315*, rev. 1993.

Barney, J. B.（2002）*Gaining and Sustaining Competitive Advantage*, 2nd ed., Pearson Education.（岡田正大訳『企業戦略論：競争優位の構築と持続（上・中・下）』ダイヤモンド社，2003 年。）

Bennett, D.（2018）“What the Hell is Wrong with General Electric? The astonishing mess at an iconic American company,” *Bloomberg Businessweek*, February 5.

Colvin, G.（2018）“What the Hell Happened?” *Fortune Five Hundred*, June 1.

Galbraith J. R., E. E. Lawler Ⅲ and associates（1993）*Organizing for the Future: The New Logic for managing Complex Organizations*, Jossey-Bass.（寺本義也監訳『21 世紀企業の組織デザイン：マルチメディア時代に対応する』産能大学出版部，1996 年。）

Magee, D.（2009）*Jeff Immelt and the New GE Way: Innovation, Transformation, and Winning in the 21st Century*, McGraw-Hill.（関美和訳『ジェフ・イメルト：GE の変わり続ける経営』英治出版，2009 年。）

Tichy, N. M. and S. Sherman（1993）*Control Your Destiny or Someone Else Will*, Harper Business.（小林陽太郎監『ジャック・ウェルチの GE 革命：世界最強企業への選択』東洋経済新報社，1994 年。）

Tichy, N. M. and S. Sherman（2001）*Control Your Destiny or Someone Else Will*, Harper Business, rev. ed.

Tichy, N. M.（2002）*The Cycle of Leadership: How Great Leaders Teach their Companies to Win*, Harper Business.（一條和生訳『リーダーシップ・サイクル：教育する組織をつくるリーダー』東洋経済新報社，2004 年。）

Welch, J.（2001）*Jack: What I've leading a Great Company and Great People*, Headline Book Publishing.（宮本喜一訳『ジャックウェルチ わが経営（上・下）』日経ビジネス人文庫，2005 年。）

Welch, J. with S. Welch（2005）*Winning*, HarperCollins.（斎藤聖美訳『ウィニング：勝利の経営』日本経済新聞出版社，2005 年。）

“Growth as a Process: The HBR Interview with Jeffrey R. Immelt,” *Harvard Business Review*, June 2006.

## 第6章 ビジネス・システム

荒川秀治（2002）「KOMTRAX STEP2 の開発と展開」『KOMATSU TECHNICAL REPORT』Vol. 48, No.150。

長内厚・榊原清則編著（2012）『アフターマーケット戦略：コモディティ化を防ぐコマツのソリューション・ビジネス』白桃書房。
玄場公規編著（2018）『ファミリービジネスのイノベーション』白桃書房。
酒井健（2014）「製造業のサービス能力の無効化：キャタピラーとコマツの競争を事例として」『日本経営学会誌』第34号，15-25ページ。
四家千佳史・小野寺昭則・高橋正光（2015）「建機メーカーが描くICT建機施工を中心とした建設現場の未来」『KOMATSU TECHNICAL REPORT』Vol. 61, No. 168。
土井下健治・村本英一・神田俊彦（2010）「建設機械へのICT応用」『KOMATSU TECHNICAL REPORT』Vol. 56, No. 163。

## 第7章　破壊的技術への対応と新規事業創造

ガベッティ，G., M. トリプサス，青島矢一（2010）「富士フイルム：第2の創業」ハーバード・ビジネス・スクール著，日本リサーチ・センター編『ケース・スタディ　日本企業事例集』ダイヤモンド社，第3章。
桑嶋健一（2009）「富士フイルム：『WV フィルム』」藤本隆宏・桑嶋健一編著『日本型プロセス産業』有斐閣，第10章。
古森重隆（2013）『魂の経営』東洋経済新報社。
柴田友厚・児玉充・鈴木潤（2017）「二刀流組織から見た富士フイルムの企業変貌プロセス」『赤門マネジメント・レビュー』第13巻第12号，477-497ページ。
野中郁次郎（2012）「野中郁次郎の成功の本質 Vol. 64：アスタリフト／富士フイルム」『Works』2012年12月～2013年1月。
富士フイルムホールディング株式会社（2016）『イノベーションによる新たな価値の創造』富士フイルムホールディング株式会社。

## 第8章　プラットフォーム・ビジネス

総務省『平成27年版 情報通信白書：グローバル市場の動向』総務省。
総務省『平成28年版 情報通信白書：ICTの貢献の多様性』総務省。
立本博文（2017）『プラットフォーム企業のグローバル戦略：オープン標準の戦略的活用とビジネス・エコシステム』有斐閣。
林伸之（2007）『iPhone ショック：ケータイビジネスまで変える驚異のアップル流ものづくり』日経BP社。
広岡延隆・小笠原啓（2009）「グーグルも参入，メディア・通信を巻き込み地殻変動：アップルが放つソフト拡充策」『日経ビジネス』6月22日，8-9ページ。
松元英樹（2008）「App Store が崩す携帯アプリ市場」『日経コミュニケーションズ』第15号，20-29ページ。
Eisenmann, T., G. G. Parker and M. W. Van Alstyne (2006) "*Strategies for Two-Sided Markets*," *Harvard Business Review*, 84 (10), 92-101.（「『市場の二面性』のダイナミズムを生かす　ツー・サイド・プラットフォーム戦略」『DIAMOND ハーバード・ビジネス・レビュー』第32巻第6号，ダイヤモンド社，2007年，68-81ページ。）
Moazed, A. and N. L. Johnson (2016) *Modern Monopolies: What It Takes to Dominate the*

*21st Century Economy*, St. Martin's Press.（藤原朝子訳『プラットフォーム革命』英知出版，2018年。）

Parker, G. G., M. W. Van Alstyne and S. P. Choudary（2016）*Platform Revolution: How Networked Markets Are Transforming the Economy and How to Make Them Work for You*, WW Norton & Company.（妹尾堅一郎監訳，渡部典子訳『プラットフォーム・レボリューション：未知の巨大なライバルとの競争に勝つために』ダイヤモンド社，2018年。）

Reillier, L. C. and B. Reillier（2017）*Platform strategy: How to Unlock the Power of Communities and Networks to Grow Your Business*, Routledge.（根来龍之監訳，門脇弘典訳『プラットフォーマー：勝者の法則 コミュニティとネットワークの力を爆発させる方法』日本経済新聞出版社，2019年。）

Van Alstyne, M. W., G. G. Parker and S. P. Choudary（2016）"Pipelines, Platforms, and the New Rules of Strategy," *Harvard Business Review*, 94(4), 54–62.（「パイプライン型事業から脱却せよプラットフォーム革命」『DIAMONDハーバード・ビジネス・レビュー』第41巻第10号，ダイヤモンド社，2016年，26–38ページ。）

Walter, I.（2011）*Steve Jobs*, Simon & Schuster Paperbacks.（井口耕二訳『スティーブ・ジョブズⅡ』講談社，2011年）。

〈記事・インターネット資料〉

日本経済新聞「アプリ開発側3割増収，17年アップストアで3兆円」『日本経済新聞』2018年1月16日13面。

Apple Anne「データで振り返るiOS AppStoreの10年―2018年―」。
（https://www.appannie.com/jp/insights/market-data/data-behind-10-years-ios-app-store/#download）

Statista
（https://www.statista.com/chart/14590/app-downloads-and-consumer-spend-by-platform/）
（https://www.statista.com/statistics/270291/popular-categories-in-the-app-store/）
（https://www.statista.com/statistics/256772/most-popular-app-categories-in-the-google-play-store/）

## 第9章 グローバル戦略

張世進（2009）『ソニーVS.サムスン』日本経済新聞出版社。

中川功一・林正・多田和美・大木清弘（2015）『はじめての国際経営』有斐閣。

Bartlett, C. A. and S. Ghoshal（1989）*Managing Across Borders: The Transnational Solution*, Harvard Business School Press.

Ghoshal. S.（1987）"Global Strategy: An Organizing Framework," *Strategic Management Journal*, 8(5), 425–440.

Heenan, D. A. and H. V. Perlmutter（1979）*Multinational Organization Development: A Social Architectural Perspective*, Addison-Wesley.

Khanna, T., J. Song and K. Lee（2011）"The Globe: The Paradox of Samsung's Rise," *Harvard Business Review*, 41(4), 72–74.

Phahalad, C. K. and Y. L. Doz（1987）*The Multinational Mission: Balancing Local Demands and Gloval Vision*, Simon and Schuster.

Prahalad, C. K. and K. Lieberthal (1998) "The End of Corporate Imperialism," *Harvard Business Review*, 76 (4), 68–79.

〈記事・インターネット資料〉

インターブランド
(https://www.interbrand.com/best-brands/best-global-brands/2018/ranking/samsung/)

サムスン電子ホームページ
(https://news.samsung.com/global/samsung-celebrates-commitment-to-footballing-excellence)

## 第Ⅲ部　企業のマネジメント

### 第10章　経営理念と組織文化

石井淳蔵・奥村昭博・加護野忠男・野中郁次郎（1996）『経営戦略論（新版）』有斐閣。

江副浩正（2003）『かもめが翔んだ日』朝日新聞社。

江副浩正（2007）『リクルートのDNA：起業家精神とは何か』角川書店。

鹿毛雅治（1995）「内発的動機づけ」宮本美沙子・奈須正裕編『達成動機の理論と展開：続・達成動機の心理学』金子書房。

株式会社リクルートホールディングス「統合報告書2018」。

馬場マコト・土屋洋（2017）『江副浩正』日経BP社。

Collins, J. C. and J. I. Porras (1994) *Built to Last: Successful Habits of Visionary Companies*, Harper Business.（山岡洋一訳『ビジョナリー・カンパニー：時代を超える生存の原則』日経BP社，1995年。）

Deal, T. E. and A. A. Kennedy (1982) *Corporate Cultures*, Addison-Wesley Longman.（城山三郎訳『シンボリック・マネジャー』岩波書店，1997年。）

Deci, E. L. (1975) *Intrinsic Motivation*, Plenum Press.（安藤延男・石田梅男訳『内発的動機づけ：実験社会心理学的アプローチ』誠信書房，1980年。）

Kotter, J. P. and J. L. Heskett (1992) *Corporate Culture and Performance*, The Free Press.（梅津祐良訳『企業文化が好業績を生む：競争を勝ち抜く「先見のリーダーシップ」207社の実証研究』ダイヤモンド社，1994年。）

Maslow, A. H. (1954) *Motivation and Personality*, Harper & Row（小口忠彦訳『人間性の心理学（改訂新版）』産能大学出版部，1987年。）

O'Reilly, C. A. and J. Pfeffer (2000) *Hidden Value: How Great Companies Achieve Extraordinary Results with Ordinary People*, Harvard Business School Press.（廣田里子・有賀裕子訳『隠れた人材価値』翔泳社，2002年。）

Peters, T. J. and R. H. Waterman (1982) *In Search of Excellence*, Harper & Row.（大前研一訳『エクセレント・カンパニー』講談社，1983年。）

Schein, E. H. (1985) *Organizational Culture and Leadership*, Jossey-Bass（清水紀彦・浜田幸雄訳『組織文化とリーダーシップ』ダイヤモンド社，1989年。）

〈記事・インターネット資料〉
リクルートホームページ
（https://www.recruit.co.jp/company/history/）

## 第11章 人材のマネジメント

岩出博（1989）『アメリカ労務管理論史』三嶺書房。
岩出博（2002）『戦略的人的資源管理の実相：アメリカSHRM論研究ノート』泉文堂。
今田幸子・平田周一（1995）『ホワイトカラーの昇進構造』日本労働研究機構。
大藪毅（2009）『長期雇用制組織の研究：日本的人材マネジメントの構造』中央経済社。
奥林康司（1973）『人事管理論』千倉書房。
楠田丘（2002）『日本型成果主義：人事・賃金制度の枠組と設計』生産性出版。
笹島芳雄（2008）『最新　アメリカの賃金・評価制度：日米比較から学ぶもの』日本経団連出版。
藤本雅彦（2019）「戦略と計画」人材育成学会編『人材育成ハンドブック』金子書房。
Abegglen, J. C.（1958）*The Japanese Factory: Aspect of its Social Organization*, The MIT Press.（占部都美訳『日本の経営』ダイヤモンド社，1958年。）
〈記事・インターネット資料〉
JFTC（一般社団法人日本貿易会）ホームページ
（http://www.jftc.or.jp/）
双日ホームページ
（https://www.sojitz.com/jp/corporate/history/）

## 第12章 日本的生産システム

青島矢一，武石彰，マイケル・A.クスマノ編著（2010）『メイド・イン・ジャパンは終わるのか：「奇跡」と「終焉」の先にあるもの』東洋経済新報社。
日野三十四（2002）『トヨタ経営システムの研究：永続的成長の原理』ダイヤモンド社。
FOURIN（2018）『世界自動車統計年刊2018』。
藤本隆宏（1997）『生産システムの進化論：トヨタ自動車にみる組織能力と創発プロセス』有斐閣。
藤本隆宏（2003）『能力構築競争：日本の自動車産業はなぜ強いのか』中公新書。
門田安弘（1993）「トヨタ生産方式」伊丹敬之・加護野忠男・伊藤元重編『リーディングス日本の企業システム　第3巻人的資源』有斐閣。
Piore, M. J. and C. F. Sable（1984）*The Second Industrial Divide, Possibilities for Prosperity*, Basic Books.（山之内靖・永易浩一・菅山あつみ訳『第二の産業分水嶺』ちくま学芸文庫，2016年。）
Womack, J. P., D. T. Jones and D. Roos（1990）*The Machine That changed the World*, Harper Perennial.（沢田博訳『リーン生産方式が，世界の自動車産業をこう変える。：最強の日本車メーカーを欧米が追い越す日』経済界，1990年。）

## 第13章 成熟市場における商品開発


永井隆（2014）『サントリー対キリン』日本経済新聞出版社。

廣野義昭（2014）「ハイボール，爆発ヒットを読んだ巧妙CM戦略？　女性や家庭に需要拡大，居酒屋と協力関係」『Business Journal』。

〈記事・インターネット資料〉

AISSY社資料。

IMF, World Economic Outlook Databases.

朝日新聞デジタル「小雪さん，サントリーCM降板　妊婦はお酒ダメよ？」（2011年9月5日）
（http://www.asahi.com/special/playback/TKY201109050369.html）

共同通信「缶酎ハイ，『氷結』が首位譲る　サントリー『－196℃』に」（2018年12月27日記事）。
（https://this.kiji.is/450930933886092385?c=39546741839462401）

国税庁課税部酒税課（2018）『酒のしおり』。
（http://www.nta.go.jp/taxes/sake/shiori-gaikyo/shiori/2018/pdf/100.pdf）

サントリーのホームページ
（https://www.suntory.co.jp）

サントリーwebsite内「ハイボール復活プロジェクト」。
（https://www.suntory.co.jp/recruit/fresh/development/kakuhigh.html）

SankeiBiz「【開発物語】サントリー酒類「－196℃ ストロングゼロ〈DRY〉」（2014年1月13日記事）。
（https://www.sankeibiz.jp/business/news/140113/bsc1401130501000-n2.htm）

産経新聞website「ターニングポイントウイスキー復活秘話　ハイボールタワーを開発，レモン8分の1カットにこだわる」（2016年5月5日記事）。
（https://www.sankei.com/west/news/160505/wst1605050003-n1.html）

J-NET21「あの人気商品はこうして開発された！　サントリーウイスキー角瓶：低迷するウイスキーを復権させた秘策」（2011年3月2日）。
（http://j-net21.smrj.go.jp/develop/foods/entry/2011030201.html）

J-NET21「『－196℃ ストロングゼロ』『－196℃ ストロングゼロ〈DRY〉』」（2014年3月5日）。
（http://j-net21.smrj.go.jp/develop/foods/entry/2014030501.html）

『食品産業新聞』記事（2018年2月1日）。

リクナビNEXTジャーナル「缶チューハイ市場は1強多弱…崖っぷちからの快進撃はこうして始まった：サントリー『－196℃ ストロングゼロ』誕生秘話」（2019年1月11日）。
（https://next.rikunabi.com/journal/20190111_c12/）


## 第14章 環境変化期のマーケティング活動


日経デザイン編（2015）『無印良品のデザイン』日経BP社。

松井忠三（2013）『無印良品は仕組みが9割：仕事はシンプルにやりなさい』角川書店。

「さらば団塊Jr.，良品計画赤字からの再出発：対象年齢層固定せず。」『日経MJ』（2001年10月9日記事）

「時代の半歩先結実（回転いす）」『日本経済新聞』2004 年 12 月 26 日。
「分野ごとに担当：良品計画がテコ入れ」『日本経済新聞』2004 年 8 月 26 日。
「良品計画【高価格路線】で復調」『日本経済新聞』2003 年 9 月 30 日。
「良品計画がカード発行。」『日本経済新聞』2000 年 9 月 13 日。
「良品計画，ポイント制度見直し，自社カードで」『日本経済新聞』2003 年 5 月 3 日。
「良品計画，パソコン画面で家具レイアウト」『日経 MJ』2004 年 2 月 12 日。
「良品計画，if デザイン賞，金賞 5 つ獲得」『日経 MJ』2005 年 3 月 18 日。
「無印，脱・感性で復活：店員の動き方にルール」『日経 MJ』2005 年 5 月 16 日。
〈記事・インターネット資料〉
IMF, World Economic Outlook Databases.
良品計画ホームページ
（https://ryohin-keikaku.jp/）
「良品計画アニュアルレポート」。
（https://ryohin-keikaku.jp/ir/report/annual_report/）
「良品計画各種有価証券報告書」。
（https://ryohin-keikaku.jp/ir/finance_report/）

## 第Ⅳ部　企業の社会性

### 第 15 章　ビジネスの倫理

大坂直樹（2018）「のぞみ台車亀裂，2 つの原因は“人災”だった：製造，運行管理，得意の『現場力』でミス続発」『東洋経済』3 月 5 日。
（https://toyokeizai.net/articles/-/211007）
熊野純彦（1999）『レヴィナス入門』筑摩書房。
柴田高弘（2008）「安全文化と逸脱行動の常態化に関する考察」『アロマティックス』第 60 巻，夏季号，1-8 ページ。
芹川至史（2010）「組織における安全に関する逸脱の常態化」『神戸大ワーキングペーパー』第 4 号，5 月。
（https://mba.kobe-u.ac.jp/oldweb_pics/contents/students/thesis_files/workingpaper/2010/WP2010-4.pdf）
出見世信之（2003）『企業倫理入門：企業と社会との関係を考える』同文舘出版。
中西晶（2007）『高信頼性組織の条件：不測の事態を防ぐマネジメント』生産性出版。
港道隆（1997）『レヴィナス：法-外な思想』（現代思想の冒険者たち 16），講談社。
Bazerman, M. H. and A. E. Tenbrunsel（2011）*Blind Spots: Why We Fail to Do What's Right and What to Do About It*, Princeton University Press.（池村千秋訳『倫理の死角：なぜ人と企業は判断を誤るのか』NTT 出版，2013 年。）
Beauchamp, T. L. and N. E. Bowie eds.（1997）*Ethical Theory and Business*, 5th ed., Prentice-Hall.（梅津光弘監訳『企業倫理学 2』晃洋書房，2001 年。）
Jones, C., M. Parker and R. ten Bos（2005）*For Business Ethics*, Routledge.
Levinas, E.（1961）*Totalite et Infini. Essai sur l'exteriorite*, Martinus Nijhoff.（熊野純彦訳

『全体性と無限（上・下）』岩波書店，2005，2006 年。）
Stewart, D. (1996) *Business Ethics,* McGraw-Hill.（企業倫理研究グループ訳『企業倫理』白桃書房，2001 年。）
〈記事・インターネット資料〉
川崎重工業株式会社プレスリリース「N700 系新幹線車両台車枠について」2018 年 2 月 28 日。
（https://www.khi.co.jp/news/C3180228-1.pdf）
国土交通省運輸安全委員会「鉄道重大インシデント調査の経過報告について」2018 年 6 月 28 日。
（www.mlit.go.jp/jtsb/railway/rep-inci/keika180628.pdf）
国土交通省運輸安全委員会「鉄道重大インシデント調査報告書」（RI2019-1）2019 年 3 月 28 日。
（www.mlit.go.jp/jtsb/railway/rep-inci/RI2019-1-1.pdf）
新幹線重大インシデントに係る有識者会議（西日本旅客鉄道株式会社）社外委員評価書「JR 西日本の新幹線の安全対策に関する外部評価」2019 年 3 月 21 日。
（http://www.westjr.co.jp/press/article/items/190321_02_saisyuu.pdf）
新幹線重大インシデントに係る有識者会議（西日本旅客鉄道株式会社）報告書「新幹線異常感知時の運転継続事象への再発防止対策に関する検討結果について」2018 年 3 月 27 日。
（http://www.westjr.co.jp/press/article/items/180327_00_yuushikishakaigi_2.pdf）
西日本旅客鉄道株式会社ニュースリリース「『のぞみ 34 号』で異常を感じたにもかかわらず運転を継続させたことについて」2017 年 12 月 27 日。
（https://www.westjr.co.jp/press/article/items/180327_00_yuushikishakaigi_2.pdf）
「『高信頼性組織』という言葉をご存知ですか」『ソリューションの泉』第 8 号，2009 年 7 月 21 日。
（https://www.ginsen-risk.com/narage/newsletter/SI20090721.pdf）
他に，『日本経済新聞』『神戸新聞』『産経新聞』『産経 WEST』『毎日新聞』の関連記事を参照。
JR 西日本ホームページ
（https://www.westjr.co.jp/）
* 東北大学・高浦研究室ホームページにリスト掲載。
（http://www2.econ.tohoku.ac.jp/~takaura/yuhikaku2019.html）

## 第 16 章 ソーシャル・ビジネス

イノベーション東北サポーター編（2017）『女川きっかけブック』特定非営利活動法人アスヘノキボウ。
『女川 復幸の教科書』編集委員会編（2019）『女川 復幸の教科書』プレスアート。
神谷隆史（2013）『無から生みだす未来：女川町はどのように復興の軌跡を歩んできたか』PHP 研究所。
澤村明・田中敬文・黒田かをり・西出優子（2017）『はじめての NPO 論』有斐閣。
竹内弘高監修・山崎繭加著（2016）『ハーバードはなぜ日本の東北で学ぶのか：世界トップのビジネススクールが伝えたいビジネスの本質』ダイヤモンド社。
特定非営利活動法人アスヘノキボウ『女川創業 GUIDEBOOK』。
名和高司（2015）『CSV 経営戦略：本業での高収益と，社会の課題を同時に解決する』東洋経済新報社。
山崎繭加（2017）「［ケーススタディ］宮城県女川町：復興を超えた社会エコシステムの創生」『DIAMOND ハーバード・ビジネス・レビュー』6 月号，86-99 ページ。
Crutchfield, L. R. and H. M. Grant（2007）*Forces for Good: The Six Practices of High-Impact Nonprofits,* Sage.（服部優子訳『世界を変える偉大な NPO の条件：圧倒的な影響力を発揮している組織が実践する 6 つの原則』ダイヤモンド社，2012 年。）
Drucker, P. F.（1973）*Management: Tasks, Responsibilities, Practices,* Harper & Row.（野田一夫・村上恒夫監訳『マネジメント：課題，責任，実践』ダイヤモンド社，1974 年。）
Drucker, P. F.（1990）*Managing the Non-profit Organization: Principles and Practices,* Routloedge.（上田惇生訳『非営利組織の経営』ダイヤモンド社，2007 年。）
Frumkin, P.（2002）*On Being Nonprofit,* Harvard University Press.
Porter, M. E. and M. R. Kramer（2011）"Creating Shared Value," *Harvard Business Review,* Jan/Feb, 89（1/2）, 62-77.（「共通価値の戦略」『DIAMOND ハーバード・ビジネス・レビュー』6 月号 8-31 ページ。）
Putnam, R.（2000）*Bowling Alone: The Collapse and Revival of American Community,* Simon and Schuster.（柴内康文訳『孤独なボウリング：米国コミュニティの崩壊と再生』柏書房，2006 年。）
Salamon, L. E. and S. W. Sokolowski eds.（1999）*Global Civil Society: Dimensions of the Nonprofit Sector,* Johns Hopkins Center for Civil Society Studies.
〈記事・インターネット資料〉
国際連合広報センターホームページ
（https://www.unic.or.jp/activities/economic_social_development/sustainable_development/2030agenda/sdgs_logo/）
特定非営利活動法人アスヘノキボウホームページ
（https://www.asuenokibou.jp/）
Universum ホームページ
（https://universumglobal.com/）

＊　本章コラム「震災と CSV，SDGs」は，ご専門の高浦康有先生（本書執筆者）に大幅に加筆していただきました。深く御礼申し上げます。
＊　本章の執筆に際し，2019 年 2 月 24～26 日に開催された「女川／地方に関わるきっかけプログラム」への参加・各講師の講話内容・プログラム提供資料，2019 年 3 月 22～24 日，2018 年 7 月 27 日，2017 年 9 月 24 日に行った参与観察・関係者へのヒアリング調査，女川フューチャーセンター Camass 保管の関連記事スクラップ資料，アスヘノキボウ東北大学講義（2016 年 6 月 15 日，2018 年 12 月 17 日）なども参考にしました。多大なご協力をいただきましたアスヘノキボウ代表小松洋介氏・スタッフ後藤大輝氏をはじめ，関係者の方々に，心より感謝申し上げます。
＊　本章執筆のための調査や招聘講義において，JSPS 科研費 17K03918 の助成を受けました。

## 第Ⅴ部　学びのステップ

### 第17章　キーワードの理解からレポート作成・発表まで

大串夏身（2004）『文化系学生の情報術』青弓社。

小笠原喜康（2003）『インターネット完全活用編：大学生のためのレポート・論文術』講談社現代新書。

学習技術研究科（2019）『知へのステップ：大学生からのスタディ・スキルズ（第5版）』くろしお出版。

木下是雄（1994）『レポートの組み立て方』ちくま学芸文庫。

戸田山和久（2012）『新版　論文の教室：レポートから卒論まで』（NHKブックス）日本放送出版協会。

Blanchard, K. and C. Root（2004）*Ready to Write More: From Paragraph to Essay*, Pearson Education.

# 索　　引 （太字は各章のキーワード）

## 事項索引

### アルファベット



### あ　行

## さ　行

**ま　行**



**や　行**



**ら　行**

### わ　行



## 人名索引

### あ　行



### か　行



### さ　行



### た　行



### な　行



### は　行

### ま　行



### や　行



### ら　行



### わ　行



## 企業名等索引

### アルファベット



### あ　行



### か　行



### さ　行



### た　行

な　行



は　行



ま　行



や　行



ら　行

✿執筆者紹介

東北大学経営学グループ

**福嶋　路**（ふくしま・みち）
**高浦康有**（たかうら・やすなり）
**谷口明丈**（たにぐち・あきたけ）
**山﨑喜代宏**（やまざき・きよひろ）
**柴田友厚**（しばた・ともあつ）
**金　熙珍**（キム・ヒジン）
**藤本雅彦**（ふじもと・まさひこ）
**一小路武安**（いちこうじ・たけやす）
**西出優子**（にしで・ゆうこ）

ケースに学ぶ経営学〔第3版〕
*Business and Management: Studying through Cases (3rd ed.)*
〈有斐閣ブックス〉

1998年3月30日　初　版第1刷発行
2008年5月10日　新　版第1刷発行
2019年12月25日　第3版第1刷発行
2023年1月20日　第3版第5刷発行

著　者　東北大学経営学グループ
発行者　江　草　貞　治
発行所　株式会社　有　斐　閣

郵便番号 101-0051
東京都千代田区神田神保町 2-17
http://www.yuhikaku.co.jp/

印　刷　大日本法令印刷株式会社
製　本　大口製本印刷株式会社



ISBN 978-4-641-18448-0